"Los recursos de la capellanía nos presentan la labor transformadora de la capellanía profesional, incluida la capellanía penitenciaria. Con más de dos millones de personas encarceladas en Estados Unidos, los seres queridos de los reclusos, quienes trabajan en las fuerzas del orden, las víctimas de delitos y quienes regresan a sus comunidades tras su liberación, todos tenemos un llamado a responder con fe. Como persona que ha servido como capellana en cárceles del condado y en prisiones estatales y federales desde 1996, les animo a abrir su corazón y su fe al don de la capellanía penitenciaria. Porque, al hacerlo, ustedes también pueden formar parte de la continua justicia restaurativa de Dios con las personas y las comunidades en general."
—**Capellana Heidi Kugler**, Administradora Jefa de Capellanía, Oficina Federal de Prisiones

Nota: *Las opiniones expresadas son las de la autora y no representan necesariamente las opiniones de la Oficina Federal de Prisiones ni del Departamento de Justicia.*

"Cuando me enteré de la publicación de este libro, mi primera reacción fue: "¡Ya era hora!" *El Corazón de un Capellán* es una obra magistral y completa que hacía mucha falta. El servicio de capellanía, en todas sus facetas, le debe una gran deuda de gratitud a los creadores y colaboradores que hicieron realidad este sueño."
—**Dondi E. Costin**, PhD, Presidente, Liberty University; Mayor general, Fuerza Aérea de los Estados Unidos; 18.º Jefe de Capellanes de la Fuerza Aérea (retirado)

"La segunda edición de *El Corazón de un Capellán* es una descripción extensa y exhaustiva de la labor de la capellanía y de sus diversas disciplinas. Es el mejor ejemplo para ilustrar la diferencia entre un trabajo y una vocación auténtica al ministerio. Este libro es el recurso principal para todo capellán y líder en todas las disciplinas y ámbitos de la capellanía."
—**Randall "Randy" E. Kitchens**, capellán, mayor general, Fuerza Aérea de los Estados Unidos; 20.º Jefe de Capellanes; 2.º Jefe de Capellanes de la Fuerza Espacial (retirado)

"*El Corazón de un Capellán* sienta las bases del ministerio pastoral de una manera atractiva e informativa; sus aplicaciones prácticas, honestas y directas se ven reforzadas por ejemplos personales precisos que demuestran su utilidad concreta entre las personas a quienes sirven los capellanes. Este es un recurso valioso para el ministerio pastoral y una herramienta indispensable. Es poderoso, estimulante, informativo e inspirador."
—**Michael W. Langston, PhD**, profesor de Capellanía y Teología Práctica, Universidad Internacional de Columbia, Columbia International University

"He leído *El Corazón de un Capellán* y me ha encantado. En primer lugar, abarca todos los aspectos del ministerio de la capellanía. En segundo lugar, preserva la rica historia del movimiento de la Educación Pastoral Clínica. En tercer lugar, debería ser lectura obligatoria para cualquiera que esté considerando la capellanía y debería formar parte de la biblioteca de todos los seminarios. Este libro llena los vacíos existentes para los administradores institucionales."
—**Dr. Joe Gross**, capellán y director (jubilado) de Atención Pastoral y Asesoramiento, Baylor Health Care System, Dallas, Texas

"*El Corazón de un Capellán* es un texto ideal para quienes exploran la vocación de capellanía, grupos religiosos que apoyan a clérigos para puestos de capellanía y seminarios interesados en la formación de capellanes. El libro aborda la singularidad de la capellanía y las funciones de los capellanes; la amplia gama de puestos de capellanía; los fundamentos históricos, constitucionales y religiosos de la vocación; y las cualificaciones y competencias para el éxito profesional. Recibir la mentoría de varios capellanes expertos individualmente sería imposible; este texto permite a los lectores aprender de los treinta y siete autores capellanes expertos en el campo."
—**Reverenda Dra. Jan McCormack**, BCC, ACPE CE, Presidenta de los Programas de Capellanía y Consejería Pastoral, Denver Seminary; coautora de *The Work of the Chaplain (La labor del capellán).*

"El ministerio de la capellanía profesional aborda el servicio pastoral con una perspectiva amplia, negándose a limitarse a una sola tradición religiosa o a un campo de servicio específico. Por lo tanto, se requiere un estudio exhaustivo de la amplitud de la atención espiritual profesional. *El Corazón de un Capellán* es un recurso práctico para comprender la amplitud y la profundidad de este maravilloso servicio, en honor a lo sagrado."
—**Capellán Joe Perez**, expresidente de la Association of Professional Chaplain, director de Misión y Ministerio Baptist Health System

"La segunda edición de *El Corazón de un Capellán* es una guía práctica para comprender quiénes son los capellanes, qué hacen y cómo ejercen su ministerio en entornos muy particulares. ¡Los capellanes sirven en lugares donde otros ministros no pueden hacerlo! Este libro explica de manera excelente los diversos tipos de ministerio de capellanía y los pasos necesarios para seguir el llamado a ser capellán. Agradezco a quienes contribuyeron a este libro y crearon este recurso para personas e instituciones que forman a nuestros capellanes. ¡Este libro es de lectura obligatoria para cualquiera que se tome en serio el llamado al ministerio de la capellanía!"
—**Todd Combee, MDiv**, Director/Aprobador, Baptist Chaplaincy Relations

"*El Corazón de un Capellán*, 2.ª edición, continúa el legado de la primera edición. El Dr. Jim Browning y el Dr. Jim Spivey se basan en su completa introducción a la profesión de capellán con una magistral síntesis de información práctica e historias cautivadoras. Cada sección y cada colaborador animan a los lectores a ser auténticos, valientes y disciplinados mientras persiguen con pasión su vocación. Es una lectura imprescindible para todos los capellanes de IMF."
—**Tony Duck,** M.R.E., BCC, CPES, BC-MS, BC-GRS, Vicepresidente de Ministerios de Capellanía, International Ministerial Fellowship

"¡Recomiendo este libro con entusiasmo! *El Corazón de un Capellán* encendió una llama en mi propio corazón, renovando mi pasión por el servicio como capellán. Es el libro definitivo para comprender la labor del capellán. Debería ser lectura obligatoria en los cursos de introducción a la capellanía en todos los niveles educativos y estar en la biblioteca de todo capellán. No se omite ningún aspecto de lo que significa ser capellán. Al contar con expertos en las complejidades de esta profesión, se presenta una visión completa de esta valiosa vocación. Tengo previsto adquirir un ejemplar para cada capellán avalado por la Comisión Evangélica de Capellanes y animo a todas las organizaciones que avalan capellanes a hacer lo mismo."
—**Steve West**, Director de Capellanía para National Association of Evangelicals, Autor de *The Bronze Scar: Understanding How PTSD Feels* (*La cicatriz de bronce: Entendiendo cómo se siente el trastorno de estrés postraumático*)

"La primera tarea que asigné al capellán de mi unidad o agencia fue reunirse conmigo todos los lunes para escuchar mis inquietudes y orar conmigo al comienzo de la semana. Verán, además de todas sus numerosas responsabilidades, ustedes también son los capellanes de sus líderes. Creo que este libro les ayudará a prepararse para todas las facetas de su ministerio, incluida la valentía necesaria para llamar a la puerta de su comandante, director, secretario o comisionado. Ofrézcanse a escuchar sus preocupaciones y planes importantes, y ofrézcanse a orar por ellos en ese mismo momento. Los necesitan, lo sepan o no."
—**General de División Mark S. Inch**, Ejército de los Estados Unidos (retirado); 15.º Jefe de la Policía Militar; 9.º Director de la Oficina Federal de Prisiones; y 12.º Secretario del Departamento Correccional de Florida

"El Dr. Jim Browning y el Dr. Jim Spivey han reunido la sabiduría de un destacado grupo de colegas que han formado a muchos de los cuidadores y líderes de primera línea de la capellanía actual. Las páginas que siguen serán invaluables y estimulantes tanto para hombres y mujeres que exploran la capellanía por primera vez como para quienes cuentan con muchos años de experiencia en el ministerio."
--**Mike Mullender,** PhD, BCC, Vicepresidente y Director de Misión y Ministerio de Baylor Scott & White Health

"Esta colección reflexiva y práctica anima a los clérigos y a quienes aspiran a serlo a seguir el llamado de Dios mientras exploran las oportunidades en el ministerio de capellanía. Basándose en su amplia experiencia y añadiendo aplicaciones actuales, los treinta y siete colaboradores de *El Corazón de un Capellán* comparten sus conocimientos sobre el ministerio de una manera que iluminará, animará y responderá a las preguntas de toda persona que esté considerando servir como capellán. Si está listo para caminar con Dios hacia el ministerio de capellanía, ¡este es el libro para usted!"
—**Cecil R. Richardson**, Capellán, Mayor General, USAF; Jefe de Capellanes de la 16.ª Fuerza Aérea (Retirado)

"Las crisis ocurren. ¿Qué se puede hacer al respecto? *El Corazón de un Capellán* profundiza en las múltiples facetas y contextos del servicio de capellanía. Los capellanes operan fuera de los límites de su lugar de culto, lo que requiere el desarrollo de competencias y habilidades que no suelen abordarse en la formación teológica (intervención en crisis y suicidio, estrés por incidentes críticos, competencia multicultural y muchas otras), lo que demuestra la necesidad de un estudio especializado además de la formación teológica. Fue un honor contribuir a esta obra tan necesaria. Esta obra fundamental tendrá un impacto en el siglo XXI y más allá."
—**Capellán Ken Schlenker,** Fundador y Director Ejecutivo del Equipo de Crisis RKM, que opera bajo el nombre de CAREForce

EL CORAZÓN DE UN CAPELLÁN

Edición militar y penitenciaria

El Corazón de un Capellán

Explorando los fundamentos del ministerio

(Edición militar y penitenciaria)

Jim Browning
&
Jim Spivey (eds.)

Recoursos abiertos de DTL para la educación teológica global

Library of Congress Cataloging-in-Publication Data
Datos de Catalogación en Publicación de la Biblioteca del Congreso

Jim Browning & Jim Spivey
[The Heart of a Chaplain: Exploring Essentials for Ministry (2nd ed.)/ Jim Browning & Jim Spivey]
El Corazón de un Capellán: Explorando los fundamentos del ministerio, Edición militar y penitenciaria / Jim Browning

369 + *xxvi* pp. 15.24 x 22.86 cm. Incluye bibliografía.
ISBN 979-8-89731-277-1 (libro de bolsillo)
ISBN 979-8-89731-275-7 (libro electrónico)
ISBN 979-8-89731-263-4 (Kindle)

1. Capellanía
2. Teología práctica

BV4011 .B76 2026

Este libro está disponible en varios idiomas en www.DTLPress.com

Esta traducción se realizó mediante un acuerdo entre los editores del libro, los titulares de los derechos de autor de la obra en inglés y DTL Press. Este libro se publicó originalmente como *The Heart of a Chaplain* (2nd ed.).

En honor al Dr. Gerald E. Marsh,
capellán y general de división retirado de la Fuerza Aérea de los Estados Unidos, quien dedicó su vida a la formación de estudiantes para el ministerio de la capellanía y al acompañamiento de capellanes.

En memoria del Dr. Bobby Smith,
director fundador de Relaciones de Capellanía Bautista, pionero, promotor y firme defensor de los capellanes y de sus familias.

CONTENIDO

SECCIÓN TRES
¿CÓMO ES EL MINISTERIO DE CAPELLANES ÚNICO?

SECCIÓN CUATRO
¿CUÁLES SON LOS REQUISITOS PARA SER CAPELLANOS?

SECCIÓN CINCO
TIPOS DE CAPELLANÍA

SECCIÓN SEIS
MOMENTOS MEMORABLES

APÉNDICE UNO

APÉNDICE DOS

AGRADECIMIENTOS

Dr. Jim Browning

La transformación de una idea en realidad a menudo requiere el apoyo de muchas personas. El corazón de un capellán: Explorando los fundamentos del ministerio no es la excepción. El concepto de este libro surgió de la relación de Dios con nosotros: su amor, su pasión, su misión y su corazón.

La primera edición comenzó con el apoyo visionario del liderazgo del Seminario Teológico B. H. Carroll. La segunda edición continuó con el respaldo de capellanes experimentados que contribuyeron generosamente con su sabiduría y experiencia, así como con el apoyo financiero de quienes creen en la labor de los capellanes. Agradecemos profundamente su espíritu de generosidad.

El esquema de la primera edición se perfeccionó gracias a la confirmación y a las aportaciones de cuarenta y tres capellanes profesionales de gran experiencia. Un grupo diverso de treinta y siete capellanes, con un total de 914 años de experiencia combinada, compartió sus conocimientos. Juntos transformaron la idea de *El Corazón de un Capellán* en un recurso excelente para quienes investigan o se preparan para el ministerio de la capellanía. La segunda edición añadió material que destaca la contribución de cuarenta y cuatro profesionales adicionales. Le invitamos a tomarse un momento para revisar la lista de colaboradores al comienzo de este libro. Esta obra es fruto de su dedicación y amor por el legado y el futuro de la capellanía.

Escribir y editar el manuscrito es solo la mitad del trabajo. Sin la participación profesional de John Herring y de Iron Stream Media, este libro no habría sido posible. Expresamos nuestro agradecimiento a todo el equipo de Iron Stream Media. Su apoyo ha sido excepcional.

Sería imperdonable no mencionar a los cónyuges de los capellanes, quienes los han amado y apoyado fielmente en todo momento. Su aliento ha sido un sostén vital para muchos capellanes que luchaban por mantenerse a flote en medio de constantes exigencias y presiones.

Finalmente, le agradecemos a usted, lector, por invertir su tiempo y su interés en emprender este camino. Al explorar los fundamentos del ministerio, oramos para que su servicio refleje verdaderamente el corazón de Dios.

PRAFACIO ORIGINAL

El ministerio de la capellanía es uno de los que crecen con mayor rapidez en los Estados Unidos, si no a nivel mundial. Los capellanes brindan atención espiritual a personas de todas las creencias en diversos entornos no religiosos. La creciente demanda global de capellanes eficaces requiere formas más refinadas y colaborativas de capacitar, apoyar y defender a los capellanes en múltiples contextos. *El Corazón de un Capellán: Explorando los Fundamentos del Ministerio,* segunda edición, reconoce el rico legado y el ministerio de los capellanes en todo el mundo. Si bien este libro se centra principalmente en los Estados Unidos, reconocemos el extraordinario ministerio de los capellanes a nivel global. Ofrecemos nuestras ideas a capellanes de otras naciones y damos la bienvenida a un intercambio colaborativo. Podemos aprender mucho unos de otros.

La aceptación de *El Corazón de un Capellán* como libro de texto para seminarios, cursos de Educación Pastoral Clínica, denominaciones, organizaciones e instituciones confirma las generosas contribuciones de muchos capellanes experimentados. En respuesta a los comentarios y reseñas de la primera edición, hemos añadido preguntas de reflexión, estudios de caso y varios capítulos adicionales, incluido un breve estudio sobre la naturaleza global de la capellanía.

El Corazón de un Capellán consta de cinco secciones. La Sección Uno define qué es un capellán. Nuestra definición destaca lo sagrado y subraya la importancia del llamado de Dios y de la formación espiritual. Comprender y desarrollar las competencias fundamentales de un capellán inicia a la persona en un camino de aprendizaje continuo.

La Sección Dos explora los fundamentos espirituales, constitucionales e históricos de la capellanía, así como su dimensión global. La Sección Tres se centra en diversos temas esenciales para el ejercicio de la capellanía. Tras definir las funciones, responsabilidades y tareas de un capellán, profundizamos en muchos aspectos críticos para el éxito en este ministerio. Concluimos esta sección con reflexiones perspicaces de la cónyuge de un capellán.

La Sección Cuatro detalla el valor del respaldo institucional, los estándares profesionales de los capellanes y la importancia de la formación continua. La Sección Cinco ofrece una descripción general amplia de seis tipos de capellanía: atención médica, militar, penitenciaria, corporativa/laboral, seguridad pública y comunitaria/estilo de vida. De ninguna manera cubrimos todas las áreas funcionales posibles de la capellanía; sin embargo, ofrecemos ejemplos que permiten al lector conocer la diversidad de los ministerios de capellanía.

Al final de cada capítulo, las preguntas de reflexión ayudarán a los lectores a detenerse y pensar sobre lo que acaban de leer. Los instructores encontrarán en estas preguntas un recurso adicional valioso.

Los apéndices incluyen una herramienta de evaluación para ser completada por el lector y por un mentor de confianza. Los estudios de caso presentan ejemplos de la vida real para que lectores y estudiantes reflexionen sobre escenarios a menudo complejos.

Finalmente, la sección de recursos destaca numerosas organizaciones profesionales que apoyan a los capellanes y a sus ministerios. Esta sección también enumera las organizaciones y los agentes de respaldo identificados por la Junta de Capellanes de las Fuerzas Armadas. Nuestra bibliografía ofrece una extensa lista categorizada de recursos relacionados con el ministerio de la capellanía.

Esta edición refleja la naturaleza colaborativa del ministerio de la capellanía. La misión del Instituto Marsh para Capellanes es colaborar, capacitar, apoyar y abogar por los capellanes en diversos entornos globales. A través de alianzas estratégicas, nuestra visión es mejorar la competencia y la eficacia de los capellanes. Al asociarnos con capellanes, instituciones educativas, organizaciones profesionales y grupos religiosos, el Instituto Marsh: (1) colabora con socios nacionales e internacionales para mejorar la eficacia de los capellanes; (2) capacita mediante el desarrollo y el apoyo de materiales curriculares diseñados específicamente para la capellanía; (3) apoya mediante la investigación y la promoción de soluciones a los desafíos del ministerio de capellanía; y (4) aboga públicamente por el ministerio de la capellanía. Esta segunda edición representa nuestro esfuerzo continuo por invertir en las vidas y los ministerios de quienes descubren y siguen el llamado de Dios a servir como capellanes.

Como editores, reconocemos el trabajo de otros autores que han contribuido a una comprensión y apreciación más profundas de la identidad y la labor de los capellanes. Este volumen no reemplaza las obras fundamentales existentes, sino que se suma al diálogo. Le animamos a utilizar la bibliografía para descubrir libros excepcionales desde perspectivas amplias y específicas, así como a explorar obras publicadas fuera de su propio país. Al hacerlo, descubrirá tanto la singularidad como los elementos comunes de la capellanía en todo el mundo.

Al leer la segunda edición de *El Corazón de un Capellán*, esperamos que experimente el llamado, la pasión, el compromiso y la dedicación de quienes contribuyeron a este recurso. Agradecemos profundamente a nuestro diverso grupo de colaboradores que compartieron sus experiencias, conocimientos, sabiduría e historias. A través de este libro, colaboramos para capacitar, abogar y apoyar a la próxima generación de capellanes. Los capellanes están marcando una diferencia significativa en la vida de las personas y de las instituciones. Que este libro, en su segunda edición, estimule su imaginación para el ministerio y nutra su vocación.

PREFACIO A ESTA SERIE Y A ESTE LIBRO

Esta Serie

La misión de la Biblioteca Teológica Digital (DTL) es ayudar a todos a participar en una reflexión autocrítica tanto sobre su propia fe como en un diálogo humilde con quienes profesan otras tradiciones. En nuestro trabajo con escuelas teológicas en países en desarrollo, hemos observado una clara necesidad de recursos teológicos de calidad en diversos idiomas.

Esta serie está diseñada para satisfacer esa profunda necesidad. DTL trabaja diligentemente para identificar obras consolidadas en los campos de los estudios bíblicos, religiosos y teológicos que pueda traducir para un uso más amplio. Cuando las circunstancias lo permiten, DTL adquiere los derechos para traducir dichas obras a otros idiomas y las publica en esta serie. Los lectores atentos notarán que no se menciona al traductor en las primeras páginas de la obra. Por lo tanto, deseamos señalar que esta obra, como todas las obras traducidas por DTL, fue traducida en su mayor parte por inteligencia artificial. Confiamos en que nuestra aplicación de la IA haya producido una traducción digna del texto publicado previamente por el autor.

Puede ser útil explicar nuestro enfoque con respecto a las citas y la documentación. Siempre que ha sido posible, hemos traducido las citas dentro del texto y los comentarios del autor en las notas a pie de página del idioma original al idioma de destino. Sin embargo, en general, no hemos traducido la información bibliográfica del idioma de origen al idioma de destino. Nuestra justificación para estas decisiones editoriales es simple: buscamos un equilibrio entre la necesidad de los lectores de comprender los argumentos del autor (de ahí nuestra práctica general de traducir las citas) y su necesidad de identificar las fuentes de las citas y referencias. En consecuencia, las citas en el texto y los comentarios del autor en las notas generalmente se traducen, mientras que las referencias bibliográficas no. (En ocasiones, nos hemos apartado de estos principios cuando un autor ha citado un texto conocido disponible en varios idiomas; en tales casos, los títulos a veces se traducen).

Este libro

El Corazón de un Capellán se ha ganado merecidamente su lugar como un libro de texto y recurso profesional de primer nivel para capellanes y capellanes en formación. El servicio de capellanía es una trayectoria profesional distinta para los ministros. La capellanía tiene sus propias necesidades de formación basadas en la base de conocimientos y las habilidades necesarias para tener éxito en este campo desafiante. La formación de un capellán para el servicio contemporáneo no consiste simplemente en añadir algunos retoques a la formación pastoral tradicional.

Lamentablemente, las necesidades de formación específicas de quienes se preparan para una vida de ministerio como capellanes profesionales a menudo no son debidamente valoradas por los educadores teológicos, quienes se centran principalmente en la formación de pastores, consejeros, líderes de culto y misioneros. Este volumen busca abordar estas necesidades de formación únicas, pero a menudo descuidadas, de los capellanes profesionales. La DTL se enorgullece de contribuir, aunque sea modestamente, a que este importante libro esté disponible para un público global.

PRÓLOGO

Dr. Gene Wilkes

Para la primera edición de *El Corazón de un Capellán*, escribí estas palabras en la víspera del vigésimo aniversario del ataque terrorista del 11 de septiembre de 2001. Todos recordamos dónde estábamos ese día y el profundo impacto que ha tenido en la psique estadounidense.

Al recordar las historias de ese día, vienen a mi mente los capellanes de los servicios de emergencia, de los hospitales y de las fuerzas armadas, quienes valientemente se adentraron en el caos y la muerte, y continuaron impactando vidas durante las semanas, meses y años posteriores. Los capellanes estuvieron en la Zona Cero de la ciudad de Nueva York, en el Pentágono en Washington, D.C., y en hogares, hospitales e instalaciones militares en todo el país, brindando esperanza y ayuda a quienes fueron directamente afectados por el terror de aquel día. Algunos de los colaboradores de este volumen se adentraron con valentía en el miedo y la pérdida de ese momento para servir como capellanes. Sus historias y reflexiones, fundamentadas en su experiencia y conocimiento, profundizarán su aprecio por quienes responden al llamado de servir como capellanes.

Cuando el Dr. Jim Spivey, miembro fundador del Seminario Teológico B. H. Carroll, me presentó la visión de un centro de estudios para capellanes como parte de nuestro seminario, no comprendí de inmediato la profundidad y amplitud de dicha visión. Me entusiasmó la idea de abrir nuevas vías para capacitar a hombres y mujeres llamados a servir en el ministerio. Sin embargo, no estaba preparado para la notable expansión de la capellanía —tanto en número como en diversidad de expresiones— que se ha producido en las últimas décadas. Mi experiencia personal como capellán voluntario de la policía y de los bomberos amplió mi perspectiva y profundizó mi comprensión de las necesidades de los socorristas y de aquellos a quienes servían día tras día, mientras ejercía como pastor de una iglesia local. A través de mi relación con los doctores Jim Spivey y Jim Browning, he llegado a comprender la importancia de los capellanes en todos los ámbitos de la vida.

En muchos sentidos, los capellanes son los nuevos pastores. Los pastores de las iglesias locales siguen siendo esenciales para la misión de Dios a través de la iglesia; sin embargo, con frecuencia los capellanes son invitados a espacios donde los pastores ya no son bienvenidos o no pueden acceder. Los capellanes se abren camino en el campo de batalla, en las crisis fronterizas, en las celdas de las prisiones, en las habitaciones de los hospitales, en las aulas y en las salas de juntas: todos ellos ámbitos de influencia a los que los pastores no siempre tienen el mismo acceso. Los capellanes llevan esperanza, sanación y bienestar a estos diversos entornos, representando el misterio y la santidad de Dios ante todas las personas, independientemente de su fe o de la ausencia de ella.

Los capellanes brindan consuelo y enfrentan la fragilidad de la condición humana cuando son llamados a servir. Lo hacen en medio de la tempestad de la batalla, en la serenidad del último aliento de una persona o ante el primer llanto de un recién nacido. Este volumen recoge las voces de quienes ejercen el ministerio de la capellanía. Léalo con atención y percibirá su vocación, identidad, pasión y motivación: *El Corazón de un Capellán.*

Agradezco a los miembros sénior por su visión de un centro de estudios para capellanes, dedicado a su formación y capacitación, y a los doctores Jim Browning y Jim Spivey por trabajar incansablemente para hacer realidad dicha visión. *El Corazón de un Capellán* es una expresión tangible de ese sueño. La información presentada en estas páginas proviene de estudiantes comprometidos y de profesionales experimentados en el campo. No encontrará aquí listas de deseos ni teorías hipotéticas, sino siglos de experiencia, estudio y aplicación acumulados en la vida real.

Mi oración es que este volumen sea el primero de muchos recursos que animen y capaciten a quienes son llamados al ministerio de la capellanía, y que cada vez más hombres y mujeres respondan al llamado a este servicio vital para atender las necesidades espirituales de todas las personas.

SECCIÓN UNO

¿QUÉ ES A CAPELLÁN?

"¿ASÍ QUE QUIERES SER CAPELLÁN?"
Dr. Jim Browning

Me giré en una esquina del piso del hospital que tenía asignado y vi a un capellán—capellán hospitalario a tiempo parcial y estudiante de seminario a tiempo completo—caminando con una paciente.

La paciente caminaba despacio y con dificultad, con la mano derecha aferrándose a la barandilla de la pared. Su mano izquierda contaba su historia. El capellán caminaba a su izquierda, asintiendo con la cabeza y escuchando. No tenía prisa y mostraba una preocupación y una atención genuinas. Yo no tenía idea de qué le estaba diciendo la paciente, ya que estaban fuera de mi alcance auditivo. No importaba. La imagen del capellán caminando junto a aquella mujer transformó por completo mi comprensión del ministerio de la capellanía. Esa imagen se convertiría en un elemento central de mi entendimiento y definición de lo que significa ser capellán.

Era al comienzo de mis dos años de experiencia en Educación Pastoral Clínica (CPE), y yo luchaba por desarrollar un modelo de ministerio eficaz. Mi primer enfoque del cuidado pastoral consistía en animar el espíritu de los pacientes y sus familias, ya que el hospital podía ser un lugar bastante deprimente.

Este método no tuvo el resultado esperado.

Tras obtener la aprobación de mis supervisores de CPE, adopté un segundo enfoque, más investigativo. Como un detective, buscaba información sobre los pacientes y sus condiciones, con la intención de incluir una oración al final de mis visitas. Mi supervisor desaprobó este método y me lo dijo claramente. Ambos nos sentíamos frustrados, y él se preguntó en voz alta si lograría sobrevivir a esta experiencia educativa.

Entonces sucedió algo decisivo. Mientras observaba un capellán escuchar atentamente y compartir ese momento con una paciente, aprendí una lección crucial sobre lo que significa ser capellán y sobre mi propio modelo de ministerio.

Como resultado, mi comprensión del ministerio de capellanía evolucionó a través de tres etapas, que yo mismo describo así: mi "ministerio de payaso" (para animar a la gente), mi "ministerio de detective" (para aprender hechos importantes sobre su situación), y finalmente, mi "ministerio de peregrino."

Descubrí que un ministerio de capellanía eficaz consiste en "morar" con otros: caminar junto a ellos, comprender sus historias y descubrir una comprensión más profunda de Dios y de nuestra respuesta a Él.

Este nuevo enfoque se convirtió en un modelo de ministerio poderoso y eficaz para mí como capellán militar en servicio activo durante mis casi veintinueve años de ministerio. He tenido el privilegio de caminar junto a nuestros militares y sus familias en muchos momentos de alegría y dificultad. Este enfoque ministerial sigue guiando mis relaciones con las personas. Con la disposición de acompañarlas y escuchar atentamente sus historias, ya no me sorprende cuando esto nos lleva a un encuentro con Dios, a menudo para ambos.

¿QUÉ ES UN CAPELLÁN?

En los términos más simples, un capellán es un "recordatorio visible de lo sagrado". El reconocimiento de lo sagrado por parte de los capellanes, tanto en sus propias vidas como en su ministerio hacia los demás, es fundamental. De lo contrario, uno es simplemente un consejero o un entrenador de vida. Representar lo sagrado no es una insignia que se lleva ni un trabajo que se desempeña. Servir como capellán es responder a una vocación, una pasión y una profesión.

El profesor John Swinton, catedrático de Teología y Estudios Religiosos de la Universidad de Aberdeen (Reino Unido), afirmó: "Los capellanes son siempre, inevitablemente, personas del corazón". El corazón es la dimensión que se enfoca en los deseos de relacionarse, amar y estar en comunión con aquello que está más allá. Los capellanes pueden ayudar a las personas a vivir plenamente su humanidad dentro de organizaciones que, a menudo, pueden ser frías, clínicas y profundamente materialistas en sus metas y valores. Dentro de cualquier institución o sistema, los capellanes ayudan a las personas a reconectarse con las cuestiones del corazón.[1]

Los capellanes son únicos en que cuidan el alma de otros y escuchan los asuntos del corazón. A menudo trabajan en entornos muy técnicos, ya sea en el hospital, el ámbito militar, la industria, el transporte, entre otros. Mientras otros se enfocan principalmente en misiones con tareas y objetivos complejos, los capellanes permanecen con las personas y sus familias. Al ser considerados agentes confiables y confidenciales, las personas buscan fácilmente al capellán para

---

[1] Andrew Parker *et al.*, *Sports Chaplaincy* (London: Routledge, 2016), xvii-xviii.

compartir sus historias, descargar parte de su dolor y encontrar una nueva perspectiva sobre cómo afrontar una situación abrumadora. Los capellanes se ganan esta oportunidad caminando junto a otros en los lugares donde trabajan y viven. Y cuando se les invita, los capellanes deben escuchar—escuchar activamente—tanto lo que se dice como lo que no se dice. John Swinton escribió que los capellanes trabajan con pasión para comprender el significado de lo que las personas están atravesando y recurren a las tradiciones espirituales y religiosas para que otros puedan alcanzar cierto grado de sanación. Afirmó:

> La mayor parte del trabajo de los capellanes consiste en escuchar y contar historias. Las historias revelan una forma de conocimiento que no se capta solo con la mente, sino también con el corazón. Las historias exigen interpretación, intuición e imaginación; dones fundamentales para la capellanía cuando las personas practican el bien. En sus encuentros cotidianos con el dolor, el sufrimiento y la alegría humanos, los capellanes se esfuerzan por comprender el espíritu humano y traducirlo en formas comprensibles de práctica espiritual que puedan potenciar el proceso de curación.[1]

¿Qué es un capellán? Para este libro, el objetivo, fijado de la forma más integral y fundamental, es que los capellanes realicen una vocación sagrada: acompañar y brindar apoyo profesional y acompañamiento espiritual a todos en sus respectivas comunidades seculares, según lo autoricen y sostengan sus responsables.

La perspectiva espiritual o de fe, la personalidad, las experiencias, las habilidades y la formación del capellán influyen en la forma y el estilo de su ministerio y de su atención espiritual. Un capellán es un ministro (pastor, rabino, imán, etc.) para algunos y un capellán para todos. Un capellán puede ser un voluntario soltero entre un grupo de personas libremente asociadas o un miembro remunerado de un equipo, siempre que ejerza el ministerio en una organización particular y altamente regulada. Además, los capellanes representan a sus grupos religiosos y buscan proporcionar (o facilitar) cuidado espiritual o pastoral a las personas. Los capellanes acompañan a otros en su viaje espiritual, brindando un ministerio con propósito y una presencia tranquilizadora en medio del caos.

Las autoras Naomi Paget y Janet McCormack señalan similitudes y diferencias entre el clero y los capellanes. Tanto el clero como los capellanes dirigen servicios religiosos, enseñan, proporcionan cuidado

---

[1] John Swintovoln, "A Question of Identity," *Scottish Journal of Healthcare Chaplaincy* 6.2 (2003): 6-7.

espiritual o pastoral, aconsejan y llevan a cabo ritos religiosos. Los cargos y la autoridad del clero provienen de congregaciones religiosas o de cuerpos eclesiásticos; las posiciones y la autoridad de los capellanes provienen de las instituciones seculares que los emplean y de los organismos eclesiásticos que los respaldan. El clero ejerce principalmente desde un lugar de culto, mientras que los capellanes prestan sus servicios principalmente en el ámbito laboral.[1]

Los capellanes deberían ser accesibles, comprometidos, confiables, humildes y relacionales. Deben ser compasivos, confidenciales, curiosos, creativos y creíbles. Deberían ser oyentes, consejeros y colaboradores. Sirven como asesores, mediadores honestos, líderes, confidentes y amigos. Son personas esperanzadoras y optimistas. Caminan con aquellos que a menudo trabajan en entornos desafiantes y peligrosos. Buscan su bienestar y se preocupan por su moral y perspectiva. Los capellanes ven las manchas ciegas del liderazgo y defienden a aquellos cuyas voces son silenciadas.

Los capellanes acuden a lugares donde otros no pueden ir fácilmente debido a limitaciones de formación, problemas de seguridad o restricciones institucionales. Los capellanes ofrecen el libre ejercicio de la religión a aquellos cuyos trabajos los llevan lejos de sus comunidades religiosas. Los capellanes se acercan a las personas donde se encuentran y priorizan las creencias de los demás sobre las suyas. Brindan apoyo espiritual a quienes creen en un Dios diferente del suyo propio o tienen creencias no teístas. Los capellanes expresan que se preocupan genuinamente por el bienestar espiritual de todas las personas a su cargo, independientemente de sus diferencias en apariencia, comportamiento, pensamiento o creencias. Trabajan en un entorno secular, se mantienen fieles a sus convicciones teológicas en un entorno pluralista y gestionan la tensión entre demandas e ideologías contrapuestas. La capellanía cuida y defiende tanto al individuo como a la institución.

El respeto y la dignidad son fundamentales en el ministerio de capellanía. El capellán Steven Schaick lo expresa sucintamente:

> El precio de admisión en el Cuerpo de Capellanes de la Fuerza Aérea de los Estados Unidos es creer que cada hombre y mujer es precioso y que cada ser humano lleva en sí mismo la misma semejanza de nuestro Creador. Y si esta verdad no se vive desde lo más profundo

---

[1] Naomi K. Paget y Janet R. McCormack, *The Work of a Chaplain* (1st ed.; Valley Forge, PA: Judson Press, 2006), iv.

del alma, entonces le pido que considere otra profesión.[1]

Los capellanes se desenvuelven en los entresijos de una institución. Forman parte de la misión, pero nunca están en primera línea. Dominan tanto el lenguaje de la institución como el de la empatía. Los capellanes son un puente entre la cultura institucional y las necesidades del individuo. Asimismo, asesoran a los líderes de la organización, institución, corporación o compañía. Los capellanes son una voz sobre temas de moral y comportamiento ético. Los capellanes son una parte crítica del equipo de liderazgo y brindan una fuente de fe, esperanza, seguridad y claridad, especialmente en tiempos de incertidumbre. Son una presencia tranquilizadora y reconfortante en momentos de tragedia e incertidumbre. La perspectiva de los capellanes puede ser valiosa para los líderes al responder a las crisis. Los capellanes detectan problemas y brindan apoyo a los líderes que requieren atención. La mayoría de los líderes valora lo que los capellanes aportan al individuo y a la institución, y les da la bienvenida como parte del equipo de respuesta ante la crisis. Un alto mando militar lo describió así:

> La imagen de un capellán ministrando a tropas heridas en batalla es un consuelo para mí, una calma en medio del caos, un ejemplo considerado de fe y compañerismo, un enfoque de liderazgo a través del caos donde la incertidumbre y la volatilidad pueden convertirse en una carga pesada con el tiempo. Cuando era un joven comandante de escuadrón, un sargento mayor se suicidó en mi unidad. La Fuerza Aérea hace gran hincapié en la participación y el liderazgo del comandante para prevenir el suicidio. Me culpé a mí mismo por la tragedia. A pesar de mi profunda fe, en un momento de caos me desvié de mi propósito y me concentré en lo esencial: en cómo podría haber evitado lo ocurrido. El capellán de mi unidad vio que estaba sufriendo, me preguntó si podía ayudarme, rezó conmigo y me ayudó a recuperar la concentración en el liderazgo de la unidad mientras lamentábamos una pérdida.[2]

Las instituciones u organizaciones de capellanía suelen seleccionar un símbolo para distinguir a los individuos como capellanes. En el servicio militar, por ejemplo, los capellanes cristianos

---

[1] El capellán mayor general Steven Schaick, 19.° Jefe de Capellanes del Departamento de la Fuerza Aérea de los Estados Unidos, hizo esta observación como punto central de su video de capacitación de 2020 para el personal del Cuerpo de Capellanes de la Fuerza Aérea de los Estados Unidos.

[2] Este general de la Fuerza Aérea compartió sus pensamientos en un correo electrónico.

visten una cruz latina, los rabinos llevan una tableta y los imanes portan una media luna.[1] El logotipo del Instituto Marsh para Capellanes, una lámpara de huracán con luz radiante, simboliza a los capellanes que llevan mensajes de aliento, esperanza y apoyo en medio de la tormenta. Los capellanes no buscan refugio en la seguridad, sino que se adentran en el peligro para acompañar a aquellos que luchan con el peligro, la confusión, la angustia, la soledad, el aislamiento, el trauma, la tragedia, la convulsión, la incertidumbre, la impotencia, la desesperanza y la pérdida. Al hacerlo, los capellanes marcan una verdadera diferencia.

¿POR QUÉ SER UN CAPELLÁN?

¿Por qué alguien querría ser capellán y desempeñar su labor? ¿Por qué una organización querría capellanes en su equipo? ¿Por qué atender las necesidades de los demás? ¿Qué tiene el poder suficiente para motivar a alguien a recorrer los pasillos de un hospital, las celdas de una prisión, los campos de batalla de una guerra, las oficinas de una corporación, las calles con la policía, los refugios para personas abusadas, las comunidades de ancianos o cualquier lugar donde los capellanes atienden? ¿Por qué acercarse al paria, al incomprendido y al ignorado? Las respuestas a estas preguntas son tan complejas y diversas como las personas y las instituciones a las que sirven.

Un conocido una vez me dijo: "Si puedes hacer cualquier otra cosa que no sea el ministerio profesional, entonces hazla. Sin embargo, si Dios te ha llamado y crees que tu vocación es el ministerio, no querrás hacer otra cosa". Esta creencia en un llamado divino al ministerio proporciona una motivación fundamental para perseverar a través de la preparación y la entrega a la capellanía. No obstante, uno debería explorar este asunto más a fondo y considerar otras razones para convertirse en capellán. Simplemente decir: "Dios me llamó a este ministerio" puede eclipsar otros factores que necesitan un descubrimiento personal. Algunos buscan el ministerio como un apaciguamiento a Dios o a otros. Algunos se convierten en capellanes para escapar de situaciones difíciles en el ministerio. Otros buscan poder percibido o acceso a una institución. Algunos buscan estabilidad financiera. En cada caso, un capellán necesita preguntarse: ¿las necesidades que se atenderán serán las del capellán o las de los demás?

---

[1] El simbolismo de los capellanes militares ha evolucionado. Inicialmente, el ejército utilizaba un báculo de pastor para todos los capellanes. Sin embargo, con el tiempo, las fuerzas armadas desarrollaron diferentes símbolos para los distintos grupos religiosos.

Considerar estas preguntas:

- ¿Cómo determina su relación con Dios su sentido de identidad?
- ¿Cree usted que Dios lo ha llamado al ministerio profesional?
- ¿Entiende esta vocación en un sentido amplio o en un sentido estrecho?
- ¿Es el llamado a una institución o a un estilo de ministerio específico?
- ¿Cuáles son los requisitos educativos y de certificación?
- ¿Cuáles son los requisitos institucionales?
- ¿Requiere estándares físicos?
- ¿Está usted buscando agradar a alguien más al ingresar en la capellanía?
- ¿Quién puede sentirse decepcionado con su decisión de convertirse en capellán?
- ¿Quién se alegrará de su decisión?
- ¿Tiene un corazón compasivo hacia los demás, pasión por marcar la diferencia y determinación para involucrarse?

Servir como capellán puede significar largas horas, demandas constantes y trabajar dentro de una institución laica o con un grupo especializado de personas. Ser capellán puede implicar apoyar a líderes que no comprenden ni valoran su labor. Los capellanes deben comprender y articular el valor de su trabajo como esencial para la misión de la institución. El ministerio de un capellán, por muy exigente que sea, es igualmente gratificante.

EL CRECIMIENTO DEMANDA

La capellanía es el ministerio de más rápido crecimiento en los Estados Unidos. Ya común en los ámbitos militar, de atención de la salud, correccional, legislativo, corporativo y de primeros respondedores (policía, bomberos y paramédicos), la capellanía se está expandiendo a otros contextos: ayuda en casos de desastre, deportes, recreación, parques nacionales, cruceros, organizaciones cívicas, comunidades de jubilados y grupos de interés especial.

Tradicionalmente, los seminarios se centraban en preparar ministros para el servicio denominacional en iglesias locales, con poca atención prestada a la capellanía. Por lo general, los capellanes pasaban del ministerio pastoral al ministerio de capellanía. Luego eran formados en programas clínicos o en escuelas especializadas que los reorientaban hacia el ministerio intercultural. Hoy, los seminaristas esperan un enfoque diferente. Muchos ya sienten un llamado a la capellanía y están ansiosos por perfeccionar sus habilidades como capellanes mientras están en la escuela.

Además, las actitudes hacia quienes se interesan por la capellanía están cambiando. Los pastores y miembros de la iglesia solían ver a quienes ingresaban en la capellanía como si abandonaran el "ministerio real". Sin embargo, la mayoría entiende ahora que la capellanía es un ministerio especializado y que es igualmente relevante.

Debido a estos cambios de actitud hacia la capellanía, las escuelas teológicas ofrecen más programas centrados en la capellanía. Wendy Cadge *et al.* señalaron que, en 2020, aproximadamente setenta de las 270 escuelas miembros, candidatas y afiliadas de la Asociación de Escuelas Teológicas (Association of Theological Schools, ATS) contaban con algún programa especializado en capellanía.[1] Tres años más tarde, Wendy Cadge y otros registraron que este número había aumentado a 107 escuelas teológicas con capellanía o títulos en atención espiritual.[2]

El auge de la capellanía también ha conllevado un aumento de la formación clínica. La Asociación de Educación Pastoral Clínica (ACPE) fue el estándar durante muchos años y utilizó el entorno hospitalario como su aula. Hoy, otras organizaciones ofrecen capacitación clínica, y muchas utilizan un modelo de entrega híbrido y un centro de ministerio comunitario como foco de la formación clínica. Un ejemplo destacable es Educación Pastoral Clínica Internacional (CPEI). La Comisión de Acreditación de Educación a Distancia (DEAC), reconocida por el Departamento de Educación de los Estados Unidos y el Consejo para la

Acreditación de la Educación Superior (CHEA), acreditó a CPEI en 2024.

- Los resultados institucionales de CPEI abordan el beneficio para el estudiante de capellanía.
- Ofrecer programas educativos que permitan a los alumnos automotivados e independientes adquirir competencias básicas.
- Preparar a los estudiantes para funcionar como cuidadores

[1] Wendy Cadge *et al.*, "Training Chaplains and Spiritual Caregivers," *Pastoral Psychology* 69 (2020): 187–208. Cadge, a sociología profesor, sorteos estas conclusiones de a encuesta de veintiuno escuelas ofrenda educativo programas para capellanes.

[2] Wendy Cadge *et al.*, "What Are Chaplains Learning?" https://chaplaincyinnovation.org/resources/working-papers/supply-side, consultado el 24 de agosto de 2024.

pastorales competentes y supervisores/instructores en el campo, y calificar para la acreditación.

- Evaluar el aprendizaje de los estudiantes y la eficacia institucional para mejorar el rendimiento de estudiantes y educadores.
- Proporcionar oportunidades de desarrollo profesional para mejorar el aprendizaje a lo largo de la vida.
- Llevar a cabo una planificación fiscalmente responsable que equilibre el compromiso de la institución con la excelencia académica.

A medida que menos estadounidenses se identifican con afiliaciones religiosas específicas, el interés por la espiritualidad sigue siendo fuerte. Tal vez esta tendencia contribuya al crecimiento significativo del ministerio de capellanía en los Estados Unidos y en el extranjero. El camino para convertirse en capellán puede ser el de un voluntario con una preparación básica y habilidades limitadas, o bien una larga y ardua aventura que requiere años de educación, formación y certificación. Sea cual sea el camino que elija, su trayectoria debe comenzar con la respuesta a una vocación sagrada, seguida de una preparación exhaustiva, orientación y aprendizaje continuo. Existen numerosas oportunidades para capellanes dispuestos a aceptar el reto. Seguiremos necesitando capellanes ansiosos por caminar junto a otros, buscando comprender sus historias y descubrir juntos lo que Dios desea para nuestras vidas.

PREGUNTAS DE REFLEXIÓN

¿Es el reconocimiento o la representación de lo santo en la vida y el ministerio de un capellán algo importante? ¿Por qué sí o por qué no?

En términos sencillos, este capítulo define a un capellán como "un recordatorio visible de lo santo". ¿Es adecuada esta definición? ¿Cómo da forma o influye esta definición en el ministerio de un capellán?

¿Qué elementos considera más importantes en la definición más completa de capellanes utilizada en este recurso? ¿Por qué?

Algunas organizaciones están sustituyendo el título "proveedor de cuidado espiritual" por "capellán". ¿Cree usted que "capellán" es anticuado y debería ser cambiado? ¿Por qué sí o por qué no?

FORMACIÓN ESPIRITUAL Y LA LLAMADA

Dr. Jim Spivey

¿Te has preguntado alguna vez acerca de tu vocación al ministerio? ¿Te has sentido alguna vez vulnerable, solo y derrotado hasta el punto de querer rendirte porque todo en tu vida parecía desmoronarse?

Yo sí—más de una vez. Tenía treinta y cinco años: era esposo y padre, pastor, reservista del Ejército y estudiante de doctorado en Inglaterra, cuando me golpeó por primera vez. Había sido "pasado por alto" para un ascenso importante. Mi supervisor de doctorado me dijo que hiciera las maletas y regresara a casa. Nuestra iglesia parecía estar al borde de una división. Y el dinero para sostener a mi familia se estaba agotando.

Cuando le pregunté al Señor por qué estaba pasando todo esto, Él me hizo una pregunta muy simple: "¿Quién eres?"

Respondí rápidamente: "Soy esposo, padre, pastor, capitán y estudiante de doctorado. Y todo eso—toda mi identidad—está bajo ataque."

Entonces Él me preguntó: "¿Quién soy yo?"

Respondí: "Tú eres el Señor Dios."

Él indagó más: "Pero ¿quién soy yo para ti?"

Hubo una larga pausa. Luego dije: "Tú eres mi Padre."

Así que Él volvió a preguntarme la misma pregunta: "¿Quién eres tú?"

Esta vez me despojé de todas las máscaras tras las que me escondía. La bombilla empezó a encenderse. Comenzaba a comprender: mi identidad no era ser esposo, padre, pastor, capitán o estudiante de doctorado. Esos eran roles importantes, pero no esenciales.

Entonces solté, casi sin pensar: "Soy tu hijo."

Y probablemente puedes imaginar lo que Él dijo a continuación. Fue algo como esto:

"Si yo soy tu Padre, quien te creó con un propósito y te ama con un amor eterno, ¿no confías en mí para saber qué es lo mejor para ti? Aun si eso significa no volver a usar un uniforme del Ejército, no obtener ese grado o incluso ser despedido como pastor. ¿Qué otra cosa podrías hacer sino rendirte—como ya lo hiciste años atrás cuando te entregaste a Cristo y más tarde cuando aceptaste tu llamado al ministerio?" Por supuesto, la lección debería haber sido lo suficientemente obvia para que yo la entendiera desde el principio. La identidad es fundamental: es quién soy. Y ahí está la gran diferencia entre mi identidad y todas las demás cosas de la vida: mis vocaciones, los roles que desempeño y la imagen que mantengo. La buena noticia es que me ascendieron, obtuve el título, a la iglesia le fue bien y Dios proveyó abundantemente para mí y mi familia. Ojalá pudiera decir que aprendí mi lección lo suficientemente bien como para no volver a experimentar nunca más una "crisis de identidad". La mala noticia es que aprendo despacio. Más de una vez, el caballero de nuevo me ha hecho esa simple pero dura pregunta: "¿Quién eres?"

PREGUNTAS BÁSICAS

Ya seamos capellanes experimentados o estemos apenas comenzando a preguntar acerca de este ministerio, el mundo de la capellanía desafía a cada uno de nosotros a volver a visitar cuestiones básicas relativas a nuestra identidad espiritual y crecimiento, así como a cómo deberíamos responder al llamado al ministerio. Los capellanes atienden en situaciones que nos desafían a repensar las visiones tradicionales acerca del ministerio. Nos enfrentamos a asuntos que los ministros parroquiales típicamente no encuentran y tratamos con preguntas que casi nunca se hacen. ¿Cómo podemos compartir nuestra fe en entornos pluralistas donde estamos obligados a atender a personas de todas, o ninguna, religión? ¿Cómo afrontamos entornos institucionales llenos de tensión donde nuestros roles como ministros y administradores parecen entrar en conflicto? ¿Cómo podemos colaborar con capellanes cuyas creencias religiosas contradicen las nuestras? ¿Qué pasa si nuestros supervisores esperan que hagamos cosas en contra de nuestra conciencia? En otras palabras, ¿cómo podemos ministrar en entornos seculares con integridad personal y fidelidad religiosa?

El mundo del capellán no es para pusilánimes con convicciones poco claras o débiles. Nos tira en direcciones contradictorias y nos empuja a los límites mismos de nuestros marcos teológicos. Antes de convertirnos en capellanes, es imperativo estar bien arraigados en nuestra fe y comprometidos con nuestras creencias confesionales. Debemos saber qué y por qué creemos antes de intentar ser "todo para todos". De lo contrario, corremos el riesgo de perder el rumbo. Sin embargo, debemos ser flexibles y evitar el dogmatismo que nos incapacita e impide ejercer nuestro ministerio en lugares donde los párrocos rara vez van.

No todos pueden hacer el trabajo de un capellán. Es una vocación única. Somos "llamados" de entre ministros de denominaciones afines para hacer algo bastante diferente y especial. Pero esta vocación también nos coloca en situaciones estresantes que pueden generar dudas sobre nuestro llamado e incluso poner a prueba nuestra identidad como ministros denominacionales. Tales "crisis de fe" o "conflictos de identidad" no se resuelven simplemente conociendo las declaraciones confesionales y aplicando principios teológicos, o utilizando herramientas de gestión para la resolución de conflictos. Por importantes que puedan ser estos enfoques, también necesitamos sondear las profundidades de la formación espiritual y responder a las preguntas más fundamentales que se encuentran en el corazón de estos temas.

En primer lugar, debemos responder a la pregunta: "¿Quién soy yo?". Esta no es solo una pregunta abstracta o filosófica – ¿qué soy como ser humano? Tampoco es únicamente una pregunta teológica general – ¿qué soy dentro del gran esquema de la creación y la historia de Dios? Aunque estas preguntas son importantes, esta es mucho más personal y existencial: ¿quién soy en la esencia de mi ser? ¿Cuál es mi verdadera identidad? ¿Por qué vivo en este tiempo y en este lugar de la historia? ¿Y cómo influye mi identidad en mi propósito de vida?

Cuando respondemos a la pregunta sobre nuestra identidad, comenzamos a entender cómo afrontar con integridad y fortaleza las situaciones llenas de tensión que se presentan en cualquier tipo de ministerio. Nuestra respuesta también plantea tres preguntas adicionales que nos ayudan a poner el ministerio en perspectiva: ¿Cuál es mi llamado (y tengo más de uno)? ¿Cuál es mi rol (y tengo más de uno)? ¿Cuál es mi imagen?

UN CASO ESTUDIAR

¿Cómo podría Abrahám haber respondido a la pregunta de la "identidad"? Inicialmente, fue identificado por su linaje y familia: un semita y hebreo, hijo de Taré, marido de Sarai, hermano de Nacor y Harán, y tío de Lot (Gén 11:10–32). Pero cuando Dios lo llamó para convertirse en una gran nación, su nombre, Abram, que significa "padre exaltado", asumió un nuevo propósito y significado. Entonces pensó que su identidad era ser un patriarca cuyo llamado era bendecir a todo el pueblo. A su favor, confió en Dios y "llamó al nombre del Señor" (Gén 12:1–8).

Pero cuando su identidad patriarcal fue amenazada por el faraón al buscar a Sarai, Abram recurrió al engaño en lugar de confiar plenamente en el Señor (Gén 12:10–20). Aunque Dios lo hizo prosperar y Abram continuó siguiéndolo, aún tenía un punto ciego con respecto a su identidad. Cuando Dios le cambió el nombre a Abraham, "padre de muchas naciones" (Gén 17:1–5), se volvió aún más convencido de que su identidad central era patriarcal. Esto se hizo evidente cuando el rey Abimelec también persiguió a Sara, y nuevamente Abraham mintió para proteger a su familia (Gén 20).

Posteriormente, Abraham experimentó una "crisis de identidad" cuando Dios lo puso a prueba ordenándole sacrificar a su hijo Isaac. Seguramente, Abraham pensó que semejante acto impensable devastaría a su familia y, en su edad avanzada, destruiría cualquier esperanza de cumplir su identidad como patriarca y su llamado a bendecir a todo el pueblo. Pero fue redimido por su voluntad de obedecer, renunciar a su falsa identidad y confiar plenamente en Dios (Gén 11:10; 22:1–18; Heb 11:17–19).

Creo que dos patrones en esta historia se aplican a cualquier persona en el ministerio. El primero ilustra cómo Dios nos fortalece a través de la progresión de nuestra fe: desde su llamado, pasando por nuestros fracasos, a través de las crisis, hasta la redención. El segundo patrón muestra cómo actuamos y nos relacionamos en cuatro niveles del ser: (1) identidad, (2) llamado, (3) rol y (4) imagen.

Progresión de Fe

Al principio, Abraham respondió con fe, pero malinterpretó su verdadera identidad y su llamado. Aunque confiaba lo suficiente en Dios como para seguirlo, puso demasiada confianza en su percepción de sí mismo como patriarca. Esta autosuficiencia debilitó su confianza en Dios y lo llevó a mentirle al faraón. Aun así, Dios permaneció fiel a su palabra, prometió a Abraham un hijo (Gén 15:4) y selló todo con el pacto de la circuncisión (Gén 17:1–14). Este pacto simbolizaba la promesa personal y recíproca mediante la cual Dios se entregó a Abraham y a sus descendientes. A su vez, al circuncidarse, Abraham se entregó a Dios.

Este acto marcó la verdadera identidad de Abraham: en lo más profundo de su ser, no era simplemente un patriarca, sino posesión de Dios. El hecho de que no comprendiera completamente esta verdad se revela en la manera en que actuó de forma autosuficiente y engañosa con Abimelec. Entonces, Dios lo puso a prueba. Al ordenarle que sacrificara a Isaac, Dios le estaba haciendo la pregunta: "¿Quién eres tú?" Finalmente, Abraham lo comprendió. Su identidad no consistía en ser un gran padre, ni el padre de muchas naciones, ni siquiera una bendición para todos los pueblos. Su identidad era simplemente pertenecer a Dios, y nada más.

Lo mismo era cierto de Sara, quien también experimentó crisis de identidad similares que implicaron fracaso y redención. Ella fue totalmente cómplice de Abram al engañar al faraón. Luego, sin confiar plenamente en que el Señor le daría un hijo a Abram, conspiró para dárselo a través de su criada, Agar. Pero su "identidad" no era ser la madrastra de una gran nación. Dios dejó esto claro cuando estableció su pacto con Abraham. Su esposa ya no sería llamada Sarai, la "princesa"; en cambio, sería conocida como Sara, la "reina noble".

Aparentemente, ella no entendió la razón de todo este cambio hasta que oyó a Dios reafirmarle a Abraham que daría a luz a Isaac en su vejez. Sara no solo se rió con incredulidad ante esta revelación, sino que también le mintió al Señor al respecto. Así que, para su sorpresa, cuando Isaac nació, su aparente "identidad" como matriarca de una gran nación parecía segura. Imagine su profundo terror y la amenaza a esa identidad años después, cuando Abraham salió de su tienda un día para sacrificar a Isaac como una ofrenda quemada al Señor. Cuando Dios perdonó la vida de Isaac al proveer el sacrificio del carnero, redimió no solo la verdadera identidad de Abraham, sino también la de toda la familia. Sara era más que una "reina noble", e Isaac no era simplemente "el que ríe". Más profundamente, eran posesión de Dios.

En cierto grado, todos los grandes líderes bíblicos siguieron este patrón. Jacob codició la identidad de jefe tribal y robó la herencia de Esaú y la bendición de Isaac. Su esposa Raquel también comenzó con el pie equivocado. Después de años de matrimonio con el hombre que había recibido la promesa del Señor en Betel, ella continuó aferrándose a los ídolos de su padre e incluso los robó al huir de la casa de Labán. Así pues, en Peniel, cuando Dios cambió el nombre de Jacob a Israel ("Dios prevalece"), redimió ambas identidades. Jacob y Raquel eran más que padres de una gran nación; ellos también eran posesión del Señor. Considere a José. Comenzó como un hijo favorito arruinado, pero Dios lo hizo salvador de Egipto y de su pueblo, Israel. Moisés era un príncipe egipcio, pero Dios lo hizo libertador, profeta y juez de Israel. David era pastor, pero Dios lo hizo rey de un pacto eterno. Pedro era pescador, pero Dios lo hizo pescador de hombres. Jacobo, hijo de Zebedeo, aspiraba a ser el principal ministro de Jesús, pero Dios lo hizo mártir por Cristo. María Magdalena era una mujer poseída por demonios, pero Dios la usó para ayudar a financiar el ministerio de Jesús en Galilea y la transformó en la primera mensajera de la resurrección de Cristo. Saulo era fariseo y un celoso perseguidor de los cristianos, pero Dios lo hizo apóstol de los gentiles.

Todas sus falsas identidades quedaron al descubierto por los fracasos, precisamente en sus puntos de mayor fortaleza. Dios los desafió a enfrentarse a quienes realmente eran en relación con Él, los probó en el crisol de la crisis y luego los redimió para que se convirtieran en algo más de lo que jamás habían imaginado.

En nuestro caminar de fe, todos enfrentamos desafíos similares que nos llevan a una "crisis de fe". Esta es una parte inevitable de nuestro progreso espiritual. Primero respondemos con optimismo al llamado de Dios. Luego tropezamos y fracasamos porque olvidamos nuestra verdadera identidad y confiamos en nosotros mismos, no en Dios. Cuando Dios nos pone a prueba, la consiguiente crisis de fe nos brinda una oportunidad para crecer. Su gracia nos permite confiar más en Él, nuestra fe se fortalece y somos recordados de que nuestra total dependencia y verdadera identidad están en Él.

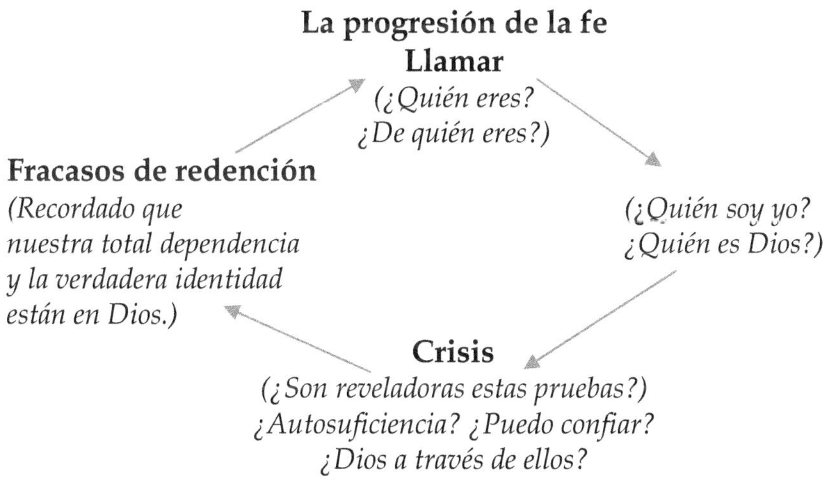

Niveles de Ser

Para afrontar eficazmente las crisis de identidad y los conflictos de rol, también resulta útil entender cómo nos interrelacionamos en diferentes niveles del ser: (1) identidad, (2) vocación, (3) rol y (4) imagen. Nuestra "identidad" responde a la pregunta: "¿Quién soy yo?" Esta es la esencia de nuestro ser, es decir, quiénes somos cuando todas las fachadas han sido despojadas. Es el punto de partida para comprender por qué existimos y para definir nuestro propósito en la vida.

Nuestra vocación es un camino fundamental en la vida. Al buscar cumplir nuestro propósito, es allí donde vivimos y nos desenvolvemos. ¿Dónde solemos caminar y con quiénes interactuamos regularmente para darle sentido a la vida? Una vocación es algo sustancial y más amplio que una vocación profesional o un trabajo. Y la mayoría de nosotros tenemos más de un llamado.

Un "rol" es algún aspecto de nuestro ser que ejercemos para cumplir nuestro llamado. Asumimos roles de diversas maneras: en relaciones primarias, en posiciones clave o en funciones que desempeñamos. Para cada vocación en la vida, ejercemos al menos un rol, pero generalmente más de uno.

Nuestra "imagen" es cómo nos perciben los demás y constituye la base de nuestra reputación. Cuando actuamos con integridad, los cuatro niveles de nuestro ser se alinean: nuestra imagen concuerda con los roles que desempeñamos en los caminos legítimos de la vida, cumpliendo así el propósito para el cual Dios nos creó.

La historia de Abraham ilustra estos patrones. Su identidad era ser posesión de Dios en una relación de pacto. Su llamado no era ir a Canaán ni siquiera seguir a Dios hacia un lugar específico. No; seguir a Dios ya era una parte inherente de su identidad. En cambio, su llamado, como extensión de su identidad, era bendecir a las personas adondequiera que Dios lo condujera. Caminó por varias vías primarias, o vocaciones. Entre ellas estaban su vocación doméstica dentro de la familia, su llamado social entre reyes y jefes tribales y su llamado religioso a obedecer y adorar a Dios.

Sus roles domésticos eran hijo, padre, marido, hermano y tío. Su rol social incluía ser pastor, terrateniente, hombre de negocios y soldado. Sus roles religiosos eran los de patriarca y sacerdote, ya que interactuaba con Melquisedec y construía altares a Dios. ¿Cuál era su imagen? Sus nombres eran "padre exaltado" y "padre de muchas naciones". A los ojos de Dios, fue bendito y justo. Para los seres humanos, era un hombre próspero, rico y piadoso, dedicado a la oración y la devoción, y un poderoso aliado en la batalla.

La Crisis de Fe y Conflicto de Identidad

La mayoría de los grandes líderes bíblicos experimentaron un conflicto de identidad durante una crisis personal de fe. En algún momento, se sintieron confundidos acerca de su identidad, vocación, rol e imagen. Confundieron un rol con su identidad. Cuando ese rol se vio socavado por la crisis, no lograron aceptar su verdadera identidad y recurrieron a la actuación de roles para salvar las apariencias y proteger su reputación. Y fracasaron.

Entonces Dios los hizo pasar por una experiencia de "desierto"—una crisis de fe—durante la cual perdieron la confianza en sí mismos. En esos días oscuros, aprendieron que su identidad no estaba definida por ningún rol—una relación humana, una posición clave o una función que desempeñaban. Dios usó el desierto como una herramienta redentora para despertarlos a quiénes eran y de quiénes eran en realidad. No eran grandes padres ni hijos favorecidos, ni príncipes ni reyes, ni pastores ni pescadores. En cambio, eran simplemente suyos. Se sometieron a profundas transformaciones de identidad que moldearon el resto de sus vidas y afectaron cómo respondieron al llamado de Dios, cómo cumplieron sus roles y cómo percibieron su imagen.

LABORAR FUERA DE NUESTRA IDENTIDAD

De todas las personas, los capellanes necesitan delimitar claramente estas cosas en sus propias vidas. La identidad es fundamental. Es la esencia de nuestro ser en nuestra relación con Dios, y todo lo demás fluye de ella. Nuestro "llamado al ministerio de capellanía" no es nuestra única vocación en la vida. Cada vocación es un camino más amplio que abarca varios roles, solo uno de los cuales es servir como capellán. En este rol, cumplimos nuestra vocación en nuestras relaciones con otros, a través de las posiciones que ocupamos y mediante las funciones que desempeñamos. Todas estas expresiones forjan nuestra reputación como capellanes. Esa imagen es importante. Debemos tener un cuidado razonable en protegerla y mantener una imagen positiva. Más allá de nuestra reputación personal, hay mucho en juego. Debemos tomar en serio cómo otros nos perciben como representantes de Dios.

Pero no debemos volvernos obsesionados con el deseo de éxito ni con el miedo al fracaso. No; las mediciones externas del desempeño en el ministerio no deberían impulsar nuestro ser interior ni definir nuestro propósito. En cambio, ocurre todo lo contrario: nuestra imagen y reputación deberían ser impulsadas por nuestra identidad en Dios. Esto mismo debería aplicarse a todas las vocaciones que ejercemos y a todos los roles que desempeñamos.

Los cuatro aspectos de nuestro ser son importantes y deben estar alineados entre sí. Es una cuestión de integridad personal: debemos hacer y decir lo que somos; debemos ser lo que decimos y hacemos. Pero para que eso suceda, necesitamos reconciliarnos con nuestra identidad.

Lamentablemente, muchos ministros nunca hacen esto, que es lo más fundamental. Otros lo pierden de vista en el camino. Confunden sus funciones con su identidad, y los conflictos de identidad resultantes conducen inevitablemente a crisis de fe. Es especialmente importante que los capellanes comprendan este punto: por extraño que parezca, en el nivel más fundamental de la identidad, no somos capellanes ni siquiera ministros. Esos son roles que desempeñamos.

Este principio se aplica no solo a los capellanes, sino a todos en cualquier ámbito de la vida. En la comunidad, no somos primero miembros de iglesias, ciudadanos, contribuyentes, empleadores o trabajadores. En el hogar, no somos primero madres o padres, hermanos o hermanas, hijos o hijas. Esos son roles asociados con nuestras vocaciones que se derivan de nuestra identidad. Esa identidad se define por nuestra relación con aquello — o con quien — es más importante para nosotros, y esto nos da un propósito en la vida.

Para los cristianos, la identidad está arraigada en Dios, sea cual sea la forma en que la expresemos personalmente: "hijo de Dios", "seguidor de Cristo" o "creyente" son algunos ejemplos. Esto no resta importancia a la identidad corporativa, las normas confesionales ni la solidaridad denominacional. Pero vernos como católicos, bautistas o luteranos no es un sustituto de nuestra identidad central en Dios mismo.

Esta identificación personal con lo divino es similar en otras tradiciones teístas. Los judíos enfatizan el ser parte de una comunidad de pacto, y los seguidores del judaísmo también afirman que Dios puede relacionarse con ellos personalmente, que lo hace, y que los hace responsables individualmente.

Aunque existen muchas ramas del islam, todos los musulmanes se identifican con un movimiento socioreligioso global. Al mismo tiempo, un principio fundamental del islam es la responsabilidad personal ante Alá. Por lo tanto, las identidades centrales de la mayoría de los capellanes teístas están arraigadas, en cierta medida, en su relación con Dios, y la obediencia a Él constituye la base de su llamado al ministerio. Independientemente de la tradición religiosa, esa identidad debe ser singular; de lo contrario, estamos divididos en nuestra mente e inestables en todos los sentidos. Esa identidad es fundamental no solo para el llamado del capellán al ministerio, sino también para el rol que desempeñamos y la imagen que mantenemos como ministros.

El Llamado al Ministerio

Nuestro llamado al ministerio es subjetivo. Su significado varía entre tradiciones de fe y de persona a persona. Técnicamente, significa una vocación profesional (del latín *vocatio*) o un llamado (del latín *vocatus*), mediante el cual Dios llama (del latín *vocare*) al clero a ejercer el ministerio. Pero, en un sentido más amplio y profundamente bíblico, Dios llama a todos los creyentes, clérigos y laicos por igual, a servirle en diversos roles, cualquiera que sea la etapa de su vida en la que se encuentren. Dios llama a algunos a ser fontaneros y a otros, maestros o enfermeros.

Nuestro "llamado profesional al ministerio" no es el camino primario en sí mismo, sino un papel que desempeñamos a lo largo del camino. Algunos lo hacen como pastores, otros como capellanes; algunos a tiempo completo, otros a tiempo parcial. Entonces, ¿cuáles son esas vías principales a las que los capellanes son "llamados" a servir? Hay al menos tres. Una es la "llamada al hogar", a atender a la familia. Otra es la "llamada comunitaria", a colaborar con personas afines para atender a otros. Esta adopta muchas formas, como una congregación local, un grupo cívico o un grupo de afinidad relacionado con un interés especial.

Finalmente, la "llamada al mercado" es el lugar de trabajo donde las habilidades se emplean para ganarse la vida. La mayoría de los creyentes distingue claramente entre su vocación comunitaria y su vocación laboral. Si bien pueden servir voluntariamente en su comunidad (iglesia local), su vocación profesional se encuentra en el mundo secular. En el caso de los capellanes, sin embargo, la línea puede ser borrosa. Su vocación profesional es como ministros religiosos en el mundo secular. Pero en su comunidad (iglesia local), pueden servir como ministros vocacionales o como miembros voluntarios en una capacidad no vocacional.

En cada vocación o camino, los capellanes desempeñan múltiples funciones. Cada función debe estar alineada con una vocación legítima en nuestra vida que exprese nuestra verdadera identidad. La llamada al hogar es asumir roles como miembro responsable de la familia como hijo o hija, padre o madre, hermano o hermana. Es multigeneracional y se extiende a círculos más allá del núcleo familiar. La llamada comunitaria debería incluir la participación en la congregación local; incluye roles como miembro, maestro, diácono y ministro.

La vocación en el ámbito laboral es la de capellán en un entorno secular y pluralista, pero también puede incluir la de pastor de una congregación denominacional. Cuando entendemos cómo nuestros roles están vinculados a llamados específicos, podemos priorizarlos mejor y minimizar el conflicto de roles. A veces, la llamada al hogar tiene prioridad sobre nuestra vocación laboral, o viceversa. En ocasiones, nuestro deber como madre o padre puede prevalecer sobre nuestra responsabilidad como capellán. En otras, puede ser lo contrario. La verdadera fuente del "conflicto de roles" es que solemos confundir un rol en la vida con nuestra identidad central. Este error nos lleva a obsesionarnos con nuestro "trabajo" o con una relación clave. Esta perspectiva miope y desequilibrada puede hacer que nos dejemos absorber por ese papel.

¿Cómo sucede esto? Quizás siempre ponemos a la familia primero para protegerla de las demandas invasivas de nuestro trabajo. O tal vez siempre ponemos el ministerio primero, pensando que esta es la única forma de servir a Dios. De hecho, esto generalmente significa que hemos convertido nuestra vocación en un dios, y a veces simplemente por el afán de éxito. Sin lugar a duda, la imagen es importante, y el éxito puede abrir más puertas para el ministerio.

Pero un afán desordenado de éxito y el deseo de agradar a otros pueden desviar nuestra vocación, comprometer nuestra integridad y hacernos perder de vista nuestra identidad en Dios. Gordon MacDonald, del Seminario de Denver, advierte que las personas "ambiciosas" suelen ser muy competitivas, anormalmente ocupadas y excesivamente gratificadas por sus logros, atrapadas en una búsqueda descontrolada de expansión y con un respeto limitado por la integridad. Él plantea preguntas incisivas y confrontadoras: "¿Somos nosotros, personas ambiciosas, impulsadas por los vientos de nuestro tiempo, presionadas para conformarnos o competir? ¿O somos un pueblo llamado, destinatario del gracioso llamado de Cristo cuando Él promete hacernos algo nuevo?".[1] Más a menudo de lo que pensamos, el "conflicto de roles" ocurre cuando perdemos la perspectiva acerca de nuestra "vocación", y esto se ve agravado por la culpa que sentimos al no lograr todo lo que nos exigimos a nosotros mismos para desempeñar un trabajo perfecto y satisfacer lo que creemos que otros esperan de nosotros. En el ministerio vocacional y en el resto de la vida, mantenemos constantemente una imagen. Aunque esa imagen sea externa, no es estrictamente superficial ni sin importancia. Es la forma

---

[1] Gordon MacDonald, *Ordering Your Private World* (Nashville: Thomas Nelson, 2012), 32-38.

en que los demás nos ven representando a Dios.

¿Cuál es nuestra reputación? ¿Es admirable y aprobada por Él, o es de mala fama? Cada aspecto de nuestra imagen debería derivar de un rol y un llamado legítimos. A su vez, debería expresar aquellos valores que consideramos esenciales en el centro de nuestro ser: nuestra identidad. Esa imagen debería ser coherente con quienes afirmamos ser como hijos de Dios. Si nuestra imagen es impulsada por la gratificación personal, nuestra identidad es egocéntrica. Si nuestra imagen es impulsada solo por las expectativas de otros, nuestra identidad queda vacía, sin sustancia, carácter piadoso ni integridad.

Alineación Adecuada

Una vida íntegra es aquella que mantiene la totalidad del ser—dentidad, vocación, rol e imagen—en armonía. Todos los comportamientos y acciones están vinculados a roles legítimos, basados en llamados dados por Dios y derivados de nuestra identidad en Él. Si cada aspecto de nuestra imagen, cada rol que desempeñamos y cada vocación en la vida están alineados, entonces están bien equilibrados y priorizados de acuerdo con los valores que mantenemos en el nivel de la identidad. Cuando caminamos, hablamos y actuamos con integridad, lo que los demás ven externamente es un reflejo fiel de quiénes somos internamente. No hay lugar para actuar solo para satisfacer a otros o para la autopromoción. Entonces, con la gracia de Dios, cumplimos nuestro rol como capellanes en respuesta a un llamado genuino a caminar junto a otros por caminos dirigidos por Él.

Cuando estamos fuera de alineación, actuamos de manera inconsistente con nuestra identidad profesada. A veces nos comportamos y mantenemos imágenes para las que no poseemos valores correspondientes en el nivel de la identidad. Esto adopta la forma de un comportamiento superficial, generalmente como respuesta a presiones externas, siendo impulsados principalmente por las expectativas de los demás. En otras ocasiones, no vivimos de acuerdo con los valores que profesamos mantener en el nivel de la identidad. Esto adopta la forma de deshonestidad o mala conducta: cuando decimos que creemos de cierta manera, pero no actuamos en consecuencia.

UN LLAMADO AL CAPELLANÍA

Consideremos la trascendencia de cómo respondemos a nuestra pregunta original: "¿Quién soy?". Esa respuesta motiva todo lo demás en el ministerio: vocación, rol e imagen. Determina cómo establecemos prioridades y cómo elegimos ministrar. Gran parte de la formación de capellanes se centra, con razón, en cómo "ejercer el ministerio". Pero nunca debemos confundir roles e imagen con identidad; no debemos confundir el hacer con el ser. Esto plantea una cuestión crucial sobre el vínculo vital entre nuestra identidad y nuestros roles. Ese vínculo es nuestra vocación. Nos lleva a preguntarnos: ¿cuál es realmente la "vocación del capellán"?

El ministerio de capellanía no es una vocación en sí misma; es un rol que cumple uno de los llamados de Dios en nuestras vidas. Nuevamente, debemos recordar que nuestra identidad esencial no es "capellán" ni siquiera "ministro". Estos son roles que desempeñamos. Deberían estar informados constantemente por una reflexión cuidadosa sobre a quién Dios nos llama a "ser", más que por lo que Él espera que "hagamos". En este punto, la conclusión de Paul Beasley-Murray acerca del llamado al liderazgo pastoral se aplica igualmente al ministerio de capellanía.

> El llamado al liderazgo pastoral es, en primer lugar, un llamado a ser, más que un llamado a hacer. Es en la relación con Dios donde se encuentra la autoridad del liderazgo. Por lo tanto, los pastores no tienen otra opción que centrarse en su relación con Dios. Esta relación es primordial. Descuidarla anula el ministerio.[1]

PREGUNTAS DE REFLEXIÓN

También, a menudo, comenzamos nuestro camino en el ministerio preguntándonos: ¿qué significa? ¿Qué desea Dios que haga? Dada su lectura, ¿es esta una buena pregunta o una pregunta mal dirigida? ¿Por qué?

¿Qué le impulsa a considerar convertirse en capellán?

¿Por qué es importante saber en qué cree y por qué antes de entrar en un ministerio donde es pastor para algunos, pero capellán para todos?

¿Puede describir una situación en la que su trabajo en entornos seculares podría suponer un desafío para su integridad personal y su fidelidad religiosa?

---

[1] Paul Beasley-Murray, *Dynamic Leadership* (Oxford: Monarch Books, 1990), 198-99.

COMPETENCIAS PROFESIONALES

Capellán Dick Millspaugh

Si consideras la capellanía profesional como una posible opción vocacional, podrías explorar varias preguntas. ¿Me siento llamado? ¿Aquellos que me conocen bien—mi familia, mis amigos y mi comunidad de fe—afirman también ese sentido de llamado? ¿Cuáles son mis intereses? ¿Cuáles son mis aptitudes? ¿Qué especialidades dentro de la capellanía podrían adaptarse mejor a mí?

Las pruebas y la orientación vocacional, las entrevistas con capellanes y líderes religiosos en ejercicio, así como la investigación sobre los estándares de las organizaciones de capellanes, pueden ayudar a responder esas preguntas.

Dos preguntas adicionales son igualmente cruciales: ¿Cuáles son mis competencias actuales? ¿Estoy dispuesto a aprender lo que aún no sé? Mi educación en el ministerio hospitalario comenzó cuando una paciente me despidió de su habitación. Yo era estudiante de segundo año de seminario y capellán residente a tiempo parcial en un programa de Educación Pastoral Clínica (CPE).

La semana anterior, la paciente me había confiado sus temores acerca de la cirugía que se le realizaría: extirparle el labio inferior, crear un injerto en su antebrazo y suturarlo a lo que quedaba de su labio. El procedimiento requería mantener su brazo atado a la cabeza hasta que el flujo sanguíneo se restableciera. Luego tendría que someterse a más cirugías faciales.

Yo hice lo que pensé que cualquier capellán competente haría: le hablé de sus excelentes cirujanos, de las enfermeras compasivas y de la calidad del hospital. Le aseguré que estaba seguro de que todo saldría bien.

La semana siguiente volví a verla en la unidad abierta de doce camas. No la encontré. Volví a buscar. Finalmente, me di cuenta de que debía de ser la paciente con el brazo sobre el rostro, atado a la cabeza con vendas blancas. Caminé hasta su cabecera y me presenté como el capellán. Inmediatamente—y digo inmediatamente—me gritó: "¡Fuera de aquí, capellán! Tú dijiste que mi cirugía iba a salir bien, y no fue así. ¡Sal de aquí!". No tenía ni idea de por qué la paciente estaba tan enfadada conmigo. Anticipé que me expulsarían del programa de formación de capellanes. Con miedo, inquietud y una vergüenza tremenda, informé del incidente a mi supervisor delante de los demás capellanes residentes. Me animaron a reflexionar sobre mi creencia de que los buenos capellanes deben asegurar a los pacientes que recibirán una atención excelente y que todo saldrá bien. Mi colega me desafió a considerar el impacto que mi ministerio actual había tenido en la paciente.

Aún hoy puedo visualizar a aquella paciente y recordar aquel encuentro. Doy gracias a Dios por ella. Me ayudó a comprender que necesitaba entenderme mejor a mí mismo. Tenía que profundizar en mis propias motivaciones y creencias antes de poder comprender verdaderamente a los pacientes y cuidar de ellos de manera auténtica. Esa paciente, que estaba enojada y dolida, me ayudó a descubrir una base fundamental de la capellanía profesional: el desafío del desarrollo de la competencia, que comienza con la autoconciencia y el autocontrol.

¿QUÉ SON COMPETENCIAS?

Los profesionales definen las competencias de diversas maneras: conocimientos, habilidades, aptitudes, motivaciones y roles. Para nuestros fines, sugiero que las competencias de capellanía son comportamientos que generalmente resultan en un grado de sanación espiritual, consuelo, conocimiento y aceptación. Las competencias son informadas por el conocimiento, refinadas por la retroalimentación y la reflexión, y fortalecidas por la práctica. Crecer en competencia requiere un afán no defensivo por aprender y la capacidad de mirarse de manera objetiva y compasiva, examinando las propias actitudes, supuestos, conocimientos y actuaciones. Buscar el aporte de educadores competentes y autoconscientes en el cuidado pastoral aumenta la objetividad. En contraste, las personas que necesitan ser "perfectas" y competir con otros para ser "las mejores" tendrán dificultad para aceptar la retroalimentación honesta que se requiere para el crecimiento personal y profesional.

La paciente que me pidió que saliera de su pabellón me ayudó a reconocer mi falta de autoconciencia. Como no era consciente de mis propias motivaciones, era incapaz de ser una presencia que la escuchara con atención y profundidad. Comprendí que mis palabras de consuelo no buscaban tanto calmar sus miedos, sino aliviar mi propia ansiedad. Convertirse en un capellán competente es una experiencia profundamente humilde; con frecuencia, un camino incómodo hacia el autoconocimiento. Descubrí que mis palabras no ayudaban a los pacientes a experimentar la presencia reconfortante de Dios. Desde entonces, he aprendido que el consuelo divino suele manifestarse a través de una relación transparente y vulnerable entre el paciente y el capellán.

Martín Buber se refirió a este tipo de encuentro honesto como una relación "Yo-Tú", en contraste con la relación "Yo-Eso".[1] Aprendí que estaba tratando a la paciente como un "Eso", un objeto al que le prescribía lo que yo pensaba que necesitaba. Descubrí que el ministerio del capellán rara vez consiste en hablar de la fe de uno o en ofrecer garantías de que todo saldrá bien.

Por otro lado, las personas a menudo experimentan la presencia de Dios cuando un capellán se atreve a unirse a ellas tanto en circunstancias vitales como en desafíos que provocan miedo, ansiedad e incertidumbre, o en momentos de gracia inesperada que traen alivio y alegría.

IDENTIFICACIÓN Y GESTIÓN DE LA ANSIEDAD

Aprendí que necesitaba identificar, ser consciente de y contener mi propia ansiedad para poder estar presente, sin ansiedad, con los pacientes en su ansiedad. El paciente que visité temía un resultado quirúrgico negativo y, sin darme cuenta, desencadenó mis propios miedos a la incertidumbre y a la muerte.

Generamos pensamientos ansiosos sobre el futuro cuando anticipamos un resultado no deseado, con algún tipo de consecuencia negativa. La "ansiedad por el desempeño" puede surgir en un rol determinado cuando factores culturales, profesionales o institucionales influyen en las normas que se espera cumplir — por ejemplo, cuando un alumno debe obtener una calificación de "aprobado", se espera que los pacientes mantengan un promedio aceptable o que las visitas de un capellán les ayuden.

Creo que los estudiantes que desean aprender nuevo material o desarrollar competencias, por lo general, se desempeñan a un nivel más alto cuando pueden: (1) identificar pensamientos específicos que generan ansiedad frente a una tarea concreta; (2) cambiar comportamientos y pensamientos por otros más realistas y útiles; y (3) practicar pensamientos y comportamientos calmantes.

Los pensamientos despectivos que generan ansiedad a menudo predicen pérdida de control y fracaso, o incluyen comentarios internos sobre no ser lo suficientemente bueno. Para cualquiera que tenga una

---

[1] Martin Buber, *I and Thou* (tr. R. G. Smith; New York: Scribner, 1958). En español, véase Martin Buber, *Yo y tú* (Barcelona: Herder Editorial, 2017).

historia de pérdida o trauma, en la que aspectos importantes de su vida estuvieron fuera de su control, esta ansiedad puede ser profunda. Esto es especialmente cierto en el caso de los niños, que no poseen las habilidades de afrontamiento propias de un adulto. Tienden a culparse a sí mismos por aspectos negativos de sus vidas sobre los cuales no tenían control y arrastran la autocrítica y las predicciones de fracaso hasta la edad adulta.

Entonces, cualquier tarea nueva puede conllevar la percepción de una amenaza de fracaso, generando ansiedad que dificulta el aprendizaje o la adquisición de competencias. Identificar y cuestionar las predicciones negativas sobre el aprendizaje futuro mediante el análisis del propio desempeño real requiere práctica. Gradualmente, una persona puede avanzar. Pasé de la postura de: "Soy un fracaso; nunca soy lo suficientemente bueno; seguramente arruinaré esta próxima tarea", a la postura de: "He aprobado la mayoría de mis cursos, incluso cuando he fallado uno o dos exámenes; por lo tanto, es muy probable que también apruebe este". Con el tiempo, desarrollar esta habilidad libera energía que puede emplearse en el aprendizaje.

Desarrollar comportamientos y pensamientos de autoconsuelo es el siguiente paso para prepararse para comprometerse con el aprendizaje de competencias con menos ansiedad. Tales comportamientos pueden encontrarse con un poco de investigación e incluyen la meditación, la oración, los ejercicios de respiración, ver la ansiedad como una emoción y cambiar las predicciones negativas por predicciones positivas y realistas. También incluyen prácticas generales de salud: dormir lo suficiente, hacer ejercicio, comer bien y mantener relaciones sociales positivas. Otro pensamiento poderoso y calmante es reconocer que aprender una competencia es un proceso de múltiples etapas, como se explica en la próxima sección. Darse a uno mismo permiso para aprender con el tiempo, a través de diferentes niveles, reduce la expectativa autoimpuesta e irreal de rendir a la perfección lo antes posible.

APRENDIENDO COMPETENCIA

Las competencias básicas de los capellanes incluyen comportamientos que construyen relaciones saludables de confianza, honestidad, fidelidad, respeto, mutualidad, comunicación abierta y amor. Este amor busca comprender la visión del mundo de los pacientes y los acompaña en el descubrimiento de un camino hacia adelante.

Mi encuentro anterior con la paciente ilustra lo que el experto en gestión Martin Broadwell describió como un proceso de desarrollo de competencias en cuatro niveles:

Incompetencia inconsciente: "No sé lo que no sé".[1] Era inconscientemente ingenuo. Pensaba que los capellanes competentes compartían su fe y transmitían tranquilidad a los pacientes respecto a la excelente atención médica y de enfermería. Si se preguntan por qué compartir la propia fe y asegurar a un paciente hospitalizado que recibirá la mejor atención no necesariamente indica la competencia de un capellán, es una buena pregunta. Yo también me la hice. Me di cuenta de que aún tenía mucho que aprender.

Incompetencia consciente: "Sé que no sé". Mi encuentro con la paciente enojada y, más tarde, los comentarios clínicos, me enseñaron que mi bienintencionado "cuidado pastoral" podría haber causado más daño que bien. Experimenté una incómoda disonancia entre mi autoimagen de ser un capellán competente y la realidad de mi incompetencia. Con una nueva autoconciencia, tuve que tomar una decisión. Mi inseguridad interior y mi necesidad de ser perfecto me tentaban a ver los comentarios de mi supervisor como una prueba de que no era lo suficientemente bueno. Creía que había fracasado y que no merecía mentoría. Consideré negar esta nueva realidad de mi incompetencia. Podía optar por culpar a la paciente y defender mi autoimagen, o podía aceptar la posibilidad de un nuevo aprendizaje. Con considerable aprensión, elegí lo último: pedí comentarios honestos a quienes sabían más sobre capellanía que yo. Reflexioné sobre lo que escuché de mi supervisor y de mis colegas y, con oración, busqué una sabiduría más profunda. Me hice varias preguntas:

¿Cómo llegué a mis creencias? ¿Cómo me habían ayudado esas creencias en el pasado? ¿Por qué ya no me servían a mí—y, más importante aún—a mis pacientes? Probé nuevas estrategias con los pacientes siguientes y presté atención a los resultados. Estos esfuerzos me permitieron adquirir nuevas competencias.

Competencia consciente: "Estoy aprendiendo". Al darme cuenta de que mis falsas seguridades surgían de mi ansiedad, pude decidir conscientemente cómo calmarme. Mi supervisor me ayudó a entender la diferencia entre empatía y simpatía, y entre sentir lástima o compasión por el paciente. Tal autoanálisis fue un trabajo arduo, pues me di cuenta de cuánto tenía que aprender y sentí el dolor de percibirme

---

[1] Las cotizaciones iniciales para cada arena son de Seth Eisenberg, PAIRS ESSENTIALS, A PAIRS Curriculum for Successful Relationships (Hollywood, FL: PAIRS Foundation 2010-12), 12.

menos competente de lo que creía. Evaluaba constantemente mis interacciones, consciente de que mi motivación era actuar en el mejor interés del paciente y de que esta estaba entrelazada con mi historia personal. Intentaba tratarme a mí mismo sin juzgarme, con la confianza de que podría aprender con el tiempo. Cuando acepté mi miedo y mi ansiedad, y practiqué la presencia empática, noté que mis pacientes parecían beneficiarse más de mis visitas. Me pedían que los volviera a ver. Aunque fue difícil crecer en autoconocimiento, autoanálisis y control de la ansiedad, resultó aún más gratificante ver cómo mis visitas les brindaban consuelo.

Competencia inconsciente: "Sé cómo hacerlo y puedo hacerlo casi automáticamente". Mi competencia creció a trompicones, ciertamente no de forma lineal. Empecé a observar patrones en mi propio comportamiento, generados por la ansiedad. Aprendí y me volví más reflexivo al escuchar. Aprendí a adaptar mis respuestas a las necesidades expresadas por los pacientes y, a veces, a las reales, pero no declaradas. Tuve que trabajar en dejar de sentirme responsable de "arreglar" al paciente.

Los capellanes adquieren mayores habilidades a medida que aceptan la retroalimentación de los profesionales de la atención pastoral, colegas, pacientes y personal. Su pericia aumenta a medida que estudian el campo y practican la autoobservación y la reflexión. Después de mucho trabajo, los capellanes pueden llegar a ser expertos en brindar atención espiritual con poca reflexión consciente y con mucha menos ansiedad. Este camino se basa en una creciente autoconciencia y aceptación de un ser real e imperfecto, dejando ir un ser idealizado. A medida que crece la capacidad de aceptarse a uno mismo, aumenta el deseo de servir a los demás y la capacidad de aceptar a los pacientes tal como son. Con el tiempo, ese servicio puede expandirse para atender las necesidades de la institución y la comunidad, y para enseñar a otros las competencias que el capellán ha aprendido.

¿Tengo lo que se necesita? ¿Lo acepto? ¿Cómo puedo responder afirmativamente a estas preguntas? ¿Me siento llamado a ser capellán? ¿Mi comunidad de fe apoya mi decisión? ¿Comprendo qué me motiva a considerar la capellanía? ¿Estoy abierto a recibir comentarios y críticas constructivas? ¿Estoy dispuesto a crecer en autoconciencia y a aprender las competencias necesarias para convertirme en capellán?

Los grupos de fe, las agencias de certificación y las organizaciones contratantes establecen los estándares para determinar quiénes están calificados para ejercer la capellanía. Los solicitantes potenciales deberían preguntar a estos grupos por su lista de competencias y por cómo evalúan y documentan a los candidatos calificados.

Si pretende buscar educación en capellanía, haga una autoevaluación. Primero, escriba respuestas breves a las preguntas anteriores. Segundo, evalúese utilizando las competencias descritas en el Apéndice 1. No se desanime si no comprende algunas de las competencias. En tercer lugar, después de autoevaluarse, consulte con alguien que lo conozca bien: un educador, consejero o pastor. Pídales que lo evalúen utilizando la misma lista de competencias y solicite su opinión. Comparar su evaluación con la suya puede darle una idea de su nivel de autoconocimiento. Además, puede descubrir puntos ciegos que requieren su atención. Si es inconscientemente incompetente en todas las categorías, probablemente tenga mucho que aprender sobre sí mismo y sobre la capellanía. Casi todos comienzan por ahí. Por otro lado, si descubre poco interés en las competencias de la capellanía, puede necesitar explorar otras vocaciones.

¿QUIÉN NO DEBERÍA CONVERTIRSE EN CAPELLÁN?

La capellanía no es para todos. Por lo tanto, surge la pregunta: ¿Quién debería considerar seriamente no convertirse en capellán?

Aquellos que sienten la obligación de persuadir a otros a adoptar creencias religiosas o de fe específicas. Los capellanes a menudo son vistos como autoridades por aquellos a quienes atienden. Al mismo tiempo, los pacientes, los presos y el personal militar dependen de la buena voluntad de las instituciones que los atienden. Pueden sentir la necesidad de adaptarse a capellanes que, de forma sutil o directa, los coaccionan para que cambien sus creencias religiosas. Los intentos unilaterales y no solicitados de alterar las creencias de quienes dependen del cuidado institucional se consideran poco profesionales, coercitivos, poco éticos y abusivos.

- Aquellos que necesitan ser el único líder. Los capellanes son jugadores de equipo; no son autócratas.
- Aquellos que se resisten a la autoridad. Los capellanes rinden cuentas a grupos religiosos, prestan sus servicios con el respaldo de asociaciones profesionales y trabajan bajo la supervisión de las instituciones que los contratan. De este modo, los capellanes responden a autoridades laicas, profesionales y religiosas, así como a su deidad.

• Aquellos que no son aprendices de por vida o piensan que ya saben todo lo necesario para ser eficaces. La capellanía es una profesión en evolución. El requisito de mantener la competencia profesional y adaptarse culturalmente a las necesidades institucionales y de la vida está en constante cambio.
• Aquellos que no desean ser responsables y rechazan documentar su trabajo.
• Aquellos que no aceptan entornos multiculturales y multirreligiosos.
• Aquellos que no pueden afrontar con regularidad el trauma, la muerte o situaciones que cambian la vida.

He disfrutado de las bendiciones de ser capellán. La capellanía ha satisfecho mi necesidad de servir a los demás y de crecer en mi comprensión de la ciencia, la medicina, la religión, la espiritualidad, las relaciones y de mí mismo. Los capellanes sirven en una amplia variedad de entornos. Para convertirse en un capellán competente, profesional y certificado, es necesario aprender dentro de una comunidad que incluye educadores, colegas, grupos religiosos, instituciones educativas, personal y a las personas a quienes se sirve. Cada una de estas entidades realiza contribuciones únicas para ayudar a los capellanes a volverse competentes, confiados y seguros en la prestación de atención pastoral. Al explorar las competencias del apéndice, les deseo bendiciones al tomar decisiones sobre su trayectoria vocacional.

PREGUNTAS DE REFLEXIÓN

Recuerde a alguien cuya presencia o comportamiento lo consoló o fortaleció. Escriba un párrafo describiendo cómo fue ayudado y por qué, detallando lo que hizo esa persona, cómo escuchó, o lo que dijo o no dijo. Sea específico.

¿Cómo sabe usted cuándo se siente ansioso? ¿Cómo responde a otros cuya situación o comportamiento aumenta su ansiedad? ¿Qué hace usted para calmarse cuando se siente ansioso?

Diferentes organizaciones y autores abordan las competencias para capellanes desde diversas perspectivas. ¿Cómo reflexiona usted sobre la lista de competencias articulada por Dick Millspaugh y cómo se compara o contrasta con cualquier otra lista de competencias de capellanía (por ejemplo, la Asociación de Capellanes Profesionales)?

De la lista de competencias de Dick Millspaugh, ¿cuáles tres competencias creen usted que son las más importantes para los capellanes y por qué? ¿Cambiarían esas tres competencias en importancia según el rol principal o el nivel de responsabilidad, a medida que evoluciona dentro de la institución?

Dick Millspaugh afirma: "La capellanía no es para todos", y enumera siete preguntas que uno debería responder para aclarar quién no debería convertirse en capellán. Elija dos y exponga si está de acuerdo o en desacuerdo con esa evaluación.

SECCIÓN DOS

¿CUÁLES SON LOS FUNDAMENTOS DEL MINISTERIO DE CAPELLANÍA?

BASE ESPIRITUAL

Dr. Jim Spivey

Los capellanes cumplen una vocación sagrada al acompañar y brindar apoyo profesional y cuidado espiritual a todos dentro de sus comunidades seculares distintivas, las cuales autorizan su ministerio y los sostienen mediante la rendición de cuentas.

Una "vocación sagrada" sugiere que este ministerio es una empresa santa. Los capellanes están, ante todo, arraigados en una relación personal con Dios, de quien sentimos un llamado a un destino divino (Ef 4:4; Fil 3:14; Heb 3:1). Tenemos nuestras raíces en una comunidad de fe (Hch 2:41–42; 1 Cor 1:2, 12; Ef 1:19–22; 1 Pe 2:9), dentro de la cual sentimos un llamado santo al servicio ministerial (Rom 1:1; 1 Cor 1:1; 1 Tim 1:9–11; 1 Tim 4:14). Como todo trabajo pastoral, el ministerio de los capellanes no es solo una ocupación, sino una "vocación" mediante la cual Dios nos llama a una confianza sagrada. También es único. A diferencia de la mayoría de los demás ministros, atendemos "en el campo", en instituciones pluralistas fuera de los entornos parroquiales tradicionales (Ef 4:11–12).

Los capellanes "acompañan" a las personas. Aunque somos líderes religiosos, funcionamos más como pastores que caminan junto a sus rebaños (Juan 21:15–17; Hechos 20:28; 1 Pe 5:1–4), como líderes servidores y no como jefes autoritarios (Núm 12:3; Mar 10:42–45; Luc 22:26; Juan 13:5–17). Caminamos delante de la gente no para gobernarla, sino para guiarla, y caminamos junto a otros como amigos (Luc 24:13–35; Juan 15:13–15), por quienes estamos dispuestos a hacer sacrificios personales. Somos compañeros de yugo que comparten las cargas de otros (Mat 11:28–30; Gal 6:2) e intercesores que oran por ellos (Ef 5:1–20; 6:18; 1 Tim 2:1; Sant 5:16).

Los capellanes proporcionan apoyo profesional en la vida secular y religiosa. Somos capaces de emplear dones naturales, habilidades técnicas y dones espirituales para ayudar a nuestras instituciones a cumplir sus misiones con excelencia y para servir como recordatorios visibles y vocales de las realidades sagradas (Éxo 31:1–6; Mat 25:14–30; Rom 12:4–8; 1 Cor 12). En nuestra función secular, debemos sobresalir como administradores, asesores personales, supervisores y defensores de nuestras instituciones. También somos expertos religiosos que ejercen funciones pastorales y proféticas, y servimos como guías éticos y mentores espirituales. Tanto en el ámbito institucional como en el religioso, debemos modelar competencia, integridad, diligencia, carácter piadoso e influencia moral constructiva (Prov 22:29; Ecl 9:10; Mat 5:16; Col 3:23; 1 Tim 3:7; Tito 2:7-8).

Los capellanes brindan "nutrición espiritual" de tres maneras: atención religiosa, atención pastoral y atención espiritual. La atención religiosa aborda las necesidades de grupos religiosos específicos. Al hacerlo, los capellanes funcionan como líderes congregacionales que predican, enseñan, interceden, administran rituales, pastorean a los fieles, defienden creencias religiosas distintivas y asesoran a ministros de tradiciones afines.

La atención pastoral y espiritual abarca, pero va más allá, del ámbito del grupo religioso. La atención pastoral atiende las necesidades prácticas y emocionales de cualquier persona dentro de la institución. La atención espiritual se ocupa de cuestiones existenciales, como la identidad personal, la conexión con otros, el sentido de destino, las preguntas trascendentales y la relación con lo divino.

Los capellanes brindan atención pastoral y espiritual de diversas maneras. Como ministros, pastores y líderes morales, atendemos, pastoreamos y proporcionamos orientación ética a toda la comunidad. Como sanadores espirituales, consolamos, escuchamos, animamos y ofrecemos un ministerio de presencia divina a todas las personas. A nivel individual, también abogamos, defendemos, brindamos asistencia práctica y podemos ofrecer apoyo pastoral a líderes institucionales, independientemente de su afiliación religiosa.

Varios motivos bíblicos sirven de guía para un acompañamiento espiritual ejemplar. Como "pastores", los capellanes deben nutrir, proteger y cuidar a todas las personas a su cargo—no solo a los miembros de su grupo de fe, sino a todos dentro de la institución—(Sal 23; Juan 10:1-18; 21:15-17; Hech 20:28; 1 Pe 5:2). Somos "servidores y ayudantes" que ministramos no solo en lo espiritual, sino también en las necesidades físicas y emocionales (Mat 25:34-40). Como "profetas", somos agentes de cambio que modelan la compasión, la justicia y la humildad; damos un buen ejemplo ético, proclamamos consecuentemente la Palabra de Dios y hablamos con autoridad moral (Miq 6:8; 2 Tim 4:2; Tito 2:15). Somos "sanadores" que llevan consuelo a las almas afligidas (Isa 61:1-2; Mar 6:12-13; Luc 10:30-37; 2 Cor 1:3-4). Como "heraldos", proclamamos las buenas nuevas (Mar 1:14-15; 6:4; Rom 10:14-15). En contextos apropiados, evangelizamos, pero nuestra buena noticia abarca más que mensajes de salvación espiritual. Incluye aliviar al pobre, animar a los desposeídos, liberar a las personas de la opresión y la desesperanza, inspirarlas con una visión de esperanza y darles un sentido de propósito último (Luc 4:18–19).

Los capellanes atienden a "todos" porque todas las personas son creadas a imagen de Dios (Gén 1:27; 1 Tim 2:3–4; 2 Pe 3:9). Cada persona tiene igual valor ante Dios, igual acceso a Dios y igual responsabilidad ante Dios. Los capellanes oran por todos y comparten el mensaje de Dios de manera respetuosa y no coercitiva con quienes desean escuchar (2 Tim 2:24–25; 1 Pe 3:15). Realizamos este ministerio en "comunidades seculares distintivas", donde los ministros parroquiales rara vez atienden a una población tan diversa en cultura, etnia y orientación sexual. El panorama religioso es pluralista, con múltiples confesiones y personas sin afiliación religiosa. Los capellanes responden al mandato divino de ser mensajeros en los espacios cotidianos de la vida (Mar 16:15). Actuamos como agentes de transformación. Nuestro objetivo inmediato es ministrar a quienes están en necesidad, independientemente de su trasfondo. Apoyamos el derecho de toda persona a la libertad religiosa y aceptamos de buen grado que esto da lugar a un entorno religioso pluralista. Algunos capellanes se sienten cómodos con esta realidad y se convierten en defensores del pluralismo mismo. Otros lo ven como una consecuencia natural del libre ejercicio religioso y como una condición presente, pero no como una meta final. Su objetivo último no es sostener el *statu quo* (Mat 10:34–39; Juan 17:13–19; Rom 12:2; Ef 4:25), sino cumplir la comisión divina de hacer discípulos del Dios que los llamó (Mat 28:18–20; Mar 13:10; Hech 1:8).

Los capellanes son empleados por instituciones que los "autorizan", los "sostienen" y los hacen responsables. Son enviados al campo por grupos religiosos que los respaldan. Mantenemos nuestro "aval" y, por lo tanto, nuestra empleabilidad, permaneciendo afiliados y en buena situación con nuestros grupos de fe. Sin embargo, es la institución secular la que nos emplea y nos autoriza como ministros y representantes oficiales.

Como resultado, los capellanes se ajustan a las normas organizativas y rinden cuentas a personas con autoridad que los hacen responsables (Rom 13:1–7; Tito 3:1–2; Heb 13:17; 1 Ped 2:13–17). Un modelo para esta relación es el antiguo "código doméstico", que ordena a los siervos obedecer a sus amos (Ef 6:5–8; Col 3:22; 1 Tim 6:1; Tito 2:9–10). En el ámbito laboral moderno, el paralelismo reside en que los capellanes, como empleados, deben obedecer a sus empleadores. Sin embargo, siguen estando bajo la autoridad de Dios. Esto plantea la cuestión de la doble lealtad y el conflicto de roles. La primera lealtad de los capellanes, o su homenaje a su Señor, debe ser hacia Dios (Hech 4:19–20; 5:29). Por supuesto, no debemos hacer nada que desobedezca su Palabra, contravenga su voluntad o viole nuestra conciencia religiosa. También debemos tener cuidado de no comprometer nuestras doctrinas o prácticas confesionales de manera que puedan poner en peligro el respaldo de nuestro grupo religioso (2 Tim 1:13; 3:14–15; Tito 1:9).

PREGUNTAS DE REFLEXIÓN

Jim Spivey afirma que el ministerio de capellanía no es solo una ocupación, sino una vocación por la cual Dios nos llama a una confianza sagrada. ¿Cómo definiría usted el papel que desempeña la "confianza sagrada" en la labor de un capellán?

Jim Spivey afirmó: "Los capellanes sirven a todos porque todas las personas son creadas en la imagen de Dios". ¿Puede usted identificar algún grupo o tipo de personas a quienes le resultaría difícil atender?

FUNDAMENTO CONSTITUCIONAL (EE. UU.)

Dr. Jim Spivey

El fundamento constitucional del ministerio de capellanía comienza con la Primera Enmienda, particularmente con las dos primeras cláusulas: "El Congreso no hará ninguna ley respecto al establecimiento de una religión ni prohibirá el libre ejercicio de la misma".

La Cláusula de Establecimiento prohíbe la religión patrocinada por el Estado, mientras que la Cláusula de Libre Ejercicio impide la violación gubernamental de la libertad religiosa. Originalmente, estas disposiciones se referían únicamente al gobierno federal. Esto significaba que los estados aún podían financiar con fondos públicos a iglesias patrocinadas por el gobierno. Si bien tres estados continuaron haciéndolo, finalmente dejaron de financiar a sus iglesias: Connecticut en 1818, New Hampshire en 1819 y Massachusetts en 1833.

Incluso cuando las constituciones estatales fueron revisadas para fortalecer las garantías de la libertad religiosa, la aplicación estatutaria no fue uniforme ni rigurosa. Esta situación comenzó a cambiar con la aprobación de la Enmienda en 1868. Esta prohíbe a los estados "hacer o hacer cumplir cualquier ley que restrinja los privilegios o inmunidades de los ciudadanos de los Estados Unidos", o "privar a cualquier persona de la vida, la libertad o la propiedad sin el debido proceso legal". Sin embargo, incluso esta legislación no garantizó una aplicación uniforme. Esto no ocurrió plenamente hasta que los derechos individuales fueron sometidos a prueba de constitucionalidad e "incorporados" mediante diversas decisiones de la Corte Suprema.

Las dos cláusulas religiosas funcionan en tensión: la aplicación excesiva de una puede interferir con la otra, especialmente en la capellanía institucional. Subyacente a esta tensión está la relación entre el Estado como institución y la religión como fenómeno cultural. Nuestra percepción de esta conexión depende de cómo respondamos a dos preguntas. Primero, ¿debería el gobierno enfatizar el "libre ejercicio" lo suficiente como para fomentar un entorno que favorezca la religión en general? ¿O debería enfatizar el "no establecimiento" hasta el punto de un laicismo radical que genere distanciamiento? ¿Debe el Estado permanecer totalmente ajeno a cualquier aspecto remotamente religioso? La primera postura da como resultado un Estado de "neutralidad benevolente" que anima a la religión a florecer. La forma más extrema de la segunda posición es una "separación hostil" que intenta hacer que la sociedad sea completamente secular, evitando cualquier intrusión de la religión en ella.

La Primera Enmienda sugiere que el gobierno debería ser benevolentemente neutral respecto a la religión. Pero si las leyes llevan esto al extremo de financiar públicamente a grupos religiosos, las personas no religiosas acusarán al Estado de establecer un sistema de religión civil. Por otro lado, si el Estado hace cumplir el "no establecimiento" con una rigidez excesiva y una mentalidad clínica e impasible, inevitablemente atenta contra la libertad de culto.

El alcance de las dos cláusulas fundamenta tres aspectos de la libertad constitucional: (1) que nosotros, como individuos, podamos creer libremente y actuar razonablemente de acuerdo con nuestras conciencias religiosas; (2) que los grupos religiosos puedan expresar sus creencias y actuar de forma corporativa, sin obstáculos derivados de la intromisión gubernamental; (3) que el gobierno democrático funcione de manera eficaz y sin prejuicios derivados de una intervención religiosa inapropiada.

La Primera Enmienda se erige como una salvaguarda para la libertad religiosa y política, a la vez que permite que la religión y la política se influyan mutuamente. Este hecho produce posturas contrapuestas acerca de la relación adecuada entre la iglesia y el Estado. Algunos sostienen que la Cláusula de Establecimiento exige una separación organizativa entre la iglesia y el Estado y la prohibición de la financiación estatal de grupos religiosos.

Otros sostienen que el Estado debería acomodar el libre ejercicio proporcionando financiación, siempre que esto pueda hacerse de manera justa. Existe una tensión entre estas dos posturas que ha dado lugar a un amplio abanico de interpretaciones, desde la "separación hostil" en un extremo hasta los llamados radicales a la "teocracia" en el otro. En sus numerosas decisiones sobre el tema, la Corte Suprema ha oscilado cerca del centro, entre formas moderadas de separación y acomodación, dependiendo de los méritos técnicos y legales de cada caso. Nuestro derecho al "libre ejercicio de la religión" no se limita a la libertad de creer, sino que también incluye la libertad de actuar conforme a nuestras creencias. Ese derecho a la acción se encuentra explícitamente estipulado en el resto de la Primera Enmienda, que asegura los derechos de expresión, prensa, reunión pacífica y petición. Por lo tanto, somos libres de predicar y enseñar ideas religiosas; de publicar material religioso; de reunirnos en iglesias, sinagogas, mezquitas y templos; y de presentar peticiones al gobierno cuando nuestros derechos religiosos han sido vulnerados. Sin embargo, ninguno de estos derechos es absoluto. La Corte Suprema ha dictaminado que no se permite actuar de maneras que violen deberes sociales legítimos o que representen un peligro grave e inmediato para los intereses nacionales.

La naturaleza de estos derechos no es contractual, y su origen no es el gobierno. El Preámbulo enuncia seis propósitos de la Constitución, siendo el último de ellos "asegurar las bendiciones de la libertad a nosotros mismos y a nuestra posteridad". La libertad es una bendición, y las bendiciones no se ganan ni se negocian mediante acuerdos *quid pro quo*. Son dones, no el resultado de un contrato social. Tampoco tienen su origen en el gobierno. La Constitución garantiza nuestros derechos y obliga al Estado a protegerlos; ni ella ni el gobierno tienen autoridad para otorgar libertad.

La Declaración de Independencia de los Estados Unidos afirma: "Todos los hombres son creados iguales; que son dotados por su Creador de ciertos derechos inalienables, entre los cuales se encuentran la vida, la libertad y la búsqueda de la felicidad". Por lo tanto, las bendiciones de la libertad se originan en Dios, quien las concede por gracia. Al exponer este punto en *Los derechos inalienables de la conciencia* (*The Rights of Conscience Inalienable*, 1791), John Leland añadió que, si concedemos que el Estado tiene el poder de otorgar libertad, también asumimos que tiene el derecho de retirarla. Cualquier intento de coaccionar o restringir la conciencia individual viola un derecho humano fundamental y usurpa la autoridad de Dios.

¿ES EL MINISTERIO DE CAPELLANÍA CONSTITUCIONAL EN LOS EE. UU.?

Los argumentos en contra de los capellanes pagados por el gobierno para proporcionar servicios religiosos han aumentado, ya que algunos sostienen que esto viola la Cláusula de Establecimiento y la separación entre la Iglesia y el Estado. Sin embargo, la capellanía es plenamente constitucional. En la mayoría de los entornos institucionales, el acceso del público a los servicios religiosos es limitado. Esto es particularmente cierto en entornos cerrados, como el militar. Durante el despliegue, el ministerio puede ser proporcionado eficazmente solo por personas contratadas y capacitadas dentro de ese entorno específico y con ese propósito. La eliminación del servicio de capellanía militar limitaría gravemente el derecho de los miembros del servicio a la "libertad de culto".

Existe otra razón igualmente convincente: los capellanes militares son indispensables para la correcta aplicación de la Cláusula de Establecimiento. Como asesores religiosos de los comandantes, trabajan para prevenir el establecimiento de una religión civil y para proteger los derechos de las personas que no practican ninguna religión. La misma lógica se aplica a las instalaciones correccionales. Dado que el Estado encarcela a personas en entornos cerrados, los capellanes penitenciarios son necesarios de manera inevitable para satisfacer las necesidades religiosas de los reclusos y prevenir el institucionalismo.

Las instituciones públicas que cuentan con capellanes se ajustan a la Primera Enmienda en lo que respecta a la libertad de expresión, en proporción a la cantidad de supervisión y fondos que reciben del gobierno y al grado en que funcionan como sistemas cerrados. Los hospitales emplean capellanes como ministros especialmente capacitados para atender a personas en entornos clínicos semicerrados. Aquellos que reciben fondos públicos están sujetos a un escrutinio más detallado en cuanto a su adhesión a la Primera Enmienda. Lo mismo es cierto para los capellanes que prestan servicio en agencias públicas de aplicación de la ley, extinción de incendios y asistencia en casos de desastre, que operan en entornos pluralistas. Las situaciones varían en el mundo empresarial según las políticas de cada empresa, y en hospitales y hospicios privados, que pueden establecer directrices menos restrictivas para los capellanes.

Los capellanes en instituciones públicas están obligados a proteger los derechos religiosos de todas las personas en esos entornos, facilitando el "libre ejercicio" y previniendo el "establecimiento". Lo hacen en sus roles como: (1) representantes de grupos religiosos, (2) ministros para individuos, (3) capellanes para toda la comunidad y (4) profesionales institucionales.

SIEMPRE QUE EL LIBRE EJERCICIO

Como representantes de grupos religiosos, los capellanes proporcionan el "libre ejercicio" al impartir ministerio y enseñanzas basadas en la fe a miembros de su propia denominación y a personas de un trasfondo religioso más amplio pero similar, como el protestante general o el católico romano, ortodoxo, judío o musulmán. Como ministros a individuos, lo hacemos mediante la oración, el asesoramiento, el consuelo, el aliento y el acompañamiento para traer sanación espiritual a todos los miembros de la organización, independientemente de su trasfondo religioso. También abogamos por individuos con necesidades religiosas especiales informando a la institución y haciendo lo posible para asegurar que esas necesidades sean conocidas y atendidas.

Como capellanes comunitarios, hacemos tres cosas. Primero, atendemos las necesidades religiosas de toda la institución, más allá de nuestros propios grupos religiosos. Cuando no estamos autorizados a llevar a cabo ciertas prácticas para otros grupos religiosos, organizamos que otros capellanes o ministros satisfagan esas necesidades. Segundo, para todos los miembros de la institución, llevamos a cabo funciones religiosas como oraciones públicas y servicios conmemorativos. En tercer lugar, cuando la institución lo permite, podemos brindar apoyo pastoral a las comunidades vecinas fuera de la institución.

Como profesionales institucionales, los capellanes proporcionan el "libre ejercicio" al asesorar a los líderes acerca de las necesidades religiosas de toda la institución, desarrollar planes para atender esas necesidades y asegurarse de que todos los miembros de la institución tengan igualdad de acceso al ministerio. Supervisamos a los capellanes subordinados y los integramos en el plan pastoral del cuerpo, asegurando que sus derechos estén protegidos y alentándolos a proporcionar libre ejercicio para todos en la institución. En cuanto a las políticas, los capellanes asesoran a los líderes sobre cómo acomodar la libertad religiosa sin comprometer la misión, perturbar el buen orden y la disciplina, ni sobrecargar los recursos.

Cinco pautas de la Corte Suprema acerca de los límites y el alcance del libre ejercicio son útiles en este punto: (1) Es permisible que las personas crean lo que deseen, pero no actuar conforme a esas creencias de maneras que sean ilegales o inapropiadas para el entorno institucional. (2) Las actividades religiosas deberían permitirse si no son peligrosas y no ponen en riesgo la misión. (3) Las políticas institucionales deben redactarse con neutralidad; no deben discriminar intencionalmente contra ninguna creencia religiosa. (4) Si las políticas infringen las creencias religiosas, deberían reescribirse de la forma menos restrictiva posible, mediante alternativas que aún permitan el logro de la misión. (5) Si las políticas no pueden reescribirse para acomodar las creencias religiosas, la institución puede mantenerlas solo si existe un interés legítimo en juego.

PREVENCIÓN DEL ESTABLECIMIENTO

Como ministros de grupos religiosos, los capellanes se protegen contra el "establecimiento" al no exceder nuestra autoridad ni promover nuestra propia perspectiva como normativa para el resto de la comunidad. Respetamos las creencias y prácticas de otros grupos de fe y trabajamos colegialmente junto a sus capellanes. Aunque se nos permite compartir respetuosamente nuestras propias creencias, no hacemos proselitismo inapropiado hacia miembros de otros grupos religiosos que no están buscando esas respuestas. Como ministros a individuos, los capellanes no manipulan los encuentros personales (asesoramiento, consuelo, servicio o sanación espiritual) para imponer nuestras propias creencias a otros. No nos aprovechamos de relaciones personales con líderes para promover nuestras propias agendas religiosas ni las de nuestros grupos de fe. Cuando realizamos ritos y ceremonias públicas como ministros de la comunidad, lo hacemos con la debida sensibilidad hacia los presentes y con consideración de si la asistencia es voluntaria u obligatoria. Como profesionales institucionales, los capellanes aconsejan a los líderes en contra de políticas que favorezcan a ciertas religiones o que reflejen perspectivas mayoritarias que ignoran las necesidades de las minorías religiosas. Nos aseguramos de que el plan de ministerio institucional esté diseñado para servir a todas las necesidades y requiera que los capellanes se subordinen al apoyo de esas políticas.

Los capellanes caminan una línea delicada en relación con el "no establecimiento". Nos oponemos a cualquier trato preferencial hacia grupos religiosos y protegemos a los no creyentes contra la intrusión religiosa sistémica. Pero tampoco debemos alinearnos con separatistas hostiles que rechazan cualquier apoyo institucional a la religión. Como profesionales institucionales, debemos mantenernos benevolentemente neutrales respecto a religiones específicas y brindar apoyo a una atmósfera que les permita una oportunidad igual de florecer como grupos religiosos. Como líderes religiosos, asignamos recursos institucionales para apoyar programas religiosos que cumplen funciones proféticas y pastorales legítimas.

Nuestras demás funciones, en relación con la ausencia de establecimiento, son más complejas. Una vez más, las directrices del Tribunal Supremo resultan útiles en este sentido. Como capellanes comunitarios que oficiamos ceremonias públicas, debemos tener en cuenta el contexto. ¿Es la asistencia obligatoria o voluntaria, y se trata de un evento religioso o no religioso? Si la asistencia es obligatoria y el evento no es religioso, deberíamos considerar las pruebas de "objetivo secular" y de "efecto primario": se permiten actividades religiosas en dichos entornos si tienen como objetivo lograr un propósito secular y si su efecto primario no es promover la religión. Como profesionales institucionales que asesoran a los líderes sobre qué tipo de apoyo es permisible en la esfera pública, deberíamos considerar la prueba de "involucramiento excesivo": se pueden permitir políticas que den cabida a la religión de forma incidental si eliminar ese apoyo implicaría un involucramiento excesivo de la institución con grupos religiosos.

PREGUNTAS DE REFLEXIÓN

Tras enterarse de que estás estudiando para ser capellán, un compañero de trabajo exclama: "Si tus ingresos como capellán provienen de los impuestos, debe ser inconstitucional, porque eso viola la Cláusula de Establecimiento y la 'separación entre la Iglesia y el Estado'". ¿Cómo responderías a tu amigo?

En ceremonias públicas donde la asistencia es obligatoria, ¿cómo podrían los capellanes adherirse a los principios de su fe y, al mismo tiempo, ser adecuadamente sensibles a todos los presentes?

BASE HISTÓRICA

Dr. Jim Spivey

Al rastrear las raíces históricas de la capellanía moderna en los Estados Unidos, tres hechos establecen el marco de la búsqueda. Primero, los capellanes no son ante todo agentes seculares, sino ministros religiosos; no somos sacerdotes de una religión civil, y nuestro propósito no es sostener una religión establecida. En segundo lugar, los capellanes no son principalmente agentes denominacionales. Representamos a grupos religiosos, pero brindamos apoyo espiritual a personas de todas las religiones y somos empleados por instituciones seculares, no por denominaciones. En tercer lugar, nuestro servicio espiritual se ofrece en entornos pluralistas y seculares, más allá de la vida parroquial. Estos hechos sugieren que no debemos rastrear la capellanía moderna hasta los ministerios religiosos antiguos y medievales en ámbitos civiles, militares y hospitalarios. Algunos de esos patrones influyeron en el lenguaje y las actitudes modernas sobre la capellanía, pero su naturaleza civil-religiosa era incongruente con la capellanía moderna. Debemos ser conscientes de esos patrones, pero no confiar en ellos para definir o defender la capellanía moderna.

PATRONES ANTERIORES

En el Antiguo Testamento, los levitas ocasionalmente llevaban el arca de la alianza a la batalla. Sin embargo, esto no fue la norma a lo largo de la historia de Israel y tenía un carácter teocrático, no el de un ministerio religioso en un contexto secular. Más tarde, los profetas de la corte aconsejaban a los reyes, pero como parte de una estructura civil-religiosa corrupta que afectó a la mayoría de los profetas.

Las antiguas sociedades paganas se regían por códigos civiles-religiosos administrados por gobernantes civiles que ejercían también como cabezas del sacerdocio, como los emperadores romanos que ostentaban el título de *Pontífice Máximo*. Los comandantes romanos proporcionaban ritos religiosos a los soldados, pero como parte de un culto regulado por el Estado. Constantino importó este modelo pagano a la Iglesia del Imperio Romano temprano. Sus campamentos militares eran asistidos por diáconos y sacerdotes y, para el siglo V, las unidades romanas ya habían asignado sacerdotes con capillas exentas. Los ejércitos godos invasores iban acompañados de obispos arrianos. Todas estas prácticas provenían de iglesias estatales dirigidas por gobernantes civiles, un modelo perpetuado por la Iglesia católica romana medieval.

El ministerio hospitalario religioso comenzó en el siglo IV. El obispo Basilio de Cesarea († 369) fue el primero en establecer un hospital en su basílica y sentó un precedente para otros obispos orientales como Efrén de Edesa. Para el siglo VI, había treinta y cinco hospitales solo en Constantinopla. Los primeros hospitales occidentales fueron establecidos en el siglo V por la noble romana Fabiola y el senador romano convertido en monje, Pammachius, un patrón continuado por los papas hasta el siglo VIII. Durante los siglos V y VI, el movimiento se extendió a la Galia y a España.

El prototipo de la capellanía occidental fue Martín de Tours († 397). Hijo húngaro de un tribuno romano, se crió en el norte de Italia y sirvió en la caballería romana en la Galia contra los visigodos. Hacia el año 361, se convirtió al cristianismo. Su encuentro con un mendigo que se congelaba a las afueras de Amiens lo impulsó a cortar su manto en dos y compartir una mitad con el pobre hombre. Esa misma noche, Jesús se le apareció en sueños, vistiendo el manto y recordándole lo que se menciona en Mateo 25. Esto confirmó la fe de Martín en Cristo, y fue bautizado. Tras dejar el ejército, se convirtió en discípulo del obispo Hilario de Poitiers. Como monje ermitaño, fundó uno de los primeros monasterios de Francia en Ligugé, antes de ser nombrado obispo de Tours.

Su media capa, o *capella*, se guardaba en la abadía de Marmoutier, cerca de Tours. Se convirtió en una reliquia sagrada de los reyes francos merovingios, quienes la llevaban a la batalla y juraban juramentos sobre ella. Carlomagno la reubicó en la abadía de Saint-Denis, cerca de París. El sacerdote que la custodiaba llevaba el título de *cappellanus*, y finalmente todos los sacerdotes que servían en el ejército carolingio fueron conocidos como *cappellani* (fr. *chapelains*; ing. *chaplains*). Cuando se desplegaba en el campo de batalla, era alojada en una tienda conocida como la *capella*, o capilla.

Durante la época carolingia, dos acontecimientos clave regularizaron el ministerio militar. En primer lugar, el *Concilium Germanicum* de Ratisbona (742), bajo el arzobispo Bonifacio de Maguncia, esbozó los deberes del cuidado espiritual de los soldados francos. Esto constituyó la base legal para el cargo de capellán en el catolicismo romano medieval. Los capellanes debían portar reliquias sagradas en el campo de batalla y celebrar misa, escuchar confesiones, asignar penitencias y no portar armas.

En segundo lugar, a mediados del siglo IX, el diácono Benedicto de Maguncia editó la descripción más completa de las funciones del capellán en el derecho canónico. Aunque la política papal prohibía a los sacerdotes servir en el ejército, esta norma, diseñada para prevenir que el clero portara armas, permitía a algunos obispos autorizar un trabajo estrictamente religioso: predicar, bendecir a las tropas, trabajar por la reconciliación y proporcionar misa, penitencia y extremaunción.

Más tarde, obispos y papas emitieron directrices similares. El obispo Burchard de Worms (fallecido en 1025) incluyó pautas para los capellanes en su *Decreto*, instruyendo al clero sobre cómo ejercer el episcopado. El *Decreto* del obispo Ivo de Chartres (1095) definió las funciones de los capellanes que acompañaron la Primera Cruzada. En el Cuarto Concilio de Letrán (1215), el papa Inocencio III autorizó la designación de capellanes para la Quinta Cruzada. Gregorio IX, en una bula papal (1238), detalló las funciones de los capellanes dominicos y franciscanos que servían en el ejército húngaro.

El ministerio medieval de atención sanitaria fue revitalizado bajo Carlomagno, quien decretó (789) que todas las catedrales y monasterios debían administrar hospitales. Los Concilios de Aquisgrán (817 y 836) exigieron que todas las iglesias colegiatas siguieran el mismo modelo. Entre los siglos X y XII, se desarrollaron cuatro patrones para proporcionar atención espiritual a los enfermos: las enfermerías monásticas, los hospitales catedralicios o colegiados, los hospitales gestionados por órdenes laicas o religiosas y las órdenes hospitalarias militares secundarias a las Cruzadas. El Cuarto Concilio de Letrán (1215) reconoció la estrecha relación entre médicos y clero, pero la prioridad seguía centrada en la sanación espiritual. En el siglo XIII surgieron hospitales urbanos: el clero permaneció involucrado, pero las autoridades civiles los administraban y se puso mayor énfasis en la atención médica.

La capellanía de iglesias estatales continuó durante la época de la Reforma. Uno de los capellanes católicos más notables fue Ulrich Zwinglio, quien atendió a los soldados suizos al servicio del papa. Conmovido por la pérdida y la matanza sin sentido en la batalla de Marignano, renunció y se opuso al comercio mercenario, aunque conservó su pensión durante cinco años hasta que inició la Reforma en Zúrich. Irónicamente, murió en la batalla de Kappel (capilla en alemán) mientras ejercía su ministerio con las tropas de Zúrich, derrotadas por un ejército católico. Los ejércitos protestantes también contaban con capellanes. Durante la Guerra Civil Inglesa (1642-1646), cada regimiento realista tenía un sacerdote anglicano, mientras que el ejército parlamentario era atendido por ministros presbiterianos, congregacionalistas y bautistas. La Reforma cambió la fisonomía de la capellanía hospitalaria. La atención sanitaria en todas las tierras protestantes se secularizó. En Inglaterra, el Real Colegio de Médicos reguló la profesión médica y los nuevos hospitales quedaron bajo la autoridad municipal; los funcionarios de las ciudades se hicieron responsables de la asistencia a los pobres. En cambio, los obispos católicos del Concilio de Trento (1545-1563) implementaron estrictas medidas de rendición de cuentas para los hospitales. Sin embargo, en Francia, la gestión de la atención sanitaria pasó a la Corona, y el rey se resistió a la supervisión de la Iglesia católica.

CAPELLANÍA MILITAR MODERNA

La capellanía moderna rastrea sus raíces hasta la milicia colonial estadounidense. Los primeros capellanes sirvieron en Connecticut (1637), y 115 capellanes de la milicia prestaron servicio en las guerras coloniales desde 1636 hasta 1768. El servicio de capellanía durante la Guerra de la Independencia comenzó sin un impulso confesional. El reclutamiento lo realizaban los miembros de la milicia y la mayoría de los capellanes eran sus pastores. Algunas legislaturas estatales, como la de Virginia, fijaron capellanes de regimiento; otros eran seleccionados por comandantes locales de milicias o capitanes de barco.

El 29 de julio de 1775, el Segundo Congreso Continental estableció el Cuerpo de Capellanes del Ejército, la segunda rama más antigua (después de la infantería) del Ejército. Cada regimiento debía tener un capellán, quien era un oficial comisionado y cobraba 20 dólares al mes. El 28 de noviembre de 1775, las regulaciones de la Armada establecieron un servicio de capellanía, exigiendo a los capitanes de barco que proporcionaran servicios religiosos diarios, y el salario se fijó en 20 dólares al mes. Dado que el gobierno federal no regulaba el ministerio, las políticas locales variaban en cuanto a requisitos y contratación.

George Washington exigió que los capellanes (1) fueran caballeros de capacidad y carácter excepcionales, que influyeran en el comportamiento del cuerpo mediante el ejemplo y la enseñanza, y (2) fueran capaces de brindar apoyo pastoral a un regimiento o brigada de la manera a la que estaban acostumbrados. Incluso antes de que se redactara la Constitución, Washington declaró explícitamente su apoyo al "libre ejercicio" de la religión en el Ejército.

En la década de 1790, el Congreso de los Estados Unidos renovó este nivel de autorización para los capellanes militares, pero en 1808 se cambió a un capellán por brigada. El número de brigadas aumentó durante la Guerra de 1812, pero después de la guerra solo se autorizó la contratación de un capellán (en West Point) para el Ejército permanente reducido. El Congreso aumentó el número a veinte para cubrir las guarniciones militares en 1838. En 1841, la Marina de Guerra exigió que los capellanes fueran ordenados o clérigos con licencia, pero el fiscal general dictaminó posteriormente que la Armada no podía exigirlo. Durante la Guerra México-Estadounidense (1846–1848), se permitió a sacerdotes católicos servir como capellanes por designación presidencial.

En 1861, el Ejército de la Unión autorizó treinta capellanes para su cuerpo regular y uno para cada uno de sus 650 regimientos de voluntarios. Los capellanes regimentales eran comisionados y pagados con 1.700 dólares por año. Debían estar ordenados por una denominación aceptable, aprobados por el gobernador del estado, elegidos por los oficiales de la unidad y designados por el comandante. En 1862, se elevaron los estándares: se requirió el respaldo de una declaración confesional de buena posición o cinco testimonios de ministros en buena posición; se realizó una evaluación de aptitud física después de treinta días de servicio; y el salario se redujo a 1.200 dólares (más una asignación de 200 dólares). Aproximadamente dos mil quinientos capellanes sirvieron en el Ejército de la Unión. En 1861, la Confederación autorizó un capellán por regimiento, con un salario de 960 dólares por año. Entre seiscientos y mil capellanes sirvieron en el Ejército Confederado. Muchos más ministros sirvieron como misioneros voluntarios en los campamentos y provocaron un avivamiento que condujo a 150.000 conversiones. Durante la Guerra Civil, sacerdotes católicos, ministros afroamericanos y rabinos judíos fueron reconocidos oficialmente por primera vez como capellanes.

En 1872, el Congreso estableció los primeros estándares federales para los capellanes del Ejército, exigiendo la ordenación o su equivalente y el respaldo o aprobación de la denominación por cinco ministros autorizados. En 1880, esos estándares se aplicaron a la Marina de Guerra, con un requisito adicional de un año de experiencia pastoral. En 1899, los candidatos al Ejército debían aprobar un examen de ingreso que evaluaba su aptitud moral, mental y física. En 1908, la Armada creó una junta de capellanes para aprobar las credenciales. En 1917, el capitán John Frazier fue nombrado primer Jefe de Capellanes de la Armada. Tres años más tarde, el Ejército designó al coronel John Axton como su primer Jefe de Capellanes. El ministerio de capellanía en el

Departamento de Asuntos de los Veteranos (VA) rastrea sus raíces hasta 1865, cuando los capellanes recibían un salario de 1.500 dólares anuales por trabajar en los hogares nacionales para Veteranos Soldados Discapacitados. En 1944, los capellanes de la VA pasaron a depender de la Comisión General de Capellanes y del Personal de las Fuerzas Armadas. Al año siguiente, Crawford Brown fue designado como el primer director nacional del Servicio de Capellanes de la Administración de Veteranos (VA), y se asignaron capellanes de la VA a todos los hospitales de la VA. El primer capellán aéreo de las Fuerzas Aéreas del Ejército de los Estados Unidos fue el capitán Charles Carpenter (1942). La Fuerza Aérea de los Estados Unidos se convirtió en una rama de servicio independiente en 1947, pero los capellanes del Ejército continuaron apoyando a la Fuerza Aérea hasta 1949, cuando el general de división Carpenter fue designado como su primer Jefe de Capellanes. A finales del siglo XX, capellanes musulmanes, budistas e hindúes fueron incorporados a las Fuerzas Armadas. Actualmente, la Junta de Capellanes de las Fuerzas Armadas (AFCB) supervisa las políticas que afectan al ministerio religioso en los servicios militares y asesora al Secretario de Defensa en asuntos religiosos, éticos y morales. Está compuesta por los jefes y subjefes de capellanes del Ejército, la Armada y la Fuerza Aérea.

Las raíces del respaldo denominacional se remontan a 1898, cuando la Iglesia Episcopal solicitó al gobierno que la consultara antes del nombramiento de capellanes episcopales. En 1899 y 1901, el Congreso requirió que las denominaciones establecieran estándares de aprobación para el Ejército y la Marina de Guerra. En 1905, los obispos católicos romanos designaron representantes para gestionar la acreditación, y al año siguiente los obispos metodistas episcopales establecieron una junta reguladora. En 1914, varias denominaciones protestantes adoptaron un enfoque unificado cuando el Consejo Federal de Iglesias (FCC) estableció un Comité Asesor de Washington de seis personas para los capellanes del Ejército y la Armada. En 1917, se reorganizó como Comité General, representando a treinta y dos denominaciones. Este organismo acreditaba a todos los candidatos protestantes, quienes debían aprobar un examen denominacional y poseer una licenciatura. Durante la Segunda Guerra Mundial, el Comité General se expandió, se reorganizó como la Comisión General de Capellanes del Ejército y la Armada, y se independizó del FCC. En ese momento, varios otros grupos religiosos formaron sus propias agencias de acreditación.

En 1917, el papa Benedicto XV designó al arzobispo Patrick Hayes como obispo militar general para dirigir la recién formada diócesis militar católica. Actualmente, el Ordinariato Militar Católico Romano acredita a todos los capellanes católicos romanos y regula el ministerio de todos los miembros del servicio bajo su jurisdicción. La Conferencia Nacional del Ministerio de las Fuerzas Armadas (NCMAF) es una organización privada sin fines de lucro fundada en 1982. Incluye agentes avaladores de una amplia gama de grupos religiosos: protestantes, católicos romanos y ortodoxos, judíos, budistas, islámicos e hindúes. Uno de sus comités permanentes, la Conferencia de Avales para la Capellanía de Asuntos de Veteranos (ECVAC), sirve de enlace entre el Departamento de Asuntos de los Veteranos y las comunidades religiosas de los Estados Unidos.

ATENCIÓN SANITARIA MODERNA

En la América colonial existían cuatro tipos de hospitales: (1) hospitales para marineros, establecidos por empresas comerciales para marineros y pasajeros; (2) asilos de beneficencia financiados con fondos públicos para albergar a los pobres y tratar enfermedades contagiosas, mentales o crónicas; (3) hospitales militares; y (4) hospitales generales para brindar atención médica hospitalaria. Los hospitales estaban destinados principalmente a personas de clase baja o socialmente marginadas; los pacientes de clase media y alta recibían tratamiento en sus domicilios. El cuidado pastoral en los hospitales era proporcionado por el clero local. En el siglo XIX, la atención sanitaria pasó de los hogares a los hospitales, que se organizaron en cinco tipos: (1) clínicas para tratamientos especializados; (2) hospitales generales municipales o regionales financiados con fondos públicos; (3) hospitales religiosos sin fines de lucro, apoyados por grupos confesionales y tarifas de los pacientes; (4) hospitales privados propiedad de médicos; y (5) hospitales independientes y voluntarios sostenidos por suscripciones públicas y filantropía privada. La atención pastoral seguía siendo brindada por el clero local, no por capellanes. En 1872, había 178 hospitales en los Estados Unidos, pero durante los siguientes cuarenta años se produjo un crecimiento explosivo; en 1910 existían más de cuatro mil hospitales.

Al principio, el cuidado pastoral aún era proporcionado por clero local inexperto. La capellanía profesional en el ámbito sanitario no tenía raíces en sistemas anteriores; surgió del nuevo movimiento de "religión y atención sanitaria". Los primeros líderes fueron Richard

Cabot, Anton Boisen, William Keller, Helen Dunbar y Philip Guiles. En 1925, Cabot escribió "A Plea for a Clinical Year in the Coure of Theological Study" ("Una petición para un año clínico en el curso de estudios teológicos"), en la que solicitaba que los seminaristas realizaran prácticas prolongadas y supervisadas en entornos hospitalarios. Boisen, ministro congregacional, inició la primera capacitación en Educación Pastoral Clínica (CPE) en el Hospital Estatal de Worcester, en Massachusetts (1925). Keller, médico, también incorporó a estudiantes de teología en el Hospital General de Cincinnati. Cabot, profesor de ética en Harvard, educador médico y pionero del trabajo social, ubicó a algunos de sus estudiantes en el primer programa de CPE. Dunbar era médica e investigadora en medicina psicosomática. Guiles, uno de los estudiantes de Boisen, más tarde enseñó en el Seminario Andover Newton.

En 1930, Boisen, Cabot, Dunbar, Guiles y otros fundaron el Consejo para la Formación Clínica de Estudiantes de Teología (CCTTS) en Boston. Dunbar se convirtió en directora ejecutiva y trasladó el consejo a Nueva York en 1932, pero este se dividió en 1935. Boisen y Dunbar permanecieron en Nueva York, mientras que Cabot y Guiles se quedaron en Boston y formaron el Instituto para el Cuidado Pastoral (IPC) en 1944.

En 1949, varios grupos luteranos importantes formaron el Consejo Consultivo Luterano (LAC) para el Cuidado Pastoral y establecieron estándares adoptados por la Conferencia Nacional de Asociaciones de Certificación. En 1957, un grupo compuesto principalmente por capellanes bautistas del sur, bajo el liderazgo de Wayne Oates, formó la Asociación Bautista del Sur de Educación Pastoral Clínica (SBACPE). En 1967, en Kansas City, los cuatro grupos (CCTTS, IPC, LAC y SBACPE) se fusionaron para formar la Asociación para la Educación Pastoral Clínica (ACPE). El método de la CPE utiliza encuentros intensivos, no libros, para leer "documentos humanos vivos". Combina lo cognitivo y lo emotivo, lo teórico y lo práctico, y enfoques teológicos y psicológicos para desarrollar una comprensión realista de la naturaleza humana y del arte del cuidado pastoral. El movimiento se expandió rápidamente después de la Segunda Guerra Mundial. Los contextos originales fueron principalmente hospitales, que ofrecían más oportunidades de atención pastoral que las iglesias. Los hospitales también podían pagar mejor a los estudiantes que las iglesias. Hasta las décadas de 1950 y 1960, la formación estaba en gran parte desvinculada de la capacitación formal en seminarios. Estos factores dieron a la CPE un estilo no eclesiástico y secular. La certificación principal en CPE entre las agencias incluía la Asociación de Capellanes Profesionales, la Asociación Nacional de Capellanes Católicos, Neshama – Asociación de Capellanes Judíos, la Asociación de Cuidado Espiritual, la Asociación de Capellanes Cristianos Certificados y la Facultad de Supervisión Pastoral y Psicoterapia.

La capellanía de hospicio tiene sus raíces en el trabajo formativo realizado por Dame Cicely Saunders, Elisabeth Kübler-Ross y Florence Wald. En una conferencia en la Universidad de Yale en 1963, Saunders introdujo la idea de cuidados especializados para personas moribundas. Kübler-Ross publicó *Sobre la muerte y el morir* (*On Death and Dying*, 1969), en el que identificó cinco etapas en pacientes con enfermedades terminales. En 1972, ella testificó ante el Comité Especial del Senado de los Estados Unidos sobre el Envejecimiento. En 1974, Wald, decana de la Escuela de Enfermería de Yale, fundó el Hospicio de Connecticut en Branford, Connecticut, el primer programa de hospicio en los Estados Unidos.

La Organización Nacional de Hospicio (NHO) se fundó y celebró su primera conferencia en 1978, el mismo año en que el Departamento de Salud, Educación y Bienestar de los Estados Unidos recomendó la financiación de los servicios de cuidados paliativos. En 1979, la Administración de Financiación de la Atención Médica financió programas piloto, y en 1980 la Fundación Kellogg otorgó una subvención para desarrollar estándares de acreditación para programas de cuidados paliativos. El Congreso brindó apoyo de Medicare en 1982. En 1983, se publicaron las Regulaciones de Cuidados Paliativos de Medicare en el *Registro Federal*, y la Comisión Conjunta de Acreditación de Hospitales comenzó a otorgar acreditación.

En 1985, los estados fueron autorizados a incluir los servicios de cuidados paliativos en los programas de Medicaid y, tres años después, se puso en marcha el Programa de Acreditación de Salud Comunitaria (CHAP) para cuidados paliativos. El Departamento de Defensa autorizó la financiación de los cuidados paliativos en hospitales militares en 1991 y, en 1992, se creó la Fundación Nacional de Cuidados Paliativos. La NHO cambió su nombre a la Organización Nacional de Hospicio y Cuidados Paliativos (NHPCO) en 2000 y trasladó su sede a Alexandria, Virginia, en 2008.

LUGAR DE TRABAJO MODERNO

Los primeros ministerios corporativos en la América colonial estaban asociados con la exploración o con la satisfacción de las necesidades religiosas de los feligreses trabajadores en la frontera. Francis Fletcher, sacerdote anglicano, fue capellán de Sir Francis Drake y llevó un diario de su circunnavegación del globo (1577-1580). En la década de 1640, las autoridades de la bahía de Massachusetts exigieron a los empleadores que proporcionaran instrucción religiosa y servicios de culto para los trabajadores en sitios periféricos. Algunos ejemplos fueron las Obras de Hierro de Saugus y el Taller de los Hermanos Solteros.

La Fábrica de Hierro de Saugus (o Hammersmith Works), fundada en 1646 por John Winthrop en Lynn, empleaba inmigrantes, trabajadores especializados y sirvientes contratados provenientes de fuera de la sociedad puritana. El Taller de los Hermanos Solteros, fundado en 1769 por los Hermanos Moravos de Belén, Pensilvania, quienes se establecieron en Salem, Carolina del Norte, albergaba aprendices que aprendían diversos oficios.

Un ejemplo del siglo XIX en Gran Bretaña fue la misión de los peones camineros. Los *navvies* trabajaban en grandes proyectos de ingeniería civil, como la construcción de canales y ferrocarriles. En 1872, Elizabeth Garnett fundó una escuela dominical para brindarles apoyo espiritual en el depósito maderero de Lindley, en Yorkshire, y el vicario anglicano G. Evans creó un fondo para apoyar la labor. El movimiento se extendió hasta poco antes de la Primera Guerra Mundial, cuando los obreros se incorporaron a las fábricas o al Ejército. Algunos misioneros los siguieron en las fábricas como capellanes industriales.

En los Estados Unidos, el Avivamiento de la Oración de los Laicos tuvo lugar tras una crisis financiera en 1857. Cuando Jeremiah Lanphier comenzó su labor misionera en la ciudad de Nueva York, sus reuniones diarias de oración dieron lugar a un avivamiento entre hombres de negocios que erosionó las barreras al ministerio religioso en los lugares de trabajo. Hoy, Lanphier Press es una marca de Capellanes Corporativos de América.

David Miller, en su libro *Dios en acción* (*God at Work*), argumenta que desde finales del siglo XIX se ha realizado un esfuerzo consciente por llevar el ministerio religioso a otro nivel en el lugar de trabajo. Este esfuerzo ocurrió en tres olas. La primera ola (1890-1945) comenzó junto con el movimiento del Evangelio Social, pero se vio interrumpida por las Guerras Mundiales y la Gran Depresión. La segunda ola (1946-1985) enfatizó la colocación del ministerio y el ecumenismo a través del Consejo Mundial de Iglesias, bajo líderes como el misionero holandés

Hendrik Kramer, el teólogo reformado suizo Hans-Ruedi Weber y el líder laico anglicano J. H. Oldham.

La tercera ola (desde 1985) es descrita por Miller como la "era de la fe en el trabajo". Según Miller, hoy en día más corporaciones importantes permiten la formación de grupos de afinidad basados en la religión; los medios de comunicación han aumentado la cobertura de la religión en el lugar de trabajo; las universidades cristianas ofrecen títulos en negocios que enseñan cómo integrar la fe con el trabajo; y las iglesias y organizaciones paraeclesiásticas están capacitando a las personas para que lo hagan.[1]

En la década de 1940, el empresario de maquinaria vial R. G. LeTourneau fundó el primer programa de capellanía corporativa estadounidense a tiempo completo en sus fábricas de Illinois, Georgia, Misisipi y Texas. En 1949, R. J. Reynolds Tobacco nombró a Clifford Paz, un ex capellán militar, para proporcionar cuidado pastoral a los empleados. El Programa de Capellanía de los Trabajadores Automotrices Unidos (United Auto Workers) comenzó en Flint, Michigan, a mediados de la década de 1980. Tyson Foods inició su ministerio de capellanía en el año 2000. Muchas corporaciones fomentan grupos de recursos para empleados basados en la fe (Employee Resource Groups, ERG), mientras que otras permiten que los capellanes dirijan programas de asistencia al empleado (Employee Assistance Programs, EAP). Algunos programas de Educación Pastoral Clínica (CPE) se han establecido en entornos industriales y agencias que proveen capellanes corporativos. Entre los más destacados se encuentran Marketplace Ministries, fundada en 1984, y Corporate Chaplains of America, creada en 1996. El Instituto Nacional de Capellanes Empresariales e Industriales se formó en 1970 en San Diego.

MODERNO CORRECCIONAL

La historia del servicio de capellanía penitenciaria estuvo influenciada por los esfuerzos religiosos coloniales para lograr la reforma penal. Los primeros sistemas penitenciarios estadounidenses eran severos y punitivos. El "Excelente Código" de William Penn (*Great Code*, 1682) cambió el énfasis del trato duro al confinamiento en condiciones humanas. Su influencia, junto con la de los cuáqueros, convirtió a Pensilvania en un centro de reforma penal. El estado reescribió su código para seguir el modelo de Penn en 1786. Al año

[1] David Miller, *God at Work* (Oxford: Oxford University Press, 2007).

siguiente, se formó la Sociedad Penitenciaria de Pensilvania. Esta impulsó que las prisiones se convirtieran en lugares de "corrección" en lugar de castigo y fue fundamental para que los prisioneros tuvieran acceso a líderes religiosos locales. La prisión de Walnut Street, en Filadelfia, se convirtió en la primera penitenciaría del mundo en 1790. La idea era que la penitencia fuera el eje central de su estrategia correctiva. El objetivo era la rehabilitación: la reforma a través de la penitencia. En Estados Unidos se desarrollaron dos tipos de sistemas penitenciarios. El "sistema separado" de Pensilvania mantenía a los prisioneros aislados en reflexión silenciosa como medio de rehabilitación. El sistema de Nueva York, o "Auburn", modificó el sistema separado: los reclusos trabajaban juntos en silencio durante el día, pero permanecían en confinamiento solitario por la noche. El ministerio en las prisiones era realizado por pastores locales que servían sin remuneración. La Asociación Nacional de Prisiones (NPA) se formó en 1870 en Cincinnati para impulsar la reforma penitenciaria. Se adoptaron cuarenta y un principios, entre ellos la formación religiosa y vocacional para la rehabilitación de los presos. Estos estándares se convirtieron en pautas para la reforma penitenciaria en toda América y Europa. En 1876 se inauguró en Elmira, Nueva York, el primer centro para jóvenes delincuentes, un "reformatorio" que utilizó muchos de estos principios. Desde 1954, la NPA ha sido conocida como la Asociación Correccional Americana (ACA).

En el siglo XX se hizo mayor hincapié en la psicología como medio para "curar" a los reclusos de la criminalidad. Se introdujo el concepto de libertad condicional y se iniciaron nuevos esfuerzos de reforma en Nueva York. En 1930, el Congreso estableció la Oficina Federal de Prisiones dentro del Departamento de Justicia para regular todas las instituciones penitenciarias federales. Esta entidad supervisa actualmente 122 prisiones con una población reclusa de más de 152.000 personas.

En el año 2000 se aprobó la Ley de Uso Religioso de la Tierra y Personas Institucionalizadas (RLUIPA). Esta establece que el gobierno no impondrá una carga sustancial sobre el ejercicio religioso de las personas confinadas en una institución (definida en la sección 2 de la Ley de Derechos Civiles de las Personas Institucionalizadas), incluso si la carga resulta de una norma de aplicación general, a menos que el Estado demuestre que existe un interés imperioso en juego y que dicha carga es el medio menos restrictivo para promover ese interés. La ley fue ratificada por la Corte Suprema en 2006.

La Asociación Americana de Capellanes Correccionales (ACCA), un grupo interreligioso, fue fundada en 1885 por E. C. Vines en Nueva York como la primera filial de la Asociación Americana de Correcciones (ACA), basada en la "Declaración de Principios" de la ACA, sección IX, que subraya la importancia de la religión en las agencias correccionales. Durante muchos años, la afiliación a la ACA estuvo abierta solo a guardianes y capellanes. La ACCA sirve como una organización profesional para el personal de cuidado pastoral en el ámbito penitenciario, e incluye redes de intercambio de información entre miembros y administradores correccionales; la formulación de estándares para la capellanía y la programación religiosa; el desarrollo e implementación de procesos de certificación para capellanes correccionales; el avance del rol de los capellanes correccionales; y la comunicación de los aspectos religiosos y espirituales de las correcciones a la comunidad en general. La Asociación Estadounidense de Capellanes Correccionales Protestantes, la filial protestante de la ACCA, se formó en 1950. La Asociación de Ministerios Correccionales y Capellanes (CMCA) se formó en 2011 para apoyar el trabajo de los capellanes correccionales cristianos evangélicos.

PREGUNTAS DE REFLEXIÓN

¿Qué forma de capellanía en tu país tiene la historia más interesante para ti? ¿Por qué?

¿Cuál es la forma más antigua de capellanía en los Estados Unidos (o en su país de origen)? ¿Cuáles fueron las circunstancias que condujeron a la adopción de este tipo de capellanía?

¿Qué cambios sociales o culturales cree que tendrán un impacto positivo o negativo en los capellanes y su ministerio? Explique por qué lo cree así.

¿Qué cambiaría de la capellanía para satisfacer mejor las necesidades espirituales de su generación?

LA NATURALEZA GLOBAL DE LA CAPELLANÍA

Dr. Jim Browning

En un artículo de 2003, el Dr. John Swinton comenzó con una afirmación enfática: "Estos son tiempos interesantes para los capellanes". Añadió: "Los capellanes... serán llamados a rendir cuentas por quiénes son y por lo que hacen de una manera que no habían tenido anteriormente".[1] Dos décadas más tarde, la veracidad de su declaración sigue siendo un llamado urgente a una mayor comprensión y claridad. Los capellanes continúan explicando quiénes son, cómo deben prepararse, qué hacen y el valor de su labor.

La primera edición de *El corazón de un capellán* (*The Heart of a Chaplain*) se centró en la capellanía en los Estados Unidos. Un colega de Australia destacó la necesidad de información sobre la capellanía a nivel mundial, lo que me impulsó a ampliar mi investigación. Para comprender mejor cómo trabajan los capellanes en países fuera de los Estados Unidos, elaboré cinco preguntas y las compartí tan ampliamente como pude. Estas preguntas no son exhaustivas ni abarcan todo; simplemente proporcionan un punto de partida.

Intentar comprender la naturaleza global de la capellanía es, en efecto, una tarea ardua. Si bien descubrí algunos ministerios increíbles a cargo de capellanes y organizaciones de capellanía, también me di cuenta de mis limitaciones para abordar este tema. Debido a la naturaleza continua de esta investigación y al tamaño del proyecto, las respuestas a estas preguntas son poco concluyentes. A medida que la capellanía se expande a nivel mundial, también cambia y evoluciona. ¿Puede alguien realmente comprender la naturaleza global de la capellanía? Dada la diversidad lingüística, geográfica y cultural, comprender la capellanía desde una perspectiva global reveló una tarea abrumadora que iba más allá de una perspectiva rudimentaria.

Animo a los lectores a considerar el uso de estas preguntas para su propia región o país.

1. ¿Cuál es la base de los programas de capellanía en su región o país? En otras palabras, ¿por qué las organizaciones o instituciones emplean o apoyan a capellanes voluntarios?
2. ¿Qué tipos de capellanes existen en su área o país?
3. ¿Qué tipo de capacitación, preparación y/o acreditación requieren estos

---

[1] John Swinton, "A Question of Identity," *Scottish Journal of Healthcare Chaplaincy* 6.2 (2003): 2.

diferentes capellanes antes de poder servir en calidad de capellán?

4. ¿La mayoría de los capellanes son considerados profesionales a jornada completa o clérigos que desempeñan un rol adicional en una institución o comunidad?
5. ¿Qué hace que los programas de capellanía sean únicos o eficaces en su país o cultura?

La primera pregunta se enfoca en la base de los programas de capellanía dentro de la propia región o país. Comprender cómo se interrelacionan la religión y el Estado dentro de un país es desafiante. Esta intersección aporta conocimiento sobre cómo las instituciones y organizaciones seculares emplean y utilizan a los capellanes. Por ejemplo, en los Estados Unidos, la Primera Enmienda a la Constitución es un documento fundamental que respalda la integración de los capellanes en las instituciones federales y estatales. La Carta de Derechos de la Constitución sudafricana ofrece un respaldo legal similar a la libertad de religión, creencia y opinión, y permite a los capellanes brindar servicios religiosos en instituciones estatales o subvencionadas por el Estado. En cambio, en Francia, un capellán (*aumônier*) también ofrece atención y apoyo espiritual en hospitales, el ámbito militar, prisiones y escuelas, pero debe funcionar de una forma que se adhiera al estricto laicismo del país (*laïcité*).

La segunda y la tercera pregunta exploran la diversidad de la capellanía y la formación dentro de un área. La capellanía suele representar a entidades religiosas dentro del país, tiene alguna capacitación religiosa formalizada y proporciona cuidado pastoral y espiritual, asesoramiento y apoyo en diversos entornos. La mayoría de los capellanes representan su tradición religiosa al brindar su ministerio en contextos multiconfesionales o puramente seculares. Estos capellanes también pueden brindar apoyo a personas de varias tradiciones religiosas o de ninguna. Por ejemplo, en Corea del Sur, el servicio de capellanía es predominantemente cristiano, lo que refleja la considerable población cristiana del país. En India, el servicio de capellanía está menos formalizado y es más diverso debido al contexto religioso plural, que incluye tradiciones sijs, hindúes, musulmanas, budistas y cristianas. En Japón, donde el laicismo es un aspecto prominente de la sociedad, los sacerdotes budistas trabajan como capellanes en las cárceles, "designados" para brindar instrucción religiosa a los delincuentes.[1] En Israel, los capellanes son ante todo

---

[1] Véase Adam J. Lyons, *Karma and Punishment* (Cambridge: Harvard University Asia Center, 2021).

rabinos que proporcionan servicios religiosos, cuidado espiritual y orientación ética basada en la ley judía (Halajá).

La cuarta pregunta revela cómo las regiones o los países utilizan capellanes de tiempo completo, de tiempo parcial y voluntarios, con una remuneración acorde al nivel de empleo o a la riqueza del país o de las organizaciones. La mayoría de los países tienen algún tipo de capellanes hospitalarios, militares y correccionales, con distintos niveles de estandarización. Una variación interesante se da cuando las instituciones solicitan a un capellán, frente a cuando una comunidad religiosa provee un capellán no solicitado. Un encuestado de Kenia respondió:

> La mayoría de las organizaciones que han contratado capellanes en Kenia lo han hecho a través ***de*** memorandos de entendimiento firmados entre la iglesia y las instituciones, más allá de la necesidad de brindar cuidado espiritual. Las posiciones de capellanía han sido compartidas entre las diferentes denominaciones del país. La iglesia tiene actualmente capellanes en sus instituciones patrocinadas, incluso donde las instituciones no los han solicitado. Esto ha provocado la frustración de la mayoría de los capellanes, ya que no tienen quien les pague el sueldo.[1]

La quinta pregunta destaca cómo los rápidos cambios en la secularización dentro de muchas culturas y países afectan la identidad. la identidad y la práctica profesional de los capellanes. Jumper, Keith y Langston, en *Chaplaincy: A Comprehensive Introduction*, afirman: "El futuro de la capellanía cristiana en Estados Unidos es prometedor, pero los capellanes enfrentarán mayores desafíos a medida que la cultura se aleja de sus fundamentos bíblicos. El humanismo, el secularismo, el paganismo y el individualismo han ido reemplazando rápidamente a Dios como centro de la cultura estadounidense".[2] Estados Unidos no es el único país que enfrenta estos desafíos culturales y la secularización. Se puede observar el impacto de esta secularización en el uso de términos como "proveedores de cuidado espiritual", "cuidadores pastorales" y "cuidadores", argumentando que el término "capellán" está sobrecargado de linaje cristiano y carece de inclusión. Además, con el creciente número de personas que se identifican a sí mismas como "religiosamente sin afiliación" o "ninguno",[3] lgunas instituciones

---

[1] Respuesta por correo electrónico de un capellán asociado con la Iglesia Presbiteriana de África Oriental.

[2] Marca A. Saltador *et al.*, *Chaplaincy* (Grand Rapids: Baker Academic, 2024), 295.

[3] Véase Wendy Cadge y Shelly Rambo, eds., *Chaplaincy and Spiritual*

prefieren "proveedores de cuidado espiritual" que no se identifiquen con una tradición religiosa o que se identifiquen como no religiosos (a veces referidos como "espirituales pero no religiosos").[1] Capellanía, una vez definida a lo largo de pautas religiosas tradicionales de cuidado pastoral, ahora se está alineando como "cuidado espiritual", "creación de espacio sagrado" y "creación de significado".[2]

En un estudio sobre la capellanía en los Países Bajos, Visser, Zock y Muthert destacaron este cambio en curso en el posicionamiento de la capellanía en un mundo cada vez más pluralista.

> En todo el mundo, y especialmente en los Países Bajos, la identidad profesional de los capellanes está en entredicho debido a las tendencias sociales de desvinculación y pluralización de la religión, y de desinstitucionalización de la atención.
>
> La desafiliación y la pluralización plantean un reto al campo para definir roles y tareas más allá de las formas tradicionales de cuidado espiritual, a fin de permanecer visibles y relevantes en colaboración con otros profesionales. También desafían al campo a desarrollar un lenguaje y una identidad que incluyan la pluralidad de visiones del mundo, pero que aun así transmitan su esencia profesional.[3]

Su estudio pone de relieve una cuestión relacionada. Ellos y otros describen un mayor uso del lenguaje de "construcción de significado" por parte de los capellanes. Cadge y Rambo afirman, como una competencia central para los capellanes: "Primero, los capellanes necesitan ser capaces de facilitar las prácticas de construcción de significado y de desenvolverse entre las distintas visiones del mundo en entornos públicos".[4] Si bien Visser, Zock y Muthert no cuestionan el uso del término "significado" como concepto central en la identidad

---

Care in the Twenty-First Century (Chapel Hill: University of North Carolina Press, 2022), 13–15.

[1] Un número creciente de proveedores de cuidado espiritual no tienen afiliación religiosa ellos mismos y buscan atender las necesidades espirituales de grupos como humanistas, ateos y agnósticos. Lawton y Cadge afirman: "Algunas personas que se consideran no religiosas y espirituales se adhieren a una espiritualidad naturalista que incluye encontrar significado y trascendencia en el mundo cotidiano." Amy Lawton y Wendy Cadge, "More than None," *Chaplaincy Innovation Lab,* https://chaplaincyinnovation.org/resources/ working-papers/nones-spiritual-care, consultado el 10 de septiembre de 2024.

[2] Cadge y Rambo, 1–15, 61–65.

[3] Anja Visser *et al.*, "Positioning Chaplaincy in the Pluralistic and Multidisciplinary Dutch Care Context," *Religions* 14.9 (2023): 1173.

[4] Cadge y Rambo, 5–7.

profesional de los capellanes y proveedores de atención espiritual, enumeran tres críticas a este lenguaje.

1. El significado y la creación de significado tienen fuertes connotaciones cognitivas e intencionales, que no hacen justicia a la experiencia vivida del significado y podrían conducir a su medicalización.
2. El énfasis en el término "significado" sitúa la identidad profesional de la capellanía en el discurso instrumental de otras profesiones, lo cual podría conducir al "abuso" del cuidado espiritual hacia objetivos externos, tales como la salud y el bienestar (hedonistas) y/o la ganancia económica, en lugar de objetivos internos como la fe y la espiritualidad.
3. Un enfoque en el significado conduce a la marginación de la religión, tanto a nivel social como dentro del ámbito de la capellanía, lo que podría afectar negativamente su competencia básica de comprensión hermenéutica y asesoramiento sobre la cosmovisión.[1]

Si bien está más allá del alcance de este capítulo analizar cada crítica por separado, al estudiante le convendría estudiar el análisis de sus argumentos.[2]

---

[1] Visser *et al.* Ellos definen la competencia hermenéutica como "ser capaz de aclarar preguntas acerca del significado y las creencias y hábitos en relación con el contexto o la situación, y ser capaz de ofrecer asesoramiento sobre cosmovisión. Esto incluye la capacidad de entender, interpretar y traducir el significado en textos e imágenes, prácticas e historias de vida, tradiciones y nuevas formas de construcción de significado. Esto tiene lugar en relación con y en intercambio con preguntas existenciales y espirituales, fuentes filosóficas y éticas, la sociedad contemporánea, la fe y la cultura. Es crucial la capacidad de escuchar y clarificar las emociones, las preguntas tácitas y las suposiciones implícitas. ¿Qué exige esta competencia? El capellán debe escuchar con cuidado, observar y percibir qué se está expresando en un encuentro, negociar diferentes maneras de entender lo que se expresa y articularlo de una forma que se ajuste a la situación, pero que pueda arrojar una luz diferente sobre ella." Este proceso requiere integrar habilidades y teorías de las humanidades y de las ciencias psicosociales.

[2] Sostengo que los capellanes no necesitan borrar todo lenguaje religioso o basado en la fe de su comunicación. Sin embargo, los capellanes deben estar activamente presentes, escuchando con cuidado, observando, analizando e interpretando lo que se expresa en cada encuentro, mientras emplean todo su rango de comprensión de la teología, el cuidado pastoral y las humanidades. El enfoque de las necesidades no debe estar en el capellán, sino

La capellanía está evolucionando y creciendo a nivel mundial. A medida que las regiones o los países adaptan la capellanía a sus sociedades, el resultado es una aceptación e integración más amplias de los capellanes. Cuando ocurre la secularización dentro de un país o una cultura, la necesidad de una atención que aborde el bienestar religioso, espiritual y psicológico no disminuye. Los capellanes proporcionan cuidado, consuelo y apoyo más allá de una tradición religiosa o comunidad de fe. Los capellanes son hábiles para interactuar con cualquiera y con todos, independientemente de su cosmovisión. Esto es particularmente cierto en el ámbito de la atención sanitaria, donde investigaciones basadas en resultados durante las últimas cuatro décadas demuestran una fuerte asociación entre las creencias y los valores espirituales y diversos resultados en la atención médica. Los capellanes a menudo sirven de puente entre las diferencias culturales y religiosas mediante la promoción de la comprensión interreligiosa y el fomento del respeto mutuo.

Las instituciones, organizaciones y líderes empresariales reconocen cada vez más el valor de incorporar capellanes para mejorar el bienestar de las personas.[1] Cada vez se solicita más a los capellanes que brinden orientación ética y moral en situaciones complejas, así como apoyo en crisis o eventos traumáticos. Finalmente, con la profesionalización de la capellanía a través de un mayor enfoque en sus competencias, certificaciones y formación clínica, los capellanes se han convertido en miembros cada vez más integrales de los equipos interdisciplinarios.

La educación y la financiación son factores críticos que afectan la expansión de la capellanía en diferentes partes del mundo. Si bien las escuelas religiosas ofrecen elementos de cuidado pastoral, ética y teología práctica, los enfoques y métodos varían según los contextos culturales, religiosos, institucionales y de secularización. En países con una tradición religiosa dominante, la educación y la remuneración de los capellanes suelen reflejar esa tradición y su papel dentro de la comunidad. La educación y la capacitación en otros países o regiones con entornos más diversos o seculares en lo religioso también hacen hincapié en la competencia cultural e interreligiosa, pero pueden

---

en la otra persona.

[1] Un ejemplo es el libro de MarketPlace Chaplains titulado *Mental Health and Moral Injury*. White Paper Series 3, https://publications.mchapusa.com/mental-health-and-moral-injury/full-view.html, consultado el 8 de septiembre de 2024.

presentar una disparidad salarial más significativa.

Los problemas de financiación afectan a los capellanes a nivel global de diversas maneras: financiación gubernamental frente a no gubernamental; falta de estandarización en salarios y prestaciones; costos de educación, formación y acreditación; capacidad financiera de los países y de las instituciones religiosas; prioridades financieras contrapuestas dentro de las instituciones; personal remunerado institucionalmente a tiempo completo frente a voluntarios a tiempo parcial autofinanciados; y la falta de datos de investigación basados en resultados utilizados para justificar los servicios de capellanía más allá del ámbito de la atención sanitaria. Estos y otros factores generan una amplia disparidad global en la forma en que los capellanes funcionan y son utilizados.

De igual manera, resulta desafiante comprender la naturaleza global de la capellanía al reconocer que tipos similares de capellanías se desarrollan y evolucionan de manera diferente dentro de diversas culturas, regiones o naciones. La capellanía deportiva ofrece un ejemplo de ello. En su obra *Sports Chaplaincy*, J. Stuart Weir afirma: "La capellanía deportiva no debe considerarse una entidad homogénea. Por el contrario, existe una variedad de modelos, marcos, enfoques y prácticas que se engloban bajo este epígrafe genérico". Destaca, además: "La forma en que la capellanía deportiva se ha desarrollado en los Estados Unidos o en Australia no es la misma que en el Reino Unido". Los orígenes, los modelos y el *modus operandi* están influidos por cuestiones críticas y por pioneros que establecieron nuevos tipos de capellanía.[1]

Notablemente, algunas organizaciones de capellanía tienen una perspectiva regional o global más amplia. La sección de recursos de este libro ofrece organizaciones adicionales.[2] Por ejemplo, la Asociación Australasiana para la Educación Pastoral Clínica (ANZACPE) es la organización coordinadora regional de las asociaciones que imparten

---

[1] J. Stuart Weir, "Sports Chaplaincy: A Global Oveview," *Sports Chaplaincy* (London: Routledge, 2016), 9.

[2] Es necesario hacer una advertencia. Tener la palabra "internacional" en el nombre de una organización no significa que esta cuente con un apoyo global de capellanes. Se aconseja al lector realizar una investigación en profundidad para comprender mejor el alcance, los objetivos y la proyección de cada organización. Los siguientes sitios web de organizaciones fueron consultados el 10 de septiembre de 2024. Esta lista de organizaciones es representativa y no exhaustiva.

Educación Pastoral Clínica. La principal asociación canadiense de atención espiritual y terapia psicoespiritual es la Asociación Canadiense de Atención Espiritual (CASC/ACSS). La Red Europea de Organizaciones de Capellanía en la Atención Médica (ENHCC) se centra en la capellanía sanitaria en toda Europa. La Global Sports Chaplaincy Association (GSCA), la Asociación Internacional de Capellanes Deportivos, se formó como un "movimiento organizado" global con la visión y el propósito de que los capellanes deportivos presten sus servicios con excelencia en todas las comunidades deportivas del mundo. Capellanes en la Educación Superior (IACHE) es una red de capellanes en el ámbito de la educación superior. La Conferencia Internacional de Capellanes Militares (IMCCC) es una reunión anual de líderes religiosos militares de todo el mundo. El Consejo de Capellanía de la Atención Sanitaria del Reino Unido (UKBHC) se enfoca en la capellanía sanitaria, acreditando a capellanes que brindan atención espiritual en instituciones de salud de todo el Reino Unido, con conexiones a organismos internacionales de capellanía.

Otros ejemplos con un alcance global incluyen Educación Pastoral Clínica Internacional (CPEI) y la Asociación para la Educación Pastoral Clínica (ACPE). Ministerio Internacional TFC Global es un ministerio de capellanía para la industria del transporte por carretera, con alianzas en dos continentes. La Conferencia Internacional de Capellanes de Policía (ICPC) realiza conferencias regionales y globales para proporcionar capacitación y apoyo a los capellanes de las fuerzas del orden, con un "enfoque intencional en la excelencia moral", capacitación innovadora y comunicaciones eficaces para "alentar a todos los organismos encargados de hacer cumplir la ley a establecer y mantener un servicio de capellanía eficaz".

Por ejemplo, la Asociación Australasiana para la Educación Pastoral Clínica (ANZACPE) es la organización coordinadora regional de las asociaciones que imparten Educación Pastoral Clínica. La principal asociación canadiense de atención espiritual y terapia psicoespiritual es la Asociación Canadiense de Atención Espiritual (CASC/ACSS). La Red Europea de Organizaciones de Capellanía en la Atención Médica (ENHCC) se centra en la capellanía sanitaria en toda Europa. La Global Sports Chaplaincy Association (GSCA), la Asociación Internacional de Capellanes Deportivos, se formó como un "movimiento organizado" global con la visión y el propósito de que los capellanes deportivos presten sus servicios con excelencia en todas las comunidades deportivas del mundo. Capellanes en la Educación Superior (IACHE) es una red de capellanes en el ámbito de la educación superior. La Conferencia Internacional de Capellanes Militares (IMCCC) es una reunión anual de líderes religiosos militares de todo el mundo. El Consejo de Capellanía de la Atención Sanitaria del Reino Unido (UKBHC) se enfoca en la capellanía sanitaria, acreditando a capellanes que brindan atención espiritual en instituciones de salud de todo el Reino Unido, con conexiones a organismos internacionales de capellanía.

Otros ejemplos con un alcance global incluyen Educación Pastoral Clínica Internacional (CPEI) y la Asociación para la Educación Pastoral Clínica (ACPE). Ministerio Internacional TFC Global es un ministerio de capellanía para la industria del transporte por carretera, con alianzas en dos continentes. La Conferencia Internacional de Capellanes de Policía (ICPC) realiza conferencias regionales y globales para proporcionar capacitación y apoyo a los capellanes de las fuerzas del orden, con un "enfoque intencional en la excelencia moral", capacitación innovadora y comunicaciones eficaces para "alentar a todos los organismos encargados de hacer cumplir la ley a establecer y mantener un servicio de capellanía eficaz".

PREGUNTAS DE REFLEXIÓN

¿Desde tu perspectiva, cómo han influido los cambios culturales y sociales que has vivido en la expresión de la religión? Teniendo en cuenta estos cambios, ¿cómo deberían los capellanes adaptar su ministerio y su enfoque para responder a las necesidades de las personas?

¿Cuál es el fundamento de los programas de capellanía en tu región o país? En otras palabras, ¿por qué las organizaciones o instituciones emplean capellanes?

¿Qué tipos de capellanes existen en tu país?

¿La mayoría de los capellanes son considerados profesionales a jornada completa o clero que sirve en un rol adicional dentro de una institución o comunidad?

¿Qué tipo de capacitación, preparación y/o acreditación se requiere de los capellanes antes de poder ejercer como tales?

¿Qué hace que los programas de capellanía sean únicos o eficaces en tu país o cultura?

SECCIÓN TRES

¿CÓMO ES EL MINISTERIO DE CAPELLANES ÚNICO?

FUNCIONES, RESPONSABILIDADES, Y TAREAS

Dr. Jim Spivey

El mundo de los capellanes es sumamente complejo, mucho más que el ministerio parroquial. Diariamente realizamos innumerables tareas tanto en el ámbito religioso como en el pastoral en contextos temporales y seculares. Al hacerlo, desempeñamos diversas responsabilidades o deberes funcionales que se esperan de nosotros por parte de nuestras instituciones seculares y nuestras comunidades religiosas.

Podemos agrupar estas tareas en la categoría más amplia de los roles que desempeñamos, o los "sombreros" que usamos. Esto es importante. Necesitamos ver cómo nuestras tareas y deberes se alinean con esos roles, porque normalmente ministramos de manera diferente en cada contexto distintivo, dependiendo de los roles que se nos han asignado. Cuanto mejor comprendamos cómo funciona correctamente esta alineación, mejor podremos ministrar eficazmente en el contexto adecuado y minimizar los conflictos de roles, que son consecuencias inevitables de ejercer el ministerio religioso en un entorno secular e institucional. En general, los capellanes desempeñan cuatro funciones asociadas a cuatro contextos identificables en los que Dios nos llama a caminar y trabajar con otros. En cada contexto, proyectamos una persona ligeramente diferente. Primero, caminamos junto a personas de creencias similares, a quienes atendemos como representantes de un grupo religioso. Segundo, trabajamos junto a otros miembros de la institución que nos emplea; en este sentido, somos profesionales institucionales. En tercer lugar, personas de toda la organización, independientemente de su orientación religiosa, nos ven como ministros comunitarios que sirven a todos. En cuarto lugar, somos ministros para individuos, ya sea dentro de un grupo religioso o en un contexto institucional, y en ocasiones estos roles se superponen.

Las responsabilidades funcionales de un capellán son numerosas, pero hay dos tipos generales: los deberes religiosos y aquellos que no son exclusivamente religiosos. Este capítulo describe once deberes religiosos. Los primeros cuatro son deberes propios de los ministros, es decir, de quienes son oficialmente funcionarios religiosos con licencia. Como (1) ministros de grupos religiosos, atendemos las necesidades de personas creyentes de ideas afines. Como (2) ministros comunitarios, atendemos a todas las personas y al interés general de la institución. Realizamos actos rituales religiosos, como bodas, en nuestra función como (3) ministros de ritos religiosos; y como (4) ministros de ritos ceremoniales, realizamos tareas oficiales como servicios conmemorativos e invocaciones en eventos institucionales.

Como (5) sacerdotes, representamos la presencia de Dios e intercedemos por todos a quienes servimos, independientemente del contexto. Lo mismo se aplica a nuestra (6) responsabilidad pastoral. Obviamente, como pastores proporcionamos cuidado religioso a nuestros propios grupos religiosos. Al mismo tiempo, también brindamos atención pastoral y espiritual a toda la comunidad, satisfaciendo las necesidades prácticas y emocionales de la población en general y abordando preocupaciones existenciales y trascendentales. Podemos servir como pastores personales y confidentes de líderes institucionales cuando ellos nos conceden ese privilegio. En nuestra capacidad oficial y técnica como (7) expertos religiosos, asesoramos a los líderes en asuntos religiosos y éticos que afectan a la institución.

La responsabilidad de la (8) proclamación tiene dos dimensiones. Dentro de los grupos religiosos, generalmente se manifiesta a través de la predicación sobre temas religiosos. También tenemos un papel profético en contextos institucionales más amplios cuando decimos la verdad al poder para lograr el cambio necesario. Cumplimos dos deberes principalmente dentro de los grupos religiosos: somos (9) maestros religiosos, que instruimos a los fieles, y (10) evangelistas, que discipulamos a otros compartiendo nuestra fe. Esto no significa que no podamos compartir nuestras creencias en contextos pluralistas; sin embargo, en esos casos debemos hacerlo dentro de las directrices institucionales, en situaciones voluntarias, con el permiso del destinatario y sin coerción. Como (11) mentores, los capellanes enseñan, guían y dan buenos ejemplos a ministros menos experimentados de su propio grupo religioso.

Los capellanes cumplen al menos catorce responsabilidades funcionales que no son exclusivamente religiosas. Ocho de estas funciones se refieren a cuestiones de procedimiento. Cuatro de estos deberes procesales están relacionados con el papel del capellán como portavoz. Como (1) defensores, los capellanes hablan en nombre de la institución ante sus propios miembros y ante organizaciones externas, como comunidades locales y grupos religiosos. También interceden en beneficio de compañeros de trabajo para resolver problemas y buscar ayuda de funcionarios organizativos. Como (2) árbitros, van un paso más allá: ayudan a resolver conflictos entre la institución y las partes dentro de su esfera de influencia, incluidos los trabajadores, sus familias, los clientes y las comunidades a las que la institución sirve. Somos (3) agentes de relaciones públicas, que actúan como enlace entre la institución, los clientes y las comunidades externas. Los capellanes son (4) proveedores de información, que mantienen a líderes y personal informados sobre sus actividades y el estado de sus programas ministeriales.

Cuatro funciones procedimentales se ocupan de la supervisión. Los capellanes son (5) administradores que gestionan personal, desarrollan planes operativos y ministeriales, coordinan la logística y dirigen programas institucionales. Como (6) miembros del personal, coordinamos con otros funcionarios para planificar e implementar agendas orientadas a lograr la misión institucional. Los capellanes con experiencia también son (7) mentores de capellanes menos experimentados, fuera de nuestros propios grupos de fe, pero dentro de nuestra esfera de influencia. Y los capellanes superiores (8) supervisan a los capellanes en niveles organizativos subordinados. Seis deberes no religiosos son de naturaleza más personal y están estrechamente relacionados con nuestra formación y habilidades religiosas. Los capellanes son (9) líderes morales. Esta responsabilidad se superpone con dos deberes religiosos ya mencionados: el de experto religioso y el de proclamador.

Como expertos religiosos, nuestro asesoramiento a los líderes sobre asuntos religiosos y éticos proporciona una orientación moral oficialmente sancionada para la institución. Cuando nuestro deber de proclamación nos impulsa a hablar proféticamente, influimos en cambios que aportan mayor claridad moral a esa dirección. Al mismo tiempo, los capellanes son líderes morales de una forma no religiosa. Cuando lideramos mediante el buen ejemplo y un carácter sólido, nuestra presencia actúa como levadura, sal y luz. Es notable cómo la presencia de un capellán en un parque de vehículos, una celda de prisión o un lugar de trabajo puede afectar la manera en que las personas se comportan, al menos momentáneamente. Los capellanes son (10) ayudantes: asistimos a las personas con habilidades para la vida y con problemas prácticos.

Las siguientes tres funciones están estrechamente relacionadas. Como (11) consejeros, brindamos apoyo emocional y orientación que a menudo toca asuntos espirituales. También somos (12) consoladores, que escuchan, animan y ofrecen un "ministerio de presencia" tranquilizador dondequiera que vayamos. Como (13) sanadores, colaboramos con expertos de otras disciplinas para mantener la salud holística (física, psicológica y espiritual) de las personas y para promover un entorno saludable en la comunidad en general. Finalmente, los capellanes son también (14) expertos en crisis y trauma. Asesoramos a los líderes sobre cómo gestionar situaciones de emergencia e intervenimos para ayudar a las personas a superar momentos difíciles.

ALINEACIÓN DE ROLES Y RESPONSABILIDADES

Representante del grupo religioso

Al comienzo del proceso de acreditación, es el grupo religioso de fe el que llama y respalda al capellán. Por lo tanto, una parte clave del llamado del capellán implica ministrar a personas de fe y orden similares. Desde el momento en que ingresamos a la institución y asumimos el rol de "capellán", proyectamos una imagen denominacional. Aunque se espera que ministremos a todos los miembros de la organización, uno de nuestros roles clave es ser ministros de un grupo religioso.

Sin embargo, en la mayoría de las situaciones, la institución espera que los capellanes amplíen la carpa de su grupo religioso; es decir, que su ministerio incluya a personas de fe y orden similares. Cuantos menos capellanes haya, más amplia se vuelve la carpa—quizás sirviendo como el único ministro cristiano junto a un rabino judío y un imán musulmán. Con algunos capellanes más a bordo, el ministerio podría dividirse en protestante general, católico romano, ortodoxo, judío, musulmán, etc. Con aún más capellanes, podrían proporcionarse servicios denominacionales específicos.

Aun así, la carpa casi siempre abarca un ámbito más amplio que nuestra propia denominación, y se espera que atendamos las necesidades religiosas de todos los que están a nuestro cargo. Cuando no podemos realizar ciertas funciones, proporcionamos o coordinamos ministros de otras confesiones para que las lleven a cabo.

Los capellanes realizan varios deberes no religiosos dentro de la comunidad religiosa, del mismo modo que lo hacemos para la institución en general: somos administradores, proveedores de información, ayudantes, consejeros, sanadores y consoladores. No obstante, la mayoría de nuestros esfuerzos como representantes de grupos religiosos se dedican a las siguientes tareas:

- Grupo religioso ministro
- Ministro de ritos religiosos

- Predicador
- Sacerdote
- Pastor
- Maestro religioso
- Evangelista
- Mentor

Representantes del grupo religioso, los capellanes mantienen su afiliación y contacto con su propia denominación y, en ciertos casos, pueden conectar formalmente a sus miembros con su estructura organizativa. Asimismo, permanecemos fieles a nuestras creencias y prácticas confesionales. Generalmente, operamos dentro de nuestras propias pautas confesionales, las cuales varían entre los distintos grupos religiosos en relación con las funciones que los ministros tienen permitido desempeñar. Algunos temas pueden ser subjetivos y una cuestión de convicción personal; otros están objetivamente establecidos por nuestra denominación. Al mismo tiempo, también estamos obligados a respetar los límites litúrgicos y comunitarios de otros grupos de fe. En algunos grupos religiosos, ciertos ritos litúrgicos solo pueden ser oficiados por ministros de esa orden. En cuanto a los límites comunitarios, los capellanes no deben hacer proselitismo entre miembros de otros grupos religiosos.

Como ministros de ritos religiosos, los capellanes llevan a cabo un amplio rango de tareas para su grupo religioso. Esto incluye bodas, bautizos, presentaciones de bebés, comuniones, funerales, servicios conmemorativos, renovaciones de matrimonio y bendiciones. Parte de nuestro deber como predicadores es explicar el texto sagrado, proclamar sus principios y exhortar a las personas a comportarse de acuerdo con sus valores y a actuar conforme a sus mandatos.

Al mismo tiempo, los animamos en la adoración, los guiamos en la oración y la devoción, les brindamos dirección espiritual y los alentamos como agentes de esperanza. Como sacerdotes, los capellanes los acompañan en la entrega de sacrificios espirituales a Dios. Guiamos a las personas en la presencia de Dios y ayudamos a hacer conocida su presencia. Escuchamos las preocupaciones y confesiones de quienes buscan ayuda e intercedemos ante Dios en su beneficio. Como pastores, nutrimos a la congregación, proporcionamos dirección como líderes servidores humildes y protegemos al rebaño del daño. Parte de este deber incluye nuestra responsabilidad como maestros religiosos, al proporcionar una instrucción bíblica sólida basada en una interpretación bíblica fiel, que conduzca al crecimiento espiritual y a la responsabilidad moral.

En los grupos religiosos, los capellanes actúan como evangelizadores. Debemos compartir explícitamente las buenas noticias de esperanza e intencionalmente discipular a aquellos que eligen responder a este mensaje. En ciertos contextos, el mensaje del capellán puede expresarse de forma más específica porque la comunidad pertenece a un mismo grupo religioso, por ejemplo, católicos, ortodoxos, judíos o musulmanes. Sin embargo, en un contexto colectivo, el mensaje puede expresarse de forma más general. En contextos como los servicios protestantes generales, los capellanes deberían presentar el mensaje en términos más amplios, evitando asuntos polémicos, pero permaneciendo fieles a las creencias centrales y sin violar la propia conciencia. Los capellanes séniores deberían mentorear a los menos experimentados de la misma manera. Si los mentoreados son del mismo grupo de fe, los mentores no deberían mostrarse reacios a nutrirlos dentro del contexto de sus confesiones religiosas. La mentoría con discípulos de credos similares pero diferentes debe ser más amplia y ejercerse con sensibilidad y sabiduría. Un intercambio de puntos de vista justo y sincero puede fomentar el aprendizaje mutuo, pero el objetivo debe ser el crecimiento ministerial, la madurez y la colaboración.

Profesional institucional

Como profesionales en una institución secular, los capellanes trabajan junto a otros colegas no capellanes para cuidar de todas las personas en la organización mientras se cumple la misión institucional. En este rol, llevamos a cabo la mayoría de nuestras funciones no religiosas, principalmente las siguientes:

- Defensor
- Árbitro
- Proveedor de información
- Administrador
- Miembro del personal
- Líder moral
- Supervisor
- Mentor (de capellanes de otras denominaciones y de no capellanes)
- Experto en crisis/trauma

Somos portavoces de diversas maneras dentro de la institución y en su nombre. Como funcionarios de la organización, somos defensores que promovemos y apoyamos su misión y valores. Esto incluye educar a nuestro propio personal, a otros empleados y a los clientes de la institución sobre sus políticas y procedimientos. Porque representamos tanto el mejor interés de la institución como las necesidades de los trabajadores y de la clientela, y dado que generalmente somos respetados por nuestra justicia y neutralidad, los capellanes también pueden ser llamados a arbitrar asuntos disputados por ambas partes.

Como proveedores de información, los capellanes no solo mantienen informados a los líderes y al personal sobre la programación religiosa; también asesoran a los líderes como expertos religiosos en cuestiones éticas y religiosas que afectan a la institución. Esto incluye la promoción del libre ejercicio de la religión y la prevención de la parcialidad religiosa. Mantenemos a los líderes informados acerca de la naturaleza técnica y teológica de todas las religiones practicadas dentro de la organización y en las comunidades circundantes, incluidas las festividades culturales, celebraciones y prohibiciones. Como administradores, supervisamos la planificación, el apoyo y la ejecución de los programas religiosos de la institución. Si bien la mayor parte del contenido es religioso, la gestión es laica y se basa en procedimientos. Esto se debe a que todos los programas religiosos están bajo la autoridad de un liderazgo secular y se financian a través de un presupuesto institucional integrado con fondos públicos o corporativos, y algunos de ellos están justificados porque los capellanes cumplen una función secular. Los capellanes prestan sus servicios como miembros del personal bajo la autoridad del liderazgo institucional. Aunque son ante todo responsables del trabajo religioso de la institución, cooperan con otros miembros del personal para lograr su misión secular. Por ejemplo, los capellanes militares colaboran en el cumplimiento de su juramento de apoyar y defender la Constitución de los Estados Unidos.

Como líderes morales, nosotros asesoramos a los líderes sobre cómo fortalecer el clima ético para mejorar el desempeño de la misión. En el contexto hospitalario, los capellanes participan en comités de ética que toman decisiones trascendentales sobre la priorización de la atención médica o la terminación de la vida. Los capellanes de mayor rango también sirven como supervisores técnicos de los capellanes de menor rango o de los voluntarios. En el ámbito militar, esto se basa en niveles jerárquicos piramidales. En entornos hospitalarios, los capellanes supervisores supervisan al personal de capellanía, y los educadores pastorales clínicos supervisan a los residentes en formación. En prisiones y cárceles, normalmente los capellanes del personal supervisan el trabajo de los ministros comunitarios que sirven como capellanes voluntarios.

Como profesionales institucionales, también mentoreamos a capellanes menos experimentados dentro de nuestra esfera de influencia. Este deber es similar al de los representantes de grupos religiosos, pero en este caso nuestra influencia se extiende a capellanes de todas las religiones, y nuestra formación se centra en habilidades generales para el ministerio de capellanía y el desarrollo profesional, no en la enseñanza confesional. Los capellanes también asesoran a personas que no son capellanes. Por ejemplo, en el Ejército asesoramos a laicos de nuestro personal ministerial; en hospitales, capacitamos al personal médico que también brinda atención espiritual; y en los centros penitenciarios, capacitamos a laicos, incluidos reclusos, que nos ayudan en el ministerio.

Los capellanes realizan una contribución significativa como profesionales institucionales en equipos de prevención y gestión de crisis y trauma. Esto incluye el ministerio en situaciones de desastre: acompañamos a las personas en circunstancias críticas que les cambian la vida para brindar apoyo psicológico y ayuda práctica urgente a fin de aliviar problemas inmediatos. Ayudamos a las personas a afrontar el trastorno de estrés postraumático y capacitar a otros profesionales en concienciación y prevención del suicidio. Como profesionales institucionales, los capellanes también llevan a cabo tres deberes religiosos: somos pastores, sacerdotes y expertos religiosos. Primero, cuando los líderes de la organización lo permiten, los capellanes deben considerar un privilegio brindarles apoyo espiritual personal. Segundo, como sacerdotes, los capellanes deben orar por todos los líderes para que todas las personas en la institución puedan llevar una vida tranquila y serena, con piedad y dignidad. Finalmente, nuestro deber como expertos religiosos se superpone, de manera evidente, con nuestra responsabilidad de proporcionar información cuando asesoramos a los líderes acerca de asuntos religiosos y éticos.

Ministro comunitario

Como ministros en la comunidad institucional más amplia, los capellanes llevan a cabo funciones religiosas y técnicas para todas las personas dentro de la organización. Muchas personas identifican públicamente al capellán como su ministro, no principalmente como un agente confesional. En este rol, los capellanes cumplen las siguientes funciones:

- Ministro de ceremonial ritos
- Público relaciones agente
- Comunidad pastor
- Sacerdote
- Administrador y Información proveedor

Como ministros de ritos ceremoniales, los capellanes en el ámbito público llevan a cabo tareas oficiales como conducir servicios conmemorativos; dirigir desayunos o almuerzos de oración; y ofrecer invocaciones o bendiciones en ocasiones formales como actividades cívicas, graduaciones, banquetes de celebración y la dedicación de instalaciones o equipos. Como agentes de relaciones públicas, los capellanes extienden la influencia institucional hacia el mundo exterior, conectándose con las comunidades locales, las congregaciones externas y las denominaciones religiosas, junto con sus redes asociadas.

Como ministros de la comunidad, los capellanes desempeñan tres deberes religiosos principales: somos pastores, sacerdotes y expertos religiosos. Primero, como pastores, nos preocupamos por la seguridad, la salud y la condición espiritual de todos. Proporcionamos cuidado pastoral práctico, guía espiritual, estímulo, consuelo y esperanza a cualquiera que desee recibirlo. Segundo, lo mismo es cierto de nuestro deber sacerdotal. Los capellanes deben escuchar atentamente todas las preocupaciones y estar preparados para escuchar a personas de cualquier confesión, recordando que esta es una comunicación privilegiada y confidencial que no debe ser revelada a nadie más, a menos que estén legalmente obligados a hacerlo.

Como sacerdotes, debemos interceder en oración por todas las personas. El ejercicio de este deber sacerdotal hacia todos los miembros de la institución se manifiesta al expresar la presencia de Dios dondequiera que vayamos mediante un intencional "ministerio de presencia". Este sencillo acto invita al poder divino a los ámbitos seculares e infunde calma espiritual en medio del caos. Como administradores y proveedores de información, elaboramos, publicamos y difundimos los planes del ministerio y nos aseguramos de que se observen las directrices institucionales relativas a las prácticas religiosas.

Ministro a individuos

Los capellanes brindan su apoyo espiritual a todas las personas, tanto dentro como fuera de su grupo religioso, independientemente de su trasfondo religioso. En este rol, los capellanes cumplen con las siguientes responsabilidades:

- Defensor
- Proveedor de información
- Pastor
- Sacerdote
- Ayudante
- Consejero
- Consolador
- Sanador

Las dos primeras son obligaciones procedimentales no religiosas; las dos siguientes son religiosas; las cuatro finales, aunque no exclusivamente religiosas, proporcionan valiosas oportunidades para que los capellanes ofrezcan un cuidado pastoral y espiritual significativo. Como defensores, los capellanes interceden por las personas ante las agencias institucionales para asegurarse de que sus necesidades sean atendidas y, al hacerlo, brindan cuidado pastoral práctico. También proporcionan a las personas información acerca de los recursos organizativos que les benefician. En ambas funciones, como defensores y proveedores de información, los capellanes también cumplen con su deber como ayudantes.

Nuevamente, en su papel de ministros para los individuos, al igual que como ministros de la comunidad, los capellanes atienden como pastores y sacerdotes a todos los miembros de la institución dispuestos a recibir su asistencia. Como ayudantes, asistimos a las personas de manera práctica para acceder a los recursos proporcionados por la institución. Los últimos tres deberes son fundamentales para la función del capellán como ministro de atención a los individuos.

Como consejeros, escuchamos con empatía, evaluamos necesidades y ofrecemos apoyo emocional, orientación espiritual y asesoramiento bíblico y psicológico para abordar problemas personales y relacionales. Cuando no podemos evaluar o tratar problemas graves, remitimos a las personas a otros profesionales mejor capacitados para hacerlo. Como consoladores, acompañamos a las personas en crisis para ayudarlas a sobrellevar sus cargas y brindarles aliento y esperanza. Como sanadores, ministramos a las almas enfermas por el pecado, remendamos espíritus quebrantados, ayudamos a reparar relaciones humanas rotas y promovemos la reconciliación con Dios.

MISIÓN, ROLES Y DEBERES DE LOS CAPELLANES

Capellanes de atención de la salud

La misión de los profesionales de la atención de la salud es proporcionar sanación holística o cuidado paliativo a través de medios físicos, emocionales y espirituales. Normalmente, los centros sanitarios son más abiertos que los ámbitos militar y penitenciario. El entorno es profesional, con médicos y personal de enfermería altamente cualificados y divididos en numerosas especialidades.

En comparación con el Ejército, el personal hospitalario es geográficamente estable; se traslada voluntariamente por razones personales o profesionales. Existen dos mundos: el del personal hospitalario y el de los pacientes y sus familias. El personal hospitalario se siente cómodo en su entorno estable, con una población residente. En cambio, la población de pacientes es altamente transitoria; el hospital puede parecer extrañamente diferente e intimidante para los pacientes y sus familias.

Los capellanes de atención de la salud brindan atención espiritual en tres entornos: hospitales, hospicios (cuidados paliativos) y instalaciones de atención a largo plazo o de cuidado de ancianos. De los tres aspectos del cuidado (religioso, pastoral y espiritual), los capellanes de atención de la salud se centran principalmente en la atención pastoral (satisfacer las necesidades físicas y emocionales) y la atención espiritual (abordar cuestiones trascendentales).

Los capellanes de atención médica atienden a tres grupos: los pacientes, sus familias y el resto del personal profesional de la atención de la salud. El rol más importante de los capellanes de atención médica es el de ministros para los individuos: sanadores que escuchan, consuelan y alientan a través de un ministerio de presencia; y ayudantes que proporcionan atención pastoral y espiritual personal. Los capellanes de atención médica también cumplen una función vital como profesionales institucionales: miembros del personal que brindan apoyo al resto del personal, actúan como defensores tanto de la institución como de los pacientes, administran y supervisan a otros capellanes, y asesoran a los funcionarios en cuestiones morales, éticas y religiosas. Su enfoque principal está en atender las necesidades de los pacientes, las cuales suelen ser inmediatas y urgentes. Sin embargo, también construyen relaciones a largo plazo con el personal para mejorar el desempeño de todo el equipo profesional de la salud.

Los capellanes sanitarios suelen ser los únicos miembros del equipo que son expertos religiosos cuyo enfoque principal en la sanación holística se centra en los asuntos espirituales. Su principal lugar de ministerio no es el consultorio ni la capilla, sino la habitación del paciente. Dado que la mayoría de los pacientes están hospitalizados de manera involuntaria y los capellanes tienen acceso directo a la mayoría de las áreas, deben observar cuidadosamente la receptividad de los pacientes a su presencia y evitar invadir cuando no son bienvenidos. Un ministerio de presencia intencional es especialmente importante en la capellanía de atención médica. Dependiendo del tipo de hospital, los capellanes pueden dirigir servicios religiosos de forma regular y, ocasionalmente, realizar ritos religiosos. Cuando no pueden llevar a cabo determinados ritos según sea necesario, facilitan que otra persona autorizada los realice.

Capellanes militares

La misión de las Fuerzas Armadas es defender nuestra nación y sus intereses constitucionales. Se trata de una comunidad relativamente cerrada, con acceso restringido para la población general estadounidense a las instalaciones militares. Los capellanes militares brindan apoyo espiritual a los miembros del servicio, sus familias y el personal civil que apoya las operaciones. Se despliegan con las tropas militares y los contratistas durante entrenamientos en el extranjero y operaciones de combate. Llevan puestos dos sombreros: como ministros religiosos y como oficiales comisionados. Desempeñan los cuatro roles del capellán. Como representantes de grupos religiosos, conducen servicios y ritos religiosos en capillas y son pastores de comunidades de capilla, para las cuales también proporcionan programación religiosa. Como profesionales institucionales, forman parte del estado mayor del comandante, asesoran en asuntos religiosos y supervisan a los equipos ministeriales y a los capellanes subordinados. Como ministros comunitarios, sirven a toda la base y realizan ritos ceremoniales para todos. Como ministros para los individuos, brindan atención pastoral y espiritual, consejería y apoyo a cualquier persona de la comunidad, independientemente de su credo.

En guarnición, los capellanes militares se enfocan en los miembros del servicio y sus familias. Durante el despliegue, se concentran principalmente en los miembros del servicio, mientras que el personal de apoyo en guarnición brinda atención a sus familias en el hogar. Los capellanes militares son los únicos miembros no combatientes de las unidades militares. Aunque son oficiales, por lo general no ejercen autoridad de mando, salvo cuando supervisan equipos ministeriales independientes de la unidad, en sus dos roles como representantes de grupos religiosos y profesionales institucionales. Más que cualquier otro tipo de capellán, se asemejan mucho a los pastores locales de congregaciones. Especialmente en las guarniciones, dedican gran parte de su tiempo a dirigir servicios religiosos y programas de formación espiritual. Sus funciones como planificadores del personal y asesores de los comandantes son igualmente exigentes.

Como ministros de grupos religiosos, suelen realizar la mayoría de los servicios religiosos para sus feligreses. Dado que la asistencia es voluntaria, en este contexto los capellanes pueden compartir su fe abiertamente. Durante el despliegue, aún funcionan como líderes de grupos religiosos, pero dedican más tiempo a la planificación del personal y al ministerio a toda la comunidad. Como ministros comunitarios, atienden las necesidades de otros grupos religiosos mediante la coordinación de otros capellanes o ministros cualificados para llevar a cabo esos servicios, ritos y ceremonias. En situaciones en las que los capellanes actúan como profesionales institucionales o ministros comunitarios, y cuando la asistencia de las personas es involuntaria, los capellanes deben ser especialmente cautelosos en la forma en que comparten su fe. Nunca deben abusar de su autoridad ni aprovecharse de una audiencia cautiva.

Capellanes correccionales

La misión de las instituciones penitenciarias es doble: encarcelamiento y rehabilitación. Protegen a la sociedad confinando a los delincuentes en entornos controlados y asisten a los delincuentes para que se conviertan en ciudadanos respetuosos de la ley. Este es el entorno más cerrado de todos. Comprende dos poblaciones claramente separadas: los reclusos y el personal penitenciario. Los reclusos solo reciben atención espiritual de quienes entran o viven en el centro: el capellán, voluntarios de la comunidad o compañeros reclusos. El personal correccional recibe ministerio tanto en la instalación como desde su comunidad externa. El ambiente es muy estructurado, regulado, intenso, lleno de tensión y monótono. La población reclusa es culturalmente diversa y pluralista, con muchos grupos religiosos. Los capellanes penitenciarios ministran en instalaciones federales, estatales, de condado o locales. A nivel federal y estatal, así como en muchos contextos de condado y locales, algunos de los puestos son remunerados; sin embargo, la mayoría de los capellanes son voluntarios y no remunerados.

Los capellanes prestan sus servicios a tres grupos: los reclusos, el personal penitenciario y las familias tanto de los reclusos como del personal. Funcionan desde una posición verdaderamente única: literalmente "caminan la línea" entre los reclusos y el personal correccional. Más que cualquier otra persona en el centro penitenciario, actúan como defensores de ambos lados de esa línea. Su función más importante es la de ministro comunitario, que garantiza que todos los internos tengan la oportunidad de ejercer libremente sus derechos religiosos. Al mismo tiempo, al igual que los capellanes militares—pero a diferencia de los capellanes corporativos o de atención sanitaria, desempeñan de manera más completa un ministerio equilibrado que abarca las demás funciones de representante del grupo religioso, profesional institucional y ministro de atención espiritual a las personas. Una razón para ello es que el sistema penitenciario, al igual que el Ejército, es un tipo de institución cerrada.

Dado que los reclusos están encarcelados de manera involuntaria, el ministerio de presencia y la sensibilidad del capellán para no ser intrusivo son especialmente importantes. Al mismo tiempo, los prisioneros suelen ser receptivos a todos los aspectos de la atención: religiosa, pastoral y espiritual. Los capellanes penitenciarios realizan servicios religiosos de forma regular y actúan como pastores para sus feligreses. Sin embargo, debido a la naturaleza pluralista del centro, no pueden brindar la atención religiosa que todos los internos necesitan. Por ello, gran parte de su labor se realiza mediante la provisión de servicios, ritos, ceremonias y programas religiosos a través de ministros comunitarios, voluntarios o reclusos capacitados llamados al ministerio. Los capellanes también actúan como consejeros personales, educadores que coordinan clases de habilidades para la vida, y expertos en intervención en crisis y prevención del suicidio. Al igual que los capellanes corporativos, sirven como barómetros para el personal correccional, ayudando a identificar y mejorar las condiciones de las instalaciones.

Capellanes corporativos y del lugar de trabajo

La misión de la mayoría de los negocios es proporcionar un servicio o producto, generalmente con fines de lucro. El entorno es altamente competitivo y estresante, con escasas oportunidades de crecimiento de los márgenes de ganancia y una presión constante para hacer cosas de manera poco ética a fin de obtener una ventaja. Algunos capellanes trabajan directamente para una empresa; otros trabajan para una organización que proporciona capellanes a varias compañías. Muchos capellanes ejercen su ministerio a tiempo parcial y trabajan para más de una empresa. La población puede o no ser diversa y pluralista, dependiendo del contexto cultural.

Los capellanes en el lugar de trabajo atienden a dos circunscripciones: los empleados y la gerencia. Su énfasis e influencia diarios se centran principalmente en los empleados individuales. Pero también proporcionan cuidado pastoral a la gerencia y representan de manera justa los intereses de la institución ante los empleados. La función más importante del capellán laboral es la de ministro para las personas y, secundariamente, la de ministro comunitario. Gran parte del trabajo del capellán se realiza a través del ministerio de presencia y el asesoramiento personal, lo cual pone una prima en la confidencialidad. Esto brinda a los empleados la oportunidad de ser sinceros no solo sobre su vida personal, sino también sobre las condiciones laborales. Además, ofrece a los capellanes una oportunidad única para hablar proféticamente a la gerencia, generalmente sin recriminación, y ayudar a mejorar las condiciones del lugar de trabajo. Muchas personas en el mundo empresarial no son miembros de una congregación local y no tienen relación con un pastor. Por lo tanto, los capellanes tienen la oportunidad de llenar este vacío. Aunque su principal ámbito de ministerio es el laboral, muchos capellanes también realizan un ministerio de seguimiento con empleados y sus familias en sus hogares.

Capellanes de Seguridad Pública

La misión de la seguridad pública (a menudo referida a los primeros respondedores) es defender y servir al público, generalmente en situaciones de alto estrés, amenazantes o caóticas. Los principales tipos incluyen a las fuerzas del orden, los bomberos y los servicios de emergencia, así como la intervención en crisis y las operaciones de alivio en desastres. Estas organizaciones son muy estructuradas, uniformadas y reguladas. El papel más importante de los capellanes de primeros respondedores es el de ministro para los individuos, seguido del rol de profesional institucional.

Los capellanes atienden a dos circunscripciones: los respondedores y el público. Los miembros del público son transitorios, y sus necesidades suelen ser temporales. Por lo tanto, el ministerio a largo plazo se enfoca en los respondedores y sus familias, quienes viven y trabajan en contextos relativamente estables. Incluso en situaciones de desastre, aunque los miembros del público necesitan atención espiritual, se debe prestar especial cuidado a los trabajadores de alivio, quienes están sirviendo al público. La configuración es generalmente muy diversa y pluralista. Los primeros respondedores existen en comunidades abiertas y cerradas. Aunque residen en vecindarios abiertos, trabajan en fraternidades cerradas y muy unidas, con ritos de iniciación que dificultan el acceso de personas externas. En muchos aspectos, funcionan como organizaciones paramilitares. Se requiere gran paciencia, habilidad y un esfuerzo consciente, constante y respetuoso para construir vínculos de confianza que conduzcan a oportunidades genuinas de ministerio.

Capellanes Comunitarios y de Estilo de Vida

Los capellanes comunitarios y de estilo de vida prestan sus servicios allí donde la gente se congrega en ámbitos seculares, más allá de los lugares de culto, o cuando las personas comparten un estilo de vida similar. Las misiones de estas organizaciones varían ampliamente, por lo que desafían una categorización simple; sin embargo, los entornos pueden agruparse en siete tipos: (1) institucional, (2) residencial, (3) clubes de servicio, (4) centros/redes de transporte, (5) deportes, (6) ocio/recreación y (7) grupos de afinidad.

Entre los tipos institucionales se incluyen los capellanes educativos y legislativos. Los capellanes educativos prestan sus servicios en todos los niveles, pero principalmente en colegios y universidades. Atienden a todo el campus—estudiantes, profesorado y personal—principalmente como ministros a nivel individual, pero también como profesionales institucionales. La mayoría de los capellanes legislativos atienden a tiempo parcial y llevan a cabo principalmente tareas ceremoniales, aunque el papel clave de los pocos empleados a tiempo completo es el de ministro a individuos.

Los capellanes residenciales desempeñan el papel de ministros comunitarios, generalmente para poblaciones estables en ubicaciones geográficas determinadas. Estos incluyen capellanes en instalaciones de jubilación y otros que administran programas sociales y cívicos para mejorar sus barrios. Los capellanes en clubes de servicio llevan a cabo principalmente tareas ceremoniales como ministros comunitarios en clubes fraternales (por ejemplo, Kiwanis y Rotary), organizaciones de veteranos (VFW y la Legión Americana), clubes cívicos locales y asociaciones paramilitares.

En centros y redes de transporte—aeropuertos, transporte por carretera y paradas de camiones, puertos marítimos y ferrocarriles—el rol principal de los capellanes es el de ministros a individuos. Interactúan diariamente con una población altamente transitoria, pero también establecen relaciones a largo plazo con el personal empleado.

Los capellanes deportivos se centran en dos funciones. Como ministros de personas, interactúan ocasionalmente con el público en eventos, pero, cuando es posible, forman relaciones con jugadores y personal de apoyo. También llevan a cabo tareas religiosas y ceremoniales como ministros comunitarios del equipo. Los capellanes de ocio y recreación participan en ceremonias y, ocasionalmente, en ritos, como ministros comunitarios. Prestan sus servicios en diversos lugares: parques nacionales, parques temáticos, cruceros y otros sitios turísticos. Su función principal es brindar apoyo espiritual a las personas, principalmente a la población transitoria, pero también al personal contratado. Los grupos de afinidad incluyen personas con intereses o aficiones comunes, como motociclistas, aviadores o miembros de clubes de caza y pesca. Los capellanes de estos grupos, generalmente designados por las organizaciones correspondientes, llevan a cabo tareas ceremoniales como ministros comunitarios, pero a menudo desarrollan relaciones duraderas como ministros de personas.

PREGUNTAS DE REFLEXIÓN

¿Cuál es la diferencia entre un capellán que ejerce como ministro de un grupo religioso y un ministro comunitario? Describa las responsabilidades clave en cada uno de estos roles.

Los roles, responsabilidades y tareas pueden ser tanto distintos como superpuestos. Elija uno de los roles y describa qué responsabilidades y tareas le entusiasman más en el papel de capellán.

En el resumen de los principales tipos de capellanes, ¿cuál es el más común? ¿Cuál le resulta más interesante y cuál le resulta menos interesante? ¿Por qué?

¿Qué rol desempeña el capellán como profesional institucional en la provisión de asesoramiento ético y religioso? ¿Cómo podría esto impactar la misión de la organización?

Como líderes morales, ¿cómo podría un capellán aconsejar a los líderes en el fortalecimiento del clima ético para mejorar el desempeño de la misión?

VIDA INSTITUCIONAL

Dr. Robert Vickers

Uno de los principales desafíos en la capellanía es la adaptación a la vida en la configuración institucional donde uno sirve. La vida institucional es significativamente diferente de la vida en la parroquia local, y muchos clérigos han cometido el error de suponer que una cosa es igual que la otra. Si bien existen similitudes, las diferencias son enormes. Por lo tanto, es importante comprender el propio entorno institucional y la singularidad de la dualidad institucional que coloca a los capellanes bajo la autoridad y supervisión de entidades separadas, lo que les genera conflictos de roles.

En Lucas 14:28–35, Jesús amonestó primero a aquellos interesados en seguirlo a considerar el costo. Utilizó dos ilustraciones: el constructor de una torre y un rey preparándose para la batalla. Ambos estaban determinando si tenían lo que se necesitaba para tener éxito. Después de exhortar a los oyentes a "contar el costo" antes de tomar decisiones, dijo: "El que tenga oídos para oír, que oiga". De la misma manera, uno debería "contar el costo" al buscar toda la información disponible y escuchar atentamente la sabiduría y los consejos antes de elegir la capellanía como una expresión de ministerio. Aprender tanto como sea posible acerca de los pros y los contras, la cultura, los desafíos, los escollos y las esperanzas heredadas mejora en gran medida las perspectivas de un ministerio exitoso y gratificante.

CONFIGURACIÓN INSTITUCIONAL

El ministerio de capellanía se realiza generalmente en entornos institucionales seculares. Las instituciones de atención médica, militares, correccionales, de primeros respondedores y corporativas emplean capellanes con el objetivo de incorporar atención espiritual e influencia religiosa en su misión secular. Cada entorno es único. Existen diferencias significativas no solo entre los diversos tipos de instituciones seculares, sino también entre las organizaciones dentro de cada tipo de institución. Las personas que se inician en el ministerio de capellanía deben abordar cada entorno institucional con una aguda conciencia de los matices y sutilezas específicos de cada organización. Los nuevos capellanes deben comprender desde el principio que se incorporan a una cultura con normas, relaciones, expectativas y dinámicas organizativas únicas que ya existen. Para sobrevivir, contribuir y prosperar en el nuevo entorno, los capellanes deben tener "conciencia institucional" y hacer los ajustes correspondientes. También deben conocer bien su identidad y vocación básicas, y contar con una sólida formación teológica que les permita ser flexibles en asuntos "accidentales" sin comprometer lo esencial. Sin embargo, algunos capellanes nunca "lo entienden". La mayoría de estos pronto se da cuenta de que no encajan bien en esa configuración, y o bien cambian a otro tipo de capellanía o regresan al ministerio parroquial.

En el ministerio parroquial, un clérigo es el principal responsable de brindar atención pastoral a una congregación denominacional específica y a otros individuos que eligen involucrarse, ya sea por conveniencia geográfica o por simple curiosidad. En cambio, el capellán en una institución secular proporciona cobertura religiosa, atención espiritual y apoyo moral a personas de diferentes creencias religiosas y a algunos que profesan no tener fe religiosa o interés en ella. Muchas habilidades ministeriales aprendidas en las escuelas teológicas y perfeccionadas en entornos parroquiales son transferibles a entornos institucionales seculares. Los capellanes dirigen el culto, predican, aconsejan, proporcionan educación religiosa, administran sacramentos y realizan rituales religiosos. Sin embargo, en entornos institucionales seculares, los capellanes también actúan como expertos en asuntos religiosos y brindan atención espiritual a todos los miembros de la organización.

Por supuesto, uno no debería esperar que un capellán esté totalmente familiarizado con todas las prácticas y tradiciones de cada grupo de fe representado en la institución. Sin embargo, es críticamente importante que se preocupe por todas las necesidades religiosas dentro de la institución y sea sensible a ellas, independientemente de si cree personalmente en esas prácticas de fe.

En el ámbito militar, la expectativa es que los capellanes "actúen" y/o "provean" para las necesidades religiosas de todos los miembros. En otros contextos, esta expectativa también se mantiene en distintos grados.

Dado que cada organización tiene una cultura única, los nuevos capellanes normalmente pasan por un período informal de prueba para demostrar su credibilidad y valor antes de ser considerados miembros plenos. Necesité varios meses casi un año—de servicio en la República de Corea para ser completamente aceptado como parte de la organización, incluso después de haber servido como capellán militar en otras unidades durante más de quince años.

Desde el comienzo de ese trayecto, recibí un trato apropiado y respetuoso. Sin embargo, me resultaba muy evidente que yo estaba "fuera". Algunos me aceptaron de inmediato como su capellán, pero otros, aunque reconocían que estaba ocupando el puesto asignado, mantenían la distancia y mostraban poco interés en conocerme o en aceptar lo que yo tenía para ofrecer hasta que demostrara mi valía ante sus ojos.

Tomó algunos meses. Después de que la unidad y yo entrenáramos juntos en el campo, participáramos en ceremonias de calificación rigurosas, realizáramos extensas actividades físicas y compartiéramos muchas situaciones difíciles, de repente me di cuenta de que algo había cambiado: se había producido un reconocimiento mutuo, y yo había sido completamente aceptado como miembro de la organización.

En las primeras semanas, solo había podido acercarme a unos pocos miembros de la unidad de mando. Para el final de mi asignación, me había involucrado de manera significativa con al menos el noventa y cinco por ciento de los miembros de la unidad. Durante ese año juntos, casi todos experimentaron alguna crisis, ya fuera en casa o en el cumplimiento de sus tareas laborales. Estar con ellos en esos momentos y circunstancias de necesidad abrió las puertas a muchas oportunidades de ministerio. Convertirse en un miembro plenamente aceptado brinda oportunidades extraordinarias para ejercer el ministerio.

La misma dinámica se observa en hospitales, cárceles, departamentos de policía y bomberos, y empresas en cualquier lugar donde presten sus servicios los capellanes. Es poco probable que un capellán nuevo en una organización sea recibido de inmediato y por completo en su cultura. Este proceso requiere tiempo y suele asemejarse a un rito de iniciación.

DUALIDAD INSTITUCIONAL

Una realidad con la que el clero se encuentra inmediatamente al convertirse en capellanes es que son miembros plenos de dos instituciones separadas y distintas, ambas de las cuales prácticamente exigen una afirmación total de su parte. Esto varía en grado, dependiendo del tipo de ministerio de capellanía al que se dedican.

Una apreciación del significado de la dualidad institucional (el hecho de que un capellán no está afiliado a, pero forma parte plenamente de, dos importantes instituciones sociales) es clave para comprender tanto los problemas como las oportunidades de la capellanía.[1]

La institución religiosa a la cual pertenece un capellán ejerce autoridad eclesiástica, y la institución secular ejerce autoridad operativa, incluyendo la asignación, el traslado, la contratación y el despido, así como otras formas de autoridad formal. En los casos en que la institución secular es la fuente de financiación, tiene derecho a exigir que se cumplan sus expectativas. Es esencial que los capellanes comprendan las políticas de ambas entidades y procuren honrarlas de la mejor manera posible. En ninguna circunstancia debería considerarse a un capellán como "medio clérigo" y "medio miembro del personal". En realidad, el capellán es un miembro pleno de ambas instituciones, y ambas requieren la lealtad del capellán.

Un cambio de vocación podría ser necesario si una persona no puede aceptar las prácticas, los principios, las expectativas, los objetivos o los requisitos de ambas instituciones. En la mayoría de los casos, el principio básico de ambas instituciones es compatible. El conflicto o la aparente incompatibilidad suele deberse a una mala interpretación de los requisitos o principios por parte de un comandante, un supervisor o, quizá, un funcionario de la iglesia. Abordaremos el posible conflicto de roles más adelante.

La mayoría de las organizaciones están dispuestas a acomodar los requisitos de la institución religiosa por respeto al capellán y al lugar que la religión ocupa en la cultura. He presenciado solo unas pocas ocasiones en las que algunos representantes o miembros de una institución laica se mostraron hostiles o poco receptivos a la presencia de capellanes. Esto no pretende minimizar la posibilidad, pero la frecuencia de tales reacciones negativas es baja; los casos son relativamente pocos. Parece que la mayoría de las instituciones seculares reconocen y valoran la importancia de los capellanes y de la religión en el ámbito laboral. Sin embargo, pueden surgir conflictos, y cuando esto ocurre, el capellán debe buscar consejo experto y abordar los problemas con prudencia.

CONFLICTO ROLES

Dado que los capellanes son miembros de pleno derecho de dos instituciones que son responsables de ellos, inevitablemente surgen enfrentamientos de ideas, valores y lealtades debido a la naturaleza y

---

[1] Richard G. Hutcheson Jr., *The Churches and the Chaplaincy* (rev. ed; Washington, DC: United States Government Printing Office, 1998), 5.

las expectativas de dos roles dispares. Se producen malentendidos y malas interpretaciones. Estos choques pueden dar lugar a dinámicas poderosas y potencialmente paralizantes de "conflicto de roles", cuando expectativas incompatibles asociadas a un puesto o función chocan y tiran de la persona en direcciones diferentes. La plena pertenencia a dos instituciones de amplio alcance crea, por tanto, la posibilidad de conflicto de roles. Independientemente del tipo de institución secular en la que presten sus servicios, los capellanes conservan su estatus clerical.

> La identidad profesional de un ministro está casi completamente establecida por su iglesia. Es la iglesia la que controla la formación profesional, generalmente en seminarios denominacionales. En la ordenación, confiere las credenciales profesionales. Las tareas laborales, la escala salarial, los traslados y la progresión profesional, así como las oportunidades de formación continua, están determinados por la normativa o la costumbre institucional.[1]

Un carácter igualmente inclusivo se aplica a su identidad institucional. En el ámbito militar, los capellanes son como cualquier otro oficial en esa rama de servicio. Reciben comisiones militares, visten el mismo uniforme, obedecen las mismas normas, ostentan los mismos rangos, participan en el mismo entrenamiento y reciben un salario, y se les asignan deberes y responsabilidades similares.

En el ámbito sanitario, los capellanes deben superar un proceso de certificación con agencias como la Asociación de Capellanes Profesionales (APC) y la Asociación Americana de Educación Pastoral Clínica (ACPE), portar el mismo "uniforme" y cumplir los mismos requisitos que otros profesionales de la salud. En los centros penitenciarios, existen expectativas institucionales similares en cuanto a los niveles de formación y experiencia, así como al cumplimiento de las normas y políticas de dicho entorno institucional. En prácticamente todos los tipos de capellanía institucional, existen directrices relativas a prácticas relacionadas con salarios, traslados, políticas y expectativas organizativas. Es inevitable que, con esta dualidad institucional, los capellanes experimenten conflicto de roles, cuando su rol como ministros religiosos parece entrar en conflicto con su rol como líderes dentro de la institución secular. Es en la tensión entre estas dos instituciones abarcadoras—una religiosa y otra secular—donde tiene lugar el ministerio de la capellanía.

Mi tesis doctoral de 1984 abordó el tema del servicio de

---

[1] Hutcheson, *The Churches and the Chaplaincy,* 21.

capellanía militar y el conflicto de roles. He revisado numerosas disertaciones, estudios y artículos sobre el tema. El conflicto de roles afecta principalmente a los capellanes militares, pero es relevante para la capellanía en general. Durante la impopular Guerra de Vietnam y en la posguerra, las iglesias y la sociedad examinaron de forma hipercrítica el rol de los capellanes militares. La acusación que frecuentemente se hacía a los capellanes era que adoptaban con demasiada frecuencia el rol militar mientras abdicaban de su rol clerical.

Muchos autores sometieron la capellanía militar a un estrecho reexamen, y el conflicto de roles se convirtió en una preocupación importante. La mezcla de funciones clericales y militares parecía haberse vuelto tan intensa que varias iglesias determinaron que el rol militar era "tan incompatible con el rol clerical" que las llevó a abogar por la eliminación de la capellanía.[1] En cada generación desde entonces, los antagonistas de la capellanía han continuado sosteniendo este punto de vista.

El gobierno conserva la autoridad sobre todos los aspectos de los servicios militares y de los asuntos de los veteranos, así como sobre las instalaciones correccionales estatales financiadas por el gobierno. Como consecuencia, los críticos del servicio de capellanía cuestionan constantemente la conveniencia de mezclar la iglesia y el Estado en esas instituciones. Las preocupaciones derivadas de la Primera Enmienda están siempre presentes. La cuestión jurídica de la constitucionalidad del servicio de capellanía en el ámbito gubernamental se aborda en los capítulos anteriores, "Fundamentos constitucionales" y "Asuntos y desafíos especiales". Es importante señalar que el potencial de conflicto de roles no ocurre solo en contextos gubernamentales, sino también en todo tipo de instituciones, públicas o privadas. Los capellanes se enfrentan a conflictos con los objetivos, las funciones y las prácticas de cualquier organización.

Históricamente, los capellanes se han ocupado de muchos temas "polémicos" sobre los cuales los grupos de fe, las instituciones seculares y la teología y ética personales difieren de manera significativa. Cuestiones como los derechos LGBTQ, el matrimonio entre personas del mismo sexo, el aborto, la identidad de género y las desigualdades raciales son algunos de los desafíos que enfrentan los capellanes. Los capellanes deben conocer la postura de sus grupos religiosos sobre estos asuntos.

Para el capellán militar, las posibles áreas de conflicto de roles

---

[1] Hutcheson, *The Churches and the Chaplaincy,* 22.

provienen de varios factores: la guerra y la paz, la relación entre iglesia y Estado, el desgaste del rango del capellán, las expectativas de los comandantes y el papel profético del capellán frente a sus funciones como oficial militar y constructor moral.[1] Si bien no todos los tipos de experiencia de los capellanes presentan estos tipos de conflicto de roles en la misma medida, la mayoría de ellos son cuestiones complejas en cualquier forma de capellanía.

Además de los posibles desacuerdos con algunos supervisores, quizá la causa más probable del conflicto de roles sea el papel profético del capellán. Este puede ser una fuente de posibilidades profundamente significativas para el crecimiento y el desarrollo, o puede convertirse en un problema, un desastre e incluso poner fin a una carrera profesional. "Decir la verdad al poder" a veces es necesario, pero puede resultar costoso.

La lista de capellanes que se han sentido impulsados a proclamar la Palabra del Señor en instituciones y que han pagado un alto precio por ello es extensa. Muchos autores han reflexionado sobre la importancia crucial de que los capellanes abracen su rol profético. Por otro lado, otros han señalado que es poco probable que los capellanes hablen con valentía desde una voz profética porque temen las consecuencias negativas. "¿Cómo puede un capellán proclamar el evangelio profético cuando viste un uniforme militar pagado por el Estado y, además, su ascenso depende de los oficiales superiores?"[2]

Este dilema no se limita al servicio de capellanía militar y puede ser una realidad constante en cualquier tipo de capellanía. Libby escribió que, en muchas instancias, solo habrá una forma "correcta" de responder, y que esa realidad exige oración angustiosa y una evaluación cuidadosa por parte del capellán.

> Puede ser necesario que el capellán se arriesgue a hacer preguntas difíciles, incluidas aquellas que confronten comportamientos y pensamientos que indiquen una falta de comprensión ética o de sentido de la integridad.[3]

Una pregunta esencial que debemos hacernos es: "¿Cómo se gestiona y se afronta el conflicto de roles?" Uno debe entender críticamente que es

---

[1] Robert Vickers, *The Military Chaplaincy* (Unpublished doctoral dissertation, Vanderbilt University, 1984), 46.

[2] H. G. Cox, Jr., ed., *Military Chaplains* (NewYork: American Report Press, 1973), x.

[3] B. W. Libby, "The Chaplian's Allegiance to His Church," *Military Chaplain's Review* 12.3 (1983): 32-36.

imposible resolver cada conflicto de roles de manera satisfactoria para todos los involucrados. Para sobrevivir ante un conflicto de roles, es necesario ser persistente, flexible e innovador.[1]

Además, hay que recopilar la mayor cantidad de información posible, hablar con otros y dedicar tiempo a la reflexión y la oración. Desafortunadamente, las emociones en torno al conflicto de roles pueden intensificarse rápidamente, y el problema que inicia el conflicto a menudo se pierde en comportamientos defensivos. La situación puede desintegrarse con rapidez en una contienda acerca de vencedores y vencidos. En la actualidad, gran parte del conflicto surge más de choques de personalidad que de políticas o directrices institucionales. Diversos estudios sobre la capellanía a lo largo de las décadas han indicado que los capellanes experimentan un alto grado de conflicto de roles. Cuando esto ocurre, prácticamente todos los capellanes afirman que su primera lealtad es a Dios.[2]

George Williams argumenta que los capellanes están más vinculados funcional y psicológicamente a su cadena de mando que a sus superiores eclesiásticos.[3] La proximidad geográfica a la institución secular y la distancia respecto a la institución eclesiástica contribuyen a esta tendencia. Una consecuencia de este comportamiento, si los capellanes no se mantienen vigilantes, es caer en la trampa del compromiso, al intentar con demasiada fuerza "convertirse en parte del equipo" de maneras que van en contra de los valores personales y confesionales. La conciencia del potencial conflicto de roles en el entorno institucional secular es fundamental. Hutcheson reflexiona sobre la importancia de reconocer y mantener esta tensión propia del conflicto de roles. Ser consciente de esta tensión valida los diferentes roles del clero y del oficial. Sin ella, es probable que uno haya migrado demasiado hacia un rol a costa del otro. El desafío es que ambos roles, el de oficial y el de capellán, se desempeñen igualmente bien.

El uso que hace Hutcheson de la palabra *tensión* es significativo. La presencia de "tensión de roles" para los capellanes puede ser muy positiva. Esta tensión es normal y puede ser una dinámica saludable. Los capellanes deberían sentir tensión entre sus roles interactuantes

---

[1] Stuart Palmero, *Role Stress* (Englewood, NJ: Prentice Hall, 1981), 14.

[2] Robert C. Vickers, "The Military Chaplancy," *Military Chaplain's Review* 15.2 (1986): 89.

[3] George H. Williams, "The Chaplaincy in the Armed Forces of the United States of America in Historical and Essleciastical Perspective," *Military Chaplains* (New York: American Report Press, 1973), 12.

como ministros religiosos y representantes profesionales de instituciones seculares. La tensión de roles mantiene a los capellanes agudos, alertas, concentrados y eficaces. Podríamos llamarla "tensión creativa de roles". Sin ella, uno puede volverse perezoso o descuidado en su trabajo. Es muy parecido a tener la tensión adecuada en la cadena de una motosierra: si la cadena está demasiado floja, no cortará y será inútil. ¿Cómo se encuentra ese punto de tensión de roles efectiva y creativa? Surge a través del conocimiento de la propia postura teológica y confesional. Surge del autoconocimiento. Surge a través de la construcción de confianza y conexión con las instituciones seculares. Y, a medida que uno se integra al equipo institucional, trabajando desde dentro y utilizando incluso oportunidades imprevistas y fortuitas para traer esperanza, estímulo y ayuda, la dinámica de tensión entre los dos roles puede beneficiar a todos. Los capellanes pueden usar su ingenio para avanzar el objetivo de la institución secular mientras, al mismo tiempo, encuentran oportunidades para brindar atención espiritual a los miembros de la organización.[1] Uno no tiene que trabajar para crear la tensión de roles. Inevitablemente estará presente. Cuando no lo está, entonces es momento de preocuparse.

RESPONSABILIDAD

Los capellanes son responsables ante dos instituciones. Esto es de esperarse. En el ámbito eclesiástico, el capellán, a través del proceso de aprobación confesional, es declarado ministro en buena posición con un grupo de fe. Este es el punto de partida, y una relación continua es imperativa. Cada agencia patrocinadora mantiene contacto periódico con sus capellanes. El grupo de fe lo requiere, y la institución secular lo espera, lo reconoce y lo apoya. Algunos avaladores exigen informes periódicos por escrito, proporcionan conferencias de capacitación obligatorias y realizan visitas personales. El mantenimiento de esta conexión asegura la relación del capellán con la iglesia y ayuda al grupo de fe a mantener informado al capellán sobre los acontecimientos en la vida de la denominación. La comunicación periódica con fuentes confesionales y las visitas de los representantes de la iglesia son útiles para mantener esta conexión.

Cuando los capellanes enfrentan dificultades, ya sea con los representantes de la institución secular o con el grupo religioso, ambas partes suelen involucrarse e intentar ayudar a lograr una resolución. Esto se analiza con más detalle en el capítulo titulado "El capellán

---

[1] Hutcheson, *Churches and the Chaplaincy*, 25.

profesional". Un desafío actual para las iglesias y los capellanes es la tendencia a tomar decisiones privadas, siguiendo la propia conciencia en lugar de alinearse con las posturas oficiales de la iglesia.[1] Baste decir que los capellanes son responsables ante los grupos religiosos que los respaldan.

La institución secular también exige responsabilidad. La expectativa es que cada miembro de la institución, incluido el capellán, cumpla todos los estándares y satisfaga todos los requisitos de la organización. Las evaluaciones periódicas del desempeño se utilizan como un medio para establecer objetivos y hacer seguimiento del progreso hacia su logro, y el supervisor hace responsable al capellán del cumplimiento de dichos objetivos. Las expectativas no se relajan para el capellán. En el ámbito militar, he escuchado a comandantes decir: "Deseo que mi capellán establezca el estándar. Espero que mi capellán sea el mejor oficial de mi unidad". El liderazgo debería esperar el mismo nivel de excelencia de todos los capellanes en cualquier tipo de entorno institucional.

DEFENSA BIDIRECCIONAL

El capellán ocupa un puesto fundamental en toda organización. Todos necesitan un defensor de tiempo en tiempo, y el capellán está perfectamente posicionado para hablar en favor de cada miembro de la organización, de arriba abajo. A menudo, las voces silenciadas necesitan ser escuchadas para el beneficio de todos. Si el capellán ha hecho un buen trabajo ganando credibilidad a través de la integridad personal, la competencia y una preocupación genuina demostrada, existe la oportunidad de generar un impacto significativo. Además, el capellán puede desempeñar un papel vital en la defensa de la organización.

A menudo, el propósito y los objetivos institucionales se pierden en la vorágine cotidiana de la actividad, y los miembros pueden perder de vista para qué están trabajando. Con sabiduría y sensibilidad, los capellanes pueden ayudar a interpretar por qué las cosas se hacen como se hacen, pero solo si han ganado la confianza de los miembros en todos los niveles. Cuando el enfoque y la dirección se pierden, los capellanes están estratégicamente posicionados para ayudar a reorientar el rumbo de todos.

MINISTERIO A TODO

El capellán está en posición de brindar atención espiritual a

[1] Hutcheson, *Churches and the Chaplaincy*, 27.

todos los miembros de la organización, independientemente de su preferencia religiosa. El capellán ministra no solo a quienes ocupan los rangos más bajos, sino a personas en todos los niveles de responsabilidad. A veces se piensa—a menudo de manera errónea—que los líderes están tan "bien formados" o "bien preparados" que no necesitan una relación personal con el capellán ni nada de lo que este pueda ofrecerles; que su única necesidad es que el capellán cuide de las personas "bajo su mando".

Algunas de mis experiencias más significativas y gratificantes en la capellanía han surgido de situaciones en las que los comandantes, tras haber desarrollado confianza en mi ministerio, se pusieron en contacto conmigo para pedir consejo, reflexiones sobre un asunto preocupante u oraciones en medio de un momento difícil. Nunca se sabe con certeza qué cargas llevan los líderes.

Que el capellán muestre una actitud de cuidado, confidencialidad y disponibilidad abre la puerta a oportunidades ministeriales significativas y valiosas. Por lo general, se necesita tiempo para ganar la confianza de los líderes. El título de "capellán" y el uso del emblema de capellanía no abren automáticamente esas puertas; se requiere tiempo y una demostración constante de competencia y preocupación genuina.

Además de brindar atención espiritual a todos los miembros de la organización, el capellán tiene la oportunidad de ofrecer apoyo espiritual a la institución misma. Esto implica ayudar a infundirle humanidad y conciencia. De esta manera, la organización puede humanizarse y volverse más sensible a las necesidades humanas, en lugar de existir simplemente como una entidad fría e insensible. Hutcheson presenta evidencia de cambios organizacionales significativos como resultado del ministerio de capellanía.[1] Al igual que en el ámbito militar, todo tipo de instituciones seculares se benefician del ministerio de los capellanes.

MINISTERIO DE PERSONA INFORMADA

Hace varios años, la Junta de Misiones Bautistas del Sur publicó un folleto titulado *Ir a donde otros no pueden ir* (*Going Where Others Cannot Go*).[2] Ofrecía un collage descriptivo de la capellanía en diversos entornos,

---

[1] Hutcheson, *Churches and the Chaplaincy*, 40-41.

[2] Joe Westbury, ed., *Going Where Others Cannot Go* (Atlanta: Home Mission Board, 1995), 8-9. Este documento fue elaborado por la División de Capellanía de la Junta de Misiones Nacionales.

presentando en todos ellos a los capellanes como íntimamente involucrados en la totalidad de varias diferentes instituciones. Este es la esencia de "informante" ministerio: ser uno con miembros de la organización, no se trata de "quedarse fuera mirando hacia dentro". Como escribió Hutcheson, ser un "insider" elimina la artificialidad, otorga una mayor conciencia de los problemas que se enfrentan y de la vida vivido por capellanes "feligreses", y proporciona a confeccionado contacto con los no creyentes.[1]

Tener acceso a todos los centros de trabajo y formación es un privilegio. Formar parte de discusiones acerca de la salud y la integridad de la organización, y ser considerado el experto en atención espiritual, religión, moral y ética de la organización, es una responsabilidad y una bendición disponibles solo para aquellos que comparten el privilegio de ser una "persona informada". Este tipo de ministerio a menudo se denomina "ministerio de presencia". Como tal, consiste en ir con y estar donde los miembros de la organización secular trabajan, juegan y duermen. Debido a que los capellanes comparten las experiencias (dificultades, victorias y derrotas) junto con todos los miembros de la organización, son conocidos como quienes comprenden la situación y pueden ser confiables. En décadas pasadas, en varias ocasiones, muchos han intentado "civilizar" el servicio de capellanía en entornos militares y gubernamentales. Los desafíos han surgido en gran parte debido a preguntas acerca de la constitucionalidad del supuesto "patrocinio gubernamental de la religión". Al resolver tales desafíos, la Corte Suprema y los tribunales inferiores han reconocido la importancia del ministerio del capellán como "persona informada". Si a los capellanes no se les permitiera ministrar como "personas informadas" y ser una parte integral de las organizaciones a las que sirven, es muy probable que no fueran aceptados como miembros de pleno derecho del equipo ni que tuvieran un peso significativo dentro de las organizaciones a las que atienden. Su valor sería, en el mejor de los casos, cuestionable. Más allá de toda duda, el ministerio como "persona informada" crea la oportunidad para un ministerio sumamente eficaz en cada tipo de entorno institucional secular.

PREGUNTAS DE REFLEXIÓN

La mayor distinción entre un capellán y un pastor es el contexto institucional secular del ministerio. El conflicto o la tensión de roles puede, y a menudo ocurre, cuando un capellán cumple diversos roles

---

[1] Hutcheson, *Churches and the Chaplaincy,* 39.

dentro de una institución. En el contexto de tu interés por la capellanía, ¿podrías anticipar un conflicto de roles y describir cómo lo gestionarías?

El Dr. Vickers declaró: "Para sobrevivir, contribuir y prosperar en este nuevo contexto, los capellanes deben tener "conciencia institucional" y adaptarse a las circunstancias. También deben conocer su identidad y vocación esenciales y estar firmemente arraigados en su teología antes de convertirse en capellanes. Esto les permite acomodarse en asuntos "accidentales", pero no comprometer "los esenciales". ¿Qué ejemplo de un asunto de concienciación institucional podría potencialmente generarle un problema en relación con su identidad y vocación?

El Dr. Vickers reflexiona sobre los beneficios del ministerio de "persona informada": "ser uno con los miembros de la organización, no quedarse fuera mirando hacia dentro". Desde su perspectiva como capellán, ¿qué beneficios y desafíos podrían estar asociados con ser miembro de la organización?

¿Puede un capellán identificarse excesivamente con una institución? De ser así, ¿qué impacto tendría esto en el capellán?

EL MARGINAL Y LA NATURALEZA LIMINAL DE LA CAPELLA

Dr. William Whitmore

Es común escuchar a los capellanes lidiar con la percepción de que no son importantes o relevantes para una institución y su misión. Muchos factores pueden influir en esta situación y alimentar esta percepción, tales como la falta de comprensión por parte de los capellanes de la amplitud de su rol y responsabilidades dentro de la institución, la falta de apoyo en recursos, o ser marginados por el liderazgo. Los capellanes no deben minimizar la importancia de estos factores, sino que deben trabajar para superarlos cada uno de estos factores limitantes. Sin embargo, si los capellanes comprenden la importancia de sus posiciones "marginadas" dentro de una institución, pueden aprovechar su singularidad y tener un impacto significativo.

Un compañero capellán me comentó recientemente que se sentía infrautilizado y a menudo ignorado por su liderazgo organizativo debido a la falta de apoyo y que, en ocasiones, se le apartaba de decisiones que afectaban directamente a su ministerio y a los programas que desarrollaba. En resumen, esta persona se sentía como un extraño dentro de la organización, a pesar de haber servido a la institución durante muchos años. A veces, los capellanes interpretan esto como una reflexión sobre su talento o cuestionan su efectividad dentro de un contexto determinado. Si bien es fácil comprender el origen de esta percepción, creo que se omite un elemento clave de la capellanía. En lugar de ver la naturaleza marginal del ministerio del capellán dentro de una organización como algo que lamentar, ¿y si, superados estos obstáculos, los capellanes vieran su marginalidad como algo inherente y esencial para un ministerio eficaz?

Esta sección sugiere que la marginalidad y la condición liminal de la capellanía son inherentes y cruciales para un ministerio eficaz. Se explora la fuerza de un agente liminal dentro de una organización y cómo el capellán personifica este papel. En este contexto, es fundamental abordar dos definiciones breves. Primero, la marginalidad se refiere a alguien o algo situado en la periferia de un grupo o entidad específicos. Como resultado de esta condición, el individuo marginal no es fundamental para la tarea ni para los objetivos del grupo o entidad mayor. Stephen Pattison sostiene que la capellanía en sí misma es un campo inherentemente marginal, dado que, en general, los capellanes no son centrales a la misión de la organización a la que sirven.[1] Por ejemplo, el objetivo principal de un hospital es ayudar a las personas que están físicamente enfermas o indispuestas y restaurarlas a un estado de salud. Si bien los capellanes de atención sanitaria brindan apoyo y cuidado espiritual a los pacientes, no ordenan análisis de sangre, no analizan resultados ni aplican hallazgos al plan de tratamiento del paciente. Estrictamente hablando, el capellán no es la figura principal, sino que desempeña un papel de apoyo en el objetivo central de una organización. En segundo lugar, la liminalidad es un estado ambiguo en el que el individuo no ocupa una posición claramente definida dentro de una institución. Mientras que muchos miembros de una organización tienen objetivos y resultados claros relacionados con su puesto, el trabajo del capellán suele ser más ambiguo, con menos marcadores explícitos de objetivos y resultados. Esto se debe en parte a que el trabajo del capellán es principalmente relacional y no está orientado a tareas. Para comprender cómo un capellán actúa como agente liminal, primero debemos hablar de los ritos de paso.

El antropólogo francés Arnold van Gennep propuso el primer marco teórico para evaluar y analizar los rituales en términos de su estructura, frecuencia e importancia en tiempos de transición. Van Gennep observó que, si bien los rituales específicos en cada entorno son únicos, su forma e importancia son coherentes a través de distintos contextos. En su obra seminal *The Rites of Passage*, van Gennep argumenta que todo rito tiene tres etapas. Primero, la persona o el grupo que experimenta el ritual vive un rito de separación (rito preliminar), que separa al sujeto que se somete al rito de su estado o norma social anterior. Luego, el rito entra en una fase transicional (liminal). Este segundo estado es uno de ambigüedad, en el que quienes se someten al ritual se han separado de una entidad, pero aún no han sido incorporados a la siguiente. Después de que el sujeto ha pasado por la fase transitoria, el proceso concluye con el rito de incorporación (postliminal). Esta fase final comprende la unión o reincorporación del sujeto a la comunidad o sociedad, tras haber experimentado algún tipo de proceso transformacional.

Si bien las tres fases son importantes dentro de un ritual, van Gennep afirma que no todas las etapas se desarrollan por igual ni se enfatizan de la misma manera en todos los contextos sociales. Por

---

[1] Stephen Pattison, "Situating Chaplaincy in the United Kingdom," *A Handbook of Chaplaincy Studies* (ed. Christopher Rápido *et al.*; Burlington: Ashgate Publications, 2015), 13-30.

ejemplo, los funerales enfatizan los ritos de separación, mientras que las bodas se centran en los ritos de incorporación. La segunda fase de van Gennep, la liminalidad, es de particular importancia para nuestra discusión sobre la capellanía.[1] Basándose en el trabajo de van Gennep, Victor Turner, antropólogo cultural británico, destacó cómo los ritos de paso pueden afectar o propiciar el cambio social. El trabajo de Turner se centra en la liminalidad, sugiriendo que el poder transformador de lo liminal es esencial para el funcionamiento de cualquier grupo, sociedad u organización.

Turner amplía la comprensión de la liminalidad para incorporar entidades externas a un rito específico, considerando el concepto como un elemento de una sociedad saludable. Esta entidad podría ser un individuo (como un capellán), un festival, un evento, un espacio específico u otro acontecimiento o contexto acordado. Para Turner, la liminalidad conecta los dos polos de la sociedad: la *communitas* y la estructura.

Según Turner, la *communitas* es un estado relacional de igualdad en el que se elimina la jerarquía, lo que permite que individuos de diferentes grupos de la sociedad se relacionen como iguales, independientemente de las diferenciaciones sociales, políticas u otras. En este contexto, utiliza el ejemplo de la instalación de un jefe tribal para demostrar un período de *communitas*. En el rito descrito, aquellos de menor estatus social pueden acercarse al futuro jefe y señalar cualquier falta o adversidad previa. En cambio, el futuro jefe no puede responder y permanece inmóvil en el suelo. Este tipo de igualdad no sería aceptable fuera de este ritual, ya que violaría la estructura del grupo.

Turner señala que la estructura—el otro polo de la sociedad—es notoriamente jerárquica, separando a las personas según clasificaciones socioeconómicas, políticas u otras. La estructura dentro de una sociedad no solo define a los individuos mediante estas categorías, considerándolos más o menos importantes que sus contrapartes, sino que también establece normas y estándares que ayudan a proporcionar orden y organización al grupo.

Turner sostiene que ninguna sociedad es puramente *communitas* o puramente estructura, sino que las sociedades oscilan entre ambas para seguir funcionando y mantenerse saludables. Sostiene que la *communitas* está presente donde la estructura no lo está. Para que se produzca un cambio, los implicados deben entrar en un estado liminal.

---

[1] Arnold van Gennep, *The Rites of Passage* (Chicago: University of Chicago Press, 1960), 1-13.

La liminalidad que conduce a la *communitas* permite encuentros espontáneos y relacionales entre las personas.[1] No cabría esperar que la igualdad y la transformación surgieran durante interacciones rutinarias entre grupos en una sociedad estructurada; sin embargo, la ambigüedad y la liminalidad de personas o eventos específicos, como el capellán, permiten que el *statu quo* sea transformado, aunque sea solo por un breve período. Aunque la *communitas* es temporal, Turner considera la liminalidad como una condición duradera para grupos o personas específicas. Argumenta que la persona marginada, a quien la sociedad en general puede considerar insignificante, puede transformar a la comunidad hacia un espacio de mayor igualdad. Deseo sugerir que el papel del capellán es un excelente ejemplo del concepto de "agente liminal" de Turner.

Los capellanes a menudo se encuentran "entre" grupos y estructuras dentro de una organización específica. Como resultado, pueden quedar desatendidos por la organización, sin un lugar o área asignada, lo que lleva a que los capellanes se sientan marginados. Finalmente, como nos recuerda Pattison, el puesto del capellán se encuentra fuera del enfoque principal de la institución a la que sirve, lo que con frecuencia lo coloca en un nivel inferior dentro de la organización. Si bien esto puede no ser cierto en todas las situaciones—como en el ámbito militar, donde el rango del capellán y los precedentes históricos y legales otorgan ciertos privilegios, los capellanes casi nunca son figuras centrales dentro de las estructuras de toma de decisiones de una organización. Como resultado, los capellanes a menudo buscan construir relaciones sólidas con quienes ocupan posiciones de liderazgo, no solo para poder servirles fielmente, sino también para tener un aliado dentro de la organización. Equilibrar la necesidad de recibir una atención positiva del liderazgo, al tiempo que se es consciente de la propia posición en la organización, puede añadir estrés al que los capellanes ya perciben.

No es de extrañar que los capellanes puedan sentirse marginados en su ministerio por la falta de apoyo institucional, a pesar de que buscan servir y brindar una atención espiritual significativa a quienes se encuentran dentro de la institución. Esta situación puede frustrar al capellán, particularmente si la persona ha pasado del ministerio congregacional a la capellanía. El líder de fe es central en la congregación, pero el capellán se encuentra en los márgenes de la organización. Quienes realizan este cambio necesitan ser

[1] Victor Turner, *The Ritual Process* (New York: de Gruyter, 1995), 107.

particularmente conscientes de la diferencia de posición y estar preparados para ello. Sin embargo, el agente liminal sigue siendo fundamental para la salud y el bienestar de un grupo.

Turner habla de la fuerza de la persona que ocupa una posición menor dentro de la estructura de una sociedad, a diferencia de quienes son más centrales para la misión institucional, pero que aun así transmiten una profunda sabiduría y perspicacia dentro de una situación específica.[1] Considera que su papel es vital porque son quienes transmiten el sentido de comunidad a la entidad cerrada que es una sociedad estructurada. Aquí es donde el ministerio del capellán entra en juego de manera más eficaz: de forma similar a un ritual clave, en momentos de cuidado pastoral donde una palabra consoladora resulta transformadora, incluso cuando la igualdad relacional no siempre se percibe, así como en momentos de crisis, donde la presencia de un capellán resulta tranquilizadora. Los capellanes ofrecen un servicio único y esencial a quienes están a su cargo.

La ambigüedad y la liminalidad de los capellanes les permiten actuar de diversas maneras que otros no pueden, y la ausencia de requisitos organizativos estrictos les otorga libertad para brindar apoyo donde sea necesario. A medida que los capellanes asumen más elementos de liderazgo, gestión o responsabilidades fuera del cuidado pastoral de las personas en la comunidad, surgen otros asuntos que pueden dificultar su capacidad de servir. Por ejemplo, si los capellanes también administran proyectos o equipos fuera del ministerio, pasan a formar parte de la estructura de la organización. Esto podría dificultar que las personas que necesitan atención capellánica busquen ayuda y sean sinceras, ya que pueden preocuparse por cómo su revelación podría afectar su trabajo o su posición en la organización. Si bien es natural que las personas deseen tener control y sentirse valoradas, la labor de la capellanía se desarrolla mejor cuando estos elementos no siempre están presentes. En este contexto, los capellanes permanecen atentos a los momentos oportunos para ministrar y brindar cuidado tanto a los individuos como a sus organizaciones, comprendiendo que, al habitar los márgenes de una sociedad estructurada, pueden facilitar la *communitas*.

Como personas liminales, los capellanes pueden propiciar la comunión en un grupo cerrado de una manera que otros dentro de la estructura no pueden ofrecer, brindando apoyo relacional y pastoral a todos. Esta posición es una fortaleza y permite a los capellanes vivir su testimonio misional. Si bien Pattison tiene razón al afirmar que la posición

---

[1] Turner, *The Ritual Process*, 125.

marginal del capellán es una fortaleza, su uso del término "marginal" dificulta su argumento. De hecho, expresar sentimientos de marginación rara vez—si es que alguna vez—resulta positivo; sin embargo, si los capellanes pueden comprender su labor como liminal, donde la marginalidad es una faceta inevitable, pueden comenzar a redefinirse y replantear su posición dentro de la organización anfitriona. Si bien la marginalidad seguirá presente, no es el foco central. En cambio, priorizar los beneficios de la liminalidad y la *communitas* permite que el capellán se sienta empoderado y comprenda por qué su rol siempre será, de alguna manera, periférico. Desde los márgenes, los capellanes pueden cuidar de manera más eficaz a quienes se encuentran dentro de sus organizaciones.

PREGUNTAS DE REFLEXIÓN

Los capellanes que prestan sus servicios en una institución secular pueden sentirse marginados por la institución en términos de apreciación, apoyo y recursos. ¿Por qué crees tú que esto es así tras leer esta sección?

El Dr. Whitmore sugiere que los capellanes tienen algunas oportunidades ministeriales significativas precisamente porque no son centrales para la misión de una institución. ¿Estás de acuerdo con la premisa del autor? ¿Por qué sí o por qué no?

CUESTIONES LEGALES Y DESAFÍOS

Capellán David Little, J.D.

Los capellanes enfrentan diversos asuntos legales que requieren una atención cuidadosa en el ejercicio de sus funciones oficiales. La mayoría de estos asuntos dependen de la situación, pero otros son de carácter general y ocurren con mayor frecuencia. Los capellanes deben abordarlos desde perspectivas legales, teológicas y prácticas. Cuando las personas se encuentran en crisis, tienden a reaccionar de manera negativa. En ocasiones, estas reacciones derivan en acciones legales o en la búsqueda de remedios por la vía judicial. Esta sección aborda diversas cuestiones legales que pueden afectar directa o indirectamente a los capellanes y a sus ministerios.

PREGUNTA CONSTITUCIONAL

¿Son legales los capellanes que trabajan para el gobierno? ¿Existen limitaciones, de alguna manera, para el servicio de capellanía patrocinado por el gobierno? Para responder a estas preguntas, hay que empezar por la Constitución, tanto en la teoría como en la práctica. En teoría, el gobierno cuenta con sistemas contrapuestos de controles y equilibrios. En la práctica, los tribunales y las leyes, influidos por la política y las circunstancias, también desempeñan su papel. Además, algunas opiniones anteriores a la Constitución propiamente dicha (sin enmiendas) influyen en esta discusión.

La Primera Enmienda a la Constitución de los Estados Unidos establece: "El Congreso no hará ninguna ley respecto al establecimiento de una religión, ni prohibirá el libre ejercicio de la misma; ni restringirá la libertad de expresión o de prensa; ni el derecho del pueblo a reunirse pacíficamente y a solicitar al gobierno la reparación de agravios".

En *Lemon v. Kurtzman* (1971), un caso sobre la Cláusula de Establecimiento, la Corte Suprema de los Estados Unidos señaló que sus casos anteriores habían promovido un enfoque triple conocido como la prueba de Lemon: "Primero, el estatuto debe tener un propósito legislativo secular; segundo, su efecto principal o primario debe ser uno que ni promueva ni inhiba la religión; y, finalmente, el estatuto no debe fomentar un 'enredo excesivo' del gobierno con la religión".[1] En Lemon,

[1] Ver *Lemón v. Kurtzman,* 403 US 602 (1971), Legal Information

la Corte sostuvo que las leyes de Rhode Island y Pensilvania que permitían al gobierno pagar a maestros de escuelas privadas eran inconstitucionales. La relación general entre el gobierno y las escuelas religiosas implicaba una injerencia excesiva.

Asimismo, dado que diferentes posturas sobre la "separación de la Iglesia y el Estado" suelen utilizarse tanto para oponerse a la capellanía como para apoyarla, los capellanes deberían comprender este asunto y su impacto potencial en el ministerio.

Militar

La Corte Suprema de los Estados Unidos no se ha pronunciado sobre la constitucionalidad de los capellanes militares o penitenciarios. Sin embargo, en el caso *Katcoff v. Marsh* (1985), el Tribunal de Apelaciones del Segundo Circuito sostuvo que la capellanía militar no viola la doctrina de la Cláusula de Establecimiento.[1] Considerando la *prueba de Lemon* inadecuada en este caso,[2] el tribunal se basó en las Cláusulas de Poderes de Guerra y de Libre Ejercicio (y en la jurisprudencia relacionada) para afirmar prácticamente todo el servicio de capellanía militar.[3]

Cuidado de la salud

Carter v. Broadlawns Medical Center (1988) fue un caso del Octavo Circuito que involucró la capellanía en un hospital estatal que contaba con servicios voluntarios de capellanía, pero que buscaba contratar y remunerar a capellanes como parte de su personal.[4] El tribunal dictaminó que la prueba de Lemon permitía la contratación, pero imponía restricciones al asesoramiento del

---

Institute, Cornell Law School, https://www.law.cornell.edu/supreme court/text/403/602, consultado el 12 de marzo de 2021. Para esta prueba, el corte citado: *Board of Education v. Allen,* 392 US 236, 243, 88 S. Connecticut. 1923, 1926, 20 L.Ed.2d 1060 (1968); y *Walz v. Tax Commission of City of New York,* 397 US 664 (1970), 674, 90 S. Ct., en 1414, https://supreme.justia.com/cases/federal/us/397/664/, accedió 2 Marzo 2021.

[1] Emilie S. Kraft, "Chaplains," 2009, *The First Amendment Encyclopedia*, Middle Tennessee State University, http://www.mtsu.edu/rst-amendment/article/909/chaplains, accedió 8 Feb 2021.

[2] *Katcoff v. Pantano,* 755 F.2d 223, 228 (2d Cir. 1985).

[3] *Katcoff v. Pantano,* 237.

[4] *Carter v. Broadlawns Medical Center*, 857 F2d 448 (8th Circuit 1988), https://casetext.com/case/carter-v-broadlawns-medical-center-3/?PHONE_NUMBER_GROUP=C, accedió 20 July 2021.

personal (solo para fines seculares) y al acceso a los historiales médicos de los pacientes (solo cuando el paciente o sus representantes lo autorizaran).[1] Actualmente, las prácticas autorizadas de los capellanes, especialmente en hospitales civiles, permiten acompañar al personal y brindarle apoyo. La Ley de Portabilidad y Responsabilidad del Seguro Médico (HIPAA) regula el acceso a los expedientes médicos de los pacientes. Esta ley permite que los capellanes empleados por el hospital que brindan apoyo espiritual revisen dichos registros. Los capellanes de todo tipo, especialmente en hospitales, deben conocer los problemas legales pertinentes que afectan al campo y a las personas a las que pastorean.

PRIVILEGIO DEL CLERO

Normas probatorias federales y estatales

Otro asunto legal para los capellanes es el privilegio del clero. ¿Qué es el privilegio del clero? ¿Se aplica siempre? ¿Qué circunstancias pueden mitigar su uso? En varios estatutos estatales, el privilegio del clero se define de manera sencilla: cualquier información que una persona comunique al clero de forma confidencial debe protegerse y no compartirse con otros, a menos que la persona lo permita o que las leyes exijan una denuncia obligatoria.

El privilegio del clero penitente se originó en el derecho canónico católico romano europeo, donde "el secreto de confesión es 'inviolable'".[2] En Estados Unidos, el privilegio se consolidó gracias al caso judicial neoyorquino *People v. Phillips* (1813). En 1817, el caso *People v. Smith* dictaminó que los ministros protestantes no gozaban del mismo privilegio de confesión entre clérigos y penitentes que el clero católico. En respuesta, el estado de Nueva York aprobó el primer estatuto que extendía el privilegio del clero a todos los ministros y a denominaciones religiosas similares.[3] Ahora, todos los estados y el Distrito de Columbia

---

[1] *Carter v. Broadlawns Medical Center*.

[2] F. Robert Radel II y Andrew A. Labbe, "The Clergy-Penitent Privilege," 386, https://cdn.ymaws.com/thefederation.site-ym.com/resource/resmgr/docs/Quarterly/Archive/V64N4_Radel.pdf, accedió 19 Puede 2021, citando R. Michael Cassidy, "Sharing Sacred Secrets," 44 Wm. & Mary L. Rev. 1627, 1695–96 (2003).

[3] Radel y Labbe, 385. Ver Cassidy, "Sharing Sacred Secrets," nota 3, 1638–39.

tienen alguna versión de esta ley.[1]

Militar

En las Fuerzas Armadas, los capellanes deben cumplir con las Reglas Militares de Prueba (MRE) y con el privilegio del clero. La Regla 503 de las Reglas Militares de Evidencia (MRE) establece:

> Una comunicación es "confidencial" si se hace a un clérigo cuando la información se proporciona al clérigo en su calidad de consejero espiritual o a su asistente en el ejercicio de sus funciones oficiales, y no debe divulgarse a terceros, salvo a aquellos para quienes dicha divulgación sea necesaria para el cumplimiento del propósito de la comunicación o a quienes sea razonablemente necesario transmitirla.[2]

---

[1] Radel y Labbe, 386.

[2] "Rule 503: "Communications to Clergy," de "Military Rules of Evidence," *Joint Service Committee on Military Justice*, https://jsc.defense.gov/Portales/99/Documentos/MREsRemoved412e.pdf, consultado el 3 de abril de 2021.

- *(a)* *General Regla.* A persona tiene a privilegio a rechazar a revelar y a prevenir otro de divulgar a confidencial comunicación por la persona a clérigo o a clérigo asistente, si dicha comunicación se realiza bien como un acto formal de religión o bien como una cuestión de conciencia.
- *(b)* *Definiciones.* Como usado en esta regla:
  - (1) "Clérigo" significa un ministro, sacerdote, rabino, capellán u otro funcionario similar de una organización religiosa, o una persona que la persona que consulta al clérigo considere razonablemente que lo es.
  - (2) "Clérigo asistente" medio a persona empleados por o asignado a asistir a clérigo en su capacidad como consejero espiritual.
  - (3) Una comunicación es "confidencial" si se realiza a un clérigo en su calidad de guía espiritual. asesor o a clérigo asistente en el asistente oficial capacidad y es no se pretende que sea divulgada a terceros distintos de aquellos a quienes la divulgación sea necesaria para el cumplimiento del propósito de la comunicación o a aquellos razonablemente necesarios para la transmisión de esta.
- *(c)* *OMS Puede Afirmar el Privilegio.* El privilegio puede ser afirmó por la persona, guardián, o conservador, o por a personal representante si la persona es fallecida. El clérigo o clérigo asistente que recibió la comunicación puede afirmar el privilegio en beneficio de la persona. La autoridad se presume que el clérigo o su asistente lo harán, a falta de pruebas en contrario.

Cabe destacar la inclusión del "asistente del clérigo", un miembro alistado asignado para apoyar la misión de los capellanes.[1] Los capellanes militares deben proteger las divulgaciones confidenciales hechas a ellos—sin excepciones. El cliente posee el privilegio y determina quién puede acceder a esa información, y la preservación de esta confianza entre un capellán militar y su cliente es fundamental. Esto constituye una red de seguridad invaluable para quienes necesitan apoyo y orientación.

Atención sanitaria

¿Cómo afecta este privilegio a los capellanes de atención médica (y a los del Departamento de Asuntos de Veteranos) y a los requisitos de documentación en los registros de los pacientes? ¿Cómo puede el capellán informar al resto del equipo de atención sanitaria mientras protege la confidencialidad del paciente? Las normas probatorias de cada estado regulan la relación entre capellanes y pacientes. Por lo tanto, es importante comprender y cumplir la legislación vigente en cada estado. Así, los capellanes en Texas deben conocer las Normas de Evidencia de Texas y sus excepciones.[2] Los capellanes que sirven en

---

[1] "Rule 503: Communications to Clergy."

[2] "Rule 505: Privilege for Communications to a Clergy Member," de "Texas Rules of Evidence," Texas Judicial Branch, www.txcourts.gov/media/1448644/texas-rules-of-evidence-updated-with-enmendations-effective-612020-f.pdf, consultado el 22 de marzo de 2022.

Definiciones. En esta regla:

A "clero miembro" es a ministro, sacerdote, rabino, autorizado cristiano Ciencia Facultativo, u otro similar funcionario de a religioso organización o alguien a quien a comulgante cree razonablemente que es un miembro del clero.

A "comulgante" es a persona OMS consultas a clero miembro en el clero miembro capacidad profesional como consejero espiritual.

Una comunicación es "confidencial" si se realiza de forma privada y no está destinada a ser divulgada posteriormente, excepto a otras personas presentes para promover el propósito de la comunicación.

Regla general.

Un comulgante tiene el privilegio de negarse a revelar información y de impedir que cualquier otra persona lo haga de divulgar a confidencial comunicación por el comulgante a clero miembro como consejero espiritual profesional.

OMS Puede Afirmar.

El privilegio puede ser afirmó por: el comulgante; el comulgante guardián o conservador; o un fallecido comulgante personal representante.

instalaciones federales también deben saber cómo se aplican las normas federales y en qué difieren de las leyes estatales. La comprensión de la normativa adecuada es primordial.[1]

Nicholson v. Wittig (1992) proporciona un interesante estudio de caso que afecta directamente a la capellanía en el ámbito sanitario.[2] En una demanda por homicidio culposo contra los doctores Nicholson y Stephens y contra el Memorial Northwest Hospital (Houston, Texas), se alegó que la muerte de su esposo, Ernest Schnepel, se debió a la demora de los demandados en tratar una rotura de aneurisma de la aorta abdominal. El hospital afirmó que la Sra. Schnepel fue responsable de la demora porque deseaba trasladarlo a otro hospital para la cirugía. Schnepel negó haber hecho esta solicitud. La cuestión relacionada con la capellanía se refería a si el reverendo Shirl, un empleado del hospital que buscaba brindar "consuelo, orientación y asesoramiento espiritual" a la Sra. Schnepel, podía ser obligado a revelar aquello que la familia pretendía mantener protegido por el privilegio conforme a la Regla 505 de las Normas de Evidencia de Texas.[3] La Primera Corte de Apelaciones de Texas determinó que toda la conversación estaba protegida por el privilegio, independientemente de que se hubiera comunicado en presencia de otras personas.[4] Al hacerlo, el juez F. Lee Duggan citó a John Wigmore, renombrado decano de la Facultad de Derecho de Northwestern, y su tratado sobre la evidencia:

(1) Las comunicaciones deben originarse en la confianza de que no serán divulgadas.

(2) Este elemento de confidencialidad debe ser básico para el

---

El miembro del clero a quien se le hizo la comunicación puede reclamar el privilegio en nombre del comulgante, y se presume que tiene autoridad para hacerlo.

[2] "Rule 501: Privilege in General," Federal Rules of Evidence, https://www.uscourts.gov/sites/default/files/federal_rules_of_evidence_-_dec_1_2019_0.pdf , accedió 3 Abril 2021. "La común ley—como interpretado por los Estados Unidos tribunales en la luz de razón y La experiencia rige una reclamación de privilegio a menos que cualquier de el siguiente proporciona de lo contrario: la Constitución de los Estados Unidos, una ley federal o las normas dictadas por la Corte Suprema. Pero en un caso civil, la ley estatal rige el privilegio. acerca de a afirmar o defensa para cual estado ley suministros la regla de decisión" (modificado el 26 de abril de 2011, en vigor el 1 de diciembre de 2011).

[1] *Nicholson v. Wittig,* 832 SW2d 681 (Tex. Ap. 1992).

[3] *Nicholson,* 681.

[4] *Nicholson,* 688.

establecimiento pleno y el mantenimiento satisfactorio de la relación entre las partes.

(3) La relación debe ser una que, a juicio de la comunidad, deba fomentarse con esmero.

(4) El daño que se infligiría a la relación por la divulgación de las comunicaciones debe ser mayor que el beneficio así obtenido para la correcta resolución del litigio. *8 Wigmore on Evidence* § 2285 (McNaughton rev. 1961).[1]

Sin embargo, la decisión no fue unánime. La jueza Michol O'Connor, quien escribió la opinión disidente, creía que solo la parte confidencial de la comunicación debía protegerse.[2]

Confesión

El sacramento de la confesión es un acto religioso en algunos grupos de fe, principalmente en el catolicismo romano, y cuenta con una privacidad separada basada en el derecho canónico.[3] Otros grupos

---

[1] *Nicholson*

[2] *Nicholson*

[3] Ver "Títle IV: The Sacrament of Penance," *The Code of Canon Law,* Holy See, https://www.vatican.va/archive/cod-iuris-canonici/eng/documents/cic_ lib4-cann959-997_en.html#TITLE_IV., consultado el 25 de marzo de 2022.

Canon 959. "En el sacramento de la penitencia, los fieles que confiesan sus pecados a un ministro legítimo se arrepienten de ellos y tienen la intención de reformarse, obtienen de Dios, por la absolución impartida por el mismo ministro, el perdón de los pecados cometidos después del bautismo y, al mismo tiempo, se reconcilian con la Iglesia a la que han herido con el pecado."

Canon 960. "La confesión y la absolución, individuales e integrales, constituyen el único camino ordinario." medio por cual a miembro de el fiel consciente de tumba pecado es reconciliados con Dios y la Iglesia. Solo la imposibilidad física o moral exime de esta confesión; en tal caso, la reconciliación puede obtenerse por otros medios.

Canon 965. "Solo el sacerdote es ministro del sacramento de la penitencia."

Canon 978 §1. "Al oír las confesiones, el sacerdote debe recordar que es igualmente juez y médico, y que ha sido establecido por Dios como ministro de la justicia y la misericordia divinas, de modo que tiene en cuenta el honor divino y la salvación de las almas."

Canon 983 §1. "El sello sacramental es inviolable; por lo tanto, está absolutamente prohibido "Esta prohibido que un confesor traicione de cualquier forma a un penitente, ya sea de palabra o de cualquier manera, y por cualquier motivo." **§2** "El intérprete, si lo hubiere, y todos aquellos que de

religiosos pueden sostener que la confesión que recibe una persona "se mantiene entre" ella y Dios, y que nadie más puede oírla.[1] Por lo tanto, un capellán debe ser cuidadoso cuando escucha una declaración confesional de un paciente, un familiar o un miembro del personal.[2] Asimismo, conviene buscar orientación de capellanes sanitarios con experiencia antes de realizar cualquier anotación en los registros médicos.

Excepciones

El privilegio del clero difiere en cada jurisdicción. Por ejemplo, la Regla de Evidencia 505 de Texas no contempla excepciones, a diferencia de las normas que rigen el privilegio en la relación abogado-cliente (TRE 503), el privilegio conyugal (TRE 504) y el privilegio médico-paciente (TRE 507).[3] Los capellanes deben familiarizarse con las leyes locales que rigen el privilegio clerical, especialmente en lo que respecta al abuso sexual infantil.[4]

EJERZA PRECAUCIÓN

Siempre que una situación requiera la tramitación o ejecución de documentos legales, cualquier capellán debería ejercer precaución cuando se le solicite involucrarse. Por ejemplo, ¿qué sucede cuando la falta de orientación de un paciente obliga a la familia o al personal médico a tomar decisiones difíciles? La familia es la que más sufre, y el capellán busca ministrar. Varios documentos legales intervienen en esta situación:

(1) Poder notarial médico;
(2) Directiva médica anticipada (o directiva a los médicos);
(3) Orden de no reanimación extrahospitalaria (OOH DNR); y

---

alguna manera tengan conocimiento de los pecados por confesión, también están obligados a guardar el secreto."

[1] Capellán (Mayor) Robert C. Lyons, "A Chaplain's Guide to Privileged Communication" (Master's thesis; Duke University, 10 April 2001), 25.

[2] Lyons, "Chaplain's Guide," 30.

[3] "Rule 505: Privilege for Communications to a Clergy Member." Pero ver Texas Family Code Article 261.101 (a clero miembro tiene a deber a informe si ellos tener razonable causa a creer eso a examen físico del niño o mental salud o bienestar tiene estado negativamente afectado por abuso o descuido); ver también Texas Family Code Sec. 261.202 (en a proceder acerca de abuso o descuido de a niño, evidencia no puedo se denegará en base al privilegio clérigo-penitente).

[4] Radel y Labbe, "Clergy-Pentient Privilege," 386.

(4) Declaración para el tratamiento de la salud mental.

A estos se suman los poderes notariales legales y los poderes notariales duraderos, las órdenes de no reanimación y de no intubación, las directivas y otras directivas de cuidado paliativo. Los capellanes deben conocer los propósitos y los procedimientos relacionados con estas decisiones y documentos legales.

Cualquier capellán involucrado en asegurar estos documentos también debería ser consciente de la capacidad mental del paciente. Las circunstancias médicas, familiares o personales del paciente podrían dificultar esta evaluación. Mientras el paciente conserve su capacidad mental, sus instrucciones verbales prevalecerán, incluso si no coinciden con las instrucciones escritas.

Cada estado tiene sus propias leyes y procedimientos, por lo que los capellanes deben consultar fuentes confiables y conocer la legislación estatal pertinente. Si una situación carece de documentos o resoluciones legales adecuados, generalmente prevalecerán las leyes estatales. Por ejemplo, en Texas, donde ejerzo como abogado y capellán, el Artículo 313 del Código de Salud y Seguridad de Texas ofrece orientación. Las decisiones se basan en un orden de preferencia; no obstante, como ocurre con cualquier regla, conviene tener en cuenta las excepciones:

(1) El cónyuge del paciente;
(2) un hijo adulto del paciente que cuente con la autorización y el consentimiento de todos los demás hijos adultos calificados del paciente para actuar como único responsable de la toma de decisiones;
(3) la mayoría de los hijos adultos razonablemente disponibles del paciente;
(4) los padres del paciente;
(5) la persona designada por el paciente para actuar en su nombre antes de que el paciente se vuelva incapacitado, el familiar vivo más cercano del paciente o un miembro del clero.[1]

Los capellanes no deben ejercer su ministerio guiados únicamente por la compasión, ignorando las implicaciones legales y normativas. Deben ser conscientes de los riesgos legales que pueden surgir fácilmente en entornos institucionales. En tales casos, contar con

---

[1] Health and Safety Code, Tx Stat title 4F, §313, https://statutes.capitol.texas.gov/Docs/HS/htm/HS.313.htm, consultado el 9 de junio de 2021.

una relación de confianza con el abogado de la institución resulta fundamental.

PREGUNTAS DE REFLEXIÓN

La confidencialidad entre el cliente y el capellán varía, ya que depende de diversos factores. Elija una categoría de capellán y describa las leyes o los reglamentos que definen los límites de la confidencialidad.

La confidencialidad es un principio de confianza entre el cliente y el capellán. Dada una categoría de capellán de su elección, ¿qué haría o qué debería hacer usted si un cliente acude a usted con un método, los medios y la intención de suicidarse?

Esta sección concluye con la afirmación: "Los capellanes no deben ejercer su ministerio guiándose únicamente por el corazón, ignorando las implicaciones legales o normativas". ¿Qué ejemplo podría existir de un capellán que se guíe únicamente por el corazón, ignorando dichas implicaciones legales o normativas?

DESAFÍOS SOCIALES Y ASUNTOS

Dra. Tara Dixon

Los asuntos sociales abarcan un amplio espectro de desafíos y problemas, los cuales suelen influir en muchos ciudadanos y, en última instancia, dan forma a la cultura. También son interdisciplinarios y abarcan campos como el cambio climático, la justicia ambiental, la superpoblación, las tensiones derivadas de la inmigración, los derechos civiles, la discriminación racial, la desigualdad de género, el acceso a la atención médica, la obesidad infantil, el acoso escolar, la prevención e intervención del suicidio y el liderazgo deficiente.

Los capellanes navegan por estos asuntos sociales investigando y examinando cuidadosamente enfoques interdisciplinarios y solicitando procesos basados en la evidencia para el bienestar espiritual. Deben ampliar sus perspectivas y analizar críticamente el alcance de un ámbito social mucho más amplio. Acompañan a personas de todos los orígenes y creencias. Es fundamental que los capellanes se familiaricen con los problemas y factores de estrés que puedan afectar a sus entornos.

Los capellanes ejercen su labor sin renunciar a sus principios religiosos, a la vez que se mantienen fieles a la verdad en el contexto de los problemas sociales. Los capellanes son recordatorios visibles de lo sagrado, tanto verticalmente en relación con Dios como horizontalmente en relación con los demás. Por supuesto, la relación de un capellán con una fuerza superior es contingente según el grupo de fe y la perspectiva de fe o no fe de las personas con las que el capellán camina en un momento dado. Los capellanes, entonces, extienden cuidado o realizan adaptaciones para el bienestar espiritual en tales circunstancias. Dependiendo del contexto social, tanto la dimensión vertical (justicia) como la horizontal (rectitud) son fundamentales.

Los capellanes deben ser capaces de reaccionar cuando sea necesario y responder adecuadamente. Por ejemplo, aunque los capellanes son representantes de lo sagrado, no están exentos de las emociones humanas. Los capellanes sienten el mismo dolor, la misma frustración e incluso la misma ira que cualquier otra persona. Yo estaba en casa con gripe y recibí una llamada de mi jefe, el capellán del ala. Una joven suboficial al mando de una de mis unidades, con quien yo había pasado una gran cantidad de tiempo viajando, había terminado suicidándose. Esta noticia me impactó, ya que esta persona no había mostrado signos de angustia, al menos según mi parecer. Revisé meses de intercambios de correos electrónicos con ella, semanas de mensajes de texto y recordé múltiples conversaciones en las que habíamos hablado extensamente sobre la familia, las experiencias cotidianas del sur, los deportes de la SEC, el equilibrio entre el trabajo y la vida personal, el matrimonio, las relaciones laborales y la fe. Pasaba con frecuencia por mi oficina para charlar y recoger el último número de *Nuestro Pan Diario* (*Our Daily Bread*). ¿Qué me perdí? ¿Estaba tan desconectado que no vi venir esto? ¿Está equivocada nuestra comprensión del suicidio? ¿O mi comprensión estaba demasiado influenciada por la teología? Volví a leer cada correo electrónico, línea por línea; releí cada mensaje de texto con cuidado; incluso leí las copias de *Nuestro Pan Diario* que había compartido con ella. Nada me explicó lo sucedido, ni me hizo sentir mejor respecto a esta experiencia.

En mi opinión, algo dentro del contexto social que condujo a ese suicidio consumado no logró proporcionar a esta aviadora un sentido saludable de propósito y pertenencia. Fue una curva de aprendizaje que me llevó a examinar las situaciones con mayor detenimiento y a volverme más intencional al afirmar la contribución de un individuo y su conexión con el ámbito social más amplio. Me volví intencional en cuanto a la importancia de investigar y adoptar una tipología laboral para abordar asuntos sociales, particularmente el suicidio. La tipología de Durkheim, en la que basé mi enfoque de la atención al suicidio, se fundamenta en conceptos como la "integración social" y la "regulación moral".[1]

RELIGIÓN CIVIL

Religión civil, término acuñado por Jean-Jacques Rousseau,[2] también es referida como religión cívica. Comprende los valores religiosos de una nación, tal como se reflejan en rituales públicos, símbolos y expresiones ceremoniales en días sagrados y lugares santos. Es culturalmente implícita porque la fe trasciende límites. De acuerdo con Durkheim, la experiencia religiosa y la experiencia social son coterminales.[3] Dos debates de larga data existen acerca del rol de la

---

[1] Bernice Pescosolido y Sharon Georgianna, "Durkheim, Suicide and Religion," *American Sociological Review* 54.1 (1989): 33–48.

[2] Ronald Beiner, "Machiavelli, Hobbes, and Rousseau on Civil Religion," *Review of Politics* 55.4 (1993): 617–38.

[3] Ruth Wallace, "Durkheim and the Civil Religion Concept," *Review*

religión en la sociedad: argumentos dentro de la ciencia política y la sociología. ¿Cómo informan estos argumentos a la capellanía, y cuál es el papel de los capellanes dentro de estas estructuras?

Ciertamente, la religión cívica inculca valores políticos dentro de una profesión pública de fe. Por otro lado, la religión en sí misma proporciona cohesión social, mantiene la solidaridad social a través de rituales y creencias compartidas, y abarca fundamentos religiosos, moralidad y normas societales, además de mantener un sentido de conformidad y control. El reto para los capellanes en la sociedad civil es responder a las necesidades de aquellos con quienes caminan, siendo menos subjetivos en algunos aspectos, pero plenamente conscientes de sí mismos y de los demás, mientras comprenden el contexto ministerial de las experiencias compartidas.

Como se expresa en el capítulo introductorio de este manual, los capellanes cumplen una vocación sagrada: acompañar y brindar apoyo profesional y acompañamiento espiritual a todos los miembros de sus respectivas comunidades seculares, las cuales los autorizan y les exigen responsabilidad. En ámbitos civiles más amplios, siguen representando a un grupo religioso, abogando por quienes comparten sus creencias y velando por el bienestar de aquellos de otras creencias, y acomodando a todas las personas de fe y de no fe.

Los capellanes en la sociedad civil se adaptan al mundo religioso y social, así como a la cultura circundante, para proporcionar la respuesta más impactante a aquellos a quienes sirven. Aprenden a sentirse cómodos con la incomodidad cuando la situación exige compasión, empatía y conciencia cultural.

Finalmente, los capellanes deberían ser aprendices de por vida, constantemente comprometidos con su disciplina. Los cambios continuos en diversas perspectivas de fe y los requisitos demográficos requieren una reevaluación constante para asegurar que las necesidades de las personas sean adecuadamente atendidas.

SERVICIO COMO NO COMBATIENTE

En el contexto militar, los capellanes son no combatientes que deben ser respetados y protegidos en todas las circunstancias, tal como lo establece el Convenio de Ginebra.[1] Este especifica que los capellanes no pueden ser atacados de manera intencional ni indiscriminada. A menos que sea necesario para proporcionar atención religiosa a

---

of Religious Research 18.3 (1977): 287–90.

[1] Geneva Convention, art. 36, 12 August 1949.

prisioneros de guerra, los capellanes no deben convertirse en prisioneros de guerra. Como no combatientes, los capellanes no deben participar en combates. Este rol no combatiente es ampliamente conocido y constituye una restricción moral profundamente arraigada en la conducta de la guerra. El principio es también un fundamento crucial de la teoría de la guerra justa. Por otro lado, los especialistas en asuntos religiosos (el Ejército y la Fuerza Aérea) y los especialistas en programas religiosos (la Armada) son combatientes que brindan protección armada a sus capellanes.

PREGUNTAS DE REFLEXIÓN

La religión civil comprende los valores religiosos de una nación tal como se reflejan en rituales públicos, símbolos y expresiones ceremoniales en días sagrados y lugares santos. ¿Qué ejemplo podríamos dar?

Preparas una invocación para una ceremonia civil dentro de tu institución a la que estás obligado a asistir. ¿Qué sensibilidades debería tener el capellán? ¿Cambiarías tu oración si la asistencia no fuera obligatoria? ¿Por qué sí o por qué no?

LÍMITES PERSONALES Y ÉTICA

Dr. Scott Gardner

En inglés, SAM es un acrónimo muy antiguo que nos ayuda a entender qué debemos evitar en el ministerio. Al considerarlo, nos damos cuenta de que todo se trata de ser una persona de carácter, y esto es más fácil de definir que de lograr. ¿Qué debemos evitar? Si buscamos ser hombres y mujeres de carácter y virtud—y, nos guste o no, los capellanes son sometidos a un estándar más alto, debemos evitar el mal uso de aquello que está relacionado con el sexo, el alcohol, las drogas y el dinero. Las tentaciones nos rodean.

Pregunte a cualquier capellán que haya servido durante cualquier período de tiempo, y dará testimonio de haber sido tentado en una o más de estas áreas: adulterio, promiscuidad, drogadicción y problemas económicos. He visto a capellanes sancionados (desde cartas de reprimenda hasta tribunales militares) por relaciones extramatrimoniales, solicitación, conducir bajo la influencia del alcohol, adicción a las drogas y falsificación de viáticos. Simplemente no lo hagas. Si tienes problemas, busca ayuda de un mentor y asesoramiento. En resumen: si quieres ser un capellán eficaz, debes tomar medidas para protegerte de estas posibles tentaciones. No hay más que decir.

CUIDADOS PERSONALES Y FATIGA POR COMPASIÓN

Una vieja, bien conocida y frecuente expresión en la Fuerza Aérea de los Estados Unidos es: "Cuida del aviador, y el aviador cuidará de la misión". Lo mismo es cierto para los capellanes y sus cónyuges. Un poco de mantenimiento llega muy lejos. Un chequeo o una puesta a punto es algo que la mayoría de los capellanes y sus cónyuges necesitan tras un despliegue o una situación laboral que los absorba por completo. Algunos casos pueden requerir una evaluación más profunda por parte de profesionales, especialmente si el estrés postraumático es un factor. Ponte en contacto con tu mentor y busca orientación.

Si bien todos los capellanes están sobrecargados de trabajo, imagínese a un militar en una situación de despliegue. Sí, el miembro cumple con el trabajo, pero la exigencia de un ritmo de batalla continuo es intensa. Ahora, imagine la responsabilidad del capellán cuidador, que busca pastorear al rebaño. El autor George Rable escribe sobre las dificultades del servicio de un capellán en la Guerra Civil: "Lo que las tropas más valoraban era el contacto humano. En muchos sentidos, todo se reducía a la voluntad de vivir con los soldados y compartir sus dificultades".[1] Como lo eran entonces, los despliegues hoy son agotadores y desgastantes. Todas las experiencias de estrés en la vida de una persona causan, de una forma u otra, impacto. Para ayudar a afrontar el estrés, el autor Robert Wicks reconoce cómo las pequeñas presiones o asuntos diarios pueden acumularse. Aunque cada uno de ellos se mantiene muy por debajo del nivel crítico de estrés, la suma de estas presiones comunes y cotidianas crea una condición llamada "estrés crónico". Si se deja sin control o se gestiona de manera inapropiada, estas presiones pueden conducir a un grave agotamiento de energía. Esta condición puede entonces requerir intervención y apoyo profesional. Wicks enfatiza este punto con una cita de Anton Chekhov, el dramaturgo ruso, que dijo: "Cualquier idiota puede enfrentar una crisis; es el día a día lo que te desgasta".[2]

El agotamiento es un término a menudo aplicado al ministerio. Los ministros son conocidos por agotarse por completo, y muchos, si no la mayoría, han sufrido agotamiento. Los pastores normalmente no se toman tiempo para recargar energías. Están demasiado ocupados cuidando a otros, y suelen tener dificultades para cuidarse a sí mismos y para permitir que otros los cuiden. Reconocer y manejar los síntomas y las causas del agotamiento es fundamental para tener un ministerio duradero y sólido. Se recomienda realizar estudios adicionales en este ámbito.

La proverbial lista de verificación es fácil de formular, pero no tan fácil de aplicar. Tras años trabajando con militares y escuchando sus historias, mi enfoque se centró en la reintegración en lugar del redespliegue. No se trataba solo de regresar a casa. Se trataba de volver a casa y ser miembros eficaces en la unidad después del despliegue y, lo que es más importante, en el hogar. El servicio militar es solo por un tiempo; la familia es para toda la vida.

Los militares necesitan tiempo para reflexionar y descansar, para reenfocarse en su relación humana primordial con su cónyuge y para retirarse a un lugar donde ambos puedan descansar y donde la relación pueda ser nutritiva. La restauración resultante se convierte en una base sobre la cual construir antes de reconectarse con el ministerio. Descansar es el punto de partida.

---

[1] George Rable, *God's Almost Chosen People* (Chapel Hill: UNC Press, 2010), 115.

[2] Robert Wicks, *Bounce* (Oxford: Oxford University Press, 2010), 24–25.

Escuchamos hablar del desarrollo de "habilidades de afrontamiento" en la cultura moderna, pero ¿cómo es posible afrontar realmente tal estrés sin la ayuda del Creador divino que nos conoce a la perfección? El manejo del estrés es un tema candente. Existen tanto opciones de estrés "bueno" como "malo". Una amplia literatura ofrece perspectivas sobre el manejo del estrés desde enfoques seculares y basados en la fe. Descansar, sin embargo, se encuentra solo en Cristo. Teniendo esto en cuenta, considere las siguientes recomendaciones:

1. **Descansa.** Prepárate para reintegrarte al ministerio. Descansa en Dios. Descansa del trabajo. Permítete un tiempo de descanso. Resiste la tentación de volver inmediatamente al trabajo después de un esfuerzo arduo o de una demanda ministerial que todo lo consume. Ciertamente, resiste la tentación de continuar trabajando al mismo ritmo después de regresar a casa tras una situación de alta intensidad.
2. **Relación.** Si estás casado, haz de tu relación con tu cónyuge una prioridad. Este es tu grupo comunitario principal.
3. **Retírate**. Escápate. Recarga energías mientras te preparas para reintegrarte al ministerio.
4. **La restauración** es clave para la resiliencia. Requiere tiempo para sanar el quebrantamiento y recuperarse.
5. **Reconéctate** con el ministerio. Vuelve al trabajo, pero continúa utilizando todas estas herramientas mientras lo haces.

COLLEGIALIDAD Y COLABORACIÓN

Consideremos el tema del pluralismo religioso. Los capellanes deben ser capaces de trabajar con ministros y laicos cuyas creencias difieren de las suyas. Deben comprender y respetar las creencias y tradiciones religiosas de todos en la institución. También deberían practicar la colegialidad con los capellanes compañeros. Los principios constitucionales y el desarrollo histórico formaron la base del "pluralismo cooperativo". Hutcheson indicó que estos principios constitucionales y el desarrollo histórico preservan los intereses del gobierno, de los individuos y de las comunidades religiosas.

La neutralidad religiosa del gobierno se deriva de la Cláusula de Establecimiento de la Primera Enmienda. El derecho del individuo estadounidense que es miembro de las Fuerzas Armadas a practicar la religión de su elección se deriva de la Cláusula de Libre Ejercicio de la misma enmienda. La posición de las dos primeras partes del acuerdo tripartito queda, por tanto, claramente definida sobre una base constitucional.[1]

DESARROLLO DE CARRERA

Reinhold Niebuhr, un teólogo popular del siglo pasado, escribió críticamente sobre su experiencia con los capellanes militares en la Primera Guerra Mundial: "Lo que me disgusta de la mayoría de los capellanes es que asumen una actitud demasiado oficiosa. Los ministros no están acostumbrados a la autoridad y la disfrutan cuando la adquieren".[2] Eso es una exageración, pero una que merece ser escuchada y valorada. En mis treinta años como capellán, me he encontrado con más de un colega para quien el rango parecía ser más importante que sus insignias religiosas. Applequist explica el motivo por el cual los capellanes tienen rango y visten uniforme. Antes y durante la Primera Guerra Mundial, había capellanes que no tenían rango, y descubrieron, al igual que los hombres de la Cruz Roja, que a menudo eran considerados por los militares como accesorios sin estatus y de valor cuestionable. Cuando era necesario hacer algo por los soldados, el capellán no tenía el poder necesario para proporcionar una base para la acción. El rango fue otorgado a los capellanes para introducir orden en una situación confusa y dar al capellán una voz legítima dentro de "la institución".[3]

Servir como capellán es agotador: el más grande sombrero de un clérigo y una versión más pequeña de un oficial. Estamos aquí para servir, y hacerlo como líderes servidores es un desafío. El desarrollo de la carrera es importante, ya que el ámbito militar es una institución de "ascenso o salida". Sin embargo, estar demasiado absorto en la promoción significa descuidar la importancia del ministerio como nuestra principal preocupación.

Busca un mentor y un ejemplo a seguir: un capellán mayor y más sabio o un líder alistado sénior que te muestre el camino. Haz un esfuerzo por reunirte con tu mentor de manera regular. No elijas a un par. Selecciona a un líder al menos un rango por encima del tuyo. A medida que aprendas más acerca de la progresión profesional, los detalles se volverán más claros. Esto incluye qué oportunidades

---

[1] Richard G. Hutcheson, *The Churches and the Chaplaincy* (Atlanta: John Knox Press, 1975), 117.

[2] Reinhold Niebuhr, *Leaves from the Notebook of a Tamed Cynic* (San Francisco: Harper & Row, 1980), 20.

[3] Ray A. Appelquist, *Church, State and Chaplaincy* (Washington, DC: General Committee on Chaplains and Armed Forces Personnel, 1969), 38.

educativas o de acreditación son necesarias, cuándo solicitarlas y completarlas, qué tareas u oportunidades laborales son esenciales y en qué punto de tu carrera debes postularte para ellas. No es extraño que otros se preocupen por ti cuando tú no te das cuenta.

Los buenos líderes buscan ciertas habilidades y rasgos de personalidad en quienes ocupan puestos importantes. Quieren que sus capellanes se desarrollen para asumir mayores responsabilidades y cuidar de quienes cumplen con su deber en la misión de la institución. Entonces, ellos observan tu desempeño laboral y buscan prepararte para futuras oportunidades de trabajo. El punto es que no te preocupes demasiado por el progreso profesional. Haz tu trabajo. Ayuda a quienes están bajo tu responsabilidad. Escucha a tu mentor y sé mentor de alguien más cuando llegue el momento. La capellanía es un ministerio único en el cual no todo ministro puede sobresalir. Confía en Dios, estudia duro, ora con frecuencia, sé mentor y recibe mentoría, y sirve bien.

PREGUNTAS DE REFLEXIÓN

El Dr. Gardner hace referencia al autor Robert Wicks y a sus declaraciones sobre "cómo las pequeñas presiones o problemas cotidianos pueden acumularse. Si bien cada uno permanece muy por debajo del nivel de estrés, la acumulación de estas presiones comunes y diarias crea una condición llamada "estrés crónico". Si se dejan sin control o no se gestionan adecuadamente, estas presiones pueden provocar un grave agotamiento energético".

Dé un ejemplo de cómo pequeñas presiones o asuntos cotidianos pueden acumularse. Luego, sugiera una estrategia para aliviar la acumulación de estrés.

El Dr. Gardner sugiere cinco recomendaciones para la renovación. Elija una de las cinco y describa cómo podría implementar su sugerencia.

¿Qué oportunidades y desafíos podrían existir para usted al trabajar con ministros y laicos cuyas creencias difieren de las suyas? ¿Cómo ve usted sus propios esfuerzos por comprender y respetar las creencias y tradiciones religiosas de todos los miembros de la institución?

El Dr. Gardner concluyó: "La capellanía es un ministerio único en el que no todos los ministros pueden sobresalir". ¿Cree usted que un ministro, rabino o imán podría sobresalir en un entorno religioso local y, aun así, fracasar como capellán? ¿Por qué o por qué no?

COMPRENSIÓN Y PERSPECTIVAS
UN VIAJE IMPORTANTE

Dra. Tara Dixon

Los capellanes están llamados a brindar apoyo espiritual a todos, independientemente de su fe. En las organizaciones, las personas suelen provenir de diversos entornos religiosos o no profesar ninguna fe. ¿Cómo podemos desenvolvernos en estos contextos? ¿Hacen nuestras experiencias que se forme la manera en que interactuamos y proporcionamos cuidado espiritual a quienes servimos? Estas son preguntas complejas que no tienen respuestas fáciles.

En mis escritos anteriores, utilicé la diversidad, la equidad y la inclusión (DEI) para demostrar el compromiso de una organización con la creación de un entorno laboral inclusivo. Sin embargo, tras investigar a fondo este tema y gracias a mi trabajo en la Fuerza Aérea de los Estados Unidos, he modificado mi enfoque. A pesar de este cambio, la esencia de la capellanía y su relación con la diversidad se mantienen constantes. El ámbito de la capellanía no es ajeno a los problemas de diversidad, lo que subraya la importancia del autoexamen, la empatía, la comunicación, la colaboración y el fomento de perspectivas diversas en el lugar de trabajo.

Al cambiar el enfoque de la diversidad a uno más individualizado y centrado en la labor del capellán, podemos explorar cómo nuestros valores personales, creencias y sesgos influyen en nuestro liderazgo desde una perspectiva espiritual. Podemos mejorar nuestras relaciones con los demás al comprendernos primero de manera más profunda a nosotros mismos.

COMPRENDERSE A SÍ MISMO

En mi primer destino como capellán militar en servicio activo, me encontré con una situación que puso de manifiesto mi necesidad de comprenderme a mí mismo y a los demás. Un militar entró en la capilla y pidió ver a un capellán. En ese momento, yo era el único capellán en el edificio. El individuo estaba tan alterado que decidió hablar conmigo; aunque, por lo que pude notar, al ser yo afroamericano, no era la persona que él esperaba encontrar.

A medida que nos involucramos en esta sesión de asesoramiento, se fue sintiendo más cómodo conmigo y compartió su verdadero asunto.

La persona explicó que tenía que confrontar su inclinación hacia el personal afroamericano del Ejército de los Estados Unidos, específicamente hacia algunos miembros de su sección de trabajo. Había sido criado con la creencia de que los afroamericanos no tenían una sólida ética de trabajo. Sin embargo, las personas con las que trabajaba demostraron algo muy diferente, lo que desafió su cosmovisión.

Al final de nuestra sesión, regresó al trabajo con una mentalidad cambiada y una apreciación más profunda de sus compañeros de trabajo. Este cambio no habría sido posible sin que esta persona pasara de una mentalidad introspectiva a una extrovertida. Del mismo modo, no me habría resultado fácil dialogar con una persona que tenía opiniones y sentimientos tan firmes sobre los afroamericanos sin adoptar una mentalidad extrovertida.

El Instituto Arbinger distingue entre tener una mentalidad introvertida, centrada en uno mismo, y una mentalidad extrovertida, que prioriza a los demás.[1] Como capellanes, necesitamos cultivar una mentalidad orientada hacia los demás. Esto significa que debemos comprendernos verdaderamente a nosotros mismos mediante la autorreflexión y la evaluación, yendo más allá de un nivel superficial. Nuestros valores pueden evolucionar a medida que adquirimos nuevas experiencias y perspectivas. Debemos ser plenamente conscientes de nuestros valores y asegurarnos de que se mantengan coherentes tanto a nivel personal como profesional. Por ejemplo, si he identificado uno de mis valores como la "fe", es más probable que reconozca el valor de la fe en otra persona o, al menos, que ofrezca el cuidado espiritual adecuado basado en ese valor asumido.

Una noche, durante mi residencia de Educación Pastoral Clínica (CPE) en el Centro Médico Militar de San Antonio (SAMMC), la sala de emergencias solicitó la presencia de todas las especialidades para que se presentaran en sus puestos. En este entorno médico, los capellanes son considerados esenciales para la respuesta a situaciones de trauma. Al llegar a la sala de urgencias, encontré a un joven hispano, de aproximadamente diecinueve años, que se había arrojado desde un puente y había sido trasladado al SAMMC para recibir atención de emergencia. Tras un examen médico exhaustivo, los médicos determinaron que no iba a sobrevivir.

Como capellán, era mi deber abordar la situación desde una

---

[1] "Diversity, Equity, and Inclusion (DEI) in the Workplace," Arbinger Institute, https://arbinger.com/diversity-equity-inclusion/, consultado el 12 de abril de 2024.

perspectiva religiosa y espiritual. El joven no respondía y no llevaba identificación. Sabiendo que un número significativo de hispanos en San Antonio son católicos, comprendí la importancia de brindar apoyo espiritual, siempre que dicho cuidado espiritual tuviera valor para su familia.

Una vez que fue identificado y se notificó a su familia, quise asegurarme de que su historial clínico reflejara adecuadamente el cuidado espiritual brindado, incluidos los últimos ritos y otras prácticas religiosas. Además, como madre de un hijo de edad similar, reconocí el impacto emocional que esta situación tuvo en mí. Colaboré con mi colega, un sacerdote católico, para asegurar que el cuidado espiritual adecuado fuera administrado y documentado para este individuo.

Aunque algunos podrían considerar esta respuesta como algo estándar, se requiere una mentalidad orientada hacia los demás y una actitud inclusiva ante perspectivas diversas para brindar un cuidado eficaz y establecer relaciones significativas con otros.

EN EXPANSIÓN DE NUESTROS HORIZONTES

Los capellanes reciben formación teológica y trabajan como profesionales religiosos. Nuestras perspectivas religiosas suelen coincidir con las de las agencias que nos avalan, lo que conlleva a que exista una tendencia a que las personas practiquen su culto por separado, según sus creencias. Esto puede dificultar la conexión con quienes tienen perspectivas teológicas diferentes. Sin embargo, en nuestra labor como capellanes en diversos ámbitos—como el militar, los hospitales, los hospicios, el deporte y otras instituciones—interactuamos con personas de creencias diversas.

Los capellanes deben ser de mente abierta, empáticos y respetuosos con los distintos puntos de vista, en lugar de imponer sus propias creencias a los demás. No obstante, el cambio puede ser un desafío y requiere tiempo para que las personas reconozcan y aprecien el valor de quienes son diferentes a ellas mismas. He pasado por numerosas situaciones incómodas que me han puesto a prueba, tanto personal como profesionalmente.

Un domingo, poco después de haber sido reubicada en una nueva base militar, mi esposo y yo decidimos asistir al servicio de capellanía para familiarizarnos con la liturgia, ya que formaría parte de mis responsabilidades. Al entrar en la sala de compañerismo, una persona se nos acercó y comentó sin rodeos: "No nos gustará que estén aquí". Me sorprendió la afirmación y pedí una explicación. La persona procedió a aclarar que, en esa capilla, no estaban acostumbrados a que la gente "corriera por la capilla y saltara por encima de los bancos".

Sin saber cómo reaccionar, dudé entre sentirme ofendida o buscar claridad. Opté por lo segundo y profundicé en la conversación. Se hizo evidente que el individuo había atribuido ciertos comportamientos a mi afiliación con la denominación Metodista Episcopal Africana, lo cual no era cierto en absoluto. Esta experiencia resalta la importancia de ampliar nuestras perspectivas, especialmente en el ejercicio de la capellanía.

EDIFICANDO PUENTES

Como capellán, estoy expuesta a diferentes perspectivas. A través de la participación estratégica en diversos entornos, puedo convertirme en un agente de cambio en cada situación. Recordando el consejo de los ancianos de mi comunidad acerca de no quemar puentes, ahora comprendo su importancia.

Los capellanes fomentan de manera única relaciones mejoradas entre diversos grupos e individuos, facilitando una mayor comprensión y mejores interacciones. Nuestra tarea es tender puentes y enfatizar nuestra humanidad compartida. A pesar de nuestras diferencias, muchos de nosotros luchamos con sentimientos de insuficiencia y alienación, lo que conduce al autoaislamiento y a barreras en la comunicación. La comunicación efectiva es crucial para fomentar la comprensión, y la colaboración es fundamental para crear entornos inclusivos donde todos se sientan valorados y respetados.

En el pasado, me resultaba difícil integrarme en un equipo donde cada miembro tenía responsabilidades específicas. Cuando expresé mi incomodidad al dirigir servicios religiosos tradicionales por sentirme fuera de lugar, el capellán del ala abordó el tema con franqueza. Declaró: "Sería difícil explicar por qué la única mujer del equipo, que además resulta ser afroamericana, no predica". Aunque su comentario pudo haber sido desafiante, su honestidad fue invaluable para promover la comunicación abierta y la comprensión.

NUTRIENDO LA COMUNIDAD

Para crear una comunidad acogedora, debemos ser intencionales en nuestros esfuerzos. Los capellanes tienen la capacidad de ejemplificar las virtudes que predicamos, fomentando comunidades basadas en la confianza, la responsabilidad y el respeto, independientemente de nuestras creencias religiosas. No someter a una evaluación crítica a las organizaciones a las que servimos podría dar lugar a una cultura de conformidad y pensamiento limitado. Mi crecimiento personal y profesional más significativo ocurrió cuando me sentí animada y libre para expresar mis ideas abiertamente.

En estos entornos de apoyo, las personas tienen más probabilidades de sentirse empoderadas para contribuir sin temor a que las voces dominantes eclipsen sus perspectivas durante los procesos de toma de decisiones. Los capellanes poseen la autoridad para promover y cultivar una cultura de igualdad e inclusión en diversas facetas de la vida. Una mayor comprensión de los demás es posible cuando profundizamos en la comprensión de nosotros mismos y nos hacemos responsables de nuestras actitudes y acciones. La autoconciencia es un elemento crucial del desarrollo personal; al descuidar la reflexión interna, perdemos la riqueza de la conexión humana.

La autoevaluación es esencial para quienes se comprometen a tratar a los demás con dignidad y respeto. Al recordar una experiencia memorable, me viene a la mente una taza de té que me regaló mi hija mayor, adornada con la frase: "Mientras todo sea exactamente como lo deseo, soy totalmente flexible". Este regalo sirvió como una llamada de atención, al revelar mi tendencia a mantener perspectivas rígidas dentro de la dinámica familiar. Reconocer este comportamiento en el hogar me impulsó a reflexionar sobre mi conducta en los entornos profesionales. Comprendí así la importancia de ajustar mi enfoque para ser más receptiva a ideas y contribuciones diversas.

PREGUNTAS DE REFLEXIÓN

La Dra. Dixon abre esta sección afirmando: "Los capellanes son llamados a ministrar a todos, independientemente de su trasfondo de fe". ¿Está usted de acuerdo con esta afirmación? Si es así, ¿qué desafíos puede imaginar que surjan al intentar ser capellán para todos?

¿Por qué la autorreflexión es fundamental para un cuidado espiritual inclusivo? ¿Cómo puede una inteligencia emocional limitada afectar la atención espiritual?

¿Cómo podemos asegurar un cuidado espiritual inclusivo? ¿Por qué el cuidado espiritual es un servicio personalizado? ¿Por qué es un servicio comunitario? ¿Por qué es un servicio dirigido a subgrupos (raza, género, situación económica, edad, etc.)?

PROFESIONALISMO

Dr. Jim Browning

Al principio de mi carrera como capellán, aprendí una valiosa lección sobre la diferencia entre "pertenecer a una profesión" y "ser profesional". En una de mis asignaciones, serví en el Cuerpo de Capellanes de la Fuerza Aérea, donde proporcionábamos capacitación inicial a ministros y personal alistado, calificándolos para desempeñarse como capellanes y como personal de asuntos religiosos en la aviación. Al conocer a los nuevos aviadores, que acababan de graduarse del entrenamiento básico, nosotros, los capellanes, tratábamos de tranquilizar a aquellos reclutas ansiosos, quienes probablemente estaban conociendo por primera vez a un oficial.

Al leer sus placas de identificación, solía decir algo como: "Soldado Jones, ¿cuál es su nombre?". El soldado respondía: "¡Soldado Jones, señor! Mi nombre es John, señor". El aviador permanecía rígido, en posición firme, mirando hacia adelante y deseando pasar rápidamente más allá del oficial para regresar al aula. Yo solía responder: "Bueno, John, bienvenido". Entonces él se apresuraba a marcharse. Me sentía orgulloso de mi gesto de atención pastoral, hasta que un sargento técnico instructor me explicó cómo, sin darnos cuenta, habíamos socavado el intenso proceso de entrenamiento básico del aviador con nuestra bienvenida poco profesional. Fue una lección sobre el profesionalismo que he llevado conmigo a lo largo de toda mi carrera. Aprendí así la diferencia entre "ser un profesional" y "actuar de manera profesional".

La mayoría de las instituciones y las personas reconocen a los capellanes como profesionales debido a su vocación, educación, estándares éticos, disciplina, conocimiento y habilidades. Los capellanes eficaces se adhieren a un código de ética y comprenden tanto las normas escritas como las no escritas de comportamiento. Se mantienen responsables ante sus denominaciones, su profesión y la institución a la que sirven. Al adherirnos a las normas institucionales esperadas y no tomar libertades que a menudo se conceden a los capellanes, nos presentamos tanto como "miembros de una profesión" como "profesionales". Ignorar estas expectativas heredadas reduce nuestra eficacia dentro de las instituciones a las que servimos.

Ser un profesional es quién eres. Ser profesional es lo que haces y, muy importante, cómo te perciben los demás en lo que haces. Ignorar lo que la cultura institucional define como comportamiento profesional repercute negativamente en la eficacia del ministerio. Ser un profesional y ser profesional son ambos igualmente importantes.

Debemos sostener cuidadosamente, y con integridad, los estándares de ambos. Ser un capellán profesional tiene que ver con la preparación. Comienza con un llamado profesional, un corazón para la capellanía y una sólida base académica. A esta preparación se suma el perfeccionamiento de habilidades mediante competencias específicas. Ser un profesional implica un alto nivel de capacidad, que incluye el aprendizaje continuo y el compromiso de ser un estudiante de por vida que se mantiene al día con nuevas ideas e información. También se apoya en el legado de carácter, integridad y dedicación de quienes nos han precedido. Nunca debemos aceptar un nivel de mediocridad causado por el estancamiento o la pereza.

Complementario a ser un capellán profesional es ser un profesional dentro de la institución. La capellanía implica equilibrar las demandas contrapuestas entre la lealtad a Dios y la adhesión a los requisitos institucionales. Esta tensión puede ser difícil de manejar sin la sabiduría y la orientación de un mentor.

Ser profesional dentro de la capellanía comienza con la humildad. El orgullo y la arrogancia socavan la labor del capellán. Ser profesional implica trabajo en equipo; quienes solo piensan en sí mismos se aíslan y se vuelven ineficaces. También implica aprender continuamente sobre la cultura institucional y actuar dentro de sus límites y expectativas.

Ser un profesional es unirse a un largo legado de personas que han hecho lo mismo. Ser profesional implica prepararse mediante educación, capacitación, habilidades, pericia, conocimiento y experiencia. Ya sea que uno sirva como voluntario, a tiempo parcial o como capellán remunerado a tiempo completo, la profesionalidad se manifiesta en cómo elegimos comportarnos en la práctica, el juicio, los principios y la ética.

PREGUNTAS DE REFLEXIÓN

El Dr. Browning distingue entre "ser profesional" y "estar en una profesión". ¿Qué significan estas expresiones para usted y en qué se diferencian?

El Dr. Browning enumera varios aspectos de la profesionalidad. Enumere estos aspectos y seleccione dos para analizar su importancia.

¿Cambia el significado de "ser un profesional" según las diferentes categorías de capellanía?

En lo que se refiere a "ser profesional", ¿por qué es importante conocer la cultura y la ética de una institución?

¿Cómo podría una persona, sin darse cuenta, comunicar una falta de "profesionalismo"?

AGUANTE PARA EL LARGO TRANSPORTAR

Dr. Jim Browning

En el primer capítulo de este libro, señalé que un ministerio de capellanía eficaz consiste en "peregrinar" con otros: caminar a su lado, comprender sus historias y descubrir una comprensión más profunda de Dios y de nuestra respuesta a Él. En estas relaciones, los capellanes construyen conexiones con los demás, a veces por un momento y otras por un período prolongado. En estas conexiones compartimos alegrías, desafíos, momentos difíciles o una profunda tristeza. Caminar junto a personas que están sobrecargadas o traumatizadas es un viaje sagrado en el que a menudo encuentran apoyo en nuestro ministerio. En nuestro acompañamiento sincero y compasivo a los demás, también podemos llegar a sentir su sufrimiento, dolor y aflicción. En ocasiones, la relación o la situación pueden afectar al capellán de forma tan significativa que este tenga poco o nada que ofrecer.

La mayoría ha escuchado términos como "fatiga por compasión", "agotamiento", "estrés postraumático" y, quizá un concepto más reciente para muchos, "daño moral". No se trata de problemas separados y distintos, sino que probablemente reflejan un continuo de impacto. Los capellanes y ministros a menudo están expuestos a eventos traumáticos o al impacto acumulativo de lo que yo llamo "cicatrices del corazón". Para un cuidador o capellán, ignorar su propio agotamiento físico, mental, emocional o espiritual es invitar a una respuesta insensible hacia los demás, a la pérdida de empatía y compasión, y a una espiral descendente hacia enfermedades relacionadas con el estrés.

Los capellanes no son los únicos afectados. Ministros, médicos, enfermeros, proveedores de salud mental, trabajadores sociales, personal de primera respuesta y muchos otros pueden verse abrumados por las crisis o las necesidades de los demás. ¿Cómo desarrolla una persona, y cómo mantiene, la resistencia necesaria para un trabajo prolongado? ¿Cómo mantienen los capellanes la conciencia de sí mismos para buscar ayuda y apoyo en el momento adecuado? ¿Qué deberían hacer los capellanes para brindar cierta protección contra el agotamiento espiritual, mental y emocional?

Al reflexionar sobre la resistencia de un capellán para el largo recorrido, es fundamental comprender la diferencia entre una carrera de velocidad y una maratón. No se puede correr una maratón como si fuera una carrera de velocidad. Este tema recibe una respuesta muy positiva cuando lo presento en conferencias nacionales o lo abordo con estudiantes. ¿Por qué? Porque, como capellanes, priorizamos el cuidado de los demás y con frecuencia descuidamos el cuidado de nosotros mismos (y de nuestras familias). A la mayoría de los capellanes les resulta más fácil cuidar de los demás que de sí mismos. El autocuidado puede parecer egoísta o egocéntrico. Sin embargo, si el capellán está agotado, poco queda para ofrecer a los demás. Un capellán puede sostener esta situación durante un tiempo, pero finalmente el agotamiento supera incluso a las mejores intenciones.

Cuando presento este tema en conferencias nacionales, primero enfatizo la importancia de cuidarse a uno mismo antes de cuidar a los demás. En realidad, ambos deberían ocurrir de manera simultánea. Por ejemplo, los capellanes de hospital, al pasar de una habitación a otra, deberían reflexionar brevemente en el pasillo antes de entrar en la siguiente. Entre la atención a cada paciente, es conveniente que el capellán haga una pausa y observe el impacto de la visita. De lo contrario, podría, sin darse cuenta, llevar consigo el peso emocional de la visita anterior a la siguiente.

En ocasiones, he sentido la necesidad de alejarme de la planta de pacientes para tener un momento de reflexión y oración, o para liberar parte del dolor emocional. He aprendido que, con la ayuda de un amigo y mediante la autoconciencia, se desarrolla resiliencia al ser intencionales en la manera en que cuidamos de nosotros mismos, de los demás y de la institución. Para tener la fuerza necesaria para una carrera larga y productiva como capellán, no se deben perder de vista estas cinco áreas: la autoconciencia, el cuidado personal, el cuidado de la familia, el cuidado de quienes atendemos y, finalmente, el cuidado de la institución.

AUTOCONCIENCA

Numerosos libros y artículos destacan la necesidad del autocuidado para evitar el agotamiento, la fatiga por compasión y cualquier síntoma físico, emocional, mental o espiritual de sobrecarga. Desarrollar resistencia para el largo plazo comienza con un alto grado de autoconciencia. Aunque no se trata de una lista exhaustiva, permítanme ofrecer humildemente algunas reflexiones personales:

¿Ha identificado sus propios "ladrones" de tiempo y energía?

¿Persigue momentos innecesarios de "ardilla"?

¿Está alineado con las prioridades de su jefe o de la institución, o está desafiando el sistema para conseguir lo que desea?

¿Está trabajando en modo de "guardabosques solitario" porque no cuenta con otros miembros del equipo, o porque ha fallado en construir un equipo enfocado en la misión?

¿Podría hacer un mejor uso de los voluntarios?

¿Está delegando adecuadamente, o ha fallado en confiar en otros para que hagan su trabajo?

¿Está liderando a su equipo con una visión, misión y objetivos claros, o está microgestionando?

¿Está empoderando a las personas para que hagan su trabajo?

¿Reconoce el buen trabajo de los demás o busca quedarse con todos los elogios?

CUIDADO PARA TÚ MISMO

Mantente conectado con tus raíces espirituales. No descuides tus prácticas religiosas. Lee tus textos sagrados, ora y medita. Busca a quienes puedan acompañarte cuando Dios parezca distante o guarde silencio. Confía y encuentra la quietud espiritual; por ejemplo, en Proverbios 3:5-6 o en el Salmo 46:10.

Presta atención a tu salud física, emocional, relacional y espiritual. No ignores el desgaste de tu resiliencia. Haz lo que sea necesario para reducir el estrés: hacer ejercicio, ver una película (distracción), disfrutar de una taza de helado (comida reconfortante), tomarte un breve momento de "vacaciones", permitirte llorar o gritar (liberación emocional), respirar y estirarte.

Resiste la mediocridad y esfuérzate por la excelencia, pero no por la perfección.

Sé la mejor versión de ti mismo y da lo mejor de ti cada día. Reconoce cuando no puedes más. Haz una pausa para refrescarte y renovarte. No tengas miedo de buscar ayuda profesional.

Sé y trabaja como parte de un equipo. Sé colegial y colaborativo. El servicio de capellanía no es un deporte competitivo.

Cuida tu carácter y tu integridad. Evita tomar atajos o sucumbir a tentaciones. Una sola decisión equivocada puede poner fin a una vida de esfuerzo y ministerio. Dadas las circunstancias adecuadas, todos somos vulnerables.

Pedir ayuda no es una señal de debilidad. Reconocer tu necesidad de apoyo es un paso saludable para aceptar tus limitaciones y recibir el acompañamiento necesario.

Sé un aprendiz de por vida. Lee, estudia y explora. Mantente abierto a nuevas ideas y enfoques.

Celebra cada día como el regalo que es. No cuentes los días; haz que cada día cuente marcando la diferencia.

CUIDADO PARA SU FAMILIA

Dedica tiempo a construir y proteger tu relación con tu cónyuge, tu familia o amigos cercanos. Ten citas regulares con tu cónyuge y tiempo intencional con cada uno de tus hijos. Tu familia necesita tu atención y tu apoyo.

Lograr un equilibrio entre la familia y el trabajo es un esfuerzo constante, como un balancín sin fin. Cualquier presión en uno u otro lado provoca un desequilibrio. En lugar de buscar un equilibrio perfecto, determina qué es lo que te "centra". Decide cuál es tu punto de apoyo, el eje a partir del cual se organizan todas las demás actividades. Una vez identificado, este punto central orienta y sostiene la manera en que te comprometes con los diversos aspectos de la vida, tus decisiones y tu comportamiento. Tu conducta y tus emociones estarán bien fundamentadas si eres honesto contigo mismo acerca de aquello que te "centra".

Tu legado final probablemente no serán los galardones ni los logros profesionales, sino tu familia. Ten cuidado de no sacrificar a tu familia en la búsqueda de un estatus temporal.

CUIDADO PARA EL CONSTITUYENTES

En el centro de tu ministerio debería estar el corazón de Dios, latiendo a través de tu propio corazón. A veces, Dios utiliza lo que nosotros pensamos que es una conversación mundana para generar un impacto significativo en la vida de otra persona. Presta atención a esa voz interior, pequeña y silenciosa, mientras interactúas con los demás.

Sé auténtico.

Aprende a ver a quienes suelen ser invisibles (por ejemplo, aprende el nombre del portero). Háblales cuando los veas. Pregúntales acerca de su familia. Demuestra aprecio por lo que hacen.

Muestra dignidad y respeto a todos. Descubre la riqueza de la diversidad. Conoce sus historias. Escucha.

Invita a otros que son diferentes de ti a ayudarte a ampliar tu perspectiva y comprensión. Sé lento para reaccionar y rápido para agradecer las distintas perspectivas.

Sé paciente en la construcción de relaciones.

Sé activamente presente, especialmente en medio de una crisis.

CUIDADO PARA EL INSTITUCIÓN

Conoce la misión, la visión y los objetivos de la institución. ¿Qué necesita la institución de ti? ¿Qué necesitas tú de la institución?

"Pagar el alquiler" significa satisfacer las necesidades de tu jefe o de la institución antes de explorar tus propios intereses creativos. Gestiona las prioridades institucionales mediante una gestión eficaz del tiempo. Pregúntate a ti mismo qué debes hacer, qué deberías hacer y qué podrías hacer. Mantén una lista continua de tareas y revísala al final del día. Comienza cada nuevo día abordando primero lo más importante de lo que debes hacer. ¿Tu jefe te interrumpe y cambia tus prioridades? Está bien: mantén la lista en marcha (ya te haces una idea).

Asume la formación que exige la institución.

Aprende a hablar el lenguaje de la institución para explicar de manera más eficaz cómo se relaciona tu ministerio con su misión y sus objetivos. Comprende cuál es el retorno de la inversión de tu ministerio para la institución.

Sé un buen seguidor para luego convertirte en un buen líder. Sé leal y solidario con tu jefe y con la misión. Sé profesional, diplomático y valiente al compartir tu perspectiva con tu jefe. Recuerda que, algún día, tú también podrías tener responsabilidades de liderazgo y necesitarás el apoyo de otros.

Estate dispuesto a hacer el trabajo que nadie más quiere hacer.
Sé políticamente astuto, pero no político. Comprende los asuntos políticos, pero actúa de manera apolítica.

Alguien me dijo una vez: "El ministerio sería un trabajo estupendo si no tuvieras que tratar con la gente". Las circunstancias y las necesidades pueden resultar agotadoras para quienes se dedican al cuidado de los demás. Para tener la resistencia necesaria para una carrera como capellán, es fundamental prestar atención a la autoconciencia y al cuidado de uno mismo, de los demás y de la institución.

PREGUNTAS DE REFLEXIÓN

El panel de instrumentos de un automóvil emite numerosas alertas cuando el combustible, el aceite o la presión de los neumáticos están bajos. ¿Qué indicadores en tu vida te alertan sobre la necesidad de energía, mantenimiento o ajustes? ¿Qué indicadores tiendes a ignorar?

¿Qué te ha funcionado mejor para recargar tu bienestar físico, mental, emocional o espiritual?

El autor afirmó: "Para tener la fuerza necesaria para una carrera larga y productiva como capellán, uno no debería perder el enfoque en estas cinco áreas: la autoconciencia, el cuidado personal, el cuidado de la familia, el cuidado de quienes atendemos y, finalmente, el cuidado de la institución", y proporcionó en cada una de ellas una breve lista de reflexiones. En cada área, selecciona y explica qué afirmación te resulta más relevante. ¿Qué agregarías a la lista?

PREGUNTAS FRECUENTES

Cuando se considera el ministerio de la capellanía, surgen de manera natural y frecuente diversas preguntas. Una pregunta típica comienza así: "Como capellán…". Esta sección busca responder muchas de las preguntas más comunes de estudiantes y capellanes con poca experiencia. Estas catorce preguntas no son exhaustivas. Invitamos a capellanes con diversos antecedentes y amplia experiencia a compartir su sabiduría y perspectivas. Si bien algunas de las preguntas podrían haber generado respuestas extensas, limitamos a nuestros colaboradores a una sola página. Sus respuestas breves destacan algunos de los desafíos y oportunidades que enfrentan los capellanes. Animamos al lector a revisar la lista de colaboradores para conocer el trasfondo y la experiencia de cada autor, ya que cada respuesta está contextualizada

¿Puedo ser voluntario como capellán?

Dr. Gene Wilkes

¿Se puede ser capellán voluntario mientras se trabaja a tiempo completo en otro lugar? Por supuesto. Fui capellán voluntario de la policía y de los bomberos locales durante trece años, mientras servía como pastor principal de una iglesia local. Más recientemente, regresé al servicio activo como capellán voluntario mientras me desempeñaba en el Instituto Teológico B. H. Carroll como presidente y profesor de Nuevo Testamento y liderazgo.

Para servir eficazmente como voluntario, es importante saber cuánto tiempo se puede dedicar legítimamente y no sobrecomprometerse en detrimento de la familia o del trabajo a tiempo completo. Actualmente limito mi disponibilidad como capellán a los fines de semana, ya que nuestros otros capellanes voluntarios asisten a sus iglesias locales. Durante mi primera experiencia como capellán voluntario de policía y bomberos, éramos afortunados de contar con cuatro capellanes voluntarios activos, por lo que estábamos de guardia solo una semana al mes, lo cual no resultaba abrumador para mi agenda como pastor. En la actualidad contamos con cinco capellanes voluntarios, lo que permite una mayor flexibilidad y movilidad en los horarios.

Como capellán voluntario, se tiene acceso a experiencias y

capacitaciones invaluables. A menudo se nos llama para dar avisos de fallecimiento o para acompañar a los familiares de víctimas de suicidio u homicidio mientras los oficiales y los médicos forenses realizan su labor en el lugar de los hechos. Aunque es poco frecuente, cuando un incidente involucra a muchas personas, ayudamos a calmar y atender tanto a quienes resultan afectados como a quienes están directamente involucrados. Al estar capacitados en métodos como la intervención en crisis por incidentes críticos, brindamos apoyo a los primeros respondedores en el lugar. La afiliación a organizaciones como la Conferencia Internacional de Capellanes de Policía es invaluable, ya que estas ofrecen capacitación anual y periódica.

Servir a mi comunidad local de esta manera me permitió ejercer mi fe de forma concreta en la comunidad y "mantener los pies en la tierra" en el ministerio pastoral, enfrentando situaciones reales que las personas viven día tras día. Mi servicio en la comunidad enriqueció mi ministerio en la iglesia. También tuve la oportunidad de construir relaciones con oficiales de policía, quienes llegaron a confiar en sus capellanes a medida que les brindaba apoyo espiritual de diversas maneras y compartía con ellos eventos importantes (por ejemplo, bodas y consagraciones).

Los capellanes también brindan apoyo espiritual a los operadores del 911, quienes a menudo no conocen el desenlace de las llamadas que reciben. Al comunicarse periódicamente con ellos, los capellanes pueden escuchar sus historias y alentarlos mientras afrontan el impacto emocional de estar expuestos a tantas tragedias.

Tengo la fortuna de vivir en una comunidad donde tanto los departamentos de emergencia como la población valoran los servicios de capellanía. Aunque la comunidad se ha vuelto muy diversa en términos de etnicidad y afiliación religiosa, el papel del capellán sigue siendo un servicio esencial para los primeros respondedores y para quienes protegen y atienden a la ciudadanía. Poder servir como capellán voluntario enriquece mi ministerio y me permite contribuir de manera significativa a la comunidad.

¿Por qué dejó usted el ministerio?

Capellán Charles Cornelisse

Esta pregunta sobre abandonar el ministerio es más común de lo que uno podría pensar. Ingresé al ministerio parroquial y a la capellanía militar en la reserva a mediados de la década de 1980. En ese tiempo, la capellanía no era ni remotamente tan común como lo es hoy.

Cuando estaba en el seminario, recuerdo vívidamente haber hablado con el pastor de mi infancia acerca de mi intención de ingresar al cuerpo de capellanes militares y su respuesta. Él me preguntó: "¿Por qué querrías dejar la iglesia?".

No recuerdo mi respuesta verbal, pero sí recuerdo cuán perplejo y frustrado me sentí ante su falta de comprensión y aprecio por la capellanía. No estaba "abandonando la iglesia"; más bien, estaba entrando en una extensión de la iglesia en el mundo.

¿Qué sucede cuando alguien asume el rol de capellán? Independientemente del tipo de capellanía a la que se incorpore, el capellán se convierte en una extensión de su iglesia de origen o de su cuerpo religioso. Su lealtad pertenece tanto a su comunidad de fe como a la organización a la que sirve. Un capellán militar es un claro ejemplo de esta doble lealtad.

Los ministros solo pueden ejercer como capellanes militares si una denominación o grupo religioso reconocido completa y mantiene vigente el formulario de aval requerido. En esencia, una organización religiosa (por ejemplo, una iglesia, sinagoga, mezquita o templo) presta a sus pastores, rabinos o imanes a las Fuerzas Armadas. Si los capellanes pierden su acreditación, por cualquier motivo, las Fuerzas Armadas deben liberarlos de su compromiso y devolverlos a su organización religiosa. Por ejemplo, la Iglesia Católica Romana a menudo retira a los sacerdotes del servicio militar y los reasigna a sus respectivas parroquias civiles.

La pertenencia eclesial de los capellanes generalmente se mantiene con la última comunidad religiosa a la que pertenecían antes de entrar en servicio como capellanes. La responsabilidad de mantener la membresía en regla depende de una relación mutua entre el capellán y su comunidad religiosa. Dado que los capellanes suelen no asistir ni servir regularmente en su comunidad de fe civil o fuera de la base, esto puede convertirse en un caso de "fuera de la vista, fuera de la mente". Afortunadamente, la mayoría de los capellanes posee la integridad necesaria para mantenerse en contacto con sus respectivas comunidades de fe y patrocinadores, preservando así relaciones eclesiásticas saludables.

¿Quién paga al capellán por sus servicios?

Dr. Dennis Leedom

Si bien los capellanes reciben su formación, ordenación y acreditación en el contexto de una iglesia local o de un grupo religioso, una vez contratados profesionalmente, la institución o la organización de servicios que recibe la atención espiritual o pastoral es quien paga al capellán.[1] Los capellanes pueden ser remunerados como empleados o como contratistas. Otros capellanes deben recaudar sus propios fondos o servir como voluntarios para brindar atención a un grupo específico. Entonces, ¿quién paga los servicios del capellán? La respuesta es: depende, y el capellán debe estar al tanto de todas las variables determinantes.

Los capellanes militares sirven como oficiales en una rama de las Fuerzas Armadas y reciben un salario base, así como otros beneficios acordes con su rango militar. Los capellanes del ámbito de la atención médica suelen servir como empleados asalariados de un hospital o de un sistema de salud específico.

Asimismo, el gobierno federal, estatal o local encargado de administrar un centro penitenciario puede contratar capellanes como empleados asalariados. Tanto en los centros sanitarios como en los penitenciarios, la remuneración y las oportunidades de promoción dependen de factores como el tamaño de la institución, los años de experiencia, el nivel de estudios y el ámbito de funciones. También existen oportunidades de empleo a tiempo parcial en el campo de la capellanía.

Los capellanes militares que prestan servicio a tiempo parcial en unidades de reserva o de la Guardia Nacional suelen ejercer su ministerio en una iglesia local. De manera similar, los ministros con doble vocación pueden trabajar a tiempo parcial como capellanes PRN (según sea necesario) para una organización sanitaria o un centro penitenciario. Los capellanes PRN suelen recibir pago por horas, sin prestaciones, y prestan sus servicios de acuerdo con las necesidades de la institución que los contrata.

La remuneración de otros tipos de capellanes depende del acuerdo establecido con la institución, la empresa o el grupo al que sirven. Por último, pero no menos importante, están los capellanes voluntarios, quienes reciben como retribución un sencillo pero significativo: "Gracias, capellán, por estar ahí. Usted fue una

---

[1] Por ejemplo, Marketplace Chaplains ofrece un servicio de atención personalizada y proactiva para los empleados a través de equipos de capellanes. La empresa o corporación contratante utiliza este servicio de forma voluntaria y contrata a ministros de diversas etnias como capellanes a tiempo completo o por proyecto, dependiendo de la ubicación de la empresa y del número de empleados atendidos.

bendición".

¿Viola el pago gubernamental la separación entre la Iglesia y el Estado?

Capellana Karen Diefendorf

Esta pregunta, formulada con frecuencia, refleja una comprensión errónea de la "separación de la Iglesia y el Estado", un concepto que no aparece explícitamente en la Constitución. La orientación vigente sobre este tema se encuentra en la Cláusula de la Primera Enmienda, que establece: "El Congreso no hará ninguna ley respecto al establecimiento de una religión ni prohibirá el libre ejercicio de la misma". Nótese la existencia de dos requisitos que deben mantenerse en tensión: la no instauración de una religión oficial y la garantía del libre ejercicio religioso. De este modo, el Congreso no puede otorgar preferencia a uno en detrimento del otro sin comprometer el propósito de la enmienda.

Por ejemplo, en la mayoría de los casos, el uso de fondos públicos para financiar funciones religiosas se ha considerado inconstitucional porque probablemente "favorecería" a un grupo religioso por encima de otro, según la interpretación común de la Cláusula de Establecimiento.[1] Sin embargo, en 1984, el Tribunal de Distrito de los Estados Unidos para el Distrito Oriental de Nueva York dictaminó que la capellanía militar financiada por el Ejército (obviamente con fondos provenientes de impuestos) no era inconstitucional, ya que el gobierno debe garantizar el libre ejercicio de la religión. El tribunal señaló que existen circunstancias en las que una de las dos cláusulas en competencia debe tener precedencia.[2] Asimismo, afirmó que, en virtud de la Cláusula de los Poderes de Guerra, el Congreso tiene el derecho de organizar el Ejército de la manera que considere necesaria, lo que incluye el uso de capellanes pagados por el

---

[1] Michal S. Ariens y Robert A. Destro, *Religious Liberty in a Pluralistic Society* (2nd ed.; Durham, NC: Carolina Academic Press, 2002). Este libro recopila casos judiciales, clasificados por tipo, que cuestionan la libertad religiosa en Estados Unidos hasta el año 2002.

[2] Katcoff v. Marsh, 755 F.2d 223, 228 (2d Cir.1985). Véase también, Israel Drazin and Cecil Currey, *For God and Country* (Hoboken, NJ: KTAV Publishing House, 1995). Drazin, subdirector de capellanes del Ejército de los Estados Unidos (USAR), era también abogado y asesor del ejército durante este litigio. Los demandantes solicitaban al tribunal que determinara si el servicio de capellanía remunerado violaba la cláusula de establecimiento. Irónicamente, los tribunales respondieron directamente a esa pregunta.

gobierno.

Los capellanes del Ejército (al igual que todos los capellanes militares, aunque en este caso la demanda se presentó únicamente contra el Ejército) son empleados del gobierno que: (1) garantizan el libre ejercicio de la religión para los soldados, ya sea mediante la realización directa o la facilitación de ritos religiosos; (2) cumplen una función inherentemente gubernamental, es decir, sirven en una capacidad consultiva para los comandantes como garantes de oportunidades para el libre ejercicio religioso de los soldados; y (3) protegen contra violaciones de la Cláusula de Establecimiento al asegurar que ningún grupo religioso sea "preferido".

¿Puede usted evangelizar y predicar el evangelio?

Capellana Judy Collins

Uno de los fundamentos del servicio de capellanía es conectar con las personas allí donde se encuentran, independientemente de su preferencia religiosa. Aunque los capellanes son respaldados y considerados doctrinalmente responsables por comunidades de fe específicas, están formados para ser compañeros de camino, con una preparación especial para guiar y consolar a quienes lo necesitan. Los capellanes predican de acuerdo con su conciencia, su perspectiva de fe y sus principios doctrinales. Sin embargo, también son sensibles a la composición pluralista de cualquier grupo reunido.

Se considera poco ético que un capellán juzgue o haga proselitismo. Los capellanes pueden compartir abiertamente la historia de su fe, pero esto debe hacerse únicamente en respuesta al interés inicial de la otra persona. No es ético intentar convertir a alguien a menos que la persona haya iniciado explícitamente una conversación de fe. Como compañeros de viaje, caminamos junto a otros que buscan dar sentido a la vida.

Consideremos qué hacer si una familia está preocupada por la salvación de un paciente. La familia pide al capellán que presente su comprensión de la salvación al paciente, con la esperanza de que haga una profesión de fe junto al lecho del enfermo. En esta situación, el capellán se esfuerza por tranquilizar a la familia mientras acompaña al paciente allí donde esa persona se encuentra en su camino de fe. Algunas sugerencias incluyen:

- Ser honesto con la familia acerca del papel del capellán como una presencia de amor, compasión y consuelo. Ofrecerse a reunirse con el paciente para comunicarle la preocupación de la familia y aprovechar la oportunidad para invitarle a compartir su propia experiencia de fe. El capellán puede escuchar y ofrecer apoyo si el paciente así lo desea.

- Animar a la familia a expresar directamente al paciente su preocupación. Recordarles que forzar el tema no suele ser productivo, sino que puede deteriorar las relaciones, obstaculizar un pensamiento reflexivo y confundir al paciente.
- Reconocer la ansiedad de la familia. Escuchar sus preocupaciones, ofrecer orar por toda la familia y expresar esas inquietudes de manera conjunta, pidiendo paz y armonía.

Los capellanes están llamados a ser una presencia de justicia, compasión, amor y paz, lo cual se aplica a personas de todas las tradiciones religiosas. El papel más importante del capellán en este ministerio de propósito y presencia es ser un vehículo del amor de Dios.

¿Pueden los capellanes orar en el nombre de Jesús?
Capellán Mark Grace

La respuesta corta a esta pregunta es sí. El capellán es libre de orar con las personas de acuerdo con sus propias convicciones religiosas, siempre que quienes reciben la atención acepten la oración en primer lugar y den su consentimiento a la forma particular de oración u otro rito religioso que se ofrezca. [1] De este modo, puede resultar sorprendente cuántas personas que no se identifican con ninguna tradición religiosa aceptan la oración de un capellán.[2]

Una respuesta un poco más extensa plantea la pregunta de si las convicciones teológicas personales del capellán permiten alguna variación en la expresión de la oración. Por ejemplo, ¿cree el capellán que solo las oraciones ofrecidas "en el nombre de Jesús" son escuchadas por Dios? En ese caso, se vuelve aún más importante que la persona a la que se ministra tenga la oportunidad adecuada de considerar y otorgar un consentimiento informado para una oración (o cualquier otro rito religioso) ofrecida de esa manera.

---

[1] "Common Code of Ethics for Chaplains, Pastoral Counselors, Pastoral Educators and Students," Professional Chaplains, 2004, https://www.professionalchaplains.org/files/professional_standards/common_standards/common_code_ethics.pdf. Norma 1.3 "Demostrar respeto por los valores culturales y religiosos de aquellos a quienes sirven y abstenerse de imponer sus propios valores y creencias a aquellos a quienes sirven."

[2] Fiona Timmins *et al.*, "The Role of the Healthcare Chaplain," *Journal of Health Care Chaplaincy* 24.3 (2018): 87–106.

Yo suelo ofrecer mis oraciones diciendo: "Oro estas cosas en el nombre de mi Salvador, Jesús, e invito a cada uno de ustedes a orar en el nombre de aquello que les resulte sagrado". En un grupo pequeño o en una conversación individual, acostumbro a seguir esta práctica con una pregunta sencilla: "¿Se sienten cómodos si oro de esa manera?". Si la respuesta es negativa, a menudo se abre una conversación enriquecedora y la posibilidad de una relación más profunda.

Como ocurre con muchas otras preguntas relacionadas con el cuidado espiritual, la respuesta debe centrarse en las necesidades de la persona. Además, los objetivos del capellán en cada visita deben incluir siempre el deseo de cultivar relaciones, fomentar la confianza y allanar el camino para que otros cuidadores continúen el acompañamiento en el futuro.

¿Está usted obligado a realizar ritos y rituales para otros grupos religiosos?

Capellana Judy Collins

Una de las oportunidades más interesantes del ministerio de la capellanía es aprender sobre los rituales y las costumbres de otros grupos de fe. Si bien este conocimiento puede abrir puertas para establecer relaciones más profundas y significativas, también presenta desafíos. Por ejemplo, si el capellán proviene de un trasfondo bautista y se le pide que bautice a un niño, ¿cómo debería responder? El papel del capellán es conectar con las personas, estar presente para atender sus necesidades y brindar apoyo. Pero ¿cómo lograrlo con integridad cuando la definición del bautismo varía entre las distintas confesiones? ¿Puede un capellán ser todo para todos? No, eso no es posible.

Si un capellán realiza un bautismo u otro ritual fuera de los límites de sus convicciones doctrinales, no solo puede resultar personalmente insatisfactorio, sino también deshonesto y complaciente con las personas involucradas. Los capellanes no deberían ser obligados por una institución o por un individuo a llevar a cabo ningún rito o ritual que vaya más allá de sus creencias fundamentales o de las directrices de la entidad que los avala. Cuando exista incertidumbre y el tiempo lo permita, una llamada a la persona o a la organización que otorga el aval puede ayudar al capellán a discernir la mejor manera de proceder.

Existen alternativas. En primer lugar, los capellanes pueden contactar a su comunidad religiosa para encontrar un ministro de creencias similares que pueda oficiar el ritual. Los ministros de la mayoría de los grupos religiosos suelen estar dispuestos a atender las necesidades de su propia comunidad. Otra opción es explicar a la familia que el capellán no puede realizar un bautismo según la definición específica de su tradición religiosa, pero que otros ritos podrían ser apropiados. Por ejemplo, una "bendición" que celebre la vida del bebé y anime a los padres, o una "ceremonia de nombramiento" que reconozca el nuevo lugar que el niño ocupa dentro de la familia.

Finalmente, los capellanes también pueden examinar sus propias creencias y reconsiderarlas. Por ejemplo, si se les pide bendecir un hogar, ¿puede un capellán, aunque no esté familiarizado con la ceremonia, aceptarla teológicamente? Los buenos capellanes crecen y evolucionan en su fe, modelando aquello que invitan a otros a hacer. Si bien los capellanes tienen derecho a mantener sus convicciones y deben preservar la integridad de sus valores, también es fundamental reconocer las creencias de los demás y encontrar maneras creativas y respetuosas de ayudar a satisfacer sus necesidades espirituales.

¿Hacer tú compromiso por laboral con grupos no cristianos?

Capellán Mark Grace

Trabajé en un entorno sanitario vinculado a una denominación religiosa durante más de treinta y tres de mis treinta y siete años como capellán. Durante ese tiempo, a menudo escuché la afirmación: "Tenemos que ser cristianos sin concesiones en todo lo que hacemos". En ocasiones, esa afirmación significaba que debíamos ser claros y firmes, asegurándonos de que las posturas éticas que adoptábamos en los ámbitos empresarial o médico reflejaran nuestro profundo compromiso con las enseñanzas de Cristo.

En otras ocasiones, esa misma afirmación era una forma de recordar a todos los presentes que las personas no cristianas debían aceptar el *statu quo* y abstenerse de pedir consideración y apoyo para sus propias tradiciones y prácticas religiosas. En esos momentos, mi respuesta solía ser: "¿Qué tal si también nos comprometemos a ser justos y compasivos sin reservas? ¿Estamos verdaderamente comprometidos con respetar la dignidad y el valor inherente de todas las personas a las que cuidamos y de todas aquellas que se han unido a nosotros como miembros de nuestro equipo?".

Ninguna institución sanitaria, pequeña o grande, podría sobrevivir atendiendo únicamente a personas que pertenecen al grupo religioso patrocinador. ¿Cómo sonaría una campaña publicitaria que dijera: "La mejor atención de la salud... ¿solo para cristianos?"? En la práctica, las instituciones de atención médica contratan a personas de todas las perspectivas religiosas y no religiosas imaginables, porque no podríamos ofrecer una atención que salve vidas si nos limitáramos a emplear únicamente a profesionales cristianos.

Cada día, en todo el mundo, ministros cristianos colaboran innumerables veces con personas no cristianas para aliviar la carga del sufrimiento humano. Si trabajar para aliviar el sufrimiento de otro ser humano junto a un rabino respetado, un sacerdote de confianza o un colega de la mezquita se percibe como un compromiso inaceptable de las propias convicciones, entonces la capellanía probablemente no sea la vocación más adecuada. Por el contrario, la colaboración interreligiosa puede convertirse en una oportunidad para ofrecer un testimonio cristiano más creíble e influyente a la comunidad a la que se sirve. También puede desafiarnos e inspirarnos a reafirmar nuestro compromiso cristiano personal.

¿Son tú legalmente atado a informe sexual abuso?
Capellana Judy Collins

En algún momento, la mayoría de los capellanes se enfrentarán a la trágica revelación de un caso de abuso sexual. En lo que respecta a la confidencialidad, todo capellán debe comprender los requisitos de denuncia conforme a las jurisdicciones federales y estatales y a los requisitos regulatorios. Los capellanes deben proteger la confidencialidad y saber que no deben revelar información obtenida durante el ejercicio de sus funciones a menos que cuenten con el consentimiento informado de la persona que realizó la comunicación o que la ley lo exija. Asimismo, deben conocer de antemano qué recursos están disponibles y qué cursos de acción son necesarios cuando se enfrentan a una revelación de este tipo.

Si la víctima es un niño o un adulto vulnerable y admite haber sido víctima de abuso sexual, lo primero que se debe hacer es llamar a la policía. La ley puede exigir que el capellán actúe como denunciante obligatorio. Si la víctima es un niño o un adulto con discapacidad mental y no admite haber sido abusado sexualmente, pero la evidencia y el testimonio lo sugieren, el capellán debería comunicarse con los Servicios de Protección Infantil o los Servicios de Protección al Adulto para que se hagan cargo del caso.

Nuevamente, la ley puede exigir la denuncia del abuso. Si la víctima es un adulto y no lo admite, pero muestra signos de haber sufrido abuso sexual, el capellán puede ofrecer llamar a los Servicios de Protección al Adulto para solicitar ayuda. Las víctimas adultas tienen derecho a rechazar este servicio, por lo que los capellanes deben proporcionar otros recursos, como líneas telefónicas de ayuda en crisis, grupos de apoyo para víctimas de violencia y consejeros profesionales.

Para algunos capellanes, los requisitos de la confesión sacramental impiden cualquier divulgación sin el permiso de la persona abusada. Si se les impide divulgar la información, el capellán aún puede alentar a la víctima a denunciar el abuso personalmente. Conociendo qué recursos locales están disponibles, el capellán puede ofrecer "caminar con la persona" para acceder de manera segura a la ayuda y el apoyo necesarios.

Aunque las leyes varían de un estado a otro, los capellanes en todas partes deben garantizar la seguridad de las víctimas, brindarles la ayuda que necesitan y acompañarlas durante todo el proceso. Es un camino doloroso que requiere una pericia más allá de la formación típica que recibe la mayoría de los capellanes. El ministerio de presencia y consuelo de un capellán de confianza puede ser una parte invaluable del proceso de sanación.

¿Cómo mitigar la tensión familiar en torno a las DNR?

Capellana Judy Collins

La orden de no resucitar (DNR, "Do Not Resuscitate") es un documento médico y legal que se utiliza para comunicar el deseo o la decisión del paciente (o de su representante sustituto) de rechazar intervenciones de soporte vital. No todos los miembros de la familia aceptan siempre este deseo o determinación.

Esta escena también es familiar en la vida hospitalaria. Un familiar cuidador ha decidido retirar el soporte vital de un ser querido basándose en lo que cree que son los deseos del paciente. Otros miembros de la familia llegan y cuestionan la decisión de DNR. Sigue una escena de discusiones y acusaciones hasta que los miembros de la familia se retiran, enojados y/o resentidos. En la discusión acalorada, se pueden escuchar declaraciones emocionalmente cargadas como: "Estás asesinando a mamá si le quitas el respirador", "Solo quieres el dinero de papá", "Debemos continuar el tratamiento. He orado. Dios tiene que sanarlo".

Este tipo de incidentes es la razón por la que los hospitales recomiendan que los pacientes tengan una directiva anticipada, como una orden de no reanimar. Los capellanes pueden ser muy útiles en este proceso, aliviando una gran cantidad de angustia familiar al final de la vida de un paciente. Todos los capellanes deben tener un conocimiento profundo de las directivas anticipadas y la capacidad de ayudar a las familias a comprender cómo desenvolverse en este proceso.

La decisión médica de no reanimación, que parece tan lógica y clara para los profesionales de la salud, no se alcanza con la misma facilidad para las familias emocionalmente afectadas. En primer lugar, los capellanes deberían ayudar a las familias a establecer un período de enfriamiento para procesar los hechos. En segundo lugar, pueden recordarles el objetivo de permitir que su ser querido esté en paz. Pueden ayudar a los seres queridos a afrontar la finitud de la vida invitándolos a reflexionar sobre los deseos del paciente previamente expresados y discutidos, lo que puede despertar recuerdos reconfortantes, útiles y orientadores. En tercer lugar, si el paciente y su familia profesan una fe, el capellán puede brindar apoyo mediante la oración o rituales. También es recomendable contactar a su líder religioso para obtener ayuda, como fuente de autoridad y respeto.

A pesar de los mejores esfuerzos del capellán, las tensiones familiares pueden continuar mucho después de la muerte del paciente en el hospital. Sin embargo, el capellán puede ayudar a la familia a hacer una pausa y a discernir lo que es médicamente mejor para el paciente. El capellán a menudo puede facilitar la reconciliación y ver surgir una nueva armonía, aportando algo bueno en medio de una situación dolorosa.

¿Explicar la coexistencia de Dios y el sufrimiento?

Dr. Lindell Anderson

Un intenso encuentro pastoral en una montaña con vistas al valle de A Shau, en Vietnam, hace cincuenta y un años, me enfrentó a mi necesidad de lidiar con el misterio del sufrimiento. Varios jóvenes soldados me bombardearon con preguntas exigentes, maldiciendo a Dios, al cielo y a la tierra después de que un compañero de su escuadrón pisara una trampa explosiva y perdiera ambas piernas. Exigieron una respuesta a preguntas como: "¿Qué tipo de cheque en blanco querría Dios permitir para semejante tragedia?".

Su uso repetido de mi nombre y las referencias a mi ausencia llamaron mi atención. Una parte de mí anhelaba defender a Dios, pero al mismo tiempo deseaba consolar a esos jóvenes soldados. Más tarde comprendí que necesitaban ser vistos, escuchados y comprendidos mientras buscaban significado y a Dios. También necesitaban que yo les recordara la presencia de Dios. Al reflexionar sobre esa experiencia, creo que el Dios del sufrimiento estaba presente, aun cuando los soldados creían que estaba ausente.

Ayudar a las personas a descubrir la presencia de Dios en medio del sufrimiento, sin exacerbar su sentimiento de alienación, es uno de los desafíos más importantes que enfrentan los capellanes. Alinearnos con Dios a través de Jesucristo en la oración aumentará la probabilidad de que hagamos una conexión empática con un paciente.[1] No podemos conocer plenamente la voluntad de Dios con respecto al sufrimiento. Los amigos de Job afirmaban conocer la voluntad de Dios y se dedicaron a buscarla por su pecado. Respuestas como "Dios te está castigando", "Es la voluntad de Dios" o "Él te está poniendo a prueba, enseñando o advirtiendo" rara vez se ajustan a las particularidades de su situación.[2]

La mejor interpretación del sufrimiento proviene de quienes sufren, y no del capellán. Sin embargo, el propósito del sufrimiento a menudo no es claro y resulta confuso cuando los pacientes están sufriendo.[3] Nuestro rol como capellanes es ayudar a los pacientes a sopesar sus explicaciones del sufrimiento y a evaluar si sus respuestas les están ayudando o perjudicando.

Sin embargo, como advierte Jeffry Zurheide, debemos ser precavidos y no arrebatar nociones como "es la voluntad de Dios" o "es un castigo por mi pecado" de las manos de la víctima.[4] Si sus respuestas les causan dolor o reflejan de manera negativa la bondad o la grandeza de Dios, entonces el capellán necesita, con tacto, poner a prueba su comprensión de Dios y del sufrimiento. Nuestra comprensión suprema de la mente de Dios y del significado del sufrimiento reside en nuestra redención, tal como se revela en Jesucristo y en las Sagradas Escrituras.

¿Puede usted portar armas para la autoprotección?

Dr. Jim Browning

Portar armas para la autoprotección es un asunto crítico para los capellanes policiales y militares. Esta pregunta es fácil de debatir en clase, pero resulta desafiante aplicarla en una situación que pone en peligro la vida. Por ejemplo, un capellán desplegado podría estar visitando una Base de Operaciones Avanzadas (FOB) cuando el

---

[1] Jeffry R. Zurheide, *When Faith is Tested* (Minneapolis: Fortress Press, 1997), 5.

[2] Ricardo C. Eyers, *Pastoral Care under the Cross* (St. Louis: Concordia, 1994), 29.

[3] Eyers, 47.

[4] Zurheide, *When Faith is Tested,* 20.

enemigo ataca y vulnera la barrera protectora. En ese momento, aislado de los demás, ¿el capellán toma un arma y la dispara en defensa propia?

La normativa de la institución dicta las funciones permitidas a un capellán. La política del Departamento de Defensa prohíbe rotundamente estas funciones a los capellanes militares.[1] Un capellán militar que desobedezca esta política pone en peligro el estatus de no combatiente de todos los capellanes militares. En el caso de los capellanes de las fuerzas del orden, cada departamento establece su propia política, directrices y capacitación adecuada para esta situación.

Este tema genera acalorados debates incluso en la seguridad de un aula. Conocer la normativa oficial no basta; es necesario abordarla desde una perspectiva emocional, social, mental y espiritual. Un capellán no debe esperar al fragor del momento para decidir cómo actuaría en una situación de legítima defensa.

Si no puedes acatar y estar en paz con la política de la institución, necesitas encontrar un nuevo lugar para tu ministerio de capellanía.

¿Debe tú cumplir órdenes en violación de sus creencias religiosas?
Dr. Jim Browning

¿Debe usted cumplir las órdenes de un comandante o de un jefe si son contrarias a sus creencias religiosas? La respuesta fácil es no. Sin embargo, tanto el líder como el capellán deberían esforzarse primero por encontrar una solución religiosa que apoye la misión institucional.

La adaptación religiosa es un principio inherente a la estructura misma de nuestra nación y a las políticas públicas, tanto para civiles como para militares. La Comisión para la Igualdad de Oportunidades en el Empleo de EE. UU. afirma:

> La ley exige que un empleador u otra entidad cubierta realice ajustes razonables a las creencias o prácticas religiosas de un empleado, a menos que hacerlo suponga una carga superior a la mínima para las operaciones del negocio del empleador. Esto significa que un

---

[1] Joint Guide 1-05 Religious Affairs in Joint Operations (1 Feb. 2018), https://www.jcs.mil/Portales/36/Documentos/Doctrina/jdn_jg/jg1_05.pdf, accedió 28 Agosto 2021. El Convenio de Ginebra para el mejoramiento de la suerte de los heridos y enfermos en las Fuerzas Armadas en campaña (comúnmente referido como Convenio de Ginebra I) identifica a los capellanes como personal protegido en su función y capacidad como ministros religiosos. Los reglamentos de servicio prohíben además que los capellanes porten armas y los clasifican como no combatientes. Véanse los artículos 4, 6, 7, 9, 10, 11, 24, 28 y 47 del Convenio de Ginebra (I) para obtener más información acerca del tratamiento de los capellanes en el contexto de la Convención.

empleador puede estar obligado a realizar ajustes razonables en el entorno laboral que permitan al empleado practicar su religión.[1]

El Departamento de Defensa también apoya el derecho de todos los miembros del servicio a observar los preceptos de su religión o a no observar ninguna religión.

> [El Departamento de Defensa]... tendrá en cuenta las expresiones individuales de un sincero apego a creencias (conciencia, principios morales o creencias religiosas) que no tengan un impacto adverso en la preparación militar, la cohesión de la unidad ni el buen orden y la disciplina, o la salud y la seguridad. La expresión de tales creencias por parte de un miembro del servicio no podrá, en la medida de lo posible, utilizarse como base para ninguna acción adversa contra el personal, discriminación o denegación de ascenso, escolarización, formación o asignación.[2]

Un capellán debe ser adaptable y flexible para apoyar la misión institucional. Sin embargo, buscar el consejo sabio de un confesor, contar con un aval o con un mentor ayuda a saber dónde trazar la línea.

¿Qué hace un capellán después de la "jubilación"?

Dr. Jim Browning

Esta pregunta, que surge tras la jubilación, es válida incluso al comienzo del ministerio de capellanía. La manera en que las personas comprenden el inicio de su carrera suele influir en cómo afrontarán el final.

Cuando estaba a mitad de mi carrera militar, mi supervisor me dijo que debía pensar seriamente en mi jubilación y planificarla. ¿Me estaba enviando un mensaje oculto? ¿Me estaba diciendo que desempolvara mis habilidades civiles porque tal vez saldría antes de lo previsto? No. El capellán Jim Barlow, un sacerdote católico a quien admiraba y respetaba profundamente, me estaba aconsejando que pensara en la vida después del servicio militar, después de mi carrera como capellán. No lo entendí completamente en ese momento, pero sus palabras fueron muy esclarecedoras. Ignorar la pregunta "¿qué sigue después de la jubilación?" es llegar al final de una tarea y quedar a la deriva, sin rumbo.

---

[1] US Equal Opportunity Commission, "Religious Discrimination" (2021) https://www.eeoc.gov/religious-discrimination, consultado el 8 de agosto de 2021.

[2] Departament of Defense Instruction 1300.17 Religious Liberty in the Military Services (2020), 3, https://www.esd.whs.mil/Portals/54/Documents/DD/issuances/dodi/130017p.pdf accedió 8 Agosto 2021.

La mayoría de los puestos de capellán tienen un inicio y un final definidos. La parte central es la carrera, el esfuerzo que uno busca finalizar bien. Lo que sucede en el medio es una trayectoria que puede ser estimulante, emocionante, agotadora y gratificante. Pero ¿qué sucede después de que uno alcanza la línea de meta y acepta los reconocimientos de una institución agradecida por los años de servicio?

Un amigo sabio sugirió que un jubilado debería comprarse un triciclo al jubilarse. Un triciclo tiene dos ruedas pequeñas y una grande. Entonces dijo: "Las tres ruedas son la ubicación, el trabajo y el dinero. El ciclista elige cuál de esas tres se convierte en la rueda grande que gobierna. Uno podría mudarse para estar más cerca de la familia, aceptar un trabajo independientemente de cuánto pague, o buscar cualquier trabajo que pague la cantidad deseada". Entendí su lección.

Sin embargo, para quien ha sido llamado por Dios al ministerio, esta analogía ignora el llamado irrevocable de Dios y su guía en nuestras vidas (Rom 11:29; Prov 3:5-6). Si encuentras tu identidad en Dios, entonces tu llamado al ministerio no termina cuando te quitas el uniforme de capellán. El lugar del ministerio puede cambiar, pero profundamente arraigada en cada uno de nosotros está la conciencia de que Dios aún está obrando en y a través de nosotros.

La ubicación y el enfoque del ministerio pueden cambiar, pero no el llamado. Moisés es un gran ejemplo. Dios lo preparó con muchos años de experiencia para la siguiente tarea de liderazgo, con la disposición de estar abierto a un tipo de contexto muy diferente y con una sensibilidad continua a la dirección de Dios en nuestras vidas. Nuestras experiencias pasadas y presentes bien pueden ser la preparación para nuestra próxima misión ministerial.

PREGUNTAS DE REFLEXIÓN

¿Cuál de estas preguntas resuena más contigo? ¿Por qué? ¿Qué pregunta tienes que no fue dirigida?

¿Puede uno servir como capellán mientras trabaja a tiempo completo en otra parte? ¿Cómo?

¿Por qué algunas personas consideran que ingresar al ministerio pastoral equivale a abandonar el ministerio? ¿Qué le dirías a alguien que te hiciera esa pregunta?

En lo que respecta a las interacciones interreligiosas, ¿qué estrategias consideras más efectivas para mantener tu integridad religiosa mientras respetas y atiendes a personas de diferentes creencias?

¿De qué manera prevés que evolucione tu papel como capellán, especialmente en lo que respecta a tu carrera a largo plazo o a tus planes posteriores a la jubilación?

LLAMADO JUNTOS EN EL MINISTERIO

Señor Scott Collins

Mi hija y yo intercambiamos miradas, sabiendo que lo que se avecina no será nada ordinario. Judy comienza otra historia sobre su día como capellana en el hospital. Judy cuenta sus historias con naturalidad y soltura, del mismo modo en que la mayoría de la gente habla de ir al supermercado o de hacer la colada. Sus relatos a la hora de la cena son siempre cualquier cosa menos predecible.

Como me gano la vida como narrador profesional, siempre me han fascinado las historias de Judy sobre su labor como capellana.

Como la mayoría de las personas que trabajan en primera línea, los capellanes a menudo no perciben los aspectos más interesantes y únicos de su trabajo, y mucho menos sus actos heroicos.

La mayoría de las historias de mi esposa comienzan con una frase inicial inofensiva como: "Nosotras tuvimos algo interesante que sucedió hoy". Sus historias más memorables ilustran facetas del ministerio de la capellanía que descorren el telón para su familia y nos permiten echar un vistazo entre bastidores al drama que, para los capellanes, es parte del trabajo diario, pero que hace que una persona laica se sienta orgullosa y reflexiva.

Una de esas historias ocurrió mientras recorría el hospital visitando a los pacientes. Judy oyó que la llamaban por su nombre desde una habitación cercana. Desviándose un poco, entró y saludó al paciente que la había llamado; la madre del paciente estaba junto a la cama. La conversación fue agradable y reconfortante. El paciente le pidió a Judy que orara por él. Las tres mujeres se tomaron de las manos y Judy oró. "Cuando terminé la oración con "amén", sentí que su mano se aflojaba y murió", nos contó Judy esa noche en la mesa.

Al reflexionar sobre esa historia años después, varias cosas me llaman la atención. Primero, el paciente conocía el nombre de Judy. La llamó desde su cama de hospital. En poco tiempo como paciente, ya había entablado una relación con ella. Segundo, existía confianza: confianza espiritual. Confiar en que una persona llegue a tiempo a una reunión es una cosa, pero confiarle tus últimos momentos a un capellán es algo completamente distinto. Tercero, si bien la historia fue entonces—y sigue siendo hoy—irresistible para mí como persona laica, es solo una de muchas historias similares que Judy y la mayoría de los capellanes podrían contar casi a diario.

Y, finalmente, poco después de que Judy contara esa historia con compasión y empatía, ocurrió un suceso que sacudió a nuestra familia para el resto de nuestras vidas: la muerte de un miembro de la familia, mi padre. Como capellana profesional certificada y con formación en CPE, Judy estaba mejor preparada para ello que yo.

Yo no estaba preparado para la muerte de mi padre. Llegué al hospital el día antes del Viernes Santo. Papá vivía en una residencia de ancianos y había sido ingresado al hospital por EPOC, algo que ocurría con regularidad. Mi viaje de regreso a casa estaba planeado mucho antes de que papá fuera ingresado al hospital, así que cuando llegué, me sorprendió encontrarlo en tan mal estado. Mi hermano, un pastor local, había hablado con el médico de papá, y este le dijo que no era optimista.

Más tarde, ese jueves, el médico pasó por la habitación y nos dijo que dudaba que papá pudiera pasar la noche. No eran noticias sorprendentes, pero aun así fueron un impacto. Mi hermano y yo estábamos en el pasillo, discutiendo qué debíamos hacer.

Nos preguntamos si uno de nosotros debía pasar la noche en la habitación, así que llamé a Judy para pedirle consejo.

Por primera vez, mi esposa se convirtió en mi capellana.

Yo estaba perdido, sin saber qué hacer ni qué decir.

Cuando le conté lo que había dicho el médico, le pregunté si uno de nosotros debía quedarse a pasar la noche con papá. Años después, su respuesta aún resuena en mi cabeza.

"Nadie debería morir solo", dijo. "Sí, tienes que pasar la noche con tu padre".

Papá sobrevivió la noche y falleció a la mañana siguiente. Fue la primera y única vez que presencié la muerte de manera directa. Siempre estaré agradecido a Judy por su consejo, dado tanto como capellana como esposa.

A lo largo de nuestro matrimonio y de la carrera de Judy como capellana, he aprendido que, a veces, las instituciones disminuyen el valor de un capellán, o el capellán lo percibe de esa manera. En un hospital u otros entornos donde médicos, enfermeras y otros cuidadores se esfuerzan por atender enfermedades físicas y salvar vidas, ha habido momentos en que Judy ha sentido la necesidad de demostrarse a sí misma su valor. Recuerdo que el padre Mulcahy, el capellán de la serie de televisión *M*A*S*H*, una vez le dijo a un médico: "Cuando tú pierdes a alguien, has perdido una vida. Cuando yo pierdo a alguien, he perdido un alma".

A lo largo de los años, he tomado notas mentales sobre observaciones acerca del ministerio de capellanía:

La capellanía es una carrera profesional. A veces, amigos se acercan a Judy y le dicen que quieren ser capellanes. Quizá ese amigo haya tenido una mala experiencia personal en una iglesia local o haya experimentado algún acontecimiento traumático en su vida. Como reacción, la persona siente la necesidad de convertirse en capellán. Cuando hablamos sobre esas situaciones, se hizo evidente para mí que cambiar de carrera no es la respuesta y no traerá la sanación interior que la persona busca o necesita.

El ministerio de la capellanía es una vocación. Una carrera y una vocación son dos cosas distintas. Una carrera es un trabajo realizado con un alto nivel de profesionalismo. Una vocación es una respuesta profundamente arraigada que, en última instancia, guía la vida de una persona. Ambas son esenciales en el ámbito de la capellanía y del cuidado pastoral para que alguien tenga éxito y pueda sostenerse frente a las exigencias mentales, espirituales y emocionales del trabajo. Al observar a Judy a lo largo de los años, he visto momentos en los que su vocación la ha sostenido, y otros en los que enfocarse en su carrera la ha impulsado a realizar su labor con excelencia y profesionalismo.

La capellanía es una profesión. Más que una carrera, es una disciplina profesional que requiere una formación extensa, incluyendo una educación de posgrado adecuada y capacitación especializada adicional, como las unidades de Educación Pastoral Clínica (EPC). A lo largo de este proceso se obtienen certificaciones y credenciales profesionales. Desde la perspectiva de un cónyuge, después de más de tres décadas de matrimonio, he llegado a comprender la necesidad constante de formación continua y del mantenimiento de altos estándares profesionales. La capellanía es mucho más que orar junto a la cama de un paciente.

La capellanía tiene su lugar. Suelo bromear con amigos y colegas diciendo: "No necesito ser capellán, porque estoy casado con una". Esta es mi manera de decir que Judy es la mejor de los dos. En ocasiones, me ha parecido que ella era mi capellana, y que necesitábamos hablar sobre cómo su formación influía en nuestro matrimonio. He llegado a apreciar cómo las perspectivas que aporta su ministerio la capacitan para influir positivamente en mí y en nuestra relación. Aun así, creo que ambos cónyuges deben tener una comprensión clara de los límites saludables dentro del matrimonio.

La capellanía tiene un lado intuitivo. La intuición es

fundamental para los capellanes. Como en toda profesión, la experiencia desarrolla la intuición. Saber cuándo hacer ciertas cosas (y cuándo no hacerlas) al desempeñar el propio rol es invaluable en cualquier campo profesional. Para un capellán, esto incluye saber cuándo y cómo entrar en una habitación de hospital, una celda de prisión, un cubículo de oficina, una trinchera o cualquier otro lugar donde las personas trabajen o vivan. Desde la perspectiva de un cónyuge, después de más de tres décadas de matrimonio, he reconocido la constante necesidad de capacitación y del mantenimiento de estándares profesionales. La capellanía es mucho más que orar junto a la cama de un paciente.

La capellanía se vive de adentro hacia afuera y de afuera hacia adentro. Ser capellana es quien Judy es, tanto interior como exteriormente. Su capellanía es una expresión de lo que ella es en lo más profundo de su ser, y las funciones ministeriales que desempeña cada día son manifestaciones de su identidad. Ella es una persona amable y generosa, dispuesta a anteponer las necesidades de los demás a las suyas. En más de una ocasión he entrado en la cocina y la he encontrado trabajando afanosamente en sus famosos pasteles de Dr Pepper, solo para enterarme de que no eran para mí. "El departamento de cirugía ha tenido una semana difícil", solía decir. "Así que pensé que esto podría animarlos".

Judy tuvo la oportunidad de servir como capellana en un hospicio local en Fort Worth no mucho después de que nos casáramos. Su rol en el hospicio fue mi iniciación en el ministerio de la capellanía, o al menos en lo que significa estar casado con una capellana.

El hospicio atendía a pacientes en todo Fort Worth y el condado de Tarrant, y Judy tenía una invitación permanente del Departamento de Policía de Fort Worth para acompañarla en cualquier momento, de día o de noche, a cualquier lugar donde pudiera no sentirse segura, algo que jamás imaginé que un capellán pudiera necesitar. De forma indirecta, experimenté el trabajo de la capellanía en un hospicio escuchando historias de pacientes que morían de cáncer de pulmón, postrados en la cama, fumando mientras estaban conectados a una cánula de oxígeno con un tanque cercano. A pesar de los recordatorios de Judy de que los tanques de oxígeno eran extremadamente explosivos, los pacientes solían mostrarse reacios, recordándole que, de todos modos, pronto morirían. Ella tenía que recordarles que ella, sin embargo, no.

Durante esos años aprendimos lecciones que ayudaron a

fortalecer nuestro matrimonio. Además de visitar pacientes en sus hogares, Judy coordinaba grupos de apoyo para personas en duelo. Absorbimos las perspectivas que ella recogía al conversar con viudas que carecían de licencia de conducir o de acceso a cuentas bancarias tras la muerte de sus maridos, o con viudos que no tenían idea de cómo cocinar, usar el lavavajillas o hacer las compras sin sus esposas. Una de esas reflexiones cobró vida cuando fuimos anfitriones de una barbacoa de fin de ciclo para un grupo de duelo en nuestro hogar. A cada miembro del grupo se le había asignado una tarea para la comida. A un anciano caballero se le pidió que trajera los condimentos, y le entregó a Judy envases de un galón de mayonesa, kétchup y mostaza. Con la mirada baja, explicó que no tenía idea de cuánto debía traer, porque su difunta esposa siempre se había encargado de ese tipo de cosas. Juramos aprender de estos sobrevivientes, ya fueran esposas que habían vivido totalmente dependientes de sus maridos o maridos completamente perdidos sin sus esposas. Más de treinta años después, esas experiencias y lecciones siguen dando forma a nuestro matrimonio.

En el plano espiritual, adquirí una nueva comprensión del duelo y la pérdida. El servicio anual de duelo que Judy organizaba y dirigía se convirtió en un evento que esperaba con ansias cada año. Era conmovedor y aleccionador ver a tantas personas que habían perdido a sus seres queridos y sentir su dolor de manera tan palpable durante esos emotivos servicios conmemorativos.

Durante más de tres décadas, Judy ha ejercido como capellana en el ámbito de la salud. Independientemente del lugar donde sirva, se ha convertido en amiga del personal hospitalario, sirviendo como capellana tanto para ellos como para los pacientes. Ya sea oficiando bodas, funerales u horneando pasteles para el personal, cada vez que entro en su hospital soy recibido por "amigos" a quienes nunca he conocido.

Mi participación ha estado limitada principalmente a correr en carreras benéficas de 5 km o a asistir al baile de gala anual. En las ocasiones en que he ido al hospital como paciente, me recuerdo a mí mismo que soy "el esposo de la capellana" y que todos lo saben, lo que significa que debo comportarme lo mejor posible, sin importar cuánto dolor sienta.

Durante el año en que Judy sirvió como capellana de hospicio, a menudo le preguntaba cuál consideraba la peor forma de morir. Había acompañado a pacientes que fallecieron por casi todas las causas imaginables, pero yo nunca había presenciado la muerte más allá de lo que se muestra en la televisión o en el cine. La respuesta de Judy fue clara: la ELA (esclerosis lateral amiotrófica), también conocida como la enfermedad de Lou Gehrig. Ella hablaba de pacientes cuyas mentes quedaban atrapadas dentro de cuerpos que se negaban a seguir funcionando. Nuestras conversaciones sobre la ELA me infundieron un temor a la enfermedad que me acompañaría toda la vida.

Luego, en 2020, Judy regresó a casa con noticias de hospitales saturados de pacientes con respiradores, camiones de la morgue en los estacionamientos de los hospitales, mascarillas, distanciamiento social y teletrabajo. Todo seguía llegando. Para entonces, la pandemia del coronavirus azotaba al mundo. Dejé mi oficina a mediados de marzo de 2020 para trabajar desde casa. Por otro lado, Judy continuó con su rutina habitual, aunque nada era normal en su trabajo en el hospital. Con miedo a cuestas, el personal hospitalario de todo el mundo se convirtió en "héroes de primera línea". Con toda razón, médicos y enfermeras fueron elogiados por sus heroicos esfuerzos, vistiendo mascarillas y protectores faciales, junto con batas y guantes, lo que todos llegamos a conocer como EPP (equipo de protección personal). Ponían sus vidas en riesgo en cada minuto de sus turnos.

La dura realidad del COVID-19 fue el aislamiento: trabajadores de oficina trabajando desde casa e individuos en cuarentena durante largos períodos de tiempo. La interconexión de la humanidad se rompió. En ningún lugar fue ese aislamiento más profundo o doloroso que para los pacientes con COVID-19 y sus familiares. La alta contagiosidad de la enfermedad impedía que las familias acompañaran a quienes sufrían y morían a causa del virus. Un abismo sin salida.

Pero capellanes como Judy se convirtieron en el puente que permitió reconectar a los pacientes con sus familias. Con dispositivos móviles donados por iglesias locales, los familiares pudieron finalmente ver y hablar con un ser querido enfermo. Judy se convirtió en mensajera, llevando información de un lado a otro y brindando a pacientes y familiares una sensación de unidad.

Nunca olvidaré la noche en que Judy llegó a casa del hospital después de su primera muerte por COVID-19; su descripción de lo que había visto desde detrás de una ventana dejó pocas dudas de que la ELA ya no era la peor forma de morir. Escuchar su relato de la violencia que el COVID-19 desataba en el cuerpo fue impactante y aleccionador. Por primera vez durante la pandemia, comprendí el papel vital que los capellanes desempeñaron durante la crisis: acompañando a pacientes, familias y personal hospitalario, todos viviendo con un miedo intenso y abrumados por la fatiga.

Día tras día, capellanes como Judy comunicaban la noticia de la muerte a familiares y amigos. Las pertenencias de los fallecidos debían ser minuciosamente desinfectadas antes de ser devueltas a sus seres queridos, una tarea que a menudo recaía en el capellán. Unos diez meses después del inicio de la pandemia del coronavirus, Judy y yo dimos positivo por COVID-19. Aunque no podemos estar completamente seguros, es probable que ella lo haya contraído en el hospital y lo haya llevado a casa.

El miedo que habíamos visto apoderarse de otros ahora se había apoderado de nosotros. Mi caso con el virus resultó peor que el de Judy, así que ella inmediatamente entró en modo capellana, dejando claro que todo estaría bien, incluso llevándome a la sala de emergencias del hospital una mañana y esperando en su auto en el estacionamiento durante casi tres horas mientras me atendían.

Hemos buscado maneras de conciliar nuestras vocaciones y carreras, por las que hemos trabajado arduamente, enfatizando las áreas compartidas de nuestro matrimonio y nuestras trayectorias profesionales. Nos hemos enseñado mutuamente, lo que significa que cada uno ha sido tanto maestro como estudiante. Una clave del éxito de nuestro matrimonio ha sido la participación activa en nuestra iglesia local, un lugar de ministerio compartido y terreno común.

Nuestro pastor observó una vez que "el conocimiento es saber que el tomate es una fruta; la sabiduría es no ponerlo en una ensalada de frutas". Los años de matrimonio nos han ayudado a Judy y a mí a definir y mantener los límites entre nuestras vocaciones, carreras y profesiones individuales. Nuestro conocimiento mutuo nos ayuda a saber cuándo hablar de nuestro trabajo, y la sabiduría guía nuestras palabras.

PREGUNTAS DE REFLEXIÓN

Scott Collins tomó notas mentales sobre la capellanía y enumeró seis observaciones. Elige una de sus observaciones y describe cómo aceptas o discrepas.

¿Cómo clasificarías estas seis observaciones, de la más importante a la menos importante? Explica tu orden.

Describe la importancia del apoyo familiar para un capellán. ¿Cómo podría esto afectar su ministerio? ¿Variaría este impacto según la categoría de capellanía?

SECCIÓN CUATRO

¿CUÁLES SON LOS REQUISITOS PARA SER CAPELLANOS?

EL CAPELLÁN PROFESIONAL

Dr. Eric Whitmore

¿Qué significa ser un capellán profesional? ¿Tienes que cobrar para ser considerado un profesional? ¿Es necesario tener un perfil específico para llamar a la capellanía un ministerio? ¿Cómo nos convertimos en profesionales? Debatimos estas cuestiones en el ámbito académico y en las instituciones a las que servimos, pero casi nunca encontramos una buena respuesta. En este capítulo, espero arrojar algo de luz sobre cómo puedes ser un capellán profesional y participar en la profesión de la capellanía.

Dos definiciones sugieren que un profesional es "alguien que realiza un trabajo que requiere capacitación, educación o habilidades especializadas" o "alguien que es miembro de una profesión".[1] La palabra *profesión* proviene directamente del latín y significa "declarar públicamente". En el inglés medio, la palabra se usaba para describir los votos a una orden religiosa. Hoy, los evangélicos a menudo requieren que los fieles profesen a Cristo, es decir, que declaren públicamente su fe. En estos casos, la profesión de fe implica un compromiso de por vida con un grupo específico de personas.

En este sentido, un profesional es aquel que se adhiere a las normas, costumbres y ética de una comunidad especializada. En términos modernos, los profesionales no solo tienen una vocación y educación o un conjunto determinado de habilidades, sino que también dan pasos adicionales para involucrarse más plenamente en la vida de una institución o de un campo profesional. Por ejemplo, si obtienes una licenciatura en ingeniería civil, estás calificado para trabajar en un departamento de planificación de obras públicas de una ciudad. Sin embargo, ni la educación por sí sola ni el trabajo en sí te convierten automáticamente en un profesional. Cuando decides comprometer más tiempo y esfuerzo en aprender más sobre la ingeniería, mantenerte al día con las investigaciones más recientes, unirte a organizaciones profesionales regionales y nacionales, y obtener certificaciones como la de ingeniero civil, entonces puedes considerarte un profesional en tu campo.

---

[1] *Merriam-Webster* en línea, sv "professional," https://www.merriam-webster.com/dictionary/professional , consultado el 29 de septiembre de 2021.

La capellanía no es diferente. Una persona puede convertirse en capellán profesional. Cualquiera puede aprender más sobre la atención pastoral en un entorno especializado. Cualquiera puede desarrollar un conjunto de habilidades para compartir el amor de Cristo en lugares a los que otros ministros no pueden llegar. Dicho esto, cualquiera puede conseguir un trabajo como capellán, pero no todos son capellanes profesionales. Ser un capellán profesional requiere preparación y cualificación, además de formar parte del gremio de capellanes.

PREPARACIÓN Y CALIFICACIÓN

Prepararse y llegar a estar calificado para ejercer como capellán a nivel profesional requiere un alto grado de intencionalidad, persistencia y determinación para aprender y formarse. Un elemento crucial en la preparación para el ministerio profesional de la capellanía es adquirir la educación y la formación adecuadas.

Educación teológica

Muchas instituciones exigen formación teológica formal para ejercer como capellán a jornada completa, a tiempo parcial o según las necesidades (*pro re nata*: suplencia o de guardia). Típicamente, la educación teológica formal tiene lugar a nivel de pregrado o posgrado, y cada institución contratante tiene expectativas diferentes para los capellanes. No existe un único estándar para la contratación de capellanes, y cada organización, gobierno o empresa desarrolla sus propios requisitos. Por ejemplo, el requisito mínimo establecido por el gobierno federal para los capellanes es una Maestría en Divinidad o un título de posgrado equivalente (según lo determine la institución contratante).[1] Sin embargo, no hay acuerdo entre los departamentos federales acerca de cuántas horas crédito se requieren. El Departamento de Defensa (DOD) exige setenta y dos horas, mientras que la Oficina Federal de Prisiones (FBOP) requiere ochenta horas.

Muchos sistemas de salud grandes tienen requisitos educativos similares. Los sistemas más pequeños (en particular, los de cuidado en hospicio) no suelen tener limitaciones rigurosas en cuanto a la formación teológica. Si bien estos sistemas pueden preferir que un capellán tenga una Maestría en Divinidad, a menudo contratan capellanes sin estudios de posgrado. En el ámbito sanitario, la experiencia y las unidades de Educación Pastoral Clínica (EPC) pueden ser tan importantes como la formación académica.

---

[1] La equivalencia la determina la organización contratante.

Las instituciones correccionales casi nunca requieren títulos de posgrado fuera del sistema federal, pero por lo general exigen al menos una licenciatura o experiencia equivalente en ministerio pastoral. Los sistemas penitenciarios estatales y locales presentan una amplia variedad de requisitos de contratación para capellanes, tanto remunerados como voluntarios.

Informal Capacitación

Aunque no todos pueden obtener un título universitario o de seminario formal, todos podemos aprender a lo largo de la vida. Muchas escuelas, iglesias e instituciones ofrecen formación, talleres y certificados para capellanes, y un capellán profesional debería buscar estas oportunidades. Por ejemplo, si desea obtener más información sobre el cuidado espiritual después de desastres naturales, puede encontrar muchos cursos para tomar, libros para leer y seminarios web a los que unirse.[1] A medida que aprendes más acerca de los desastres en relación con el cuidado espiritual, puedes unirte a otros para responder a los acontecimientos de tu comunidad y ayudar a tu iglesia a brindar apoyo más allá de sus muros.

Muchas instituciones ofrecen a los capellanes voluntarios certificación y capacitación en seguridad y atención espiritual. No se puede ingresar a una prisión federal como voluntario sin haber completado la capacitación de la Oficina Federal de Prisiones y haber sido entrevistado por un capellán federal. Si desea prestar sus servicios como capellán en la cárcel del condado, lo más probable es que el sheriff exija capacitación adicional antes de permitirle reunirse con los reclusos. La mayoría de los hospitales requieren que sus voluntarios de cuidado pastoral realicen cursos internos antes de permitirles el acceso irrestricto a los pacientes.

Si deseas ser un capellán profesional, busca siempre maneras de ampliar tu conocimiento y perfeccionar tus habilidades como proveedor de cuidado pastoral. Lee una amplia variedad de libros que te formen en teología, consejería, psicología y ministerio pastoral. Aprende más sobre tu lugar de ministerio y sobre las necesidades de las personas a las que sirves y del personal con el que trabajas. Si deseas ser un capellán militar profesional, lee libros sobre historia y doctrina militar. Si deseas ser un capellán profesional en el ámbito de la salud, lee libros sobre ética médica.

---

[1] A bien referencia es Dan Franklin, *Disaster Spiritual Care* (publicación independiente, 2017).

Si quieres ser un capellán penitenciario profesional, lee libros sobre la cultura carcelaria. Lee todo lo que te ayude a aprender más sobre el entorno de tu ministerio para que puedas ser más eficaz en él.

Capacitación clínica

La Educación Pastoral Clínica (EPC) es un punto de partida importante para la capellanía en la atención sanitaria. Aunque algunos hospitales y organizaciones de hospicio no requieren EPC para el empleo, la mayoría de los sistemas de tamaño mediano a grande requieren al menos una unidad de EPC como base, y muchos exigen de cuatro a ocho unidades.

Cuando estaba a punto de graduarme del seminario, me di cuenta de que no tenía vocación para ser pastor. Era candidato a capellán militar y trabajaba como interno de capellanía en una prisión federal; decidí probar el ministerio hospitalario para ver adónde me llevaría Dios en mi camino como capellán. Mi profesor me sugirió que tomara una unidad de EPC, así que solicité una unidad extendida. Después del seminario, continué mi formación en EPC con el sistema de atención médica de Asuntos de Veteranos y completé cuatro unidades de residencia. La EPC me enseñó tres valiosas lecciones: (1) me desafiaron a cuidar de las personas en el peor día de sus vidas; (2) mi fe y la de mis compañeros fue puesta a prueba, y aprendí en qué creía realmente y por qué; y (3) aprendí que no quería ser capellán de hospital a tiempo completo.

En apariencia, la EPC ofrece capacitación y educación para capellanes en entornos de atención sanitaria. Bajo la superficie, la EPC es un proceso de autoaprendizaje que puede ser doloroso, desafiante y maravilloso. Está diseñada para llevarte a tus límites y desafiar tus supuestos, tu ética, tu teología y tu ser. A través de la supervisión personal, la responsabilidad grupal y la reflexión personal, conoces más sobre ti mismo, tu vocación ministerial y tu entorno en muy poco tiempo. La formación continua no es solo educación ni solo trabajo. Es aprendizaje.

Muchas organizaciones ofrecen formación pastoral clínica (FPC). Numerosos hospitales están afiliados a la Asociación para la Educación Pastoral Clínica (ACPE). Otros programas de FPC incluyen el Colegio de Supervisión Pastoral y Psicoterapia (CPSP), el Instituto de Formación Pastoral Clínica (ICPT), Educación Pastoral Clínica Internacional (CPEI) y la Asociación Canadiense para el Cuidado Espiritual (CASC). Todos los programas utilizan un modelo similar de reflexión personal, formación teológica y desarrollo de competencias pastorales.

Estos son los tipos básicos de programas de EPC que podrías considerar.

Tipo de CPE Unidad	Cronograma	Notas
Unidad Básica o de Verano	10–12 semanas, tiempo completo	No pagado
Unidad Extendida	Tiempo parcial Una vez a la semana durante 6 a 8 meses, con disponibilidad adicional.	No pagado
Residencia	Tiempo completo 10–12 semana Unidades uno año, 4 unidades	Estipendio proporcionó
Segundo año Residencia (Beca)	Tiempo completo Uno año, 3–4 unidades	Se proporciona un estipendio. Requisitos: 4 o más unidades de formación profesional continua (CPE); se puede especializar.

Nota que esta lista no es exhaustiva. Muchos programas ahora son en línea y ofrecen supervisión sin reflexión grupal. La mayoría de los programas se ajustan al estándar de al menos cuatrocientas horas de servicio, capacitación y educación por unidad.

La formación PRN también es un complemento importante a la formación clínica profesional (EPC). Los capellanes PRN prestan servicios a tiempo parcial y de guardia, según sea necesario, en hospitales. A menudo, los hospitales les pagan una pequeña cuota fija más un salario por hora si se les requiere fuera del horario laboral para brindar atención a los pacientes y a sus familias. Como parte de su empleo a tiempo parcial, los hospitales exigen formación clínica adicional posterior a la EPC para los capellanes PRN. Esta capacitación incluye cursos de seguridad en el cuidado de la salud, cursos institucionales de recursos humanos y formación especializada en atención clínica (sala de emergencias, oncología, cuidados paliativos, etcétera).

Capacitación profesional

Para participar plenamente en la vida de una institución se requiere formación adicional dentro de la misma. Por ejemplo, el servicio como capellán militar exige una gran cantidad de cursos para ingresar y permanecer como parte de la familia militar. Desde cursos básicos de liderazgo para oficiales hasta entrenamiento de combate, los capellanes militares reciben muchas oportunidades para conocer su profesión y su cultura.

Los capellanes del Ejército comienzan su carrera con el Curso Básico de Liderazgo para Oficiales Capellanes (CHBOLC), que incluye formación en liderazgo de oficiales y capacitación específica para capellanes militares. La Armada y la Fuerza Aérea separan la formación inicial de sus oficiales y la de sus capellanes. En estos servicios, los capellanes militares asisten primero a la Escuela de Desarrollo de Oficiales de la Armada (ODS) o a la Escuela de Formación de Oficiales de la Fuerza Aérea (OTS) junto con otros candidatos a oficiales; luego asisten a un curso específico para capellanes (el Curso Básico de Liderazgo para Capellanes y el Curso Básico de Capellanía, respectivamente).Después de la capacitación básica, los capellanes militares continúan asistiendo a diversas clases para mantener su rango y competencia profesional. El entrenamiento a nivel de unidad, los ejercicios en toda la guarnición o base, la capacitación en diversidad para todo el servicio, el entrenamiento de campo previo al despliegue y las sesiones informativas posteriores al despliegue son solo algunos ejemplos de los tipos de instrucción militar a los que los capellanes están obligados a asistir.

En suma, además de estos cursos, se espera que los capellanes militares mantengan su Formación Militar Profesional (FMP). Cada rama militar tiene un conjunto diferente de cursos, pero los conceptos son similares. El Departamento de Defensa afirma:

> El sistema de Educación Militar Profesional (PME, por sus siglas en inglés) es un programa educativo progresivo que guía el desarrollo individual de los oficiales a lo largo del tiempo. Este programa estructura el desarrollo de los oficiales de las Fuerzas Armadas y de las Fuerzas Armadas conjuntas, organizando la PME en niveles educativos y vinculándolos de manera que cada nivel se base en la

experiencia, el desarrollo personal y el aprendizaje adquiridos previamente.[1]

Si bien estos cursos son voluntarios, un capellán normalmente no ascenderá de rango (y, por lo tanto, no permanecerá en servicio) sin ellos.

Las instituciones federales y estatales de atención de la salud y correccionales también ofrecen diversos cursos de liderazgo. La mayoría de ellos son voluntarios y proporcionan una excelente oportunidad para aprender más sobre el entorno del ministerio. Aunque no están tan formalizados, los capellanes de atención médica y penitenciaria no gubernamentales deberían buscar cursos profesionales que promuevan una comprensión más profunda de la cultura de sus instituciones. Los capellanes de atención médica podrían tomar un curso sobre "Retorno de la Inversión" (ROI) para poder crear mejores métricas para sus departamentos al buscar mayor financiación por parte de los administradores hospitalarios. Los capellanes correccionales podrían tomar un curso de liderazgo para oficiales penitenciarios con el fin de aprender más acerca de los oficiales y de sus necesidades.

Otras formas de ministerio pastoral requieren formación profesional. Los capellanes de atención espiritual en casos de desastre deben asistir a cursos de la Agencia Federal para el Manejo de Emergencias (FEMA) para obtener la certificación y mantenerse al día en las políticas y los procedimientos de recuperación ante desastres. La capacitación en el Sistema Nacional de Gestión de Incidentes (NIMS) suele ser un requisito de las organizaciones que brindan servicios certificados de capellanía asociadas con las Organizaciones Nacionales Voluntarias Activas en Desastres (NVOAD), así como de diversas agencias locales y regionales.[2]

Capacitación confesional

Al buscar formar parte del ministerio institucional, no olvide su iglesia local, denominación u otro grupo religioso al que pertenezca.

---

[1] Chairman of the Joint Chiefs of Staff Memo CJCSI 1800.01F, Officer Professional Military Education, 15 May 2020, 6.PME Continuum https: //www.jcs.mil/Portals/36/Documents/Doctrine/education/cjcsi_1800_01f. pdf?ver=2020-05-15-102430-580#:~:text=PME%20Levels.,Services%20during% 20an%20officer's%20career , accessed 29 September 2021.

[2] A lleno lista de requeridos cursos poder ser encontró en el Crisis Resistencia Equipo sitio web: https://texas-crisisresiliencyteam.org/crisis-response-training/, consultado el 29 de septiembre de 2021.

Mantenerse activo en su grupo religioso es fundamental para el ministerio de capellanía, y muchas denominaciones ofrecen (e incluso exigen) capacitación anual, educación continua e instrucción religiosa. Participar en la vida de su grupo religioso también le brinda un sentido de responsabilidad al trabajar más allá de los límites de su iglesia local, y permite que su iglesia o denominación determine cómo puede prepararlo mejor para el ministerio de capellanía.

Por ejemplo, Baptist Chaplaincy Relations (BCR), un ministerio apoyado por la Convención General Bautista de Texas y la Asociación General Bautista de Virginia, exige que sus capellanes asistan a una capacitación anual al menos una vez cada tres años. En la capacitación anual, BCR ofrece sesiones de formación continua y de "mejores prácticas" basadas en habilidades para capellanes, con el fin de actualizar sus conocimientos, mantenerse al día y compartir nuevas ideas. Además, BCR también ofrece un programa en línea para estudiantes de seminario que aspiran a ser capellanes militares, con el objetivo de introducirlos al ministerio y a la cultura militar.

CARTAS CREDENCIALES Y APROBACIÓN

Otro elemento crucial de la preparación para el ministerio profesional de la capellanía es adquirir credenciales y obtener la acreditación para ejercer en el campo elegido. Son dos elementos distintos, pero trabajan juntos para prepararte para el ministerio y el empleo.

Acreditación

La palabra *credencial* proviene directamente del latín (*credere*) y se relaciona con el concepto de confianza y credibilidad. Si tú tienes credenciales, puedes ser considerado digno de confianza como profesional. Un médico tiene un título en medicina y una licencia estatal; un abogado tiene un título en derecho y califica ante el colegio de abogados del estado; y los ingenieros profesionales tienen un título, aprueban exámenes de competencia durante varios años y obtienen una licencia estatal. Sin embargo, los capellanes no cuentan con una acreditación estandarizada. Si bien muchas instituciones requieren una educación teológica básica y la aprobación eclesiástica, no definen otras credenciales, especialmente las relacionadas con la licencia, la ordenación o el nombramiento por parte de grupos religiosos. Incluso dentro de mi propia congregación (bautista), no existe un consenso sobre qué credenciales deberían exigirse a nuestros pastores o capellanes. Por un lado, la institución no puede dictar a un grupo religioso qué credenciales son importantes. Por otro lado, los grupos religiosos a menudo tienen dificultades para definir sus propias credenciales, especialmente en las tradiciones protestantes de iglesias libres.

Además, muchos grupos de fe no incluyen licencias ni ordenación. Por ejemplo, la Iglesia de Jesucristo de los Santos de los Últimos Días (SUD) no ordena clérigos, pero sí provee capellanes a diversas instituciones. Otros grupos religiosos tienen requisitos formales, extensos y estrictos para la obtención de credenciales. La Iglesia Católica Romana, por ejemplo, exige que un sacerdote complete su ordenación antes de convertirse en capellán, lo que en Estados Unidos suele implicar hasta nueve años de educación formal. Consultar con un representante de su iglesia local o grupo religioso ayudará a determinar cuáles son las credenciales requeridas.

Aprobación eclesiástica

Muchos empleadores de capellanes exigen la aprobación eclesiástica, que es la principal credencial para los capellanes. ¿Cómo definimos la aprobación? A menudo es más fácil explicar lo que la aprobación **no es** que explicar lo que **sí es**. La aprobación no es una credencial como la ordenación o una comisión otorgada por una iglesia. Tampoco es una certificación que valide la competencia profesional del capellán. La aprobación no es una licencia para ejercer el ministerio de capellanía. La aprobación eclesiástica es una validación por parte de un grupo religioso que certifica que usted es un ministro o capellán calificado para ejercer como capellán dentro de una institución específica.

La aprobación se concede únicamente para un rol ministerial específico en una ubicación determinada. No es una certificación genérica o general que pueda presentarse en cualquier institución para obtener empleo. El grupo religioso informa a su futuro empleador o supervisor de voluntariado que usted representa a su cuerpo eclesial en esa ubicación. La aprobación no necesariamente le autoriza a realizar todos los ritos y rituales de su grupo de fe, pero sí verifica que usted comparte la fe y las prácticas del organismo que lo respalda.

Beneficios de la aprobación

Si bien no todas las instituciones exigen la aprobación de un capellán, aun así, debería buscarla. La aprobación proporciona importantes beneficios para el ministerio del capellán. En primer lugar, ofrece un alto grado de responsabilidad. A nadie le conviene ser un "capellán guardabosques solitario" que no está afiliado ni recibe apoyo de ninguna iglesia o denominación local. El respaldo le permite mantener una relación con su grupo religioso.

En segundo lugar, la aprobación proporciona un alto nivel de apoyo y ayuda a que la institución rinda cuentas. Como organismo de respaldo ante agencias gubernamentales y no gubernamentales, su aval protegerá su libertad religiosa y le brindará "cobertura" en muchas circunstancias. En tercer lugar, su organismo avalador ofrecerá formación continua para que se mantenga al día en su profesión.

Finalmente, y quizá de manera más significativa, los patrocinadores proporcionan cuidado pastoral para usted y su familia. Ningún ministro debería trabajar en el vacío, y los patrocinadores pueden intervenir como pastores de los capellanes cuando las cosas se ponen difíciles.

Rol del Probador

El avalador administra los requisitos y la aprobación del grupo de fe. La relación entre el capellán y el avalador es vital debido a la atención pastoral y al apoyo que este brinda. Además, el avalador apoya al capellán con formación profesional, educación continua y oportunidades de tutoría por parte de capellanes séniores experimentados del mismo grupo religioso. Independientemente de los requisitos institucionales, todos los capellanes deberían beneficiarse del reconocimiento y el apoyo de quienes los respaldan.

El respaldo establece una relación con el grupo religioso basada en cuatro pilares: integridad, carácter, responsabilidad y rendición de cuentas. La integridad y el carácter son realidades internas de las creencias éticas personales y del grupo religioso que se manifiestan en la práctica en todas las circunstancias de la vida. La responsabilidad y la rendición de cuentas garantizan la protección de los derechos del capellán, de la institución y de las personas que reciben su ministerio.

En suma, los patrocinadores deberían comprometerse a lo siguiente:

- Estar disponibles para proporcionar apoyo pastoral.
- Realizar visitas a un capellán avalado.
- Actuar como defensores del capellán y de la capellanía.
- Orar por el ministerio de todos los capellanes.

- Proporcionar capacitación anual y educación continua para capellanes.
- Acompañar al capellán y a su familia en tiempos de angustia o emergencia.

Mantener sus credenciales

Cada agencia certificadora exige a sus capellanes que mantengan sus credenciales. Cada grupo de fe incluye diferentes obligaciones. Estos son algunos posibles requisitos para mantener la certificación:

- Cuotas anuales o contribuciones financieras regulares
- Informes de campo y actualizaciones
- Asistencia a capacitaciones
- Asistencia a la iglesia
- Visita anual con el avalador
- Mantener el estatus confesional o clerical

Experiencia ministerial

Para ser contratado como capellán, debes cumplir con todos los requisitos de la institución que contrata. La experiencia es una de las cualificaciones que puede resultar difícil de adquirir. Como ocurre en la mayoría de los puestos de nivel inicial, se necesita experiencia para conseguir un empleo, pero no es posible obtener experiencia sin un trabajo previo. Esto puede ser aún más complicado si no eres pastor o no tienes un llamado a ejercer como pastor. ¿Cómo puedes adquirir experiencia ministerial para ser contratado por una institución? Examinemos algunas maneras de prepararte:

Capellanía en el ámbito de la salud

- Completar al menos una unidad de EPC (o más)
- Ser voluntario como capellán en un hogar de enfermería
- Pedir a tus pastores que te permitan actuar como proveedor principal de atención pastoral, visitando a personas en el hospital o acompañándolas durante sus visitas
- Servir como pastor en una iglesia

Capellanía correccional

- Ser voluntario en una cárcel local o del condado
- Participar en misiones de alcance a personas sin hogar (muchas personas sin hogar han estado en prisión y esto te ayudará a comprender la cultura)

- Completar al menos una unidad de EPC

Capellanía militar

- Ser voluntario en una funeraria, un cementerio de la VA o un hogar de enfermería
- Ser voluntario para dirigir grupos de jóvenes o de adultos jóvenes
- Pastorear una iglesia, un grupo de jóvenes adultos o un grupo de jóvenes.

Los hospitales y las organizaciones de cuidados paliativos buscan experiencia clínica. Las instituciones penitenciarias buscan experiencia pastoral. Las Fuerzas Armadas buscan pastores con experiencia en predicación, enseñanza, asesoramiento, cuidado pastoral y liderazgo. Además, muchas instituciones exigen al menos dos años de experiencia pastoral remunerada a tiempo completo.

Tu grupo de fe también tendrá requisitos de experiencia, especialmente si buscas reconocimiento, acreditación o certificación. Muchas denominaciones exigen que seas pastor de una iglesia antes de servir como capellán. Otras requieren formación pastoral clínica o experiencia similar antes de respaldar tu solicitud. Rara vez un grupo religioso recomendará a una persona para un puesto específico de capellán sin cierto nivel de experiencia.

¿Qué no se considera experiencia ministerial para la capellanía? A continuación se presenta una breve lista de funciones que, por sí solas, no califican como experiencia para servir como capellán:

- Director de medios en una iglesia local
- Ministro de niños
- Ministro de música
- Administrador de iglesia
- Diácono o diaconisa ordenados

Si bien estas funciones son importantes para el funcionamiento y el ministerio de una congregación local, a menos que incluyan responsabilidades pastorales sustanciales, no se consideran suficientes como experiencia esencial para la capellanía.

Currículum ministerial

Debes documentar tu experiencia ministerial para que tu futuro empleador o supervisor de voluntariado pueda ver fácilmente la amplitud y profundidad de tu ministerio. Si bien muchas instituciones tienen sus propios formularios para validar la experiencia, conviene elaborar un currículum sólido para puestos ministeriales.

Los currículums ministeriales son diferentes de los currículums seculares. Los currículums seculares no incluyen fotos, información familiar ni reflexiones personales o teológicas. Los currículums ministeriales a menudo incluyen fotos tuyas y de tu familia, información personal y declaraciones o ensayos reflexivos.

EL GREMIO
ENTRADA Y SOSTENIBILIDAD

El profesionalismo no existe en el vacío. No se puede llegar a ser profesional sin una comunidad que establezca y mantenga estándares, ética y normas. A esto lo llamamos "el gremio". El concepto de gremio es antiguo. En la Europa medieval, artesanos y comerciantes querían reunirse en asociaciones cooperativas para apoyarse mutuamente y alcanzar objetivos comunes. Estas sociedades se convirtieron en entidades poderosas que impulsaron economías completas y se convirtieron en la base de la banca moderna, la inversión y las organizaciones profesionales.

El gremio de capellanes no existe oficialmente, pero sus hilos pueden encontrarse en muchos grupos de fe, escuelas teológicas, agencias de patrocinio y grupos de afinidad. Puedes encontrar el gremio en un seminario, en un programa de CPE o en un curso de capellanía militar. También puedes escuchar temas teológicos similares desde la perspectiva de un capellán penitenciario y de un capellán de cuidados paliativos.

Acceso a Instituciones

¿Por qué convertirse en parte del gremio? El gremio de capellanes te da acceso a las instituciones que emplean capellanes. Si desarrollas relaciones con otros proveedores de cuidado pastoral, capellanes y pastores, encontrarás las necesidades de la comunidad, las instituciones y las iglesias. Al descubrir necesidades, puedes trabajar para satisfacerlas. Luego, al ingresar a la institución, puedes brindar la mejor atención posible para satisfacer las necesidades de sus miembros.

Sin embargo, también deben cumplirse sus requisitos. A la institución le importa a sí misma y sus objetivos, pero no siempre se preocupa por los tuyos. El gremio puede ayudarte a desarrollarte sin la ayuda de la institución.

Cuando era capellán de la Fuerza Aérea, sabía que al servicio no le importaban mis posturas teológicas acerca del matrimonio. Mi postura personal era que el matrimonio es solo entre un hombre y una mujer. Cuando el matrimonio entre personas del mismo género se volvió legal en el ámbito militar, mi postura personal era incompatible con la ley. Sin embargo, la Fuerza Aérea no obliga a los capellanes a casar parejas y defiende el libre ejercicio de la religión. Por lo tanto, aunque no estaba de acuerdo con las políticas públicas, pude servir como capellán e incluso predicar sobre el comportamiento desde una visión bíblica del matrimonio. La necesidad de la Fuerza Aérea era que yo cuidara de los pilotos y sus familias, y que realizara o facilitara sus ritos y rituales religiosos.

Sin embargo, mientras luchaba con los cambios culturales dentro de la Fuerza Aérea, me sentía aislado y solo en mi teología y cosmovisión. Comprendí la necesidad de ponerme en contacto con otros colegas que quisieran apoyarme, incluso si no estaban de acuerdo con mi perspectiva. Desarrollé buenas amistades con capellanes SUD (que no apoyaban el matrimonio entre personas del mismo sexo) y con capellanes presbiterianos progresistas (que sí lo apoyaban). Juntos, forjamos un acuerdo para animarnos mutuamente durante los días difíciles de cambio.

No solo tú y la institución podrían divergir, sino que las necesidades de la comunidad religiosa también podrían entrar en conflicto con las de la institución. En mi ejemplo, conté con el apoyo de mi capellán avalador. BCR publicó una carta de política en 2013 que delineaba sus expectativas para los capellanes con respecto a las bodas entre personas del mismo sexo.[1] Debido a que mi grupo religioso no estaba de acuerdo con la visión de mi institución sobre el matrimonio, mi denominación estaba dispuesta a ofrecer "cobertura" en apoyo de mis creencias. Muchos de mis amigos capellanes no obtuvieron un apoyo similar y tuvieron que forjar su propia política sobre el tema. El gremio puede ayudarte a ingresar en una institución y a permanecer allí. Utiliza el gremio para ayudarte a equilibrar tus necesidades con las de la institución y tu grupo religioso.

Organizaciones profesionales

Las organizaciones profesionales te ayudarán a convertirte en un capellán informado, capacitado y educado, y a mantenerte así. Son una manifestación física del gremio de capellanes, y deberías buscar maneras de involucrarte en el grupo afín específico. Consulta la sección

---

[1] Básicamente, el documento establece que los capellanes de BCR no deben oficiar bodas entre personas del mismo sexo y deben amar a todos como lo hizo Jesús.

de recursos al final del libro para ver una lista de ejemplos de grupos populares a los que puedes unirte. Todas estas organizaciones profesionales de capellanes requieren una cuota de membresía y ofrecen capacitación frecuente, comunicación y otros beneficios.

MENTORÍA

Parte de pertenecer al gremio de capellanes es transmitir la experiencia a otros, especialmente a los capellanes más jóvenes y noveles. Existen muchas maneras de ayudar a un protegido, y todas ellas requieren tiempo y esfuerzo para promover el éxito del ministerio, del individuo y del gremio.

Cada capellán debería tener un mentor. No tendrás éxito en tu institución (mucho menos en el ministerio) si rechazas ser mentorizado o equipar a un protegido para el ministerio de capellanía. Existen muchos modelos bíblicos de mentoría. Elías mentorizó a Eliseo; Nehemías mentorizó a los israelitas; Priscila y Aquila fueron mentores de las primeras iglesias; y Bernabé mentorizó a Pablo, quien mentorizó a Timoteo, quien mentorizó a otros. Todos estos tipos de mentoría tienen un elemento común: las relaciones personales y profesionales. Debemos cultivar y mantener relaciones de mentoría para convertirnos en los ministros a los que Dios nos llamó.

Los mentores también ofrecen un puente entre las relaciones personales y profesionales. Como líderes pastorales, los mentores comparten experiencias, habilidades y perspectivas sin juicio ni expectativa. Los mentores son modelos de rol seguros, líderes motivadores y formadores seguros de sí mismos, que animan a sus protegidos a seguir su vocación y su socialización profesional.[1]

La mejor mentoría es orgánica y deriva de relaciones establecidas. Esto funciona mejor cuando el protegido selecciona al mentor, no al revés. Si eres un capellán nuevo o aspiras a serlo, busca mentores. Si eres un capellán mayor y más sabio, busca mentorear a otros, hazte disponible, pero no fuerces la mentoría en otros. La única forma de que el gremio de capellanes tenga éxito en el futuro es contar con un plan de sucesión. Puedes promover el gremio de una manera importante: capacitando a otros para que te reemplacen. Con demasiada frecuencia, los ministros se enfrascan en "su" ministerio o se enfocan en lo que Dios está haciendo con y a través de ellos mismos. Si bien esto es honorable, no es la historia completa del ministerio. Si eres como ese

---

[1] Julia Pomerenk y Brezo Chermak, "Using Mentoring to Encourage Others (and Ourselves)," *College & University* 92.2 (2017): 31-36.

pastor que cree que la iglesia se desmoronará cuando la deje, necesitas reconsiderar tu vocación y tu ministerio. Si eres como esos pastores que piensan que aman más a sus feligreses que a Dios, necesitas arrodillarte y orar por perdón.

Ninguno de nosotros es insustituible. Ninguno de nosotros ama a otros más de lo que Dios lo hace. Todo lo que podemos hacer es servir fielmente y transmitir a otros lo que hemos aprendido para que continúen. Prepara tu institución para tu partida. Prepara a tus protegidos para su oportunidad de liderar. Prepárate a ti mismo para comenzar otra fase de la vida y del ministerio. El gremio de capellanes te lo agradecerá.

PREGUNTAS DE REFLEXIÓN

¿Qué acerca de ser capellán te atrae o te entusiasma?

¿Cuáles son los requisitos de acreditación para tu puesto de capellán? ¿Qué beneficios tendría incorporar el respaldo a tu ministerio, aunque no sea un requisito?

¿Cómo podrías promover el gremio de capellanes? ¿A qué grupos puedes unirte?

¿Cuál es el valor de tener un mentor? ¿Quién es tu mentor? ¿A quién estás mentoreando?

EL CAPELLÁN COMO GUÍA MORAL

Dr. Gary Clore

Como capellanes, nosotros tenemos la única oportunidad de ser testigos de un amplio abanico de comportamientos humanos, desde los más desafiantes hasta los más inspiradores. Abrazar este rol implica inmersión de nosotros mismos en estos ámbitos como capellanes; nos esforzamos por encarnar los más altos estándares morales y éticos con la guía y la gracia de Dios. Es un privilegio recorrer este camino e influir positivamente en quienes nos rodean. Como capellanes, es fundamental reconocer que nuestro comportamiento, acciones y actitudes son constantemente observados por muchos. La forma en que nos presentamos ante los demás tiene una gran importancia. Como embajadores de lo sagrado, las personas buscan ver si nuestras vidas reflejan nuestras palabras. Este es nuestro momento para demostrar que nosotros verdaderamente vivimos los valores que predicamos y que realmente "practicamos lo que decimos". Podemos inspirar a otros con nuestras acciones y ser un brillante ejemplo de sinceridad y dedicación.

Como capellanes, representamos a Dios y servimos de ejemplo espiritual y moral para quienes están bajo nuestro cuidado. Es fundamental para nosotros dar un buen ejemplo y vivir nuestras creencias con autenticidad. Nuestra misión es absolutamente clara: mantenernos firmes en nuestra relación con lo Divino, priorizar nuestra brújula moral y defender estándares éticos en cada aspecto de nuestras vidas. Esta responsabilidad es impresionante y es una que abrazamos con entusiasmo, pasión y un compromiso inquebrantable.

Cada individuo tiene el potencial de ser un pensador ético, de hacerse preguntas pertinentes, de tomar decisiones sensatas y de esforzarse por vivir con conciencia. Como capellanes, nosotros debemos primero atender a nuestra ética y moralidad. Al hacerlo, nosotros encarnamos la eterna metáfora de pastores que guían el rebaño. Al cultivar nuestras propias vidas morales y éticas, nosotros podemos guiar y dirigir mejor a otros.

Los conceptos de ética y moral comparten significados similares. Según Merriam-Webster, la ética se refiere a "los principios de conducta que rigen a un individuo o a un grupo" y al "conjunto de cuestiones o aspectos morales (como la rectitud)".[1] La moral nos guía para hacer lo correcto, fomentando el buen comportamiento y la conducta ética. Estos términos se utilizan a menudo indistintamente y están vinculados a las distintas características de un grupo específico—actitudes, costumbres o creencias acerca de lo que es correcto o incorrecto, así como de lo que constituye un comportamiento positivo o negativo. Es realmente fascinante cómo estos conceptos moldean nuestra comprensión del comportamiento. También es valioso explorar cómo estos principios influyen en nuestras acciones e interacciones.

Para comprender plenamente el concepto de la guía moral en la capellanía, es fundamental profundizar en los significados de ética y moral. El diccionario suele definir la ética como aquello que es "relativo a la moralidad". De manera similar, define la moralidad como aquello que está "relacionado con la ética". Esta falta de precisión en las definiciones resalta la intercambiabilidad frecuente entre los términos ética y moralidad. La palabra *ética* proviene del término griego *ethos*. La palabra *moral* tiene sus raíces en el término latino *mores*. Ambos conceptos se refieren a lo que caracteriza a un grupo particular de personas: sus actitudes, costumbres y creencias sobre lo correcto y lo incorrecto; lo bueno, lo mejor y lo malo; lo que es virtuoso frente a lo que constituye un vicio. Como resultado, la responsabilidad del capellán en cuanto agente ético consiste en observar y reflexionar de manera profunda y cuidadosa sobre estas actitudes, costumbres, creencias y comportamientos.

Los capellanes deberían considerar profundizar en el pensamiento socrático (busque "pensamiento socrático"; es una excelente asignación) en el nivel ético más alto, lo cual implica participar en discusiones profundas para discernir el comportamiento más adecuado, en lugar de limitarse a describir prácticas estándar. Estas conversaciones giran en torno a explorar los conceptos del bien y del mal, las cualidades de los individuos y las comunidades virtuosas, las maneras de cultivar la virtud en las personas y la esencia de la verdadera felicidad. La ética desempeña un papel crucial en nuestra vida cotidiana, influyendo en cómo gestionamos nuestras finanzas y nuestro tiempo, construimos relaciones de calidad, interactuamos con los demás y tomamos decisiones en nuestros ámbitos personal y profesional. Al abrazar este enfoque, nosotros podemos navegar por la vida con integridad y propósito, contribuyendo a una existencia armoniosa y plena.

---

[1] Merriam-Webster online, *s.v.* "ethic," Https://www.merriam-webster.com/dictionary/ethic, accessed 14 Nov. 2024.

Los capellanes son pilares de fortaleza, apoyándose en su fe inquebrantable para guiar sus decisiones y acciones. Encarnan la esencia del liderazgo ético y la sabiduría teológica, con su brújula moral intrincadamente entrelazada con sus profundas creencias. A través de su profunda conexión con Dios y de una amplia formación teológica, reflexionan con seriedad sobre lo que es correcto y bueno, dando forma a su carácter mientras sirven a sus comunidades. Empoderados por la gracia de Dios, ellos viven según principios morales, inculcan esperanza y guía en el corazón de aquellos a quienes sirven, ya sea en el mercado, los hospitales, las prisiones, el ámbito militar o cualquier otra situación que requiera su inestimable apoyo.

El rol pastoral del capellán se centra en la "guía"; los capellanes representan el conocimiento y la sabiduría. Como líderes espirituales y religiosos, aportan su experiencia como teólogos, consejeros y expertos en ética, formados profesionalmente. Se ganan la confianza mediante una integridad y fiabilidad inquebrantables, priorizan la comunicación abierta y transparente y demuestran empatía y comprensión. Además, mantienen una sólida disciplina ética, poseen conocimientos y sabiduría únicos, respetan la autonomía y la responsabilidad de los demás, ejercen un liderazgo seguro con humildad y aprenden constantemente, buscando ayuda y consejo.

También enseñan desde la experiencia, el conocimiento y la sabiduría, y cultivan el milagro del diálogo que invita a las personas a preguntar, buscar y considerar a Dios Santo, quien es, en última instancia, el único que puede hablar a través de nosotros y de nuestro comportamiento. Imagínese a un guía turístico experimentado en un viaje a Tierra Santa, destacando con pasión los sitios sagrados y su rico significado histórico y teológico. ¡Fantástico! El guía es un verdadero tesoro de conocimiento, que irradia orgullo mientras lidera y orienta a otros con su pericia. Esta experiencia crea una experiencia inspiradora y potencialmente transformadora para todos los involucrados. Este ejemplo muestra hermosamente cómo un guía excepcional combina un cuidado genuino con una profunda experiencia, compartiendo ideas valiosas y perspectivas reflexivas que inspiran y comprometen a todos los que encuentra. ¡Qué viaje tan increíble podría ser! Los capellanes son responsables de utilizar su conocimiento, habilidades y comportamientos de liderazgo pastoral para guiar a las personas en su contexto ministerial.

HERRAMIENTAS

En suma, además de la capacitación teológica, los líderes pastorales pueden beneficiarse de afinar habilidades específicas para ofrecer guía moral de manera eficaz. Como pastor, ¿qué herramientas modernas tienen los capellanes para servir como guías morales? Sugiero lo siguiente:

- un modelo para tomar decisiones morales
- principios de toma de decisiones
- tres contextos de toma de decisiones
- tres tipos de liderazgo en la toma de decisiones éticas en organizaciones
- tres tipos de espiritualidad que contribuyen al desarrollo de la guía moral
- cuatro capacidades centrales del capellán

El dominio de estas habilidades de liderazgo pastoral capacitará a los capellanes como guías morales en su contexto ministerial, permitiéndoles desempeñar sus roles de manera más efectiva. Abrazar estas habilidades sin duda mejorará su capacidad de impactar positivamente en aquellos a quienes sirven. Esto proporcionará a los capellanes las herramientas necesarias y los principios para navegar con confianza y atención por las complejidades de la guía moral, mientras fomenta la comprensión y la positividad a lo largo del camino.

Herramienta #1: Un modelo para tomar decisiones morales

Este es un proceso continuo y circular.

Paso 1: Definir el problema. Identificar el asunto para asegurarse de que se está abordando el problema correcto.

Paso 2: Recopilar información importante. Recopilar datos de fuentes internas y externas que le guiarán en su decisión.

Paso 3: Generar alternativas. Idear posibles soluciones o cursos de acción.

Paso 4: Evaluar las alternativas. Comparar las ventajas y desventajas de cada opción, teniendo en cuenta los costos, los riesgos, los beneficios y las implicaciones.

Paso 5: Tomar la decisión. Después de sopesar todas las alternativas, elegir la opción que mejor se adapte a tus objetivos.

Paso 6: Poner la decisión en acción. Implementar la solución preferida, planificando cuidadosamente para una ejecución exitosa.

Paso 7: Revisar la decisión. Una vez implementada la decisión, evaluar los resultados y realizar los ajustes necesarios.

Herramienta #2: Principios de toma de decisiones

Principio de Autonomía: Aceptar y honrar la capacidad de decisión y la responsabilidad personal.

Principio de Beneficencia: Dedicación a perseguir el mayor bien.

Principio de Confidencialidad: Mantener la privacidad y proteger a las personas con discreción.

Principio de No Hacer Daño: Aspirar a ayudar de la manera más noble y eficaz, procurando no dañar o, al menos, dañar lo menos posible, teniendo en cuenta la autonomía y la beneficencia en la toma de decisiones.

Principio de Equidad: Combinar lo que es justo para determinar lo que es equitativo.

Principio de Justicia: Perseguir la justicia a través del discernimiento moral al considerar qué es equitativo. La equidad y la justicia deben utilizarse siempre conjuntamente para determinar el principio ético de la justicia y para comprender "qué es justo".

Buenos principios producen buenas decisiones: Logradas a través de la consideración cuidadosa de todos los principios morales, permitiendo que los principios entren en tensión entre sí para comprender el proceso de tomar la mejor decisión posible.

Los A, B, C junto con D, MI, F y G proporcionan un mnemotécnico útil que ilustra bellamente el enfoque organizativo de los capellanes al ofrecer apoyo compasivo y sabio. Los cuatro principios de la bioética, establecidos por Beauchamp y Childress—a saber, autonomía, no maleficencia, beneficencia y justicia—son las piedras angulares de la práctica de la atención sanitaria, comúnmente llamados los Cuatro Pilares de la Ética. A medida que los capellanes comprenden y adoptan estos principios universales, proporcionan una profunda guía moral en su ministerio, ofreciendo un apoyo eficaz y ético a quienes lo necesitan.[1]

Herramienta #3: Tres contextos de toma de decisiones

Todas las decisiones tienen estos contextos.

Contexto pzersonal: Esto implica la autoconciencia de nuestros pensamientos y deseos, fortalezas y debilidades. Por ejemplo, configurar una alarma para despertarse a tiempo para ir al trabajo, dejar tiempo suficiente para la higiene personal y tener en cuenta el tiempo de desplazamiento.

---

[1] Tom L. Baauchamp y James F. Chldress, *Principles of Biomedical Ethics* (4th ed.; New York: Oxford University Press, 1994).

Contexto social: Este se refiere a cómo interactuamos con otros, si somos jugadores de equipo, líderes, seguidores o individuos responsables, y si nuestro comportamiento es constructivo o destructivo. Por ejemplo, se trata de equilibrar el trabajo y los estudios para mejorar nuestras vidas mientras aprendemos a lidiar con otras personas en situaciones similares.

Contexto situacional: Este se refiere a dónde estamos y a las decisiones a las que nos enfrentamos personal y socialmente en un momento y lugar específicos de nuestras vidas. Por ejemplo, gestionar las finanzas para evitar el uso de tarjetas de crédito, esforzarse por estar libre de deudas y encontrar tiempo para la mejora personal y el crecimiento espiritual.

Los capellanes deben tener en cuenta estos tres contextos críticos en el ministerio, ya sea en el mercado, el ámbito militar, la prisión, el hospital u otros entornos. La conciencia de estos tres contextos primarios puede servir como una brújula moral, ayudándonos a nosotros y a los demás a comprender sus situaciones y proporcionándoles la fuerza y la dirección que necesitamos.

Herramienta #4: Tres tipos de liderazgo en la toma de decisiones éticas en las organizaciones

Basado en la ética deontológica (o ética basada en normas). Todos los miembros deben comprender profundamente las normas y reglamentos de la organización en los contextos ministeriales. Este código ético subraya la importancia de conocer a fondo las leyes y las expectativas que rigen la organización. Conocido comúnmente como ética del cumplimiento, todos los miembros deben estar familiarizados con él y cumplir estas normas. El incumplimiento puede acarrear medidas disciplinarias; sin embargo, es fundamental tener presente la regla de oro: "Trata a los demás como te gustaría que te trataran a ti". Al comprender y acatar estas directrices, te convertirás en un ejemplo a seguir y contribuirás positivamente a la organización.

Ética basada en la misión. Las organizaciones suelen tener declaraciones de misión y visión. Como guía moral, el capellán debe conocer estas declaraciones, entender cómo interpretarlas responsablemente y considerar cómo ser un líder apropiado de la misión y la visión al reflexionar sobre su formación teológica y ética.

Ética basada en los fines. La organización tiene objetivos que se comunican habitualmente como parte de su propósito. El enfoque militar puede ser la preparación para la guerra; el enfoque penitenciario puede ser la corrección, y el enfoque del hospital puede ser la curación. Como líderes, los capellanes deben comprender los objetivos de la organización. Los capellanes son líderes y necesitan entender la misión de la organización para proporcionar orientación moral alineada con esa misión.

Las decisiones se toman a diario en los contextos ministeriales organizativos, y los tres tipos de liderazgo están involucrados en la toma de decisiones éticas. Como capellán, usted puede monitorear estos contextos y, con su conciencia situacional experta, proporcionar la templanza moral necesaria para ayudar a los individuos, las unidades y los líderes de la organización. Cuando se produce un desequilibrio entre estas corrientes éticas, usted podría ser la voz de la sabiduría, el consejo y el aliento perspicaz.

Herramienta #5: Tres tipos de espiritualidad que contribuyen al desarrollo de la guía moral

La espiritualidad humana refleja la esencia de la humanidad, enfatizando nuestra verdadera naturaleza, nuestra capacidad de crecimiento personal y las experiencias profundas que dan forma a nuestra existencia. Es inclusiva y abierta a una amplia diversidad de creencias. Los guías morales reconocen el desafío de navegar por diferentes sistemas de creencias y la trascendencia de dichos sistemas. Un ejemplo de espiritualidad humana es el ateísmo, una filosofía que es justo lo contrario de la espiritualidad divina.

La espiritualidad divina enfatiza una profunda conexión con la religión y una forma de vida espiritual, involucrando una fuerte creencia en Dios y la participación activa en prácticas espirituales. Equilibrar esto con la vida comunitaria y fomentar activamente la fe a través del culto y las disciplinas espirituales es crucial. Este es el camino para conocer a Dios y ayudar a las personas, en el contexto de su ministerio, a navegar la espiritualidad humana y cultural para crecer en el conocimiento del Santo, Dios Todopoderoso.

La espiritualidad cultural se centra en el aspecto social de la espiritualidad dentro de una comunidad religiosa, resaltando la rica historia y las tradiciones de la propia fe. Los capellanes necesitan comprender las culturas únicas con las que interactúan y reconocer las narrativas de cada una como valiosas.

Comprender los tres tipos de espiritualidad puede mejorar significativamente nuestra capacidad para comunicarnos y conectar con los demás a nivel espiritual. Este enfoque asegura que la terminología, las definiciones y las aplicaciones resuenen de manera coherente a través de comunidades diversas. Armados con estas perspectivas, resulta crucial profundizar en indagaciones más específicas, como reconocer y comprender las expresiones espirituales en individuos y grupos, así como defender respetuosamente estas creencias espirituales.

Comprender los tres tipos de espiritualidad proporciona una herramienta valiosa para discernir en qué punto del camino espiritual se encuentran las personas, tanto dentro del marco cultural de su organización como en su relación con lo Divino. Estos tipos de espiritualidad pueden coexistir armoniosamente y ofrecen una estructura significativa para la autorreflexión y la empatía hacia los demás. Al fomentar una actitud optimista hacia el crecimiento espiritual y las relaciones interpersonales, los capellanes pueden utilizar este conocimiento para fortalecer su conciencia ética—tanto propia como ajena—en su relación con Dios, convirtiéndose así en guías y líderes morales más eficaces.

Herramienta #6: Cuatro capacidades centrales del capellán[1]

Proporcionar: Ministrar profesionalmente a través de servicios religiosos, educación religiosa, bodas, funerales y otros rituales y ritos religiosos.

Facilitar: Facilitar las necesidades religiosas de nuestra gente de otras tradiciones religiosas, identificando sus necesidades y coordinando el apoyo de otros capellanes, clérigos civiles y líderes laicos.

Cuidar: Cuidar de nuestra gente con dignidad, respeto y compasión, independientemente de la creencia individual, y realizar derivaciones profesionales informadas. Los capellanes ofrecen asesoramiento confidencial para garantizar que los miembros del servicio y sus familias tengan la fortaleza espiritual necesaria para afrontar las inevitables dificultades de la vida militar.

Aconsejar: Asesorar a oficiales al mando, líderes organizacionales e individuos que necesitan sabiduría sobre cómo atender las necesidades religiosas; sobre el bienestar moral, ético y espiritual de nuestro personal; y sobre asuntos religiosos que afectan la misión del comando.

---

[1] El Cuerpo de Capellanes de la Armada de los Estados Unidos destaca estas como sus capacidades básicas; sin embargo, son universalmente aplicables a los capellanes que brindan atención espiritual y pastoral a las personas en la mayoría de las organizaciones.

Como capellanes, tenemos la excelente oportunidad de ser testigos del rico tapiz de experiencias humanas. Los capellanes deben encarnar fuertes valores morales y éticos guiados por su fe. Otros observan de cerca nuestro comportamiento y actitudes, lo que hace aún más importante reflejar nuestras creencias en todo lo que hacemos. Al vivir auténticamente y demostrar un cuidado genuino, podemos edificar a quienes nos rodean y servir como ejemplos espirituales y morales inspiradores. Nuestra misión es clara y luminosa: profundizar nuestra relación con lo Divino, permanecer fieles a nuestra brújula moral y asumir nuestras responsabilidades de todo corazón, demostrando nuestra dedicación y entusiasmo en todos los aspectos de nuestras vidas como guías morales.

PREGUNTAS DE REFLEXIÓN

¿Cómo entiendes las similitudes y diferencias entre las definiciones de moralidad y ética? Proporciona un ejemplo de cada una. ¿Qué desafíos anticipas en tu compromiso de mantener altos estándares éticos?

¿De qué maneras puede un capellán, como guía moral, utilizar el método socrático para ayudar a otros a explorar preguntas profundas acerca de la virtud y la vida ética?

Como guías morales, los capellanes deben "caminar el hablar" para demostrar autenticidad e integridad en su ministerio. ¿Cómo puedes asegurarte de que tus acciones concuerden con tus palabras como capellán? ¿Qué podría comprometer esta coherencia? ¿Cómo podrías responsabilizarte a ti mismo en este esfuerzo, especialmente cuando enfrentes situaciones difíciles?

¿Cómo puede un capellán afrontar un dilema cuando hacer lo correcto entra en conflicto con los valores o las directrices de su institución? ¿Puedes identificar maneras de fortalecer tu liderazgo empleando las herramientas de un guía moral para abordar este dilema y brindar apoyo y orientación a otros?

SECCIÓN CINCO

TIPOS DE CAPELLANÍA

CAPELLANÍA DE LA ADMINISTRACIÓN DE VETERANOS (VA)

Capellán Dick Millspaugh

Mi comprensión del llamado de Dios creció en una reunión del grupo juvenil de la iglesia. El presentador explicó que nuestro llamado debía encontrarse en la intersección de nuestros intereses y habilidades con las necesidades del mundo. Aprecié que el llamado de Dios incluyera tanto a mi persona como al mundo real en la comprensión de mi vocación. Yo estaba interesado en la ciencia, la religión y en servir al mundo.

Seguir mi intuición sobre el llamado de Dios me llevó por muchos giros, vueltas y oportunidades. Serví como pastor local durante once años en cuatro iglesias distintas, veinte años como director de Servicios de Capellanía en un hospital del Medio Oeste y trece años como jefe del Servicio de Capellanía en el Hospital de Asuntos de Veteranos (VA) en San Diego.

Debido a mi formación y experiencia, creo que es esencial que cualquier persona interesada en la capellanía de la VA comprenda lo siguiente: (1) ¿Qué hacen los capellanes de los hospitales de la VA? (2) ¿Qué hace que la capellanía de la VA sea única? (3) ¿Quién debería evitar la capellanía de la VA? (4) ¿Cuáles son las cualificaciones de un capellán de la VA?

¿QUÉ HACEN LOS CAPELLANES DE LA VA?

Mientras que los capellanes de la VA proporcionan los servicios propios del ministerio hospitalario general, el ministerio hospitalario de la VA es único y se lleva a cabo en un entorno especializado.[1] Los capellanes de la VA ofrecen servicios clínicos según lo desee o solicite el veterano. El proselitismo está estrictamente prohibido. Los capellanes de la VA se aseguran de que la religión no sea impuesta a los veteranos y garantizan su derecho constitucional a practicar su religión libremente.

¿QUÉ HACE ÚNICA A LA CAPELLANÍA DE LA VA?

El sistema de salud de la Administración de Veteranos (VA) es un sistema integrado a nivel nacional de 1.255 instalaciones de atención

---

[1] Para obtener una descripción completa, consulte "VA Chaplains—Comfort, Support, Lead, Advocate, Counsel, Mediate and Educate," US Department of Veterans Affairs, www.patientcare.va.gov/chaplain/what_do_Chaplains_do.asp.

médica, incluidas 170 hospitales y 1,074 clínicas. Las raíces de este sistema se extienden hasta Abraham Lincoln, quien autorizó, tras la Guerra Civil, que los capellanes del Departamento de Asuntos de Veteranos brindaran atención a los soldados y marineros de la Unión.

Los capellanes de la VA prestan sus servicios en los hospitales locales de la VA. El Servicio Nacional de Capellanes de la VA determina los requisitos para los capellanes de la VA, se encarga de su formación continua y establece estándares para los programas locales de capellanía de la VA. Los capellanes de la VA se comunican por teléfono, correo electrónico o telecomunicaciones para brindar apoyo o asesoramiento sobre cualquier asunto urgente. El Centro Nacional de Ética de la VA también proporciona educación en ética médica, y el departamento de ética institucional está disponible para consultas sobre casos éticos.

La VA utiliza un registro médico electrónico integrado en el cual los capellanes de la VA documentan las evaluaciones y los análisis espirituales. El registro electrónico les permite consultar la documentación de diversas disciplinas al elaborar el plan de atención espiritual de cada paciente. Asimismo, otros profesionales sanitarios pueden revisar las notas del capellán al planificar sus propios cuidados. Los centros médicos de la Administración de Veteranos (VA) son instituciones federales. No representan ni defienden a sus miembros a favor o en contra de ninguna postura religiosa en particular, ni compiten directamente con otros sistemas hospitalarios.

Los hospitales de la VA atienden solo a veteranos

Salvo en los casos en que se requiere asistencia humanitaria, los veteranos son los únicos pacientes de los hospitales de la Administración de Veteranos (VA). Los pacientes de la VA sienten un vínculo de afinidad y lealtad hacia otros pacientes de la VA, como resultado del lazo desarrollado con su "familia militar, hermanos y hermanas" durante su servicio militar. La historia de "cubrirse las espaldas mutuamente" crea alianzas que pueden ser más fuertes que los lazos familiares, lo que da lugar a que los pacientes a menudo se protejan unos a otros durante y después del tratamiento. Los veteranos consideran su hospital de la VA como su hogar. Aceptan con gratitud la atención de la nación como retribución por el servicio que ofrecieron a su país. El personal también considera a los veteranos como familia y encuentra significado en honrarlos por su servicio. Los capellanes, como miembros de pleno derecho del equipo, tienen el privilegio de unirse a esta hermandad. Pueden establecer relaciones a largo plazo con los veteranos que continúan utilizando su hospital de la Administración de Veteranos (VA). Para mí, servir a los pacientes veteranos es el mayor privilegio de mi vida como capellán de la Administración de Veteranos. Me quedo sin aliento cuando un veterano dice: "Capellán, nunca le he contado esto a nadie, pero...". Los veteranos otorgan a los capellanes un gran privilegio al revelar traumas espirituales o emocionales que nadie debería tener que soportar en soledad.

Los hospitales de la VA están a la vanguardia de los asuntos de los veteranos

Los hospitales de la Administración de Veteranos (VA) se centran en los problemas específicos de los veteranos: daño moral, formación de la identidad tras el servicio militar, estrés postraumático, prevención del suicidio, problemas sexuales relacionados con el trauma militar, adicción al alcohol y a las drogas, lesión cerebral traumática, rehabilitación vocacional, cuidados paliativos y de hospicio, y cuestiones relacionadas con prótesis. La VA es un referente en estas áreas, lo que sitúa a los capellanes de la VA como miembros de pleno derecho de equipos de tratamiento especializados, con oportunidades para desarrollar su especialización.

Los capellanes de la VA siguen los pasos de los capellanes militares

Los capellanes militares, que en ocasiones ponen en peligro sus propias vidas al servicio de los hombres y mujeres militares, son venerados por su compromiso. Las tropas respetan a los capellanes; en su ministerio a individuos, líderes e instituciones, denuncian los abusos de poder y abogan por necesidades específicas ante la dirección. El compromiso de los capellanes militares con la confidencialidad les gana el máximo respeto de los miembros del servicio y hace que el capellán militar sea sumamente confiable para escuchar los aspectos más delicados y desgarradores de la historia humana. El capellán de la VA comparte esta confianza y la alta estima que se han ganado los capellanes militares cuando los miembros del servicio ingresan al sistema de la VA para recibir atención médica.

La VA no es una instalación militar

Los capellanes militares que trabajen en el Departamento de Asuntos de Veteranos (VA) encontrarán una cultura significativamente diferente. Aquellos que esperen una estructura de mando formal se encontrarán con un estilo de gobernanza más participativo. En comparación con la cultura militar, la cultura de la VA también tiene algunas diferencias en lo que se considera intolerable o inaceptable. Además, el sistema de evaluación de la VA no está directamente vinculado al ascenso, como lo está en el ámbito militar. El ejército enfatiza las evaluaciones, ya que estas constituyen el núcleo para la determinación de los ascensos. Este sistema de promoción genera un enorme estrés para el personal militar. Dado que existen menos oportunidades de ascenso en la VA para los capellanes, las evaluaciones anuales son importantes como herramientas de aprendizaje e influyen en los aumentos salariales, pero no son vías para el ascenso.

Los capellanes militares encontrarán que la confidencialidad dentro de un hospital de la VA es diferente de la estricta confidencialidad "absoluta" que existe entre el capellán y el cliente. Dentro del ministerio hospitalario de la VA, la confidencialidad se entiende generalmente como una confidencialidad estricta basada en la necesidad de saber, con el fin de que el paciente reciba la mejor atención posible por parte del equipo de atención de la salud. Por lo tanto, los capellanes de la VA deben presentarse como miembros del equipo de tratamiento y ser conscientes de que cumplen tanto con las salvaguardias de la Ley de Portabilidad y Responsabilidad del Seguro Médico (HIPAA) como con el imperativo ético de la profesión de la capellanía. El capellán de la VA debe decidir cuánto de lo que ocurre en la relación capellán-paciente es confidencial y qué información es relevante para las necesidades informativas del equipo de tratamiento a fin de proporcionar la mejor atención al paciente. Si un capellán considera que la información revelada en la relación capellán-paciente es esencial para que uno o más miembros del equipo de tratamiento la conozcan, ese capellán informará al paciente de por qué su médico, enfermera u otro miembro del equipo necesita conocer dicha información para brindar una mejor atención. Luego, el capellán animará al paciente a compartir la información con el cuidador adecuado o a dar permiso al capellán para hacerlo. Después de esa conversación, el capellán determinará si corresponde documentar la información para el equipo de tratamiento o, si es más apropiado, compartirla verbalmente solo con un miembro específico del equipo. Los capellanes civiles que trabajan en instalaciones de la VA también pueden experimentar una curva de aprendizaje intensa. Si desean ganarse la confianza de los veteranos y comprender sus necesidades de orientación, los capellanes civiles deben comprender la cultura única que se desarrolla dentro del servicio militar.

Los hospitales de la VA requieren educación continua

El Departamento de Asuntos de Veteranos ha establecido una cultura y unos estándares que promueven, apoyan y exigen oportunidades de formación continua para aprender, crecer y enseñar, las cuales abundan para el capellán de la VA. Asimismo, las afiliaciones de los hospitales de la VA con escuelas de medicina crean oportunidades para mantenerse actualizado en conocimientos médicos. Son invaluables las oportunidades de aprendizaje interdisciplinario junto a profesionales altamente capacitados y comprometidos, incluidos los propios veteranos.

El Programa Guerrero-Compañero del Alma (W2SM)

Aunque no se imparte en todos los hospitales de la Administración de Veteranos (VA), el programa "De Guerrero a Compañero del Alma" consiste en nueve horas de capacitación en servicio sobre habilidades de comunicación íntima para veteranos, con el fin de fortalecer las relaciones con sus seres queridos. Las relaciones íntimas a menudo sufren a causa del sacrificio del servicio militar. La reconstrucción de estas relaciones requiere un compromiso intencional y capacitación en habilidades de intimidad, autorrevelación y comunicación auténtica. W2SM ha guiado a miles de veteranos y a sus parejas a profundizar sus relaciones de maneras que buscan mitigar la soledad, el aislamiento y el dolor espiritual, los cuales pueden contribuir al suicidio, la drogadicción, la falta de vivienda, la depresión y la ansiedad. Los capellanes, junto con otros miembros multidisciplinarios, han desarrollado este programa.

¿POR QUÉ EVITAR LA CAPELLANÍA DE LA VA?

Primero, evite la capellanía de la VA si usted necesita ser visto como la persona clave en el liderazgo. El servicio de capellanía en entornos especializados requiere iniciativa, flexibilidad, conocimientos únicos y la capacidad de trabajar entre diversas vocaciones y profesionales. Los capellanes en entornos especializados deben ganarse el respeto de sus compañeros de trabajo mediante contribuciones productivas a la organización.

Segundo, evite la capellanía de la VA si usted necesita convertir. La VA prohíbe el proselitismo. Punto. Los capellanes de la VA educan al personal y a los visitantes acerca del derecho de los veteranos a estar libres de proselitismo. Los capellanes de la VA proporcionan servicios religiosos y mantienen conversaciones religiosas, pero solo con el permiso del paciente o por iniciativa de este.

Tercero, evite la capellanía de la VA si usted odia el papeleo, la educación continua o el trabajo en equipo. Las personas reacias para informar, documentar y trabajar con registros electrónicos, o que prefieren no rendir cuentas, deberían evitar el servicio de capellanía en el Departamento de Asuntos de Veteranos (VA), ya que el entorno de la VA requiere dedicar tiempo al papeleo. Los capellanes de la VA deben tolerar un sacrificio de tiempo dedicado a la atención directa al paciente para cumplir con estos requisitos. Un capellán de la VA debe participar en educación continua y ser un miembro activo del trabajo en equipo. Por lo tanto, la capellanía de la VA no es para la persona que solo desea brindar atención directa al paciente o que se siente amenazada por aprender nuevas maneras de prestar servicios.

Cuarto, evite la capellanía de la VA si usted es contrario al cambio. El cambio es constante en la VA, con modificaciones en el liderazgo, en las organizaciones profesionales, en los mandatos y en las políticas del Servicio Nacional de Capellanes de la VA. Los capellanes clínicos de la VA atienden a veteranos cuyas tradiciones espirituales y religiosas son diversas y están en constante evolución.

¿CUÁLES SON LOS REQUISITOS PARA SER CAPELLÁN DE LA ADMINISTRACIÓN DE VETERANOS?

Los requisitos para solicitar un puesto de capellán en la Administración de Veteranos (VA) cambian periódicamente, por lo que es mejor contactar al Servicio Nacional de Capellanía de la VA para conocer las cualificaciones y los procesos de solicitud actuales.[1] Los solicitantes exitosos deberán:

- Tener un determinado número de años de experiencia profesional después de haber completado una Maestría en Divinidad o su equivalente.
- Ser ciudadano de los Estados Unidos.
- Tener cuatro unidades de Educación Pastoral Clínica (CPE).
- Ser competente en escritura y expresión oral en inglés.

La VA no acepta capellanes voluntarios, ni exige servicio militar

---

[1] Para obtener información adicional y actualizada sobre los servicios de capellanía en la Administración de Veteranos, se recomienda encarecidamente que se comunique con el Servicio Nacional de Capellanía de la VA al 1 (202) 461-1625, visite https://patientcare.va.gov/chaplain/index.asp o escriba a 810 Vermont Ave. NW, Washington, DC 20420-000.

previo como requisito para postularse a un puesto de capellán en la Administración de Veteranos (VA).

SERVIR A QUIENES HAN SERVIDO

Serví más de doce años como capellán de la VA. Nunca me imaginé a mí mismo en la capellanía de la VA, pero estoy profundamente agradecido y honrado de haber atendido las necesidades espirituales de los veteranos. He hablado con veteranos que sirvieron a su país porque lo consideraban su deber patriótico, porque entendían que era el llamado de Dios o porque deseaban sinceramente construir la paz. Sacrificaron mucho para proteger su patria y las tradiciones de sus familias. Sin embargo, también he hablado con veteranos que descubrieron que servir a su país fue muy diferente de lo que esperaban. Luchan con la culpa y con una ambivalencia hacia su país debido a lo que hicieron o a lo que se les ordenó hacer.

Al servir como capellán de la VA, he servido a mi país con integridad e integré mis intereses por la ciencia y la religión. Convertirme en capellán exigió una profunda introspección: tomar conciencia de mis propias heridas, sostenerme con compasión y buscar sanación. Profesionalmente, creo que Dios me llamó a la capellanía hospitalaria para aprender a sostener a otros con la misma compasión que Dios tiene por mí. Por lo tanto, el llamado de Dios se desplegó como una invitación a amar a los pacientes y a amarme a mí mismo. Por esta doble bendición, sigo profundamente agradecido.

CAPELLANÍA MILITAR

Capellán Jay Johns

Te despiertas a las 0430 por una sirena que señala un ataque con morteros en tu base. Después de ponerte a cubierto y recibir la señal de "todo despejado", te vistes y vas al comedor para compartir el desayuno con cientos de tus camaradas en armas. De camino de regreso a tu habitación, uno de los soldados camina contigo y conversa sobre cómo está tratando de sobrellevar las dificultades que enfrenta en su matrimonio debido a los siete mil kilómetros que lo separan de su nueva esposa. Poco después de animar al soldado, te diriges al área de reunión para visitar y orar con el pelotón que está a punto de salir a patrullar "fuera del perímetro".

Al mediodía, te encuentras viajando en un convoy rumbo a una pequeña base operativa avanzada que no ha visto a un capellán en un par de semanas. Mientras recorres el área, hablas con tantos soldados como es posible y te concentras especialmente en algunos que perdieron a un compañero por fuego de francotirador el mes pasado. La mayoría quiere hablar de cuánto extrañan a su amigo, pero su dolor es palpable mientras cada uno lucha con la pregunta: "¿Por qué murió él y por qué sobreviví yo?".

No hay buenas respuestas a esta pregunta, así que escuchas y te sientas con ellos en el momento. Te preguntas si el pasaje de la Sagrada Escritura que compartiste con ellos al final de la visita les sirvió de algo, pero abandonas la base con la esperanza de que, de alguna manera, tu presencia les haya traído un sentido de esperanza y consuelo en medio de tiempos muy oscuros.

De vuelta en tu base, dedicas más o menos una hora a preparar tu mensaje para el servicio de capilla del domingo. Tienes la intención de infundir un sentido de significado en la vida de tu congregación, pero esto parece desalentador dado el alto ritmo operacional y las frecuentes pérdidas en combate de la unidad. Después de orar por la sabiduría de Dios, tomas la pluma y tratas de aplicar verdades eternas a un momento muy concreto. ¿Cómo se aplica el lema "No temas, porque yo estoy contigo; no desmayes, porque yo soy tu Dios que te esfuerzo; siempre te ayudaré, siempre te sustentaré con mi diestra victoriosa" (Isaías 41:10) a un joven de veinte años que se enfrentará a un peligro mortal múltiples veces en la próxima semana?

Más tarde, a la hora de la cena, te llaman al puesto de socorro para visitar a tres soldados heridos en un atentado con bomba al borde de la carretera. Afortunadamente, los tres están conscientes y sobrevivirán al ataque. Mientras los soldados esperan el vuelo en helicóptero hacia una instalación de tratamiento más robusta, tienes la oportunidad de orar con cada uno y brindar un toque humano en el nombre de Dios que, de alguna manera, calma sus almas aterrorizadas. Cuando la noche va llegando a su fin, te arrodillas junto a tu litera y das gracias a Dios por el privilegio de servir y por la fuerza para afrontar los desafíos del mañana.

Si esto te resulta significativo, entonces la capellanía militar podría ser tu vocación. Parte del atractivo del ministerio de la capellanía reside en la oportunidad de servir en lugares donde el clero suele tener un acceso limitado o nulo, y en algunos contextos que claman por una presencia divina. Como ningún otro escenario, el combate expone el alma. El capellán militar está presente, listo para cuidar de aquellos que se han ofrecido voluntariamente para servir y proteger a su nación. ¿Qué es un capellán militar? ¿Por qué necesitamos capellanes? ¿Cuáles son las responsabilidades de un capellán militar? ¿Cuáles son las distintas vías de servicio dentro de esta vocación? ¿Cómo es la trayectoria profesional de quienes eligen este camino? Estas son las preguntas que intentaremos responder en esta introducción a la capellanía militar.

DESCRIPCIÓN GENERAL

Un capellán militar es un profesional del ministerio religioso que sirve como oficial en uno de los servicios militares de nuestra nación bajo la aprobación de una organización religiosa.[1] La Primera Enmienda a la Constitución de los Estados Unidos garantiza el libre ejercicio de la religión. Pero ¿cómo podrían los miembros del ejército de EE. UU. disfrutar de este derecho cuando la nación a la que defienden los ha enviado a una situación de combate a miles de millas de su hogar? ¿Cómo podrán participar en los ritos, ordenanzas o sacramentos tan vitales para la observancia de su religión si su pastor, sacerdote, rabino o imán sigue en el frente doméstico? El Título del Código de los Estados Unidos salvaguarda el derecho al libre ejercicio de la religión para los miembros del servicio al prever capellanes militares que sirven junto a soldados, marineros, infantes de marina, aviadores y miembros de la

---

[1] Department of Defense Intsruction 1304.28, "Guidance for the Appointment of Chaplains for the Military Departments," 11 June 2004.

Guardia Costera en todo el espectro de operaciones.

Aunque los capellanes militares disfrutan del derecho a la libre expresión de sus propias convicciones religiosas (Isaías 41:10), es un error que se consideren a sí mismos como "misioneros en uniforme".[1] Mientras los capellanes deben adherirse a los estándares de sus respectivas agencias de respaldo, deben comprender que su propósito en las fuerzas armadas es asegurar el libre ejercicio de la religión para cada miembro del servicio.

Un capellán protestante asignado a una unidad militar no puede, por ejemplo, oficiar misa para los miembros católicos de esa unidad. Sin embargo, es responsabilidad de los capellanes de la unidad coordinar la cobertura adecuada (en este caso, encontrar un capellán católico) para quienes están a su cargo. Un capellán católico, al que se le acerca un miembro de su unidad que desea hablar con un capellán judío sobre cómo profundizar en su fe, no puede simplemente decir: "No estoy disponible" o "no soy rabino". En cambio, debe encontrar la manera de coordinar esa conversación con un compañero capellán. Debido a la necesidad de una colaboración continua, los capellanes militares desarrollan relaciones colegiales entre sí a través de afiliaciones religiosas y denominacionales. Estas relaciones les permiten encontrar el capellán adecuado para cada circunstancia, de manera que todos los miembros de las fuerzas Armadas vean satisfechas sus necesidades religiosas de forma oportuna.

Aunque los capellanes son miembros del clero, muchas de las conversaciones que los militares mantienen con ellos no son de índole religiosa. La mayoría de los reclutas ingresan en las fuerzas armadas a los dieciocho años y cumplen un servicio militar de cuatro años. A esta edad, todavía están buscando su vocación. A menudo esto implica preguntas acerca de perspectivas profesionales, la necesidad de educación superior o incluso cómo superar una complicación autoinfligida, como gestionar las consecuencias de una mala decisión. Habiendo desarrollado un legado y una reputación de integridad, los capellanes son a menudo una fuente que ofrece orientación vital y profesional a quienes buscan dirección. Durante estas conversaciones, los capellanes deben mostrarse con autenticidad, reflejando quiénes son y en qué creen.

Además, los capellanes son libres de dar testimonio de su fe a quienes les preguntan sobre sus creencias. En la primera unidad militar

---

[1] Departament of Defense Instruction 1300.17, "Religious Liberty in the Military Services," 1 Sept. 2020.

en la que serví como capellán, me encontré con un sargento que parecía querer mantener la distancia conmigo; cruzaba los brazos cada vez que estábamos cerca el uno del otro. Su actitud distante continuó durante un año entero. Entonces, un día, golpeó la puerta de mi oficina y me pidió hablar conmigo sobre un asunto personal. Le dije que me alegraba verlo, pero también que me sorprendía que viniera, porque nunca había hablado conmigo antes, ni siquiera al pasar. Su respuesta fue: "Solo estaba observándote para asegurarme de que podía confiar en ti". Esa conversación sobre un asunto personal condujo a muchas otras conversaciones sobre la fe y el propósito de la vida.

ROLES Y RESPONSABILIDADES

Los capellanes militares tienen una amplia gama de responsabilidades, lo que hace que este ministerio resulte especialmente atractivo para quienes son reacios a "caer en la rutina". Los capellanes sirven como oficiales de estado mayor para los comandantes de unidad.[1] En este rol, asesoran al comandante sobre el impacto de la religión en diversas consideraciones operativas y en la moral de la unidad en función de la religión. Como líderes religiosos, los capellanes realizan actividades de educación religiosa (por ejemplo, dirigen un estudio bíblico de la unidad o un retiro para fortalecer el matrimonio), ofician bodas y ceremonias conmemorativas, y dirigen servicios religiosos en la capilla. Debido a su condición de no combatientes, los capellanes no portan armas. Como consecuencia, a un miembro del personal alistado se le asigna al capellán de la unidad para brindarle protección armada en un entorno de combate, así como apoyo operativo y administrativo. Los capellanes supervisan (y a menudo asesoran) a este personal, asegurándose de que reciba el mejor desarrollo profesional posible.

Debido a que gran parte de la efectividad del ministerio de capellanía depende de las relaciones, los capellanes militares circulan tanto como sea posible entre los miembros de la unidad. Los posibles lugares para conversaciones pastorales son casi ilimitados, incluso inmediatamente después de la graduación de una academia de servicio,[2] al Programa del Cuerpo de Entrenamiento de Oficiales de

---

[1] El comandante de la unidad es la persona que, en última instancia, es responsable de cada persona, dólar y pieza de equipo de la organización. El programa de apoyo religioso de la unidad es responsabilidad del comandante; la implementación del programa es responsabilidad del capellán.

[2] La Academia Militar de los Estados Unidos (West Point) formas

Reserva o a la Escuela de Candidatos a Oficiales, que forma oficiales a partir del personal alistado. La aptitud física es importante para los capellanes militares.[1] Cada rama de las fuerzas armadas tiene un estándar de altura y peso, así como estándares de rendimiento físico. Dado el rigor del entorno de combate, estas normas ayudan a garantizar la capacidad de una persona para desenvolverse en condiciones exigentes.

Al igual que los médicos y abogados militares, los capellanes ingresan al servicio con todas las credenciales profesionales.[2] Debido a los requisitos de formación y experiencia ministerial, los capellanes suelen tener diez años (o más) que sus compañeros oficiales que ingresan al servicio militar (generalmente a los veintidós años), justo después de graduarse de una academia militar, un programa del Cuerpo de Entrenamiento de Oficiales de Reserva, o una Escuela de Candidatos a Oficiales que otorga el rango de oficial al personal alistado.[3]

---

oficiales del Ejército; la Academia Naval de los Estados Unidos forma oficiales de la Marina de Guerra y del Cuerpo de Marines; la Academia de la Fuerza Aérea de los Estados Unidos forma oficiales de la Fuerza Aérea; y la Academia de la Guardia Costera de los Estados Unidos forma oficiales de la Guardia Costera.

[1] La buena condición física es importante para los capellanes militares. Cada rama de las fuerzas armadas tiene estándares de estatura y peso, así como estándares de rendimiento físico. Dadas las exigencias del entorno de combate, estos estándares contribuyen a garantizar la capacidad de desenvolverse con éxito en condiciones difíciles.

[2] Mi propia trayectoria como capellán militar comenzó por sugerencia de un vecino de la residencia del seminario cuando cursaba la Maestría en Divinidad. Sin tener una dirección ministerial clara, más allá de la certeza de que "Dios quiere que esté en el seminario en este momento," me dediqué a mis estudios con diligencia. Un año me cambié de apartamento y viví a dos casas de Al, quien había sido reclutado durante la Segunda Guerra Mundial y, tras la guerra de Vietnam, se convirtió en cristiano practicante bajo el ministerio del capellán de su unidad. Después de su alistamiento, Al dejó el Ejército, terminó su licenciatura e ingresó al seminario con la intención de convertirse en capellán del Ejército. Un día me comentó: "Deberías ser capellán del Ejército; te vendría de maravilla." En aquel entonces, ni siquiera sabía que el Ejército tenía capellanes. Guardé esa información en mi memoria durante varios años, pero, efectivamente, terminé sirviendo como capellán de carrera en el Ejército.

[3] La Academia Militar de Estados Unidos (West Point) forma oficiales del Ejército; la Academia Naval de Estados Unidos forma oficiales de la Armada y del Cuerpo de Marines; la Academia de la Fuerza Aérea de Estados

Aunque la curva de aprendizaje pueda parecer empinada para el nuevo capellán sin experiencia previa, la pasión por la cultura militar es fundamental para generar confianza. Uno de los mejores consejos que recibí de un capellán veterano fue el siguiente: al incorporarse a una unidad, pregunté a sus miembros sobre sus funciones y pídales que describan cómo su trabajo contribuye a la misión general de la unidad. Esto demuestra el interés del capellán por el personal de la unidad y le proporciona una formación personalizada sobre el funcionamiento y la estructura del ejército.

UN DÍA TÍPICO EN LA ESTACIÓN BASE

¿Cómo podría ser un día típico en la estación de origen? Podría comenzar con entrenamiento físico con la unidad a las 06:30.[1] Después de ducharte y desayunar, el día en la oficina comienza a las 09:00, cuando te pones al día con algo de trabajo administrativo. A las 10:00 asistes a la reunión de mando y estado mayor, seguida de una cita de asesoramiento con un miembro de la unidad a las 11:15.

Al mediodía te reúnes con un compañero capellán para almorzar y conversar sobre el servicio de capilla que estás liderando el domingo. Después del almuerzo, recorres los puestos de trabajo de la unidad conversando con tu rebaño. Un par de personas con las que te encuentras por casualidad en realidad necesitan hablar sobre algo que les está ocurriendo: la primera tiene a su padre gravemente enfermo; la segunda enfrenta problemas en una relación laboral a causa de una mala decisión.

A las 15:00 tienes programada una sesión de asesoramiento prematrimonial con una pareja cuya boda oficiarás el próximo mes. Después de la sesión, respondes algunos correos electrónicos que requieren tu atención y luego revisas las diapositivas que presentarás brevemente a la mañana siguiente durante el entrenamiento para la prevención del suicidio. Algunas jornadas laborales pueden terminar a la hora de la cena, pero, dado el lema militar de "entrenar según el estándar, no según el horario", puede haber días en que el trabajo se prolongue hasta la noche.

Hay que entender que la responsabilidad principal de las fuerzas armadas es luchar y ganar las guerras de la nación. Durante

---

Unidos forma oficiales de la Fuerza Aérea; y la Academia de la Guardia Costera de Estados Unidos forma oficiales de la Guardia Costera.

[1] Lo que se considera "típico" depende del lugar de destino, el tipo de unidad y el ciclo de entrenamiento/despliegue.

tiempos de paz, los militares se entrenan constantemente para prepararse para la guerra. Aunque ningún ser humano cuerdo desea la guerra, entendemos que a veces es necesario luchar. Incluso en ausencia de conflicto, la nación demuestra su fortaleza militar mediante ejercicios de entrenamiento diseñados para disuadir a quienes buscan agredirla.

La conclusión es esta: cuando las personas se unen al ejército como capellanes, no se unen a una corporación ni a un movimiento. Un capellán militar se convierte en parte de una vasta institución cuyo único objetivo es la defensa nacional. En su rol, los capellanes militares brindan ministerio a los hijos e hijas de la nación que luchan y, en ocasiones, mueren en las guerras de nuestro país.

Durante la Segunda Guerra Mundial, el general George Marshall, jefe del Estado Mayor del Ejército, lo expresó mejor:

> El corazón del soldado, el espíritu del soldado, el alma del soldado lo son todo. A menos que el alma del soldado lo sostenga, no se puede confiar en él, y fallará consigo mismo y, en última instancia, con su comandante y su país.[1]

El cuidado de las almas de aquellos dispuestos a ponerse en peligro y la voluntad de ministrar en situaciones potencialmente mortales es el privilegio de cada capellán militar. Esta carrera ciertamente no es algo que deba tomarse a la ligera ni sin la debida reflexión. Sin embargo, resulta profundamente gratificante.

AVENIDAS PARA SERVICIO COMO CAPELLÁN MILITAR

Si uno siente la guía de Dios en este llamado, ¿cuáles son las vías de acceso? Tres ramas de las fuerzas armadas cuentan con un cuerpo de capellanes. El Cuerpo de Capellanes del Ejército evalúa, equipa y capacita a los capellanes para el ministerio a los soldados. El Cuerpo de Capellanes de la Fuerza Aérea hace lo mismo para los aviadores y los miembros de la Fuerza Espacial de los Estados Unidos. El Cuerpo de Capellanes de la Armada proporciona capellanes a marineros, infantes de marina y a la Guardia Costera de los Estados Unidos.

Los servicios militares conservan sus propias culturas. Aunque existen similitudes en los deberes de los capellanes entre los distintos servicios, el ministerio en cada uno de ellos es único. Dentro de estos tres cuerpos de capellanes (Ejército, Armada y Fuerza Aérea), existen

---

[1] Brian Hill, "Chaplains Help Fort Leonard Wood Soliders, Civilians Reflect on Spiritual Readiness," US Army, 9 June 2022, https://www.army.mil/article/257413/chaplains_help_fort_leonard_wood_soldiers_civilians_reflex_on_spiritual_readiness.

tres componentes que ofrecen oportunidades de ministerio para el capellán militar. El primero es el componente activo (componente uno), que se refiere a los capellanes militares que trabajan a tiempo completo en el servicio de capellanía. Aunque están comprometidos con la comunidad de la capilla en la base o puesto al que son asignados, los capellanes militares en servicio activo no ejercen como líderes de una congregación religiosa civil.

Los capellanes militares en servicio activo deben estar preparados para vivir en diversos lugares, incluido el extranjero, a lo largo de carreras potencialmente emocionantes, con traslados cada dos o tres años. La falta de previsibilidad y estabilidad familiar en la vida cotidiana, como los cambios de escuela para los hijos, la inestabilidad laboral del cónyuge y otras consideraciones, puede alejar a algunas personas de la opción del componente activo. Para otros, sin embargo, los viajes y la aventura son una ventaja añadida a la seguridad laboral que se ofrece a los miembros del componente activo.[1]

La segunda posibilidad es el servicio en la Guardia Nacional (Componente Dos). Solo dos de los tres servicios cuentan con un componente de Guardia Nacional: el Ejército y la Fuerza Aérea. La Guardia Nacional normalmente sirve bajo la autoridad del gobernador de cada estado (Título 32), aunque el presidente de los Estados Unidos puede movilizarla para misiones federales.

La mayoría de los miembros de la Guardia Nacional sirven a tiempo parcial, generalmente un fin de semana al mes y dos semanas de entrenamiento durante el verano. Los gobernadores pueden convocar a la Guardia Nacional para apoyar misiones tan diversas como la lucha contra inundaciones e incendios forestales, el control de disturbios civiles y el apoyo a operaciones de ayuda tras huracanes. El servicio en la Guardia Nacional permite a los capellanes y a sus familias echar raíces en una comunidad local y al capellán servir como líder de una congregación civil.

Sin embargo, desde 2001, la Guardia Nacional ha sido movilizada con frecuencia para el servicio activo y empleada en operaciones de combate. Cuando los miembros de la Guardia Nacional son movilizados o desplegados, sus familias generalmente permanecen

---

[1] Cada rama de las fuerzas Armadas cuenta con bases e instalaciones en todo el mundo. Ya sea en el territorio continental de Estados Unidos (CONUS) o fuera de él (OCONUS, que incluye Alaska, Hawái y todas las bases en el extranjero), las comunidades militares suelen ser cohesionadas gracias a la contribución de cada miembro a una misión común.

en sus lugares de origen. Los grupos de apoyo familiar, organizados por la unidad, pero atendidos principalmente por cónyuges de manera voluntaria, funcionan como mecanismos de apoyo y de flujo de información para las familias de los miembros movilizados o desplegados.

Otra posibilidad para servir en la capellanía militar es a través del servicio en la Reserva (Componente Tres). El Ejército, la Armada y la Fuerza Aérea ofrecen oportunidades de servicio en la Reserva. Los capellanes de la Reserva Naval brindan apoyo espiritual a las unidades de la Reserva Naval y del Cuerpo de Infantería de Marina. Las fuerzas de reserva son miembros del servicio federal (Título 10) que sirven a tiempo parcial, al igual que sus contrapartes del Componente Dos. Los capellanes de la reserva también disfrutan la oportunidad de echar raíces y servir como líderes de congregaciones civiles.

Sin embargo, el estatus de reservista no implica inmunidad al despliegue. Al igual que la Guardia Nacional, la Reserva también ha sido movilizada con frecuencia para el servicio activo y empleada en operaciones de combate. Existen grupos de apoyo familiar para brindar acompañamiento a las familias de los reservistas movilizados o desplegados.

Si bien el Ejército, la Armada, la Fuerza Aérea y el Cuerpo de Infantería de Marina forman parte del Departamento de Defensa, la Guardia Costera pertenece al Departamento de Seguridad Nacional. Los capellanes de la Armada brindan apoyo espiritual a las fuerzas de la Guardia Costera tanto en servicio activo como en la reserva. Dado que la Guardia Costera opera bajo el Título 14 del Código de los Estados Unidos, puede ser empleada en operaciones más similares a las de aplicación de la ley que a las de defensa nacional, aunque ambas funciones ocurren.[1] En consecuencia, hace cumplir todas las leyes federales aplicables en alta mar y en las aguas dentro de la jurisdicción territorial de los Estados Unidos. Administra las leyes y promulga y hace cumplir reglamentos para promover la seguridad de la vida y de la propiedad a lo largo de toda la costa de los Estados Unidos,

---

[1] La Posse Comitatus Act es una ley federal promulgada en 1878, la cual limita las facultades del gobierno federal para el uso de personal militar federal en la aplicación de leyes internas dentro de los Estados Unidos. Las fuerzas federales en servicio activo (Título 10) no pueden participar en actividades de aplicación de la ley. Como se mencionó anteriormente, las fuerzas de la Guardia Nacional pueden participar en actividades de aplicación de la ley bajo la dirección del gobernador de un estado (estatus del Título 32).

incluyendo Alaska y Hawái.[1]

TRAYECTORIA PROFESIONAL

Durante los primeros años de su carrera, un capellán militar brinda atención pastoral directa a una unidad de varios cientos de personas. Como se mencionó anteriormente, el capellán es el oficial de estado mayor responsable de ejecutar el programa religioso del comandante en la unidad. La palabra clave para esta función es "ejecución" (llevar a cabo) para el capellán júnior. En los primeros años de una carrera profesional, un capellán ofrecerá una amplia gama de servicios de consejería pastoral, educación religiosa, actividades de extensión comunitaria, intervención en crisis, ministerio de capilla, bodas, eventos de enriquecimiento matrimonial y otras iniciativas que llenarán su agenda al máximo.[2] Estas actividades son aquellas en las cuales el capellán debería haber sido minuciosamente entrenado durante su educación teológica de posgrado. Es la labor a la que creemos que Dios nos llama.

Sin embargo, llega un momento dentro de esta estructura militar de "ascenso o salida" que exige que el capellán vea la administración como parte del ministerio. Cuanto más tiempo sirve una persona en una carrera militar, menos realiza ministerio "directo". Cuanto más veterano es el capellán, más debe centrarse en crear las condiciones para el éxito de los capellanes subordinados. Un capellán militar pasará casi diez años en el rango de nivel inicial (O-3, abreviatura de Oficial 3).

Este rango corresponde al de capitán en el Ejército y la Fuerza Aérea, y al de teniente en la Armada. El éxito durante esta década conllevará el ascenso a O4 (mayor en el Ejército y la Fuerza Aérea, y capitán de corbeta en la Armada). El ministerio directo a miembros de escalones superiores del personal aún ocurre. Sin embargo, la función

---

[1] "Missions," United States Coast Guard, www.mycg.uscg.mil/Missions/.

[2] En el ámbito militar, es fundamental ser capaz de asumir niveles crecientes de responsabilidad. En ciertos momentos de su carrera, los capellanes militares son considerados para el ascenso al siguiente rango. El ascenso conlleva mayores responsabilidades, incluyendo el liderazgo de personal y la gestión de sistemas. No ascender al siguiente rango reduce la permanencia en el sistema militar y limita la capacidad de influir en la cultura militar a través del liderazgo estratégico. En otras palabras, no existe una verdadera carrera profesional para un capellán que, al no ascender, permanece en el nivel inicial de la organización y no demuestra potencial para asumir mayores responsabilidades.

principal del capellán O4 es desarrollar y supervisar a los capellanes principiantes (generalmente tres o más) y asegurar que cuenten con los recursos y la formación necesarios para cumplir su misión. Es útil pensar en esta etapa del ministerio como "liderar y desarrollar personas".

Tras unos cinco o seis años, el éxito en este nivel conlleva el ascenso a O5 (teniente coronel en el Ejército y la Fuerza Aérea, y comandante en la Armada). Podríamos pensar en este nivel de ministerio como "gestión de sistemas". Aunque algunos O5 se desempeñan como capellanes séniores en mandos operacionales (con aún más capellanes subordinados a quienes dirigir y guiar), la mayoría cumple funciones logísticas, administrativas o de personal que facilitan el trabajo de los capellanes jóvenes. Por ejemplo, los capellanes jóvenes se centran en el ministerio directo a los miembros de sus unidades iniciales.

Tienen poco tiempo para pensar en cuestiones como: "¿Cómo impartirá el Cuerpo de Capellanes la formación más eficaz en su centro de formación institucional?"; "¿Cómo obtendrá el servicio los recursos y fondos necesarios para ofrecer, en toda la institución, programas de enriquecimiento matrimonial durante la próxima década?"; o "¿Cómo administrará el Cuerpo de Capellanes su sistema de personal de tal manera que, a nivel mundial, el servicio cuente con el capellán adecuado, en el lugar adecuado y en el momento adecuado?". Estos son problemas con los que los O5 suelen lidiar.

El éxito en el nivel O5 conduce a la selección para O6 (coronel en el Ejército y la Fuerza Aérea, y capitán en la Armada). El ministerio en este rango implica "dar forma a la institución", o configurar las condiciones para el éxito del funcionamiento de todo el Cuerpo de Capellanes. En este nivel, pueden encontrarse sirviendo como capellanes de alto rango en grandes instalaciones militares o en mandos superiores, supervisando el funcionamiento de varias capillas, un presupuesto considerable y cientos de capellanes. Otro capellán con rango O6 podría prestar servicio en la Oficina del Subsecretario de Defensa, redactando directivas de política de apoyo religioso para todo el Departamento de Defensa. Otro podría desempeñarse como oficial ejecutivo de uno de los jefes de capellanes, gestionando las operaciones diarias de un gran equipo de capellanes que trabajan en el Pentágono.

Para que exista una alegría continua y un sentido de vocación a lo largo de la carrera profesional, es necesario aprender a aceptar la realidad de que el trabajo de liderazgo y administración **es** el ministerio de los capellanes séniores.[1] Este trabajo es exigente pero gratificante, y la capacidad de moldear la cultura del Cuerpo de Capellanes no es algo que deba pasarse por alto. Así como los jóvenes pastores buscan referentes, también los jóvenes capellanes militares, inspirados por quienes han recorrido el largo camino del ministerio con excelencia e integridad, buscarán a capellanes veteranos que hayan mantenido viva la chispa de la pasión y la vocación, y que hayan demostrado integridad y humildad en su ascenso por los rangos militares.

NO PARA EL DÉBIL DE CORAZÓN

Aceptar el llamado al ministerio de capellanía militar implica un compromiso con un modo de vida y una inmersión en la cultura de una organización particular. Esta carrera profesional no es para los pusilánimes y, sin duda, no es recomendable para quienes **cuyos** cónyuges no pueden afrontar la posibilidad de separaciones familiares ocasionales.

Habrá momentos en los que el cónyuge del militar se preocupe por la seguridad de su ser querido. También habrá cumpleaños, aniversarios o vacaciones que, en ocasiones, se perderán. Para aquellos que son llamados a este ministerio, el servicio de la capellanía militar ofrece una profunda oportunidad de ministrar a los valientes hijos e hijas de la nación que han asumido una enorme responsabilidad en la defensa nacional. Mientras sirven a Dios y al país, los capellanes y sus familias se comprometen con una misión vital que se remonta a 1775.[2]

---

[1] Al principio de mi carrera, un capellán de alto rango me dijo: "Tienes que aprender a ver la administración como parte del ministerio, porque pasarás la mayor parte de tu carrera realizando tareas administrativas." Aunque en ese momento no lo entendí del todo, con el tiempo comprendí la sabiduría de sus palabras. En puestos tan diversos como Oficial de Gestión de Carrera para el Cuerpo de Capellanes del Ejército, Capellán de Operaciones para las Fuerzas Armadas de Estados Unidos en Afganistán y Director Ejecutivo de la Junta de Capellanes de las Fuerzas Armadas, cuando me preguntaban en qué consistía mi trabajo, solía responder: "Me dedico a cosas que los capellanes jóvenes ni siquiera saben que existen, para que ellos puedan tener éxito haciendo todas las cosas interesantes que yo hice cuando era más joven, como saltar en paracaídas y dirigir estudios bíblicos en las unidades."

[2] El Segundo Congreso Continental autorizó la presencia de capellanes en el Ejército Continental mediante una ley aprobada el 29 de julio de 1775. Desde entonces, los capellanes han servido con distinción en todos los conflictos armados de Estados Unidos. Nueve capellanes han sido condecorados con la Medalla de Honor del Congreso.

Sería difícil encontrar un ministerio más gratificante, desafiante y emocionante al cual dedicar una carrera profesional.

EL ROL DE LA RELIGIÓN EN LAS FUERZAS ARMADAS DE LOS ESTADOS UNIDOS

Michael Berry

Los intentos de secularizar al Ejército de los Estados Unidos han existido desde que el país cuenta con fuerzas armadas. En medio de una diversidad creciente, algunos cuestionan el papel que la religión debería o puede desempeñar legítimamente en las Fuerzas Armadas. Este capítulo intenta abordar este tema, examinando el papel de la religión en las Fuerzas Armadas de los Estados Unidos desde bases históricas, morales y legales.

LOS FUNDAMENTOS HISTÓRICOS DE LA RELIGIÓN EN EL ÁMBITO MILITAR

Desde la fundación de Estados Unidos, los líderes civiles y militares estadounidenses han tomado medidas deliberadas para atender las necesidades religiosas de las fuerzas Armadas y evitar que se conviertan en una entidad puramente secular. Los fundadores no eran ajenos a la provisión gubernamental de apoyo religioso. Por ejemplo, en 1789, el primer Congreso federal aprobó una ley que establecía el pago de subsidios a capellanes legislativos.[1] Cerca de dos siglos más tarde, la Corte Suprema defendió la constitucionalidad de aquellos capellanes legislativos, concluyendo que no "constituye... un establecimiento de religión", sino más bien "un reconocimiento tolerable de creencias ampliamente compartidas entre la gente de este país."[2] Hoy, en continuidad con la política del primer Congreso, el gobierno financia directamente los salarios, actividades y operaciones de más de 4.500 capellanes militares.[3] A pesar de los desafíos legales

---

[1] *Journal of the First Session of the Senate of the United States of America,* 28 de agosto de 1789 (Washington: Gales y Seaton, 1820), 67. Ver también "An Act for allowing Compensation to the Members of the Senate and House of Representatives of the United States, and to the Officiers of both Houses (c)," *The Public Statues at Large,* Septiembre 22, 1789 (Bostón: Little & Brown, 1845), 1: 70-71.

[2] *Marsh v. Chambers,* 463 U.S. 783 (1983).

[3] En junio de 2006, había 1.432 capellanes del Ejército, 825 de la Armada y 602 de la Fuerza Aérea, lo que suma un total de 2.859 capellanes en servicio activo. Además, había 433 capellanes en la Guardia Nacional del Ejército, 500

periódicos, la Corte Suprema "ha reconocido desde hace mucho tiempo que el gobierno puede (y a veces debe) adaptarse a las prácticas religiosas, y que puede hacerlo sin violar la Cláusula de Establecimiento".[1] Esto incluye a los capellanes militares.

Él es importante a nota eso mientras pagado capellán puede constituir una aceptación oficial de o autorización para la presencia de organizada religión en militar vida, capellanes son la personificación—no el límite—de semejante expresión religiosa. En otras palabras, si el gobierno paga capellanes a llevar a cabo religioso ceremonias, él puede también aprobarotros formularioss de religioso expresión que son distintas de un servicio de capellanía formal, incluyendo la expresión religiosa de los miembros del servicio.

Quizás ningún individuo tuvo una influencia más significativa en la configuración de las fuerzas Armadas de nuestra nación que George Washington, su primer Comandante en Jefe. Él hecho conocido sus condenas en la importancia de religión En el ámbito militar, al inicio de su carrera, mientras servía como joven coronel durante la Guerra de Francia e India (1753-1763), solicitó repetidamente apoyo religioso para sus tropas.[2] Explicación:

> La decencia común, señor, en un campamento exige los servicios de un clérigo, de los cuales no se debe prescindir, aunque el mundo sea

---

en la Reserva del Ejército de los Estados Unidos, 237 en la Reserva de la Armada de los Estados Unidos, 254 en la Guardia Nacional Aérea y 316 en la Reserva de la Fuerza Aérea de los Estados Unidos, lo que totaliza 1.740 capellanes de reserva. Esto representa un total de 4.599 capellanes financiados por el gobierno federal en las fuerzas armadas, tanto en servicio activo como en la reserva. Esta información proviene de la oficina del entonces congresista estadounidense Bobby Jindal (Luisiana) y fue proporcionada el 28 de septiembre de 2006.

[1] *Corporation of Presiding Bishop v. Amos,* 483 EE. UU. 327 (1987).

[2] Washington hizo al menos seis súplicas separadas para obtener capellanes, incluidas cinco dirigidas al gobernador de Virginia, Robert Dinwiddie, y una al gobernador de Virginia, John Blair. Estas ocasiones incluyeron visitas al gobernador Dinwiddie: 23 de septiembre de 1756; 9 de noviembre de 1756; 24 de noviembre de 1756; 29 de abril de 1757; y 12 de junio de 1757 (*The Writings of George Washington* [39 vols; ed. John C. Fitzpatrick; Washington, DC: Government Printing Office, 1931], 1: 470, 1: 498, 1: 510, 2: 33, 2: 56); y al gobernador Blair: 17 de abril de 1758 (Fitzpatrick, 2: 178). También escribió una carta a John Robinson, presidente de la Cámara de Representantes de la Casa de los Burgueses entre 1738 y 1766, sobre este asunto el 9 de noviembre de 1756 (Fitzpatrick, 1: 505).

tan poco caritativo como para pensar que carecemos de religión.[1]

Los superiores británicos de Washington rechazaron todas sus peticiones. Pero Washington creía firmemente que las ceremonias y actividades religiosas eran básicas para el bienestar de sus tropas, por lo que periódicamente emprendió la tarea de llevarlas a cabo él mismo, incluyendo la lectura de las Escrituras, la oferta de oraciones y la realización de servicios funerarios.[2]

Los futuros presidentes y legisladores siguieron el ejemplo de Washington, sentando una base sólida para la expresión religiosa en el Ejército. Tras las batallas de Lexington, Concord y Bunker Hill, se hizo evidente que la reconciliación con Gran Bretaña era improbable. En respuesta, el Congreso estableció oficialmente el Ejército Continental y recomendó explícitamente que "todos los oficiales y soldados asistieran diligentemente al servicio divino".[3] De igual modo, el Congreso instruyó a la incipiente Armada estadounidense que "los comandantes de los buques de las Trece Colonias Unidas debían velar por que se celebrara el culto divino dos veces al día a bordo y que se predicara un sermón los domingos".[4]

El segundo Comandante en Jefe de los Estados Unidos, John Adams, no fue menos insistente en que se promoviera la expresión religiosa en las fuerzas Armadas. Conocido como "el Padre de la Armada Estadounidense", [5] la presidencia de Adams vio crecer la Armada de los Estados Unidos desde sus humildes orígenes, como una organización compuesta principalmente por corsarios, hasta convertirse en una formidable fuerza capaz de defender la nación. Durante el auge de la Armada bajo su mandato, Adams instruyó a su secretario de la Armada, Benjamin Stoddert, sobre la importancia de un servicio de capellanía naval:

---

[1] George Washington a John Blair, abril 17, 1758 (Fitzpatrick, 2: 178).

[2] Ver, p. ej, Jared Sparks, *The Writings of George Washington* (Bostón: Russell, Odiorne, y Metcalf, 1834), 2: 54; E. C. M'Guire, *The Religious Opinions and Character of Washington* (New York: Harper y Brothers, 1836), 136; Washington Irving, *Life of George Washington* (New York: G. P. Putnam & Co., 1855), 1: 128–29, 201; C. M. Kirkland, *Memoirs of Washington* (New York: D. Appleton y Co., 1857), 155; J. T. Headley, *The Illustrated Life of Washington* (New York: G. & F. Bill, 1859), 60.

[3] Junio 30, 1775, *Journals of the Continental Congress* (34 vols.; Washington, DC: Government Printing Office, 1905), 1: 112.

[4] Noviembre 28, 1775, *Journals of the Continental Congress,* 3: 378.

[5] Un ciudadano particular autorizado por el gobierno para prestar servicio a bordo de buques de la armada militar.

> Desconozco si los comandantes de nuestros barcos le han prestado mucha atención a este asunto [los capellanes], pero, en mi humilde opinión, seríamos políticos muy inexpertos, así como malos cristianos y hombres imprudentes, si descuidáramos este importante cargo en nuestra incipiente armada.[1]

El Congreso respondió favorablemente al deseo del presidente Adams estableciendo y proveyendo para capellanes navales, reeditando las regulaciones navales que estableció durante la Guerra Revolucionaria, exigiendo que se realizara un servicio divino dos veces al día a bordo de todos los buques de guerra y que se predicara un sermón cada domingo.[2]

Con esta base firmemente establecida, la tradición de la expresión religiosa dentro del ámbito militar se mantuvo vigente a lo largo del siglo XX. Por ejemplo, poco después de asumir el cargo y durante el rearme militar previo a la Segunda Guerra Mundial, el presidente Franklin Roosevelt declaró:

> Quiero que todos los padres y todas las madres que tienen un hijo en el servicio militar sepan—una vez más, por lo que he visto con mis propios ojos—que los hombres y mujeres del Ejército, la Marina y el Cuerpo de Marines están recibiendo hoy la mejor capacitación, el mejor equipo y la mejor atención médica disponibles. Y jamás dejaremos de atender las necesidades espirituales de nuestros oficiales y soldados.[3]

Durante la Segunda Guerra Mundial, el presidente Roosevelt aparentemente se volvió aún más comprometido con preservar la salud espiritual de los militares. Tal era su compromiso que ordenó, con fondos del gobierno, la impresión y distribución de Biblias para las tropas, junto con su exhortación: "Me complace recomendar la lectura de la Biblia a todos los que sirven en las Fuerzas Armadas de los Estados Unidos".[4]

---

[1] John Adams to B. Stoddert, Julio 3, 1799 (*The Works of John Adams* [10 vols.; ed. Charles Francis Adams; Bostón: Little, Brown y Co., 1853], 8: 661-62).

[2] "An Act for the Better Government of the Navy of the United States," Abril 23, 1800, Arte. II, *The Public Statues as Large* (Bostón: Carlos DO. Pequeño y Jaime Marrón, 1845), 2: 45.

[3] Franklin D. Roosevelt, "Fireside Chats," *The American Presidency Project,* Octubre 12, 1942.

[4] *The New Testament of Our Lord and Savior Jesus Christ, Prepared for the Use of Protestant Personnel of the Army of the United States* (Washington, DC: Government Printing Office, 1942), carta por Franklin Roosevelt adentro frente cubrir.

Después de la Segunda Guerra Mundial, con la aparición del comunismo como amenaza primordial para las democracias estadounidense y de Europa Occidental, comenzó la batalla por la superioridad ideológica. El presidente Harry Truman, deseoso de obtener garantías de que los miembros de las fuerzas armadas estadounidenses estaban preparados para combatir el comunismo, convocó una comisión para examinar el papel de los capellanes y de la fe espiritual en las Fuerzas Armadas. El informe de la comisión fue el siguiente:

> Una de las diferencias fundamentales que dividen al mundo actual radica en el ámbito de las ideas. Un lado del mundo, al cual nosotros pertenecemos, sostiene la idea de una ley moral basada en convicciones y enseñanzas religiosas. El principio fundamental que otorga vigor intelectual y emocional a nuestras ideas democráticas está arraigado en las religiones en las que la mayoría de nosotros hemos sido formados. Nuestras convicciones religiosas continúan otorgando a nuestra fe democrática una gran parte de su fortaleza. El otro bando del conflicto ha organizado su ideología sobre la base del rechazo de la ley moral y de la dignidad individual, lo cual resulta totalmente repugnante para cualquiera de nuestras religiones. De hecho, ha sido necesario que los regímenes totalitarios ataquen y sofoquen la religión, porque dicha fe representa la antítesis de todo lo que ellos enseñan.
>
> Por lo tanto, se deduce que, si esperamos que nuestras Fuerzas Armadas sean físicamente capaces y estén debidamente preparadas, también debemos esperar que estén preparadas ideológicamente. Un programa adecuado de oportunidades religiosas para el personal en servicio proporciona un medio fundamental para fortalecer sus creencias básicas en la democracia y, en consecuencia, reforzar su eficacia como instrumento de nuestra forma democrática de gobierno.[1]

El informe de la comisión no carecía de fundamento. Durante y después de la Segunda Guerra Mundial, el Ejército de EE. UU. encuestó a miles de soldados sobre sus actitudes hacia el servicio militar. En 1949, la Rama de Investigación de la División de Información y Educación del Ejército de EE. UU. publicó un registro de tres volúmenes con los resultados de la encuesta.[2] En el volumen 2, *The American Solider: Combat and Its Aftermath* (*El soldado americano, el combate y sus*

---

[1] *The Military Chaplaincy,* 1 de octubre de 1950 (Washington, DC: Government Printing Office, 1951), 1–2.

[2] Samuel A. Stouffer *et al., Studies in Social Pyschology in World War II* (3 vols.; Princeton: Princeton University Press, 1949).

consecuencias), el Ejército de los EE. UU. encuestó a oficiales y miembros del servicio alistado acerca de la importancia de la oración. Entre una lista de opciones que incluían "pensar que no podías defraudar a los demás hombres" y "pensar que tenías que terminar el trabajo para poder volver a casa", los veteranos de la Segunda Guerra Mundial identificaron con mayor frecuencia la oración como su principal fuente de apoyo durante el combate. Por lo tanto, es razonable concluir que un clima religioso permisivo fue esencial para la eficacia bélica de Estados Unidos durante la Segunda Guerra Mundial.

Las anécdotas anteriores son solo una muestra de los cientos de ejemplos históricos que establecen un mensaje claro e inequívoco: la práctica de permitir, fomentar y, en ocasiones, exigir la expresión religiosa dentro de las Fuerzas Armadas fue instaurada por quienes lograron la independencia de los Estados Unidos y, a pesar de múltiples desafíos, ha continuado de manera ininterrumpida desde entonces.

DESAFÍOS LEGALES A LA EXPRESIÓN RELIGIOSA EN EL ÁMBITO MILITAR

Los desafíos legales a la constitucionalidad de la expresión religiosa dentro del ámbito militar pueden adoptar varias formas. Sin embargo, la sustancia del argumento suele ser generalmente similar: dado que los miembros del servicio militar son representantes y agentes del gobierno federal, la expresión religiosa de dichos miembros implica necesariamente el respaldo gubernamental a la religión, lo que violaría la Cláusula de Establecimiento de la Primera Enmienda. Si bien los tribunales han rechazado repetidamente este argumento, como se explica más adelante, la naturaleza única de las fuerzas Armadas y de su misión significa que los tribunales a menudo aplican la Primera Enmienda a los miembros del servicio militar de manera diferente a como lo hacen en otros contextos.[1] A diferencia de la sociedad civil, los individuos tienen menos autonomía en el ámbito militar. La obediencia a las órdenes, el buen orden y la disciplina son vitales para una fuerza militar capaz de luchar y ganar guerras. La Corte Suprema de los Estados Unidos lo ha reiterado en múltiples ocasiones:

> La necesidad militar no exige fomentar el debate ni tolerar la protesta en la misma medida en que la Primera Enmienda exige tal tolerancia al Estado civil; para lograr su misión, el ejército debe fomentar la

[1] Véase *Parker v. Levy*, 417 U.S. 733, 743 (1974) ("Es la actividad principal de los Ejércitos y las Armadas luchar o estar preparados para luchar en guerras si surgiera la ocasión.").

> obediencia instintiva, la unidad, el compromiso y el espíritu de cuerpo. La esencia del servicio militar es la subordinación de los deseos e intereses del individuo a las necesidades del servicio. Dentro de la comunidad militar, simplemente no existe la misma autonomía individual que en la comunidad civil en general.[1]

Y:

> Mientras los miembros del ejército no están excluidos de la protección otorgada por la Primera Enmienda, el carácter diferente de la comunidad militar y la misión militar requieren una aplicación distinta de dichas protecciones. La necesidad fundamental de obediencia y la consiguiente necesidad de imponer disciplina pueden hacer permisible dentro del ámbito militar aquello que sería constitucionalmente inadmisible fuera de él.[2]

Sin embargo, incluso la misión militar de combatir y ganar guerras, que exige obediencia a la autoridad, orden y disciplina, no la exime de garantizar el derecho constitucional a la libertad religiosa. De hecho, un tribunal declaró que las fuerzas Armadas no solo pueden permitir la libertad religiosa, sino que deben hacerlo.

En 1985, el Tribunal de Apelaciones del Segundo Circuito de los Estados Unidos decidió el caso de *Katcoff v. Marsh.*[3] En el caso Katcoff, dos estudiantes de la Facultad de Derecho de Harvard impugnaron la constitucionalidad del servicio de capellanía del Ejército estadounidense, argumentando que la provisión y financiación gubernamental de capellanes para facilitar la práctica religiosa violaba la Cláusula de Establecimiento. El tribunal rechazó dicha impugnación, razonando que, debido a los rigores de la vida militar, la capacidad de un miembro del servicio para practicar su religión libremente se vería coartada a menos que las fuerzas Armadas proporcionaran capellanes.[4] Es importante destacar que el tribunal sostuvo que la Constitución "obliga al Congreso, al crear un Ejército, a establecer una religión" disponible para los soldados que han sido enviados por el Ejército a áreas del mundo donde la religión de su propia denominación no está disponible para ellos.[5] El principio que ejemplifica Katcoff ahora está recogido en la política oficial del Departamento de Defensa. La publicación conjunta 1-05, asuntos religiosos en operaciones conjuntas, establece:

---

[1] *Goldman v. Weinberger,* 475 U.S. 503, 507 (1986).

[2] *Parker v. Levy* (1974) en 758.

[3] *Katcoff v. Marsh,* 755 F.2d 223 (2d Cir. 1985).

[4] *Katcoff v. Marsh* (1985) en 234.

[5] *Katcoff v. Marsh* (1985) en 234.

Los capellanes militares de los Estados Unidos son una manifestación única del compromiso de la nación con los valores de la libertad de conciencia y el libre ejercicio de la religión proclamados en sus documentos fundacionales. Los servicios uniformados de capellanía son esenciales para cumplir con las responsabilidades del gobierno, y especialmente del Departamento de Defensa, hacia todos los miembros de las fuerzas armadas de los Estados Unidos.[1]

En otras palabras, sin un servicio de capellanía militar, el Congreso no podría garantizar los derechos de los miembros del servicio militar en virtud de la Cláusula de Libre Ejercicio.

Los militares estadounidenses destinados a entornos austeros o desplegados en primera línea experimentan esta realidad a diario. No pueden practicar libremente su religión en virtud de su servicio militar. En términos generales, los miembros del servicio asignados a una base en Europa o Japón, o a una base avanzada remota en el Medio Oriente, no pueden asistir a servicios en su iglesia, sinagoga, mezquita, etc. Por lo tanto, los capellanes militares prestan un servicio invaluable que nuestros antepasados comprendieron como un baluarte de la libertad: los capellanes militares facilitan el libre ejercicio de la religión, tal como lo garantiza la Primera Enmienda.

Pero los desafíos al servicio de capellanía y a la expresión religiosa de los capellanes no terminaron con Katcoff. En la década de 1990, el Congreso consideró anular legislativamente el veto del presidente Clinton a la Ley de Prohibición del Aborto por Nacimiento Parcial. Con el fin de presentar una voz unificada en apoyo a la anulación legislativa, la Iglesia Católica en Estados Unidos emprendió la campaña "Proyecto Vida: Postales", que comenzó en 1996. La campaña consistió en que sacerdotes católicos de todo el país, incluida la Arquidiócesis para los Servicios Militares, predicaran a sus feligreses contra el procedimiento de aborto conocido como "nacimiento parcial". Los sacerdotes animaron a los feligreses a firmar postales instando a sus representantes electos a votar para anular el veto del presidente Clinton.

En respuesta, el Juez Defensor General de la Fuerza Aérea, el abogado de mayor rango de la Fuerza Aérea, emitió una carta de opinión prohibiendo la participación en la campaña de postales. El Ejército y la Marina de Guerra posteriormente emitieron directrices similares para sus capellanes.[2]

---

[1] "Religious Affairs in Joint Operations," Joint Publications 1-05, 20 de noviembre de 2013, en I-1.

[2] El Cuerpo de Marines de los Estados Unidos no cuenta con un cuerpo

El padre Rigdon y el rabino Kaye, sacerdote católico y rabino judío respectivamente, eran capellanes de la Fuerza Aérea de los Estados Unidos. Convencidos de que el aborto por nacimiento parcial era un tema importante para sus denominaciones y congregaciones, ambos capellanes deseaban participar en la campaña de postales. Sin embargo, la Fuerza Aérea se lo prohibió.

En 1996, el padre Rigdon y el rabino Kaye demandaron al Secretario de Defensa, alegando que la prohibición militar de que los capellanes militares alentaran a sus feligreses a contactar al Congreso a favor de la Ley de Prohibición del Aborto por Nacimiento Parcial violaba la Ley de Restauración de la Libertad Religiosa (*Religious Freedom Restoration Act*).[1] En 1997, el Tribunal de Distrito de los Estados Unidos para el Distrito de Columbia falló a favor de los capellanes.

El razonamiento fundamental del tribunal fue directo:

> Cuando los capellanes dirigen un culto, actúan en su calidad de religiosos, no como representantes de las Fuerzas Armadas ni "bajo la apariencia de autoridad militar". Los capellanes militares no invocan el imprimátur oficial del ejército cuando predican un sermón; actúan en calidad de religiosos y, por lo tanto, es totalmente apropiado que "promuevan sus creencias religiosas" en ese contexto.[2]

De este modo, no solo la Cláusula de Libre Ejercicio de la Primera Enmienda exige la provisión y financiación de capellanes militares, sino que también prohíbe la censura de su discurso cuando ejercen su función religiosa. Al desempeñar sus deberes religiosos, ya sea administrando los sacramentos, predicando desde el púlpito o aconsejando a los penitentes, los capellanes gozan de una mayor protección de la Primera Enmienda en comparación con sus colegas militares.

RESTRICCIONES MILITARES SOBRE LA EXPRESIÓN RELIGIOSA

Como demuestran Katcoff y Rigdon, la expresión religiosa en las fuerzas Armadas no infringe la Primera Enmienda de la Constitución simplemente porque implique la aceptación o aprobación

---

de capellanes independiente. La Armada de los Estados Unidos proporciona capellanes para el Cuerpo de Marines de los Estados Unidos. La Fuerza Aérea de los Estados Unidos proporciona capellanes para la Fuerza Espacial de los Estados Unidos.

[1] *Rigdon v. Perry*, 962 F.Supl. 150 (DDC 1997).

[2] *Rigdon v. Sidra de peru* (1997) en 160-61

gubernamental de dicha expresión. Sin embargo, Rigdon no definió los límites de la prohibición militar sobre el discurso no religioso de los capellanes. Tampoco el tribunal alteró la decisión de la Corte Suprema en el caso *Parker v. Levy*, que posiblemente otorga a los militares una autoridad más amplia para restringir la libertad de expresión no religiosa.[1] En efecto, no es difícil imaginar numerosos escenarios en los que las necesidades de las Fuerzas Armadas puedan prevalecer sobre el derecho a la libertad religiosa. Sin embargo, la Constitución, la legislación federal y las normas militares exigen un cuidadoso equilibrio entre estos intereses.

Dado que el principio fundamental de que las "necesidades del servicio" son superiores a los "deseos e intereses del individuo" es esencial para el funcionamiento de los tribunales al evaluar las libertades religiosas de los miembros del servicio, el derecho a la libertad religiosa en el ámbito militar no es ilimitado. El Departamento de Defensa y cada una de las cinco ramas de las fuerzas armadas cuentan con políticas que regulan cómo las Fuerzas Armadas deben dar cabida a las necesidades religiosas de los miembros del servicio. Estas políticas incluyen el principio de que los comandantes militares conservan la autoridad y la discreción para mantener el buen orden y la disciplina, la preparación militar y la capacidad de cumplir la misión.

Por ejemplo, la política del Ejército de los Estados Unidos establece: "El Ejército aprobará las solicitudes de acomodación de prácticas religiosas, a menos que dicha acomodación tenga un impacto adverso en la preparación de la unidad, la preparación individual, la cohesión de la unidad, la moral, la disciplina, la seguridad y/o la salud".[2]

La política del Departamento de la Armada de los Estados Unidos, que incluye a la Armada y al Cuerpo de Marines, establece que la política del Departamento de la Armada es acomodar las observancias doctrinales o tradicionales de la fe religiosa practicadas por los miembros individuales, siempre que dichas doctrinas u observancias no tengan un impacto adverso en la preparación militar, la preparación individual o de la unidad, la cohesión de la unidad, la salud, la seguridad, la disciplina o el cumplimiento de la misión.[3]

---

[1] Parker involucró a un médico especialista del Ejército que, en protesta contra la Guerra de Vietnam, animó a los soldados a negarse a ser desplegados en Vietnam por razones políticas.

[2] AR 600-20 de Marzo 18, 2008, ¶ 5-6a.

[3] SECNAVINST 1730.8B de Octubre 2, 2008.

La política del Departamento de la Armada de los Estados Unidos, que incluye a la Armada y al Cuerpo de Marines, establece que la política del Departamento de la Armada es acomodar las observancias doctrinales o tradicionales de la fe religiosa practicadas por los miembros individuales, siempre que dichas doctrinas u observancias no tengan un impacto adverso en la preparación militar, la preparación individual o de la unidad, la cohesión de la unidad, la salud, la seguridad, la disciplina o el cumplimiento de la misión.[1] La gramática, la puntuación, la capitalización y el estilo son adecuados, y el uso de las citas es claro y consistente con un registro formal y normativo. Puedes continuar con el siguiente fragmento cuando desees.[2] Pero incluso en ese caso, el "derecho de un aviador a practicar sus creencias no lo exime de cumplir con las directivas, instrucciones y órdenes legales".[3]

Es evidente que el derecho a la libertad religiosa en el ámbito militar no es absoluto. Los comandantes militares conservan una amplia discreción para dirigir, instruir y regular la conducta de sus subordinados. Esta restricción se extiende incluso a la expresión religiosa.[4]

LIMITACIONES A LA AUTORIDAD MILITAR PARA CENSURAR LA CONDUCTA EXPRESIVA

Aunque el caso *Greer v. Spock* confirmó la autoridad de los oficiales militares para restringir la libertad de expresión en pos de objetivos militares, no otorgó carta blanca a los militares.[5] En efecto, los comandantes militares que recurren a la censura de manera arbitraria y caprichosa, incluso bajo el pretexto de necesidad militar, pueden verse perjudicados en un juicio. Tal fue el caso de *Nieto v. Flatau.*[6]

Jesse Nieto hijo, Blake Nieto, era un marinero estadounidense que murió en el ataque terrorista islámico contra el USS Cole en el año 2000.

---

[1] AFI 1-1 de Agosto 7, 2012 en ¶ 2.11.

[2] AFI 1-1 en ¶ 2.12.1.

[3] AFI 1-1 en ¶ 2.12.2.

[4] Ver *Greer v. Spock,* 424 U.S. 828 (1976). Sostiene que la prohibición militar de la actividad política partidista es coherente con los objetivos militares y no viola la Primera Enmienda.

[5] *Greer v. Spock* (1976) en 839. Concluye que la política era "objetiva y aplicada de manera imparcial."

[6] *Nieto v. Flatau,* 715 F.Supl. 2d 650 (E.D. CAROLINA DEL NORTE 2010).

El señor Nieto, un infante de marina estadounidense jubilado, trabajaba como contratista civil en la Base del Cuerpo de Marines Camp Lejeune, en Carolina del Norte. En respuesta a la muerte de su hijo, el señor Nieto comenzó a mostrar varias calcomanías en su vehículo para honrar la memoria de su hijo y para expresar sus opiniones críticas sobre el islam y el terrorismo.

En 2008, los funcionarios de Camp Lejeune comenzaron a recibir quejas de que las calcomanías del señor Nieto eran ofensivas. El coronel Richard Flatau Jr., comandante de la base, respondió ordenando al señor Nieto que retirara las calcomanías, citando los reglamentos de Camp Lejeune, que prohíben "mensajes extremistas, indecentes, sexistas o racistas en vehículos motorizados, en cualquier formato."[1] Cuando el señor Nieto se negó a retirar las calcomanías de su vehículo, los oficiales de Camp Lejeune le ordenaron que lo sacara de la base y le prohibieron el acceso a la misma y a otras instalaciones federales hasta que cumpliera. El señor Nieto demandó, argumentando que el coronel Flatau aplicó el reglamento de la base contra él de manera arbitraria y caprichosa, y que incurrió en discriminación por punto de vista.[2]

El tribunal coincidió con el Sr. Nieto, sosteniendo que, dado que los funcionarios de Camp Lejeune permitieron que se exhibieran algunas calcomanías, no podían seleccionar arbitrariamente aquellas que no estaban permitidas simplemente porque a algunos les pudiera resultar ofensivo su mensaje.[3] En concreto, se permitieron los mensajes a favor del islam, mientras que los mensajes en contra del islam no lo fueron. Es importante destacar que el tribunal declaró: "Si bien las fuerzas Armadas pueden tener mayor libertad para restringir material ofensivo en el contexto militar, con el fin de asegurar el orden y la disciplina entre sus tropas, no pueden hacerlo de una manera que permita un mensaje mientras prohíbe los mensajes de aquellos de quienes razonablemente se puede esperar una respuesta".[4] Esta forma de censura se conoce como discriminación por punto de vista, y es inconstitucional.[5]

Por lo tanto, incluso cuando un reglamento militar autoriza a un

---

1 *Nieto v. Flatau* (2010) en 652.

2 *Nieto v. Flatau* (2010) en 656.

3 *Nieto v. Flatau* (2010).

4 *Nieto v. Flatau* (2010).

5 Ver, p. ej, *Rosenberger v. Rector and Visitors of the University of Virginia,* 515 U.S. 819 (1995).

comandante a prohibir ciertos tipos de discurso con el fin de mantener el buen orden y la disciplina, los comandantes no pueden incurrir en discriminación por motivos de opinión contra la expresión religiosa.

VIOLACIONES CONSTITUCIONALES POR PARTE DE LAS FUERZAS ARMADAS

Inevitablemente, surge la pregunta: ¿qué recurso o recursos están disponibles para un miembro del servicio cuyos derechos constitucionales son violados por el ejército? Es una pregunta que los tribunales aún no han abordado de manera integral y satisfactoria. El desafortunado resultado es la persistente idea errónea de que no existe ningún recurso disponible. Esta subsección intenta desmentir ese mito.

En 1986, la Corte Suprema decidió el caso *Goldman v. Weinberger*.[1] En el caso Goldman, el tribunal dictaminó que la Fuerza Aérea de los Estados Unidos no violó los derechos de la Primera Enmienda de un judío ortodoxo y rabino ordenado que servía en la Fuerza Aérea al prohibirle usar su kipá mientras se encontraba en interiores y en servicio. El tribunal sostuvo que la normativa en cuestión regulaba la vestimenta de manera razonable e imparcial, a fin de cumplir con la necesidad militar de uniformidad y disciplina.[2] Aunque el señor Goldman no logró imponerse en el fondo de su reclamación constitucional, su caso es notable porque representa la proposición de que los miembros del servicio pueden demandar al gobierno federal por la violación de los derechos constitucionales de un individuo.

Apenas tres años antes, y a diferencia de Goldman, la Corte Suprema decidió el caso *Chappell v. Wallace*,[3] en dicha sentencia, sostuvo que los miembros del servicio militar alistados no podían demandar a sus superiores para obtener una indemnización por violaciones constitucionales sufridas durante el servicio militar. El razonamiento del tribunal fue que, debido a la naturaleza única y especial del ámbito militar, el Congreso creó un sistema de justicia separado para los miembros del servicio militar conforme al Código Uniforme de Justicia Militar (UCMJ).[4] Si el tribunal elaborara un recurso judicial que expusiera a los oficiales a responsabilidad personal ante aquellos bajo su mando, ello podría socavar gravemente la naturaleza única de la vida militar. Además, dado que el Congreso—a quien la Constitución delega

---

[1] *Goldman v. Weinberger* (1986).

[2] *Goldman v. Weinberger* (1986) en 510.

[3] *Chappell v. Wallace,* 462 U.S. 296 (1983).

[4] *Chappell v. Wallace* (1983) en 302–04.

el control sobre las fuerzas armadas—no había previsto una causa de acción ni un recurso para violaciones constitucionales cometidas por oficiales individuales, cualquier recurso creado judicialmente sería incompatible con la autoridad del Congreso en asuntos militares.[1] En otras palabras, el Tribunal Chappell sostuvo que no existe un equivalente militar a *Bivens*. Esto significa que los miembros del servicio alistados no pueden demandar a sus superiores por violaciones constitucionales.[2] La acción del Congreso, sin embargo, vuelve obsoleta la continua dependencia de Chappell.

Diez años después de que la Corte Suprema decidiera el caso Chappell, el Congreso aprobó la Ley de Restauración de la Libertad Religiosa de 1993 (RFRA).[3] Si bien una decisión posterior limitó el alcance de la RFRA únicamente al gobierno federal, no obstante, la RFRA prohíbe que "un gobierno" imponga una carga sustancial al libre ejercicio de la religión de una persona, a menos que pueda demostrar un interés imperioso que sea implementado de la manera menos restrictiva posible.[4] La RFRA crea una causa de acción contra "un gobierno" que no pueda cumplir con este estándar. Por sus propios términos, la RFRA define "un gobierno" como que incluye "una rama, departamento, agencia, organismo y funcionario (u otra persona que actúe bajo la autoridad de la ley) de los Estados Unidos".[5] Así pues, tras el caso Chappell, el Congreso sí creó una causa de acción para violaciones constitucionales por parte de individuos. Por consiguiente, la validez del caso Chappell es, en el mejor de los casos, cuestionable. Y si bien puede resultar difícil obtener una sentencia favorable contra un oficial militar en una demanda por violación constitucional—por ejemplo, si el oficial alega inmunidad cualificada, es evidente que la RFRA crea una base legal para tales demandas.

Por lo tanto, los miembros del servicio que son víctimas de violaciones constitucionales pueden, de hecho, demandar a los Estados Unidos, al responsable individual, o a ambos.

---

[1] *Chappell v. Wallace* (1983) en 304.

[2] Véase *Bivens v. Six Unknown Named Agents,* 403 US 388 (1971). Esta sentencia prevé una indemnización monetaria como remedio para los daños y perjuicios derivados de la violación de los derechos constitucionales de una persona por parte de funcionarios federales.

[3] 42 U.S.C. §§ 2000bb - bb- 4.

[4] *City of Boerne v. Flores,* 521 U.S. 507 (1997).

[5] 42 U.S.C. § 2000bb- 2(1).

CONCLUSIÓN

Los miembros del servicio militar estadounidense renuncian voluntariamente a muchas libertades al ingresar en las fuerzas Armadas. Sin embargo, la libertad religiosa no es una de ellas. La religión y la fe han desempeñado un papel integral en las fuerzas armadas de los Estados Unidos desde antes de nuestro establecimiento como nación. Hoy, los miembros del servicio continúan disfrutando de derechos amplios y sólidos garantizados por la Primera Enmienda. Los miembros del servicio militar tienen libertad para expresar su religión de acuerdo con su fe. La autoridad y la discreción de los oficiales militares para restringir dicha expresión no son ilimitadas. Y aquellos que se encuentren víctimas de violaciones de la Primera Enmienda pueden presentar demandas constitucionales contra los responsables.

PREGUNTAS DE REFLEXIÓN

Da un ejemplo de una figura histórica cuyo impacto e influencia marcaron el papel de la religión en el ámbito militar. ¿Cómo ayuda tu comprensión de esta historia a explicar a otros por qué los capellanes sirven en las fuerzas armadas?

¿Cuáles son los principales argumentos legales a favor y en contra de la presencia de capellanes religiosos financiados por el gobierno en las fuerzas armadas?

El Sr. Baya argumenta que la presencia religiosa en el ámbito militar contribuye a la orientación moral y a la resiliencia entre los miembros de las fuerzas armadas. ¿Cómo contribuye esta orientación moral a fortalecer la democracia de nuestra nación? ¿Estás de acuerdo con esta perspectiva?

¿De qué maneras intenta el ámbito militar acomodar la expresión religiosa entre su personal militar?

Reflexiona sobre tu opinión acerca de la importancia de la religión en tu vida. ¿Cómo podría influir en tu perspectiva sobre la presencia y la expresión religiosa en una organización estructurada y jerárquica como las fuerzas armadas?

CAPELLANÍA DEL EJÉRCITO

Capellán Jay Johns

En la sección anterior, ofrecí una visión general del servicio de capellanía militar. Aunque existen similitudes significativas en el cuerpo de capellanes de todas las ramas, cada rama de las fuerzas Armadas conserva su propia idiosincrasia. Esta sección se centra específicamente en el servicio de capellanía del Ejército, así como en sus oportunidades y desafíos.

Dentro de nuestras fuerzas Armadas, existe un sano grado de rivalidad entre los distintos cuerpos. Un dicho popular entre los militares afirma que solo existen dos ramas: el Ejército y la Armada. La Fuerza Aérea es una corporación, mientras que el Cuerpo de Marines es una religión.[1] Dejando las bromas a un lado, cada rama militar tiene su propia cultura distintiva. Decidir "casarse con lo militar" es un esfuerzo audaz. Asegurar una buena relación con el servicio elegido hace que la experiencia sea aún más gratificante. He servido con alegría durante más de veintiséis años como capellán del Ejército en servicio activo. Aunque tengo amigos y colegas capellanes en cada uno de los servicios militares que aman lo que hacen, no me disculpo por mi entusiasmo, dedicación y amor por el servicio de capellanía del Ejército, ya que ocupa un lugar especial en mi corazón.

La misión del Ejército de los Estados Unidos es "desplegar, luchar y ganar las guerras de nuestra nación mediante el suministro de un dominio terrestre inmediato, rápido y sostenido por parte del Ejército efectivo a lo largo de todo el espectro del conflicto, como parte de la fuerza conjunta".[2] El ministerio del capellán en el Ejército está anidado dentro de la misión más grande del Ejército: el Cuerpo de Capellanes busca "construir la preparación espiritual del Ejército para desplegarse, luchar y ganar las guerras de nuestra nación mediante un apoyo religioso confiable, relevante y de clase mundial, como un elemento único del Ejército..."[3] Su lema, *Pro Deo et Patria* ("Por Dios y

---

[1] La Fuerza Espacial de los EE. UU., ahora un servicio militar propio, es atendida por capellanes de la Fuerza Aérea de los EE. UU.

[2] "The Army's Vision and Strategy," U.S. Army, https://www.army.mil/about/.

[3] "Chaplain Corps," U.S. Army, https://www.army.mil/chaplaincorps/#org-about.

País; For God and Country"), captura el espíritu de la vocación de aquellos dedicados a este ministerio.

La palabra *soldado* es a menudo usada como un término de cajón de sastre para alguien que sirve en la defensa nacional uniformada dentro de la cultura estadounidense, probablemente debido al puro número de soldados en el ejército comparado con las otras ramas de servicio.[1] O puede que se remonte a la infancia, cuando los niños se formaban en grupos para "jugar a los soldados" en batallas imaginarias contra ejércitos malignos. No recuerdo que nadie de mi infancia jugara a ser "aviador" o "marinero", aunque jugar a ser "infante de Marina" era algo bastante serio. A lo largo de la historia, los soldados estadounidenses se han sacrificado poderosamente para preservar la libertad de nuestra nación.

En el riesgo de una simplificación excesiva, mi consejo a alguien en vista de la capellanía del Ejército es asegurarse de amar a Dios y a los soldados, porque estos serán el centro de tu vida. El "rebaño" del capellán del Ejército está formado por soldados y sus familiares, así como por civiles del Departamento del Ejército, a quienes tú proporcionarás una vasta formación de ministerios directos.[2] Ser una parte integral activa de la unidad es uno de los aspectos más atractivos de la capellanía del Ejército. Si tus clientes potenciales te llaman al componente activo, la Guardia Nacional del Ejército o la Reserva del Ejército, emprenderás un viaje similar.

Imagina que acabas de completar tu curso básico y firmas para incorporarte a tu primera unidad, que probablemente sea un batallón de unos quinientos soldados. En este punto, habrás alcanzado el rango de primer teniente y ascenderás a capitán dentro de seis meses. Tu supervisor inmediato es el oficial ejecutivo del batallón, un responsable importante de coordinar todas las actividades del personal. Sin

---

[1] Hay más de un millón de soldados en los tres componentes del Ejército. Véase https://www.army.mil/soldados. Para ponerlo en perspectiva, todos los demás servicios y componentes en conjunto tienen 1.3 millones de personas. Véase https://www.statista.com/statistics/232330/us-military-force-numbers-by-service-branch-and-reserve-component/, consultado en marzo de 2021.

[2] Algunas organizaciones del Ejército emplean a funcionarios civiles de carrera dentro de sus filas. Aunque no visten el uniforme del Ejército, los civiles del Departamento del Ejército son vitales para el cumplimiento de la misión y proporcionan estabilidad a través de la memoria institucional en unidades donde los soldados normalmente pasan dos o tres años antes de trasladarse a un nuevo destino.

embargo, el comandante de tu batallón (un teniente coronel) es quien te da las "órdenes de marcha".[1] Aunque usted sea el único capellán de la unidad, su capellán de brigada (un comandante del cuartel general superior) actúa como su supervisor técnico (capellanía) e, idealmente, como su mentor. Sus compañeros en la unidad son los comandantes de compañía (normalmente tres), así como otros miembros del personal de la unidad: oficiales que supervisan personal, inteligencia, operaciones, logística y comunicaciones.

El equipo ministerial de su unidad (UMT) consiste en usted mismo y sus especialistas en asuntos religiosos. Este soldado (un especialista o sargento) sirve como su operador de vehículo, coordinador administrativo y logístico, y protector armado.[2] El especialista en asuntos religiosos, un miembro militar alistado capacitado para desempeñar esta función, es el único soldado del que usted tiene responsabilidad de supervisión.

Su oficina está situada cerca de la sede del batallón y del resto del personal. Esto le permite aprender de ellos, al mismo tiempo que los atiende como capellán. Pasa horas cada día cerca de los soldados de su unidad, muchos de los cuales viven en cuarteles cerca de la sede del batallón. El compromiso más eficaz del capellán es un "ministerio de presencia". En lugar de quedarse sentado en su oficina esperando a que los soldados pasen a hablar, usted tiene la oportunidad y la obligación de interactuar con ellos tanto como sea posible. Algunos de los sitios más eficaces para conversaciones pastorales incluyen ceremonias de campo, marchas por carretera, el parque de motores, el comedor y un sinfín de otras situaciones.

Mientras dormíamos en el bosque y compartíamos las dificultades—especialmente durante el mal tiempo, aprovechaba las oportunidades para acompañar a mi rebaño y crear un vínculo de confianza que es difícil de describir a quienes no lo han experimentado. Parte del tiempo más valioso que pasé como capellán júnior fue en el campo, en ejercicios con cualquier sección que estuviera entrenando en ese momento. La mejor afirmación que recibí en aquellos primeros años en mi batallón de infantería fue escuchar a un soldado decir, al verme

---

[1] Los capellanes sirven en el personal del comandante. En este rol, planifican y ejecutan el Programa Maestro Religioso del Comando (CMRP) y asesoran al comandante en asuntos de religión y moral.

[2] Los capellanes son no combatientes que no portan armas. En entornos hostiles, el especialista en asuntos religiosos es responsable de la seguridad armada del UMT.

llegar al área de entrenamiento: "Ahí está mi capellán".

Aunque su comandante quiera saber sobre las tendencias en el asesoramiento y la moral de la unidad, debe tener cuidado de proteger la confianza que los soldados han depositado en usted. Los capellanes militares deben proteger la comunicación privilegiada: sea cual sea lo que un miembro del servicio confíe a un capellán, no debe ser divulgado a nadie sin el permiso de esa persona.[1] Este privilegio garantiza que una persona pueda confiar en un capellán lo que pueda estar ocurriendo en su vida sin miedo a las consecuencias. Si bien es totalmente apropiado informar al comandante sobre las tendencias en la terapia matrimonial o los problemas generales que puedan afectar a los soldados que luchan, nunca es aceptable divulgar detalles específicos de cualquier caso ni los nombres de las personas a quienes el capellán ha asesorado.[2] Un ministerio eficaz del capellán se basa en la confianza. Esta confianza se construye con el tiempo, pero puede destruirse en un instante.

Uno de los beneficios de la capellanía del Ejército es la oportunidad de servir en muchos tipos diferentes de unidades. Durante el tiempo que uno permanece como capitán (aproximadamente nueve años), puede servir en una amplia variedad de batallones: infantería, blindados, aviación, logística, inteligencia militar, comunicaciones, fuerzas especiales y sanidad. Aunque tu labor es similar en cada organización, descubrirás que cada tipo de unidad tiene su propia cultura.

Es completamente natural que, con el tiempo, los capellanes graviten hacia soldados con especialidades militares específicas. Desde el principio de mi carrera, en un batallón de infantería ligera cuyo lema era "Viajar ligero; congelarse de noche", desarrollé un afecto particular por aquellos soldados que son la "punta de lanza" en la guerra del Ejército.

Si puedes imaginarte a ti mismo en uno de estos escenarios, quizá estés pensando: "Esto suena como un lugar perfecto para mí.

---

[1] Este privilegio también se aplica a los miembros de la familia y a los civiles del Departamento del Ejército.

[2] He visto a varios capellanes erosionar la credibilidad del servicio de capellanía y destruir cualquier confianza que pudieran haber construido en sus unidades al discutir a la ligera asuntos de asesoramiento con los líderes de la unidad. Cuando esto ocurre, su intención no suele ser maliciosa. Puede que estén demasiado ansiosos por demostrar su valía ante los líderes e intenten demostrar su pericia al discutir un problema que ayudaron a resolver de tal manera que se hace evidente de quién era el problema al que se enfrentaban.

¿Cómo me inscribo?". Existen tres vías de servicio en la capellanía del Ejército: el componente activo, la Guardia Nacional del Ejército y la Reserva del Ejército.

Varias veces al año, el Cuerpo de Capellanes del Ejército celebra juntas de reclutamiento para incorporar solicitantes cualificados. Los requisitos mínimos incluyen poseer una Maestría en Divinidad, la aprobación de una agencia eclesiástica, experiencia profesional en el ministerio y aprobar un examen médico y de seguridad. La probabilidad de ser seleccionado varía según la junta, dependiendo del número de solicitantes y de cuántos capellanes necesite el Ejército para cumplir con sus requisitos de personal.

Quienes buscan ingresar a la capellanía del Ejército a veces se sienten abrumados por la enorme cantidad de papeleo asociada con el proceso de solicitud. Algunos se desaniman porque han recibido información errónea u obsoleta de otros que han investigado el proceso. En resumen: obtén la información de la fuente correcta y prepárate para demostrar tu compromiso con el riguroso proceso de solicitud.

Una vez ingresado en el Cuerpo de Capellanes del Ejército, recibirá su capacitación inicial en Fuerte Jackson, Carolina del Sur, en el Curso Básico de Liderazgo de Oficiales para Capellanes (CHBOLC). Este curso de ocho semanas (se imparte tres veces al año) lo prepara para incorporarse a su primera unidad como un líder religioso capacitado y seguro. En CHBOLC, aprenderá tareas de guerrero del Ejército, habilidades básicas de oficial, liderazgo y cómo operar en entornos de campo y de guarnición.[1] Y quizá lo más importante es que desarrollarás amistades con tus compañeros en CHBOLC que perdurarán a lo largo de toda tu carrera militar y hasta tu jubilación.

Los beneficios son numerosos, pero servir como capellán del Ejército puede ser difícil. El Ejército es la principal fuerza terrestre de los Estados Unidos. Está comprometido con asegurar el terreno en operaciones militares y es vital para el mantenimiento eficaz de las operaciones de paz. Los soldados a menudo operan en condiciones peligrosas y austeras. Como pastor de soldados, los acompañarás adondequiera que vayan durante largas jornadas, separaciones familiares (incluyendo cumpleaños perdidos, ocasiones especiales y días festivos) y la continua preparación para aquello que todos esperamos que nunca llegue: la guerra. Si está casado/a, los capellanes del Ejército necesitan que sus cónyuges sean solidarios en este empeño

---

[1] La descripción del curso CHBOLC se puede encontrar en https://usachcs.tradoc.army.mil/courses/chbolc/.

desafiante pero gratificante. El amor y la estabilidad en el hogar ayudan a mantener al soldado concentrado y con los pies en la tierra durante su despliegue en el extranjero.

Mi propia trayectoria en el Cuerpo de Capellanes comenzó con mi selección para servir en la Reserva del Ejército de los Estados Unidos en 1991. Después de un año, solicité el ingreso al servicio activo. Aunque creía ser un candidato idóneo, el Ejército se encontraba en una fase de reducción de personal tras la Operación Tormenta del Desierto y estaba incorporando a muy pocos capellanes al servicio activo. Fui rechazado, pero volví a solicitar tres meses después. Fui rechazado de nuevo. Aunque creía que Dios me había llamado al servicio activo, luché con la idea de que tal vez había malinterpretado la dirección de Dios y debía permanecer en la reserva y seguir como pastor de mi iglesia. Solicité el servicio activo por tercera vez en 1994 y fui aceptado. Al mirar atrás a esa época de confusión y rechazo, veo que el tiempo de Dios fue perfecto: no habría estado listo para el desafío del servicio activo en 1992. Sin duda, aprendí a perseverar durante ese proceso de dos años.

La gente a menudo me pregunta si creo que tomé la decisión correcta en mi elección de carrera. Mi respuesta es esta: si hace treinta años me hubieran dado un bolígrafo y un cuaderno y me hubieran dicho que me sentara a la sombra de un árbol durante una tarde para crear el trabajo de mis sueños, no habría llegado ni remotamente a imaginar la vida que el servicio de capellanía del Ejército me ha brindado. La capellanía del Ejército es el ajuste perfecto para mí. Lo supe hace casi treinta años y sigo creyéndolo. Mi oración es que tú encuentres tu vocación ministerial ideal, tal vez como capellán del Ejército de los Estados Unidos.

CAPELLANÍA DE LA MARINA DE GUERRA, EL CUERPO DE MARINES Y LA GUARDIA COSTERA

Capellán James Denley

Si tú disfrutas tanto de la aventura como del ministerio, ser capellán en los servicios marítimos es para ti. Los servicios marítimos consisten en la Armada de los Estados Unidos, el Cuerpo de Marines de los Estados Unidos y la Guardia Costera de los EE. UU., los cuales proporcionan numerosos lugares y oportunidades para que Dios trabaje a través de ti mientras apoyas a los miembros del servicio y a sus familias. La Marina recluta ministros cualificados para convertirlos en oficiales comisionados para servir como capellanes en los tres servicios. Las costumbres navales y las tradiciones que definen a los Servicios Marítimos enriquecen esta aventura.

Como un indicador alegre de cuán únicos son los servicios marítimos, ¿quién tiene mejor vocabulario? En el Ejército y la Fuerza Aérea, las escaleras son escaleras, pero en los servicios marítimos son "escaleras". Las paredes son "mamparos", las puertas son "escotillas" y los pasillos son "pasajes". Cuando un capellán sube a bordo de un helicóptero, este pasa a llamarse el "Helicóptero Sagrado".

Considera también la larga tradición naval de tener a bordo del barco la oración vespertina transmitida por el sistema de megafonía, el 1MC. Cada noche, la tripulación hace una pausa para escuchar una oración alentadora de su capellán. En mis barcos, la oración nocturna ocurría justo antes de los toques, o a las diez p. m. Cada noche, el contramaestre de guardia hablaba por el 1MC: "Toques, toques, luces fuera en cinco minutos. Deténganse para la oración nocturna". Y se pone mejor. En los portaaviones, cada aterrizaje (o "trampa") de un piloto se califica por precisión. Cualquier piloto que aterriza durante la oración nocturna recibe una "mejora santa" (crédito extra). Como puedes ver, el capellán es una parte completamente integrada de las costumbres y tradiciones navales.

Antes de profundizar en este capítulo sobre el ministerio en los servicios marítimos, quiero hacer una aclaración y recomendar la lectura del capítulo del Dr. Jim Spivey, "Formación espiritual y la vocación", y la sección del capellán Jay Johns, "Capellanía militar". El primero presenta un principio general que yo describo como conocer quién eres y de quién eres, un objetivo personal crítico y profesional para cada capellán de los servicios marítimos. Necesitarás ser una presencia estabilizadora. Serás más eficaz si entiendes a ti mismo, tu doctrina eclesiástica, tu relación con Dios y tu identidad y autoridad pastoral. En la sección introductoria del capellán Jay Johns, encontrarás una descripción amplia de muchos principios fundamentales que sustentan y contribuyen al papel del capellán militar.

PAUTAS INTRODUCTORIAS ÚTILES

Esta introducción ofrece algunas pautas fundamentadas en la capellanía naval profesional y en la tradición naval.[1] Además, nos centraremos en el ministerio táctico que se lleva a cabo a bordo de buques, batallones y pequeñas unidades. Al finalizar esta sección, usted debería tener una excelente introducción a la capellanía naval en sus diversas manifestaciones.

Comprender completamente la misión de su comando y su entorno operativo.

El deber de cada oficial naval, incluido el capellán, es entender la misión de su comando y su entorno operativo. Dondequiera que se le asigne dentro de los servicios marítimos, usted será miembro de un dominio con una misión específica, un entorno operativo único y tareas especiales que deben lograrse para estar listo para "ejecutar la misión". Usted necesitará entender el alcance de la misión de su comando y cómo su dominio cumple con sus requisitos de misión. Dentro de este ámbito, usted será responsable del Programa Religioso del Comando (CRP) del comandante (CO), que incorpora todas las actividades religiosas patrocinadas por el comando.[2] Cuando yo era el capellán principal a

---

[1] Secretary of the Navy, Instruction 5351.1, Transmisión de cambios 1, "Capellanía Naval Profesional," 2 Julio 2015, https://www.secnav.navy.mil/doni/Directives/05000%20General%20Management%20Security%20and%20Safety%20Services/05-300%20Manpower%20Personnel%20Support/SECNAV%205351.1%20CH-1.pdf, consultado el 27 de septiembre de 2021 .

[2] Secretary of the Navy, Instruction 1730.7E, "Religious Ministry in the Department of the Navy," 11 de marzo de 2019, https://www.secnav.navy.mil/doni/Directives/01000%20Military%20Personnel%20Support/01700%20Morale,%20Community%20and%20Religious%20Services/1730.7E.pdf e Chielf of Naval Operations Instruction 1730.1, "Religious Ministry in the Navy," 25 de abril de 2012, https://www.secnav.navy.mil/doni/Directives/01000%20Military%20Personnel%20Support/01-700%20Morale,%20Community%20and%20Religious%20Services/1730.1E.pdf, consultado el [fecha de consulta] . 27 Septiembre 2021. Comandant of the Marine Corp Order 1730,6 °F with Administrative Change, "Religious Ministry in the Marine Corps," 16 Agosto

bordo del USS *Enterprise* (CVN-65), un portaaviones de propulsión nuclear, el buque fue encargado de realizar entierros en el mar para varios veteranos de la Marina de Guerra. Se necesitaron semanas de planificación intermitente para encontrar una ventana de oportunidad para llevar a cabo la ceremonia. Luchamos con los horarios de vuelo, las condiciones meteorológicas, el estado del mar y los requisitos de entrenamiento, hasta que finalmente se presentó una oportunidad.

El comandante firmó un plan de acción para el entierro en el mar, que incluía acciones por parte de los miembros de la planta de propulsión, el equipo del puente de mando y el departamento de aviación. El equipo del puente posicionó el gigantesco portaaviones de modo que el viento y el mar tuvieran el menor efecto posible en la ceremonia. Solo veinticinco personas de las tres mil quinientas a bordo del "Grande E" ("Big E") se reunieron junto al ascensor número 4 para la ceremonia. Toda la tripulación conocía esta arraigada tradición: bajar el ascensor número 4 lo más cerca posible del mar.

El oficial al mando me preguntó cuánto tiempo duraría el entierro. Un helicóptero de evacuación médica estaba en camino y el ascensor necesitaba volver a estar operativo antes de que el helicóptero llegara con un paciente gravemente enfermo. Nuestros ensayos habían durado unos cuarenta minutos.

Le dije al comandante que terminaríamos en treinta y cinco minutos sin prisas, pero en menos tiempo si fuera necesario. Dijo que treinta y cinco minutos estarían bien. Desde el anuncio por el altavoz principal de "Todos a enterrar a los muertos" hasta "Asegurar para evitar ser enterrados en el mar", transcurrieron exactamente treinta y cinco minutos. Llegamos a tiempo.

Si el equipo de capellanía no hubiera comprendido cómo operaba el "Grande E", el entierro podría haber retrasado el vuelo de llegada y puesto en peligro al paciente. Comprender la misión y el entorno operativo es básico para cada evento a bordo de un buque de guerra, incluso para los eventos que forman parte del CRP.

Habla cuando tengas algo que aportar. No seas tímido.

El mejor modelo para comprender la estructura fundamental de

2018, https://www.marines.mil/Portals/1/Publications/MCO%201730.6F%20Admin%20Change.pdf?ver=2018-08-24-065538-480, consultado el 27 de Sept. 2021, Religious Ministries within the Coast Guard," 9 de marzo de 2012, https://media.defense.gov/2017/Mar/06/2001707724/-1/-1/0/CI_1730_4C.PDF, consultado el 27 de septiembre de 2021.

los servicios marítimos es la intrincada interacción en el puente de un buque de guerra en el mar. Es un entorno formal, pero sorprendentemente igualitario.

La formalidad funciona de esta manera: cuando el oficial al mando entra o sale del puente, el contramaestre de guardia anuncia: "El capitán está en el puente" o "El capitán ha salido del puente". Cuando yo abría la escotilla del puente para visitar al equipo o para decir la oración nocturna, siempre preguntaba: "¿Permiso para entrar al puente?". Nadie jamás dijo "no", pero la costumbre de pedir permiso se remonta a siglos atrás. La formalidad y la cortesía son el tejido que mantiene unidas las interacciones personales en todos los servicios marítimos.

Otra costumbre en el puente de un buque de guerra—que se extiende a todo el liderazgo naval—es la comunicación de información crítica. Tal vez hayas escuchado el dicho: "Si tu jefe quiere tu opinión, él o ella te la dará". En la auténtica tradición naval, es exactamente lo contrario. El liderazgo espera que uno hable y no sea tímido cuando tiene algo importante que comunicar: todas las voces importan.

Considera, por ejemplo, esta interacción típica en el puente. El oficial de guardia (encargado de la navegación) le dice al timonel: "Rumbo diez grados a babor". Si alguien detecta un posible peligro por babor, debe comunicarlo de inmediato. Un vigía atento podría informar: "Oficial de guardia, tengo una pequeña embarcación de superficie a mil yardas por el costado de babor". Tal vez el OOD ya lo sabía y planeaba cambiar el rumbo más adelante; tal vez no. Pero el oficial agradecerá al vigía que habló. Los capellanes no son la excepción cuando sirven en los servicios marítimos. Hablen con respeto, claridad y confianza. Presenten sus observaciones de manera profesional y en apoyo de la misión de su comando.

Ser un estudiante de religión.

Ser un estudiante perpetuo de la religión es esencial por cuatro razones. Primero, como capellán de la Armada, es probable que seas el único capellán disponible durante largos períodos. Muchos no tendrán acceso a ministros de su propia fe. El trabajo del capellán es proporcionar una conversación empática y experta sobre sus necesidades religiosas cuando el miembro del servicio pueda estar experimentando dolor o una pérdida personal.

Aquí hay un ejemplo típico. A bordo de un barco o en un batallón, aproximadamente entre el 20 y el 25 por ciento del personal será católico romano. Obviamente, tú no podrás atender directamente esas necesidades específicas a menos que seas un sacerdote católico romano.

Sin embargo, un capellán facilita el desarrollo espiritual de todo el personal. Por lo tanto, es fundamental para el personal católico y para el comando que el capellán tenga un conocimiento profesional y práctico del catolicismo. Con ese conocimiento, el capellán resulta de gran ayuda para los miembros católicos de las Fuerzas Armadas que están redescubriendo sus raíces espirituales, una necesidad común para muchos jóvenes. Tal vez uno de tus infantes de Marina no completó el proceso de confirmación católica. Centrar su enfoque en la recepción de su primera comunión podría ser el paso más importante que des para profundizar su fe y fortalecer su resiliencia espiritual. Ser un estudiante de la religión rendirá grandes dividendos para tu gente y para la preparación del comando. Después de todo, cada misión depende de personas confiables, y la fe es vital para el crecimiento personal y el bienestar.

En segundo lugar, ser un buen estudiante de religión es importante al abogar por aquellos que necesitan un ajuste para practicar su fe adecuadamente. Una vez tuve a un marinero que era muy conocido a bordo de mi barco por su fe cristiana. Un día, su jefe suboficial principal (LCPO, un líder alistado sénior) llegó a mi oficina con un "chit" (formulario de petición especial) de este marinero, quien solicitaba días libres adicionales para celebrar Sucot (la Fiesta de los Tabernáculos). El suboficial sabía lo mismo que yo: Sucot es una festividad judía. No se había dado cuenta de que el tipo de cristianismo que practicaba el marinero se definía a sí mismo como judío y cristiano a la vez; él observaba tanto festividades judías como cristianas. Saber este hecho nos ayudó a resolver un asunto que, de otro modo, podría haber sido complicado. Lo más significativo, desde la perspectiva de un capellán, es que la cadena de mando del marinero recibió la información necesaria y lo apoyó plenamente. Se respetó la libertad religiosa del marinero, fortaleciendo así su resiliencia espiritual.

La tercera razón para ser un estudiante de la religión es que las unidades se despliegan o visitan muchos lugares en el extranjero. Un barco en el mar Mediterráneo podría visitar lugares tan religiosamente diversos como el norte de África (mayoritariamente musulmán), Italia (católica romana), Grecia (ortodoxa griega) e Israel (judío). A lo largo de la cuenca del Pacífico, los puertos están fuertemente influenciados por el budismo, las religiones animistas y las adaptaciones locales de las principales religiones del mundo, así como por diversas actividades misioneras cristianas.

En tales entornos, el oficial al mando necesita entender las normas culturales básicas para las interacciones de la tripulación con la población local. ¿Es un festival religioso algo que la tripulación debería evitar? ¿Existen normas religiosas para las interacciones entre hombres y mujeres? ¿Daría la mezquita local la bienvenida a miembros del servicio estadounidenses? Generalmente, el Departamento de Estado de los EE. UU. ayuda al oficial al mando con estas preguntas fundamentales, y los capellanes deberían leer estos informes. Aun así, como estudiante de la religión, un capellán debería tener una comprensión más refinada de los asuntos culturales que la tripulación podría enfrentar. Durante el período previo al despliegue, el capellán conocerá el cronograma del comando y debería ser capaz de prepararse en consecuencia. Este tipo de concienciación aumenta el valor del capellán para la misión del comando.

La cuarta razón es que el entorno operativo (ya sea entrenamiento u operaciones reales) es diverso. El siguiente ejemplo ilustra cómo los principios de comprender la misión del mando y de expresar opiniones importantes pueden funcionar conjuntamente. En una ocasión, durante una sesión informativa operativa previa a un entrenamiento, el equipo de fuerzas especiales a bordo describió cómo habían observado un pequeño pueblo durante tres días. El equipo planeó una simulación de infiltración diurna. La ciudad estaba más silenciosa justo antes del atardecer. Por ello, planearon infiltrarse en la ciudad dos días después, justo antes del atardecer. Mientras escuchaba el informe, esperé a que alguien señalara un hecho significativo y bien conocido. Estaban planeando su simulacro de infiltración para la hora previa a la puesta del sol de un viernes en una ciudad musulmana. La ciudad estaría llena de actividad, ya que la mezquita (ubicada al centro en su mapa) abriría sus puertas para el culto. Finalmente, hablé y expliqué el dilema al equipo de infiltración. Aparte de un poco de vergüenza en los oficiales subalternos que habían elaborado el plan de infiltración simulado, los altos mandos (como era de esperarse) dijeron: "Gracias por mencionarlo, muchachos". Reescribieron su plan y partieron.

Intercambia su rol público por su rol familiar.

Como pastor de una iglesia, tú típicamente puedes permitirte tener una persona pública. Puedes decidir cuándo y cómo te presentarás. Eso no es posible en el entorno táctico de los Servicios Navales, donde normalmente se participa en un entorno expedicionario. Piensa en acampar al aire libre durante semanas o meses con cientos de feligreses. Piensa en vivir en el mar durante meses con tu congregación y compañeros de trabajo.

Para mí, fue un gran paso pasar de ser pastor de una pequeña iglesia. Como pastor civil, podía prepararme para el culto dominical, hacer visitas al hospital o cenar en nuestra casa. Pero en el mar, veía a los marineros a quienes intentaba ministrar en todos los lugares a los que iba, incluso cuando estaba mareado, echaba de menos a mi familia o estaba enojado porque algo me había irritado. Necesité aprender un nuevo conjunto de habilidades. Tuve que decidir que era miembro de una familia muy grande, muy diversa y, en general, muy amable.

Con el tiempo, aprendí a convertirme en miembro de esa familia. Pasábamos por todo juntos. Un integrante de la tripulación podía decir: "Oye, pareces preocupado. ¿Estás bien?". Con un nivel renovado de transparencia, yo podía responder: "Sí, estaré bien. Acabo de escuchar una historia inquietante. ¿Y tú? ¿Cómo estás?".

Fui como un hermano para algunos, un padre para otros, e incluso un tío un poco excéntrico para quienes encontraban divertida mi personalidad o mi fe. Pero siempre fui su pastor, aunque estuviera enfermo de gripe. Lo mismo ocurría con los infantes de Marina en el campo: dormíamos unos junto a otros, comíamos lo que teníamos y compartíamos bocadillos, historias, humor y tristeza. Pero siempre era su pastor. A veces a esto se le llama "ministerio encarnacional". Me gusta esa expresión. Serás un representante de Jesús incluso cuando tú y tu gente estén empapados hasta los huesos en una tormenta, sudando bajo un calor tropical o buscando cualquier fuente de calor. Ese es el cambio: la persona como parte de la familia; el ministerio encarnacional.

Tener un comportamiento profesional.

Tal vez todos estemos de acuerdo en que los buenos ministros deberían tener sentido del humor y no tomarse a sí mismos demasiado en serio, ser generosos con su amabilidad y manejar los conflictos con serenidad. Para un capellán de la Armada, estas son cualidades necesarias. ¿Qué tú hagas en la proa del barco será repetido en la popa del barco? ¿Qué tú digas en un extremo a un grupo de Infantería de Marina se convertirá en leyenda en el otro extremo? Y este próximo punto es muy importante. Tu comportamiento profesional debe ser verdaderamente coherente con quién tú eres y de quién tú eres. Con el tiempo, lo irás adaptando. No puedes fingirlo.

El problema no es que todos estén mirando y escuchando. Claro que lo están. Pero miran y escuchan porque necesitan tu ejemplo, tu fe en Dios y tu equilibrio en la vida. Ellos saben que tú estás viviendo a través de lo que ellos están viviendo. Si tú puedes afrontar el estrés y la presión con una buena actitud alimentada por la fe, ellos crecerán en su fe. Nunca he visto a la tripulación de un barco ni a un pelotón de marines confiar en un capellán que se quejara con ellos o de ellos, que se enojara con ellos o que se negara a caminar con gracia a su lado. Tu comportamiento profesional es enormemente importante para el crecimiento espiritual de todos los que te observan.

DOS HISTORIAS DE "QUIÉN TÚ ERES Y DE QUIÉN TÚ ERES"

Historia n.º 1: Funcionó

Las operaciones de interdicción marítima (abordaje de buques comerciales para detectar contrabando) son un proceso largo y complejo. Funcionan de la siguiente manera: una lancha de su buque transporta un equipo de abordaje. A los buques comerciales se les realizan inspecciones, y su buque de guerra monta guardia.

Durante una de estas operaciones de varias horas, una multitud se reunió afuera del puente para observar la maniobra. Yo también estaba allí cuando el comandante ordenó al segundo al mando que despejara la zona. El segundo al mando dio algunas órdenes, y la gente se dispersó rápidamente. Como capellán del barco, yo quería mantener un ojo pastoral en la operación y pasar unos minutos tranquilos hablando con el oficial al mando sobre cómo estaba. Siempre soy pastor, y tenía mis razones para quedarme allí. El segundo al mando salió del puente y dijo: "Eso va para usted también, capitas. Fuera del ala del puente". Permanecí completamente quieto mientras mi mente y mi corazón luchaban entre la orden directa del segundo al mando y lo que yo veía como mi función como capellán. Me sentí aliviado cuando el oficial al mando se volvió hacia el segundo al mando y dijo: "Está bien, segundo. El capellán sabe cómo manejarse aquí afuera". Basado en quién era yo y de quién era yo, tomé una decisión arriesgada. Afortunadamente, resultó bien. Conversé con el oficial al mando acerca de su familia y de cómo se sentía. También hablamos sobre el bienestar de nuestro equipo de abordaje, que había estado extremadamente ocupado últimamente. Permanecí en el ala del puente bien pasada la caída de la noche, hasta que el equipo de abordaje estuvo nuevamente a bordo y a salvo. Misión cumplida: la de ellos, la mía y la de Dios.

Historia n.º 2: Aprende de tus errores

Cada rama militar tiene una costumbre como esta: la tropa júnior come primero, de júnior a sénior. Una noche en el campo con mis marines, nos dieron comida caliente (en recipientes térmicos) en lugar de las raciones de combate diarias. Nos alegró mucho ver llegar la comida caliente.

Reflexionando sobre quién soy y a quién pertenezco, decidí que era buena idea ser el último en comer, tanto como gesto de amabilidad como en mi papel de líder espiritual. Pero esa no es la costumbre. El oficial superior y el suboficial superior son quienes comen al final. Esa es la tradición. Así que, mientras yo tardaba en ponerme en la fila, terminé deteniendo la línea. Había cuatro personas de rango superior al mío, además del sargento de primera clase. Uno de los oficiales superiores me tomó del codo y me dijo: "Es su turno de comer, Chaps", y me acompañó a la fila.

Como capellán, tomas innumerables decisiones espontáneas. Situación tras situación, te preguntarás cómo glorificar mejor a Dios a través de tus acciones. Al reflexionar sobre mi mala aplicación de la virtud cristiana al poner primero las necesidades de los demás, me di cuenta de que, sin querer, me había colocado en una posición de superioridad. No siempre acertamos, y aprendemos de nuestros errores, grandes y pequeños. Tener sentido del humor y no tomarte demasiado en serio hará que cada "¡Ups!" sea más cómodo para todos. Esto también facilita asimilar la lección. Diez minutos después, mientras comíamos nuestros perros calientes chinos, mi traspié ya había sido olvidado... excepto por mí, el aprendiz.

APERTURAS DE PUERTAS INESPERADAS

Los capellanes de la Marina de Guerra, moldeados por su cultura, buscan las unidades más pequeñas de marineros, infantes de Marina y guardacostas en su área y las visitan. Si uno sigue esta regla, se abrirán puertas inesperadas para el ministerio.

He realizado servicios de culto en un submarino de misiles nucleares lejos de su puerto base. Mi familia y yo cantamos villancicos en Nochebuena con una unidad de fuerzas especiales aislada. He volado sobre un volcán activo en un helicóptero de la Marina con vulcanólogos que recogían datos. He viajado en remolcadores, los héroes anónimos de las operaciones portuarias, para animar a sus tripulaciones. Me hice amigo de los seis miembros de la tripulación de una embarcación de balizamiento de la Guardia Costera en Filipinas.

He realizado funerales en lugares que difícilmente podrías encontrar en un mapa, ayudado a alimentar a los más pobres entre los pobres, ministrado a celebridades y sido huésped de honor en las más humildes de las moradas.

A pesar de ser limitada en alcance, esta sección te ofrece una introducción precisa, aunque breve, al ministerio de capellanía en las fuerzas marítimas. Si sientes que las oportunidades de ministerio son infinitas, estás en lo cierto. Ten en cuenta estas sencillas pautas y te irá muy bien.

CAPELLANÍA DE LA FUERZA AÉREA, LA FUERZA ESPACIAL Y LA PATRULLA AÉREA CIVIL

Dr. Steven Richardson

Fui a la universidad para estudiar biología y matemáticas, pero perdí la pasión por ambos temas. Cerca del final de mi segundo año, estaba desesperado por encontrar dirección. Con una cantimplora y una Biblia, fui al Bosque Nacional Mark Twain; allí caí de rodillas y juré no irme hasta saber la voluntad de Dios para mi vida. Después de varios días, me comuniqué con mi papá y le dije que creía que Dios me estaba llamando a ingresar al ministerio como capellán de la Fuerza Aérea.

Permítanme contarles un poco más sobre mi padre para que entiendan lo que sucedió después. Mi padre era pastor en una iglesia de Wisconsin cuando aceptó su comisión como capellán en servicio activo. Eventualmente llegó a dirigir a todos los capellanes de la Fuerza Aérea como Jefe de Capellanes de la USAF. El amor de mi padre por Dios y por los aviadores era contagioso. Siempre tenía un brillo en los ojos, una sonrisa en el rostro y un paso ligero cuando dirigía los servicios de adoración, visitaba a los pilotos en sus centros de trabajo o saludaba a la seguridad de la base en la puerta de entrada. Atesoro las oportunidades que tuve de reunir a más de 150 jóvenes pilotos en un anexo de capilla mientras él les enseñaba la Biblia. Amaba acompañarlo mientras se conectaba con los aviadores en cualquier momento y lugar.

Cuando le conté sobre la decisión que cambiaría mi vida, papá pasó la siguiente hora intentando disuadirme de convertirme en capellán. Habló del estrés de cargar constantemente con los pesos de otras personas, de las horas agotadoras, de los desafíos del ministerio multidenominacional y multiconfesional, y de las dificultades que enfrentaría mi futura familia debido a los constantes traslados. Quiso asegurarse de que yo siguiera a Dios y no simplemente sus pasos. Pero yo sabía lo que debía hacer. Por primera vez en mi vida, tenía un sentido de vocación, un propósito y una pasión. Sentía arder en mi interior el fuego del ministerio de capellanía.

Al considerar la Fuerza Aérea como su lugar de ministerio, destaco los siguientes aspectos: el proceso, la misión, el ministerio y tres imperativos rectores.

ABARCAR EL PROCESO

El camino para convertirse en capellán militar puede ser largo y arduo. Hay que afrontar el proceso con optimismo, sabiendo que se avanza paso a paso. La Fuerza Aérea espera que los solicitantes cumplan requisitos educativos y de experiencia específicos.[1] Aunque no es obligatorio, cualquier persona potencialmente interesada en el servicio de capellanía de la Fuerza Aérea debería considerar la posibilidad de solicitar el programa de candidatos a capellán de la Fuerza Aérea.[2] Este programa habilita a seminaristas y estudiantes de otras escuelas profesionales religiosas a explorar y evaluar su compatibilidad y potencial como capellanes de la Fuerza Aérea. Cuando son aceptados, se les comisiona como subtenientes y suelen entrenar durante el verano. Tras graduarse del seminario y obtener una aprobación eclesiástica, pueden solicitar una comisión en la Reserva de la Fuerza Aérea, la Guardia Aérea Nacional o el servicio activo. El deseo de un solicitante de convertirse en capellán de la Fuerza Aérea no garantiza la admisión. El proceso de incorporación al Cuerpo de Capellanes de la Fuerza Aérea está influido por muchos factores, selecciona de acuerdo con las necesidades de la Fuerza Aérea y elige a los candidatos que están mejor calificados. Ser aceptado en la Reserva, la Guardia o el servicio activo exige persistencia y determinación para completar todos los pasos necesarios.

Otra vía de ministerio (y de experiencia) es servir como capellán de la Patrulla Aérea Civil (CAP), una organización voluntaria no remunerada. El Cuerpo de Capellanes de la Patrulla Aérea Civil proporciona principalmente atención pastoral y apoyo a los miembros de la CAP durante su servicio como miembros sénior o cadetes. El Cuerpo de Capellanes conduce servicios religiosos, asiste al personal de la CAP cuando realiza notificaciones de fallecimientos o lesiones graves, sirve de ejemplo e influencia moral y espiritual para los cadetes, dirige el programa de desarrollo del carácter de la CAP para los cadetes y proporciona asistencia espiritual durante las misiones de la CAP.[3]

---

[1] Para información acerca de la Capellanía de la Fuerza Aérea de los Estados Unidos, ver https://www.airforce.com/careers/specialty-careers/chaplain.

[2] Véase https://www.afrc.af.mil/About-Us/Chaplain/Chaplain-Candidate/, Consultado el 12 de mayo 2021.

[3] Los requisitos de ingreso a la Patrulla Aérea Civil (CAP) son similares a los del servicio activo, la reserva y la Guardia Nacional. Sin embargo, la CAP cuenta con un mayor número de plazas disponibles.

Quienes estén interesados deberían ponerse en contacto con un reclutador del Cuerpo de Capellanes de la Fuerza Aérea, quien ayudará a entender y a navegar por el proceso.

Asistir al Curso Básico de Capellanes de seis semanas en la Universidad del Aire del Cuerpo de Capellanes de la Fuerza Aérea, en Montgomery, Alabama, presenta al candidato a capellán o al capellán recién comisionado a la cultura única de la Fuerza Aérea y la Fuerza Espacial. Esto ayuda a realizar la transición de la vida civil al ministerio militar. También prepara a los capellanes para trabajar en equipo con clérigos de diversas religiones. Los estudiantes aprenden sobre funerales militares, gestión de fondos, culto interreligioso, programas de capilla inclusivos, ministerio en un entorno de preparación, responsabilidades administrativas del capellán y habilidades de consejería.

ENTENDER LA MISIÓN

La misión del Cuerpo de Capellanes de la Fuerza Aérea de los Estados Unidos es inspirar la preparación de los aviadores y sus guardianes (el personal militar que sirve en la Fuerza Espacial de los EE. UU. es llamado "Guardianes") y de sus familias a través de un cuidado espiritual sin parangón, asesoramiento a líderes y libertad religiosa.[1] La máxima prioridad para un capellán de la Fuerza Aérea es el libre ejercicio de la religión. El Cuerpo de Capellanes existe para asegurar que aquellos que levantan su mano derecha para apoyar y defender la Constitución de los Estados Unidos tengan los mismos privilegios de libre ejercicio de la religión que se ofrecen a los ciudadanos civiles. Cuando las personas se comprometen a "apoyar y defender", están haciendo una promesa de servicio y autosacrificio, cualidades a menudo cultivadas y nutridas por sus familias y comunidades religiosas. Cualquiera que esté dispuesto a prestar tal juramento debe tener sus derechos constitucionales garantizados y apoyados. Los capellanes apoyan a quienes desean reunirse para un servicio de oración, una misa católica, una festividad ortodoxa, una celebración de Janucá o las oraciones islámicas del viernes, a veces en lugares remotos y en condiciones austeras.

Como capellán nuevo, aprendí rápidamente que los hombres y mujeres jóvenes que ingresan a las Fuerzas Armadas tienen hambre espiritual. Aunque muchos nunca han tenido ninguna experiencia

---

[1] "Fact Sheet," Fairchild Air Force Base, https://www.fairchild.af.mil/Information/Fact-sheets/Indextitle/B/, consultado el 22 de mayo de 2021.

cristiana o educación religiosa, están entusiasmados por conocer a los capellanes y a menudo los bombardean con preguntas acerca de la fe y la espiritualidad. Desean oír algo positivo en medio de los aspectos negativos del mundo; anhelan escuchar que Dios los ama, tiene un plan para sus vidas y les ofrece esperanza para su futuro.

El general Giulio Douhet, teórico militar italiano y defensor de la flexibilidad inherente del poder aéreo, inspiró la frase: "La flexibilidad es la clave del poder aéreo".[1] La flexibilidad es también la clave para que un capellán de la Fuerza Aérea brinde apoyo a los miembros del servicio, a sus familias y al personal de apoyo de la Fuerza Aérea y la Fuerza Espacial. No hay dos asignaciones iguales. Las personas, la misión y las necesidades difieren de dominio en dominio, de ubicación en ubicación y de unidad en unidad. Los capellanes de la Fuerza Aérea se esfuerzan por comprender a los miembros del servicio en todas las circunstancias, a la vez que enriquecen y fortalecen su vida espiritual.

Para un capellán de la Fuerza Aérea, el ministerio significa estar presente: estar presente cuando los reclutas bajan del autobús en el entrenamiento básico y se dirigen a la barbería; estar presente cuando jóvenes pilotos llevan la aeronave al aire por sí mismos por primera vez; estar allí en una zona de guerra cuando las tropas llegan, asustadas y preguntándose qué les depara el futuro; estar allí para aconsejar a una joven pareja que apenas comienza su viaje de "hasta que la muerte nos separe"; estar allí en el altar cuando los jóvenes y las mujeres dan un paso al frente para hacer una profesión de fe; y, por supuesto, estar allí en los momentos de dolor, cuando las lágrimas fluyen y los guerreros necesitan sabios consejos.

DISFRUTAR DE UN MINISTERIO RICO Y DIVERSO

El ministerio en la Fuerza Aérea significa brindar atención pastoral a los afligidos, predicar con pasión y excelencia y ofrecer asesoramiento con conocimiento. Implica ayudar a los guerreros a reintegrarse en sus familias después de un despliegue. También significa dirigir programas y retiros de capacitación en resiliencia y oficiar bodas y servicios conmemorativos. Sorprendentemente, es común que todas estas actividades ocurran en una sola semana. Los capellanes pasan muchas horas y largos días con aquellos en su círculo

---

[1] Giulio Douhet, *The Command of the Air* (tr. Dino Ferrari; Air Force History and Museums Program, 1998), https://media.defense.gov/2010/Sep/24/2001329765/-1/-1/0/AFD-100924-017.pdf, accedió 5 Octubre 2021.

de cuidado, orando, alentando, fortaleciendo y amando, lo que algunos consideran un "recordatorio visible de lo sagrado".

Cada rama militar tiene una rica historia, legado, tradiciones y misiones en constante evolución que moldean e influyen en su ética. Los capellanes deben conocer la historia, la misión y la cultura de su respectiva rama militar para ser eficaces. La Fuerza Aérea de los Estados Unidos se separó del Cuerpo Aéreo del Ejército y se convirtió en una rama independiente el 18 de septiembre de 1947, cuando el presidente Harry S. Truman firmó la Ley de Seguridad Nacional. La Fuerza Espacial de los Estados Unidos (USSF), establecida mediante legislación firmada el 20 de diciembre de 2019, es el servicio militar más reciente.

La Fuerza Aérea de los Estados Unidos ofrece a los capellanes fantásticas oportunidades para trabajar en diversos contextos ministeriales, obtener títulos avanzados y aprender de capellanes mentores de alto rango. Los capellanes de la Fuerza Aérea deben aprender a desenvolverse como parte de un equipo ministerial multiconfesional. En suma, a nivel de base o de dominio, los capellanes pueden trabajar directamente para un comandante o apoyar a grupos únicos como Fuerzas Especiales e Inteligencia.[1] Estas son oportunidades únicas para dirigir un equipo de dos personas como miembros de un escuadrón o grupo, aparte del equipo de la capilla de la base. A menudo, esta es la primera oportunidad para que un capellán asuma la plena responsabilidad del cuidado espiritual de una unidad completa y supervise a un aviador alistado de asuntos religiosos como parte de un Equipo de Apoyo Religioso (RST).

Los capellanes de la Fuerza Aérea están sujetos a una alta tasa de despliegues. Los objetivos de la misión y los ciclos de rotación del personal determinan la duración del despliegue. Si bien estar lejos de la familia puede crear desafíos personales, el ministerio en ubicaciones de despliegue puede proporcionar oportunidades de ministerio vibrantes. Los capellanes de la Fuerza Aérea y los aviadores de asuntos religiosos transforman lugares comunes en los entornos más severos en lugares sagrados de culto y esperanza. Los capellanes ofrecen oración en torres de guardia y alojamientos temporales, servicios de culto en aeronaves y

---

[1] La Fuerza Aérea ha establecido diversos programas de resiliencia. Un ejemplo, inspirado en el Programa de Preservación de la Fuerza y la Familia del Comando de Operaciones Especiales de los Estados Unidos, fue "Verdadero Norte." Esta iniciativa incorporó a profesionales de la salud mental, fisiólogos, terapeutas físicos y un equipo de apoyo religioso dentro de los grupos de alto riesgo de un ala.

tiendas de campaña, y asesoramiento en la privacidad de una oficina olvidada o en la parte trasera de un avión de carga.

Los capellanes enfrentan todos los peligros de la guerra mientras proporcionan un "ministerio de presencia" o "ministerio de propósito" en las regiones más volátiles del mundo. Animan a los vivos, oran por los heridos y atienden a los moribundos.

La gente puede hablar de "capellanes de combate", pero este término es una contradicción. Los capellanes de la Fuerza Aérea no son combatientes. No portan ni usan armas. No pilotan aeronaves, no custodian el perímetro ni recopilan información sobre el enemigo. Como clérigos ordenados, los capellanes militares brindan apoyo espiritual a los combatientes: oran, aconsejan, predican y ofrecen acompañamiento espiritual a hombres y mujeres en momentos de crisis.

SALVAGUARDIA TRES IMPERATIVOS

Si estás considerando convertirte en capellán de la Fuerza Aérea, permíteme compartir tres cosas que mi padre me dijo. Primero, aférrate a tu fe. No tienes que transigir tu mensaje ni ceder en tu pasión por Dios. Tú eres un capellán llamado por Dios y respaldado por un grupo religioso de fe específico para ministrar a los militares. No permitas que nada te distraiga del ministerio que Dios te ha dado. Por ejemplo, si tú eres un capellán cristiano, representas a Cristo y a la fe cristiana. Lo mismo ocurre con los capellanes judíos e islámicos, ya que ellos representan igualmente a su grupo de fe. Tú no eres un oficial moral que intenta hacer a la gente feliz y cómoda. Dios te llama a marcar la diferencia. Tu misión es hacer discípulos y ayudarlos a crecer en su fe.

En segundo lugar, no descuides tu propia vida espiritual. Los capellanes transmiten la palabra de Dios, fortalecen los matrimonios, apoyan a las familias y ayudan a los solteros a cimentar su fe. Pero si el espíritu del capellán es débil, no estará capacitado para ayudar a los demás. Aprende a acudir a Dios. Alimenta tu fe. Si tu fe se agota, no podrás dar de beber a quien lo necesita.

Finalmente, cuida de tu familia. "Dios primero, la familia segunda, el ministerio tercero… sin excepciones". El viejo dicho afirma: "Si el militar quisiera que tuvieras una familia, te la asignarían". Por el contrario, la Fuerza Aérea dedica una gran cantidad de energía y recursos de liderazgo al cuidado y apoyo de las familias. La Fuerza Aérea es conocida por ser la rama del servicio militar más favorable a las familias.

Desafortunadamente, los capellanes pueden enfocarse con

demasiada facilidad en su carrera o ministerio y, de manera involuntaria, sacrificar a su propia familia. Dado que la Fuerza Aérea valora a las familias, los capellanes también deben priorizar a las suyas, solo por detrás de Dios.

Mi familia ha cerrado el círculo. Así como yo estuve involucrado en el ministerio militar de mi papá, ahora mis hijos tocan la guitarra para los servicios de capilla, ayudan con el ministerio juvenil y trabajan con los niños mientras yo dirijo los servicios de adoración o los eventos de enriquecimiento matrimonial. Aunque nuestros hijos se han mudado nueve veces en los últimos veintiún años, ser parte de la familia del Cuerpo de Capellanes de la Fuerza Aérea ha sido tan fundamental para su desarrollo espiritual como lo fue para el mío muchos años atrás. Si Dios llama a ti y a tu familia a servir y ministrar en el Cuerpo de Capellanes de la Fuerza Aérea, esperamos contar contigo como parte de nuestra familia de la Fuerza Aérea.

CAPELLANÍA CORRECCIONAL

Dr. Vance Drum

El primer día que entré en la oficina del capellán de la prisión en 1985, miré a mi alrededor y supe por qué estaba allí. El póster de la era hippie de los años setenta, dejado por el capellán anterior, aún ofrecía sabiduría a todos los que entraban: "Hoy es el primer día del resto de tu vida". Yo estaba allí para traer esperanza y ofrecer opciones para una mejor manera de vivir. Descubrí que todo eso era cierto y que había mucho más que entonces no sabía. A pesar de que ya había servido como capellán voluntario en la cárcel del condado de Dallas (Texas), aún tenía mucho que aprender sobre el ministerio con los presos.

No sería fácil. La prisión de Eastham, con cien años de antigüedad (también conocida como "la más dura de los Estados Unidos"), en el este de Texas, antigua residencia de Clyde Barrow (de la banda de Bonnie y Clyde), tenía una bien merecida reputación de ser un lugar violento, el fin del camino, lo peor de lo peor de las prisiones de los Estados Unidos.[1] Pero Dios me había llamado a estar allí, y permanecí veintisiete años. ¡Y vaya viaje que fue!

Tom Beckner describe el encarcelamiento como estar en "la barriga de una gran ballena". El capellán se sienta en la barriga, saluda a aquellos que llegan con respeto, como hermanos en la fe que se han extraviado gravemente, y les ofrece consuelo, cuidado y buenos consejos durante su estancia.[2]

DESCRIPCIÓN GENERAL

¿Qué es un capellán penitenciario profesional? Al principio de mi ministerio de capellanía penitenciaria, mi director de capellanes, Emmett Salomón—el anterior capellán de Eastham, quien había dejado el cartel, animaba a los capellanes a asistir a las conferencias de la Asociación Correccional Americana. Yo asistí y, en 2007, presenté un taller allí sobre el tema: qué es un capellán profesional para las personas encarceladas. Escribí: "Un capellán correccional profesional es alguien que, con conocimiento especializado y amplia capacitación, es llamado

---

[1] Daniel Pedersen *et al.*, "Inside America's Toughest Prison," *Newsweek* (6 Oct. 1986): 46-61.

[2] W. Thomas Beckner, *Correctional Chaplains* (Orlando: Cappella Press, 2012), 76.

y remunerado para facilitar los servicios religiosos y proporcionar cuidado pastoral a personas encarceladas de todas las creencias en una institución".[1] Los capellanes penitenciarios tienen dos misiones principales en su trabajo en favor de los reclusos: (a) facilitar el libre ejercicio de la religión y (b) proporcionar oportunidades para la rehabilitación moral y el aprendizaje en la gestión de la vida.

LIBRE EJERCICIO DE LA RELIGIÓN

Los reclusos confinados en una institución no pierden su derecho constitucional a ejercer su religión debido a su confinamiento. La Primera Enmienda de la Constitución de los EE. UU. establece: "El Congreso no hará ninguna ley respecto al establecimiento de una religión ni que prohíba el libre ejercicio de la misma".[2]

Históricamente, los tribunales han dictaminado que los presos tienen derecho a ejercer su fe.[3] Los gobiernos estatales proporcionan y compensan a los capellanes para facilitar esta libertad religiosa fundamental garantizada por el documento fundacional de nuestro país. En suma, en sus estándares para la acreditación de centros penitenciarios, la principal asociación profesional de correcciones de los EE. UU., la Asociación Correccional Americana, exige la presencia de capellanes en los centros penitenciarios.[4]

¿Cómo funciona la libertad de culto en los centros penitenciarios? En 2005, el Tribunal Supremo ratificó la Ley de Uso de la Tierra Religiosa y Personas Institucionalizadas de 2000 (RLUIPA),

---

[1] Vance Drum, "Professional Correctional Chaplains," workshop, American Correctional Asociation Congress of Correction, 13 Agosto 2007, Kansas City: http://www.correctionalchaplains.org/, accedió 28 Septiembre 2021.

[2] Ver https://www.archives.gov/founding-docs/bill-of-rights/what-does-it-say, accedió 28 Septiembre 2021.

[3] Para ejemplo, ver *Cortador v. Wilkinson* (2005), https://www.law.cornell.edu/supct/html/03-9877.ZS.html, consultado el 28 de septiembre de 2021. Este caso de la Corte Suprema ratificó el derecho a la libertad religiosa de los presos, tal como se articula en la Ley de Uso de Tierras Religiosas y Personas Institucionalizadas de 2000 (RLUIPA), https://www.justice.gov/crt/religious-land-use-and-institutionalized-persons-act-0, consultado el 28 de septiembre de 2021.

[4] American Correctional Asociation, Department of Performance-Based Standards and Accreditation, "Performance-Based Expected Practices for Adult Correctional Institutions," Standards #5-7-F-4512—5-7-F-4513, 5.ª edición, 2018.

que señaló que el ejercicio religioso en las cárceles requiere salvaguardias únicas para su adecuada aplicación.[1] El tribunal estableció cuatro requisitos para facilitar el ejercicio de la Primera Enmienda en las cárceles:

Creencia sinceramente sostenida. El preso debe tener una creencia religiosa sinceramente sostenida.

Carga sustancial. El gobierno no debe imponer una carga sustancial al libre ejercicio de la actividad religiosa.

Interés gubernamental imperioso. Si se pretende restringir la práctica religiosa de una persona encarcelada, debe existir un interés gubernamental convincente para hacerlo. El interés imperioso más común consiste en garantizar la seguridad de la institución.

Medio menos restrictivo. Si se va a restringir el ejercicio religioso de las personas encarceladas, debe hacerse utilizando el medio menos restrictivo que asegure el interés gubernamental imperioso. En una analogía: si un matamoscas sirve, no se debe usar un martillo.

La administración penitenciaria (dirección ejecutiva, abogados y directores de capellanes) debe tomar numerosas decisiones de política y procedimiento para facilitar el libre ejercicio de la religión en sus instituciones. Actualmente, existen más de cuatrocientas religiones autodeclaradas entre la población reclusa de Texas, todas en busca de espacio para congregarse. El problema radica en cómo proporcionar dicho espacio para el "libre ejercicio" de diferentes grupos de fe dentro de las paredes de una instalación en una semana determinada.

Fuera de la prisión, las personas pueden congregarse en cualquier lugar—en un centro, en una casa o bajo un árbol—y pueden practicar su culto en cualquier momento. Pero en prisión, las limitaciones de tiempo y espacio son asuntos complejos. Muchos estados han dado cabida al "libre ejercicio" estableciendo un número determinado de iglesias confesionales con creencias similares, agrupando bajo diez a veinte grandes categorías a diversos grupos paraguas.

Por ejemplo, las denominaciones cristianas protestantes suelen agruparse en un mismo servicio religioso. En la experiencia religiosa en prisión, se enfatizan las similitudes entre todas las denominaciones y se restan importancia a las distinciones. Todos los cristianos protestantes comparten ciertas creencias religiosas básicas. Adoran juntos y expresan su unidad fundamental al mismo tiempo. Como mi director de capellanes, Emmett Salomón, solía decir: "Si una vez dominas los Diez

---

[1] *Cortador v. Wilkinson* (2005).

Mandamientos y el Sermón del Monte, habrás avanzado mucho en el camino hacia el bien".[1]

Capellanes, voluntarios del mundo libre y ministros de presos aprobados por el capellán: todos enseñan lo que creen. Debido a que la población reclusa es religiosamente diversa, un programa de capellanía integral expresará diversos puntos de vista confesionales. En el grupo protestante, el clero de diversas denominaciones ministrará, y cada servicio reflejará el "sabor" de la fe del ministro.

El capellán se asegurará de instruir a todos los ministros para que no menosprecien otras religiones o razas. Esto contraviene la política penitenciaria, y la norma de "no menosprecio" debe respetarse estrictamente. Además, los ministros deberían tener cuidado de no enfatizar continuamente las distinciones denominacionales de una manera que cause que los reclusos que creen de manera diferente se sientan excluidos. El capellán debe dirigir los servicios religiosos de tal manera que todos los presentes los encuentren significativos y espiritualmente edificantes.

REHABILITACIÓN MORAL Y PROGRAMAS DE GESTIÓN DE LA VIDA

Una segunda misión central de los capellanes, no menos importante que facilitar el libre ejercicio, es proporcionar oportunidades de rehabilitación moral y de gestión de la vida a través de programas de rehabilitación y reinserción. En los Estados Unidos, existe un gran número de personas que han tenido poca o ninguna exposición a maneras prosociales y saludables de vivir. Muchos nunca aprendieron que robar está mal porque no crecieron en la iglesia; sus hogares podían ser amorales, disfuncionales o abusivos; y las escuelas públicas no enseñaban mucho sobre la diferencia entre el bien y el mal. Robar las cosas del prójimo, así como otros asuntos morales, puede que nunca haya sido discutido como algo tan incorrecto mientras crecían.

Las estadísticas muestran que los hijos de reclusos tienen hasta cinco veces más probabilidades de ir a prisión que aquellos cuyos padres no estaban bajo custodia.[2] Una característica distintiva de la

---

[1] Ver www.prisonseminaries.org para información sobre el modelo de seminario penitenciario y los ministros pares entre los presos.

[2] H. Zehr, "Justice for Children Whose Parents Are in Prison," Eastern Mennonite University, Zehr Institute for Restorative Justice Blog, 10 Dec. 2010, https://emu.edu/now/restorative-justice/2010/12/10/justice-for-children-whose-parents-are-in-prison/, accedió 5 Octubre 2021.

capellanía correccional es el desarrollo de programas eficaces que brindan a los reclusos conciencia de otra manera mejor de vivir que entrar y salir de prisión.

Un beneficio sustancial de los programas de rehabilitación moral es que ayudan a reducir la reincidencia, es decir, la tasa de regreso a prisión. Actualmente, la tasa de reincidencia en Texas es una de las más bajas de la nación, con un 21 por ciento después de tres años fuera de prisión. Texas ha cerrado diez prisiones en los últimos diez años, y la población carcelaria ha disminuido en aproximadamente 35.000 personas.[1] Existen muchas maneras de implementar programas de rehabilitación moral. Una de las iniciativas más visibles e impactantes es el modelo de seminario penitenciario. En este programa nacional, los reclusos que reúnen los requisitos se ofrecen como voluntarios para recibir formación en un programa de seminario acreditado de cuatro años, tras el cual son transferidos a otras prisiones del estado para convertirse en ministros para sus compañeros reclusos. Los efectos del programa en la prisión de Angola, en Luisiana, han sido ampliamente estudiados y se ha descubierto que transformaron positivamente tanto a los presos individuales como a la violenta cultura carcelaria de Angola.[2]

Los dormitorios confesionales, o áreas de formación del carácter, constituyen otra forma de inculcar valores morales y una gestión eficaz de la vida. En estas áreas, los funcionarios penitenciarios agrupan a los internos para ofrecer apoyo a aquellos que desean integrar la fe y la práctica religiosa en un entorno grupal.[3] Los cursos de rehabilitación y reinserción son una parte central del programa y tienen una duración de entre seis y veinticuatro meses. Tras completarlos, los internos que se gradúan se distribuyen por todo el centro penitenciario para contribuir a la transformación del entorno mediante una influencia prosocial.

Otro tipo de programa es el Gran Evento. Un grupo, tal vez grande, de voluntarios del mundo libre lleva a cabo un gran evento, o

---

[1] Texas Departmento of Criminal Justice, Office of Executive Services, https://www.tdcj.texas.gov/publicaciones/index.html#Executive, consultado el 4 de enero de 2021.

[2] Miguel Hallett *et al.*, *The Angola Prison Seminary* (New York: Routledge, 2017).

[3] "Annual Review of Fiscal Year 2017," Texas Department of Criminal Justice, https://www.tdcj.texas.gov/documents/Annual_Review_2017.pdf, accedió 4 Enero 2021.

una serie de eventos, tal vez durante varios días, en la instalación o en un patio recreativo al aire libre. Un ejemplo es el Programa Kairos, un curso corto sobre cristianismo diseñado ante todo para quienes no participan en la capilla. Otros eventos significativos pueden traer a atletas profesionales u otros artistas para dar testimonio de cómo Dios ha cambiado sus vidas. El objetivo es permitir que los reclusos sepan que Dios los ama, que los voluntarios se preocupan por ellos y que existen otras maneras de vivir distintas al camino que habían preferido anteriormente.

Los ministerios familiares, incluidos los seminarios matrimoniales, las clases de crianza de los hijos y los eventos familiares (Día con papá, Día con mamá), brindan momentos en los que los miembros de la familia acuden a la instalación para participar en un evento de todo el día dirigido por voluntarios. Por lo general, tanto los reclusos como sus familiares lo recuerdan durante mucho tiempo como una experiencia enriquecedora.

Otros programas incluyen diversas modalidades de recuperación de adicciones. Uno de los más conocidos es Celebrate Recovery, un ministerio que comenzó en la Iglesia Saddleback, en California.[1] Este curso de seis meses, basado en la fe, aborda asuntos como el divorcio, el abuso sexual, la codependencia, la violencia doméstica y las adicciones al alcohol, las drogas, el sexo, el juego y la comida.

La rehabilitación moral y la reinserción exitosa son objetivos de muchos departamentos estatales de correcciones, como se ve en la declaración de misión del Departamento de Justicia Criminal de Texas: "proporcionar seguridad pública, promover el cambio positivo al corregir la conducta de los delincuentes, reintegrar a los delincuentes en la sociedad y ayudar a las víctimas de delitos".[2] Los capellanes brindan valiosas oportunidades para el crecimiento personal y espiritual. Es una labor significativa para el capellán y potencialmente transformadora para el recluso.

¿DEBERÍAS CONSIDERAR CAPELLANÍA CORRECCIONAL?

Ser capellán correccional no es para todos. Trabajar con detenidos en celdas o presos condenados puede ser estresante. Sin embargo, si Dios llama a alguien a ser capellán penitenciario, es una de las vocaciones más gratificantes que se pueden elegir. Esa fue mi

---

1 Ver www.celebraterecovery.com, accedió 28 Septiembre 2021.

2 www.tdcj.texas.gov, accedió 28 Septiembre 2021.

experiencia. Amé mi trabajo y nunca me agoté en mis treinta y ocho años como capellán en prisiones.

Los requisitos mínimos para ser capellán penitenciario varían de un estado a otro.[1] En la mayoría de los estados, los requisitos consisten en una combinación de educación (generalmente un grado de licenciatura o una maestría en seminario) y experiencia ministerial (generalmente entre uno y tres años). La mayoría de los estados requieren ordenación y aval eclesiástico. Algunos estados exigen formación pastoral clínica (CPE) u otra experiencia ministerial supervisada para la contratación inicial o el ascenso.

Los capellanes correccionales exitosos poseen varios atributos. El primero es preocuparse por lo que les sucede a las personas. Dios ama a los presos culpables, y los capellanes, como representantes de Dios, también deberían hacerlo: "Entonces clamaron al Señor en su angustia, y él los libró de su aflicción" (Salmo 107:13). Al mismo tiempo, los capellanes deben ser conscientes de los límites: las normas y reglamentos de la cárcel, prisión o centro de menores; las leyes estatales y federales; y los límites personales, que no deben transgredirse. Un capellán sin límites no podrá permanecer mucho tiempo en esta vocación.

Los capellanes eficaces no son territoriales. Trabajan en colaboración con otros capellanes de la institución y reclutan y dan la bienvenida a voluntarios de capellanía. Afirman y supervisan a los ministros pares entre los presos. En una era de presupuestos estatales ajustados, el número de capellanes contratados es insuficiente, pero la ayuda voluntaria añade valor al ministerio penitenciario desde fuera y desde dentro de la prisión.

Los capellanes también comprenden que son miembros de un equipo. Trabajan en colaboración con sus líderes de capellanía, la administración y el personal de seguridad, y se adaptan a las necesidades. Son personas cercanas y brindan apoyo tanto al personal como a los internos. Su presencia se hace sentir en todo el centro penitenciario.

Finalmente, los capellanes tienen un centro espiritual. Tienen la sabiduría de estar en contacto con Dios y con el pueblo de Dios. Son oyentes empáticos, están formados en su profesión, toman decisiones sabias con oración, muestran respeto hacia todos y se esfuerzan por seguir aprendiendo.

---

[1] Beckner, *Correctional Chaplains,* apéndice.

CAPELLANÍA DE LA OFICINA FEDERAL DE PRISIONES

Capellán Joe Pryor

Dos fechas nunca están lejos de mis pensamientos cuando reflexiono sobre mis veintiún años como capellán en la Oficina Federal de Prisiones: el domingo 4 de noviembre de 1990, cuando comencé mi ministerio en la Institución Correccional Federal de Tallahassee, Florida, y el viernes 12 de noviembre de 2011, cuando salí por última vez por la puerta de la Oficina Central en Washington, D.C.

Ambos días fueron muy emocionales para mí. La primera fecha evocó miedo y anticipación, ya que nunca había pasado más que unas pocas horas ministrando en una prisión y tenía poca idea de qué pruebas y desafíos me esperaban. La última fecha fue un impacto inesperado para mi sistema. Anticipando nuevos desafíos y dejando atrás el estrés de mi puesto como Jefe de Capellanes, no esperaba derrumbarme en lágrimas mientras leía las cartas de felicitación que mis compañeros capellanes me habían enviado. Como Jefe de Capellanes, me veía a mí mismo como su capellán. Ya no era ese el caso. También tomé tiempo para reflexionar sobre el camino que había recorrido como capellán, y sigo consciente, hasta el día de hoy, de los desafíos que mis compañeros capellanes aún enfrentan en las prisiones federales de todo el país. Más que en cualquier otro ministerio que yo haya conocido personalmente, los capellanes de la Oficina Federal de Prisiones forman un parentesco y un compañerismo que se extienden mucho más allá de sus carreras profesionales

UN COMPROMISO COMPLEJO

Como capellán federal de prisiones, serví en instituciones de baja y alta seguridad, en un centro médico para mujeres y en puestos de oficinas regionales y de la oficina central. He sido testigo de cómo docenas de otros capellanes dedicados ofrecían consuelo pastoral a prisioneros afligidos y en lucha, independientemente de si eran personas de una fe profunda o sin fe alguna. En todo ministerio, la presencia pastoral—pese a la fe, por encima de ella o ante su ausencia—es la característica distintiva del capellán en la Oficina Federal de Prisiones. Los capellanes tienen la vocación de brindar apoyo espiritual a todas las personas, ya sean internos o personal de la institución. Es un ministerio de presencia constante.

Los capellanes de las prisiones federales suelen cenar con los presos para celebrar los días festivos con una comida ceremonial. Escuchan el llamado a la oración de los musulmanes y son testigos del sonido del shofar por parte de los judíos. Se maravillan con las danzas significativas de los nativos americanos y con la reverencia de la misa católica. Pasan de puntillas junto a la silenciosa meditación de los budistas y se regocijan con los cristianos protestantes en cantos de alabanza. Se ven influidos por los ritmos reggae del rastafari y aprecian la devoción a la tierra de las religiones basadas en la naturaleza.

Mientras los capellanes se mantienen firmes en su fe y en su llamado al ministerio, deben comprometerse a proteger las libertades religiosas de todas las confesiones, incluso cuando esas creencias estén en clara contradicción—y a menudo en oposición diametral—a las suyas propias. Al proteger la libertad religiosa de otros, los capellanes se dan cuenta de que, al mismo tiempo, están protegiendo la suya. He visto a más de unos pocos capellanes cristianos dedicados y comprometidos que simplemente no pudieron adaptarse personalmente a este entorno.

Muchos interpretaron la necesidad de acomodar las prácticas religiosas de otros como una afrenta directa a su propia fe y, por ello, abandonaron rápidamente el ministerio. También he visto a otros que percibían el entorno correccional como un campo misionero donde buscaban evangelizar a todos en prisión y hacían todo lo posible por restringir las prácticas religiosas de otras tradiciones. Ninguno de estos enfoques es productivo en el sistema penitenciario federal.

La misión del Departamento de Capellanía de la Oficina Federal de Prisiones es acomodar el libre ejercicio de la religión proporcionando cuidado pastoral a todos los reclusos federales y facilitando la oportunidad de practicar sus creencias religiosas individuales conforme a la ley. Los capellanes federales ofrecen servicios religiosos, educación, asesoramiento, orientación espiritual, apoyo e intervención en crisis para atender las diversas necesidades religiosas de los internos, de acuerdo con las normas y políticas de la Oficina Federal de Prisiones. Cuando corresponde, también se brinda atención pastoral al personal.[1]

En esta declaración de misión, los capellanes de la Oficina Federal de Prisiones definen su razón de ser. Son verdaderamente defensores de primera línea del libre ejercicio de la religión, tal como se

---

[1] "Ministry of BOP Chaplains," Bureau of Prisons, 18 Noviembre 2004, https://www.bop.gov/policy/technical/5360_02.pdf, consultado el 28 de septiembre de 2021.

define en la Primera Enmienda de la Constitución: "El Congreso no hará ninguna ley respecto al establecimiento de una religión ni que prohíba el libre ejercicio de la misma".[1] La declaración de misión y la Primera Enmienda proporcionan el marco general para la labor del capellán federal de prisiones. Sin embargo, varias recomendaciones ayudan a asegurar un ministerio exitoso y significativo en la Oficina Federal de Prisiones.

LOS LÍMITES DE LA POLÍTICA

Al principio de mi primer destino en la Institución Correccional Federal de Tallahassee, Florida, mi supervisor me dio un buen consejo: no solo conocer la política, sino mantenerse siempre dentro de sus límites; de ese modo, tendría una larga carrera. Descubrí que esto era cierto una y otra vez. Cada vez que una decisión mía era cuestionada, podía señalar la normativa aplicable y el asunto se resolvía.

La política sobre "creencias y prácticas religiosas" rige la labor de los capellanes en la Oficina Federal de Prisiones. Dicha política utiliza deliberadamente tanto texto en negrita como texto normal. El texto en negrita es el "lenguaje normativo" y se cita directamente del Código de Regulaciones Federales. Este código es una serie de libros que establecen claramente cómo deben aplicarse las leyes por parte de las agencias en sus operaciones cotidianas. En la política de "creencias y prácticas religiosas", el texto en negrita enfatiza la interpretación directa de la ley. El Departamento de Justicia recibe peticiones para cambios o modificaciones a su redacción y somete todos los cambios propuestos a escrutinio y comentarios públicos. Por experiencia, sé que este proceso puede durar cinco años o más. En otras palabras, estas normas constituyen una guía fundamental para los capellanes y sus actividades diarias.

La fuente regular de la política es el "lenguaje de implementación" y la manera en que la Oficina Federal de Prisiones interpreta el "lenguaje normativo" dentro de la agencia a lo largo de las múltiples misiones del sistema penitenciario federal. Cada instalación produce un documento llamado memorando de operaciones que define con mayor detalle la política a nivel local. El conocimiento y la adhesión a estas políticas son esenciales para un ministerio largo y eficaz en este ámbito.

---

[1] Ver https://www.archives.gov/founding-docs/bill-of-rights/what-does-it-say, accedió 28 Septiembre 2021.

RELACIONES CON RECLUSOS

En el centro de la capellanía en la Oficina Federal de Prisiones está el contacto y la comunicación del capellán con los reclusos. El noventa y cinco por ciento del tiempo del capellán se dedicará a la convivencia con reclusos de diversas tradiciones religiosas, etnias y orígenes raciales y culturales. La palabra *relación* nunca debería usarse para describir cómo interactúan un capellán y un preso. Esto es una pendiente resbaladiza. He visto capellanes que han perdido su ministerio, a sus familias e incluso han pasado tiempo en prisión ellos mismos porque cruzaron el límite que existe al establecer una relación personal con un recluso.

Aun así, los capellanes están llamados a ser pastorales, compasivos y afectuosos en su ministerio. Se trata, como mínimo, de un equilibrio delicado, y no todos los ministros son idóneos para desempeñar este rol. Existen varias normas que se aplican y que han demostrado ser duraderas y eficaces. En primer lugar, nunca tome ni dé nada a un recluso a su cargo. El simple acto de enviar una carta para un preso puede salirse de control y dar lugar a solicitudes más peligrosas. En segundo lugar, nunca comparta información sobre su vida personal, incluida la colocación de fotografías familiares en su oficina. Algunas cosas son inevitables.

Por ejemplo, en una prisión donde presté servicio, el estacionamiento estaba justo fuera de la cerca del patio recreativo. Una reclusa se me acercó y había estado observándome. Yo conducía un automóvil nuevo. Ella comenzó a hacerme preguntas sobre el auto: si acomodaría bien a mi familia, cuánto había costado y otras preguntas similares. Mi respuesta estándar era: "Lo siento, pero no hablo de mi vida personal". Al principio, como ministro compasivo, me preocupaba que esto pudiera herir los sentimientos de alguien. Nunca ocurrió, y siempre logré redirigir la conversación.

Sin embargo, los capellanes sí pueden conversar y compartir su fe, siempre que no denigren ni critiquen otras religiones. Hay una expresión que he usado docenas de veces con los reclusos bajo mi cuidado: "Yo creo lo que creo porque creo que lo que creo está bien. Pero tú también crees lo que crees; así que hablemos". Esta frase sencilla ha dado lugar a cientos de excelentes conversaciones. La disposición a escuchar a alguien de otra fe sin criticar ni sentirme amenazado ha tenido el notable efecto de abrir oportunidades para que yo comparta mi fe cristiana.

Otra forma eficaz de construir una compenetración positiva con los reclusos es brindarles las condiciones apropiadas para sus ceremonias religiosas. En la Oficina Federal de Prisiones, cada grupo religioso tiene la oportunidad de celebrar una comida "ceremonial o conmemorativa" cada año calendario. Estas se han moderado un poco con el paso de los años, pero podían ser bastante abundantes al inicio de mi carrera profesional. Algunas de las comidas eran ceremoniales, como la comida de Pascua para los judíos, mientras que otras eran más tradicionales, como la fiesta del Eid para los musulmanes, que marca oficialmente el fin del ayuno mensual del Ramadán.

La preparación de estas comidas especiales es una señal clara y visible para la población reclusa de cuánto les importan a los capellanes y de cuánto valoran su fe. La invitación a unirme a la comida—que siempre esperaba con gusto—era la señal de que yo había brindado un buen servicio y de que mis compañeros capellanes y yo éramos bienvenidos a compartir su celebración.

Una última manera de establecer una buena relación es responder adecuadamente en una crisis. Más allá de las emergencias esperadas, como una enfermedad o un fallecimiento en la familia, siempre ocurren sucesos inusuales en el entorno penitenciario. En 1995, presencié un motín en la prisión donde prestaba servicio. Cuando llegué al centro, mi compañero capellán ya estaba allí. Cientos de reclusos estaban detenidos, con esposas de plástico en muñecas y tobillos, alineados en un largo pasillo del sótano. Al llegar, vi a mi agotado compañero capellán levantando a los reclusos y colocándolos en una silla de oficina con ruedas, llevándolos uno por uno al baño. Esta respuesta personal, atenta y compasiva para satisfacer una necesidad humana básica le ganó el respeto de todos los internos del centro penitenciario.

MINISTERIO A PERSONAL

Mientras la misión principal de los capellanes es proporcionar el libre ejercicio de la religión, además de facilitar la práctica religiosa y ofrecer apoyo pastoral a los internos cuando sea necesario, su ministerio también se extiende al personal. He tenido el privilegio de oficiar varias bodas de compañeros. También he respondido a tragedias que abarcan desde el asesoramiento a parejas en crisis hasta la conducción de un servicio funerario para un miembro del personal asesinado por su cónyuge. Día a día, tuve numerosas oportunidades simplemente para sentarme y hablar con el personal mientras navegaban las aguas turbulentas del trabajo en una prisión.

La relación más crucial del personal que el capellán debería cultivar es con el alcaide de la institución. El alcaide lleva una pesada carga y debe aparentar impasibilidad ante el estrés y las crisis constantes. Establecer esta relación, sumamente delicada y confidencial, será de gran valor para el alcaide, quien gestiona situaciones de vida o muerte a diario.

PROVECHOSO, PERO NO PARA TODOS

Servir como capellán en la Oficina Federal de Prisiones durante veintiún años fue una experiencia provechosa y satisfactoria. Este capítulo no comienza a describir la gran cantidad de oportunidades para ayudar a las personas en una de las situaciones más desesperadas de la vida. Los reclusos están separados de sus familiares y amigos; muchos han perdido sus carreras y reputaciones, y todos cargarán con el estigma de "felón" por el resto de sus vidas. La pérdida de esperanza y de sentido de propósito en sus vidas es inmensa, y a menudo es a través del capellán que se lleva a cabo la restauración.

Es apropiado concluir con una advertencia: los capellanes deben cuidarse a sí mismos y recordar sus prioridades. Nutrir su bienestar espiritual se logra permaneciendo cerca de una comunidad de fe; esto los sostendrá en su ministerio hacia otros. Igualmente importante es colocar a su familia por delante de su ministerio en prisión. He visto a muchas familias desmoronarse por la negligencia de un capellán bienintencionado y abnegado. Dedique tiempo sin concesiones a su familia.

Finalmente, sepa cuándo alejarse, incluso si es para un breve descanso. La tasa de agotamiento entre los capellanes es asombrosa y puede conducir a resultados devastadores. Este ministerio no es para todos, pero para aquellos que sienten el llamado, que Dios los bendiga en este ámbito con la sensibilidad y la fe necesarias para sostenerlos.

CAPELLANÍA EN CÁRCELES Y PRISIONES ESTADOS

Dr. Vance Drum

Existen distinciones entre las cárceles y las prisiones estatales. En los Estados Unidos, las cárceles son generalmente, aunque no siempre, instalaciones para la detención de personas antes del juicio. Las prisiones se utilizan casi siempre para el encarcelamiento de adultos convictos por delitos graves. Las oportunidades de tratamiento programático y rehabilitador se ofrecen con frecuencia en las instalaciones juveniles y en las prisiones, pero rara vez en las cárceles de detención previa al juicio.

UNA BREVE HISTORIA

La primera cárcel de la ciudad con un propósito penitencial fue la prisión de Walnut Street, una casa para el penitente (por eso, "penitenciario"), establecida en Filadelfia en 1773. La prisión fue cerrada en 1838 cuando los funcionarios descubrieron que el confinamiento solitario total en celdas que eliminaban toda comunicación promovía la locura.[1] En 1870, en Cincinnati, Ohio, después de presenciar el hambre de los prisioneros de guerra que regresaban dispersos a sus hogares al final de la Guerra Civil, clérigos preocupados, líderes cívicos y guardias de prisiones fundaron la Asociación Nacional de Prisiones, hoy conocida como la Asociación Correccional Americana. Su compasiva meta era hacer de las prisiones lugares más seguros y más humanos para vivir y trabajar. El gobernador reformista de Ohio, Rutherford B. Hayes, fue elegido el primer presidente de la asociación; seis años más tarde, fue elegido presidente de los Estados Unidos.

Los clérigos tuvieron (y todavía tienen) un papel importante en las correcciones. Por ejemplo, la Declaración de Principios adoptada en 1870 por la asociación establece: "Entre todas las agencias reformatorias, la religión ocupa el primer lugar en importancia, porque es la más

---

[1] Ashley Rubin y Keramet Reiter, "Continuity in the Face of Penal Innovation," *Law & Social Inquiry Journal of the American Bar Foundation* 43.4 (2018): https://www.cambridge.org/core/journals/law-and-social-inquiry/article/abs/continuity-in-the-face-of-penal-innovation-revisiting-the-history-of-american-solitary-confinement/E3BE3440816D9608B8FDED536686B4C7, consultado el 28 de septiembre de 2021.

potente en su acción sobre el corazón y la vida humana".[1]

Los capellanes siguen siendo un componente vital del equipo penitenciario. En el país, con más de mil cien prisiones estatales y federales, *El Foro de la Iglesia* (*Church Forum)* informó la presencia de al menos un capellán remunerado o coordinador de servicios religiosos, lo que resulta en el empleo de aproximadamente mil setecientos capellanes profesionales.

CAPELLANÍA EN CELDA

Mis sentimientos al entrar por primera vez en la masiva y ominosa cárcel del condado de Dallas eran una mezcla de anticipación y aprensión. Nunca había estado en una cárcel, en un centro de detención juvenil ni en una prisión por ningún motivo, ni como detenido ni como voluntario. El estruendo de las puertas al cerrarse una tras otra detrás de mí, colocándome cerca de miles de reclusos en espera de juicio, me inquietó un poco. Sin embargo, entré como voluntario junto a un capellán voluntario experimentado, y él me aseguró que todo estaría bien. Y tenía razón.

La misión principal de las cárceles municipales y de condado en los Estados Unidos es mantener bajo custodia segura a las personas encarceladas dentro de sus muros. La mayoría de los reclusos se encuentran en detención preventiva. Un número menor puede estar cumpliendo una condena corta, generalmente de menos de dos años. La población carcelaria adulta total en los EE. UU. en 2016 ascendía a aproximadamente 810.000 personas.[2] Una misión secundaria de las cárceles es brindar atención pastoral a los reclusos detenidos. La atención espiritual puede incluir visitas a la celda por parte del capellán, la provisión de material de lectura, como Biblias y otros textos, la autorización de llamadas telefónicas de emergencia en caso de la muerte o enfermedad grave de un familiar, y la facilitación de servicios de adoración.

Cuando una persona va a la cárcel, surgen diversas emociones. Para quien es arrestado por primera vez, el miedo y el pavor a lo desconocido y a la sentencia judicial pueden ser sentimientos primarios.

---

[1] "Declaration of Principles Adopted and Promulgated by the 1870 Congress of National Prison Association," American Correctional Association, http://www.aca.org/ACA_PROD_IMIS/docs/1870Declaración_de_Principios.pdf, accedido 28 Septiembre 2021.

[2] "Key Statistics," Bureau of Justice Statistics, http://bjs.ojp.gov/data/key-statistics#citation--1, accedido 26 Diciembre 2020.

Para otros, que han sido arrestados y comparecido ante el tribunal múltiples veces, puede haber sentimientos de resignación y pensamientos de "Aquí vamos de nuevo". Algunos detenidos ven el tiempo en la cárcel, e incluso en prisión, como una parte normal del costo de hacer negocios en el inframundo. Pueden no tener ningún deseo de cambiar.

Otros, para quienes pasar tiempo en la cárcel o prisión ocurre a una edad más avanzada, pueden estar abiertos a vivir sus vidas de manera diferente. Tales personas pueden responder positivamente a las iniciativas pastorales compasivas del capellán. Algunas personas en la cárcel aprenden valiosas lecciones de vida a través de la experiencia y nunca regresan.

CAPELLANÍA EN PRISIÓNES ESTADOS

Si bien algunas dinámicas de las experiencias carcelarias también están presentes en las prisiones, otros factores son muy diferentes. Entre las poblaciones de cárceles y juveniles, a menudo ocurre una negociación interna con Dios: "Dios, si me sacas de este lío, prometo cambiar mi manera de vivir y nunca volver". En prisión, sin embargo, la suerte está echada; el juez y el jurado ya han hablado, y los prisioneros se sientan en una celda por dos, veinte o cincuenta años, de por vida o de por vida sin libertad condicional. Para el preso primerizo, la experiencia de realizar el largo traslado en un autobús encadenado desde la cárcel a la prisión, bajar de él y caminar tras los muros puede ser sumamente aleccionadora y perturbadora.

Sin embargo, no todo está perdido cuando uno va a prisión. No es el fin del mundo ni el fin de la vida. Podría ser el principio. La prisión es un arresto prolongado de un estilo de vida anterior. Es tiempo de meditación, mucho tiempo para pensar. Quienes creen en Dios pueden pensar: "Gracias a Dios". Debido a las restricciones y la supervisión, las oportunidades para el mal comportamiento son menos abundantes en prisión que fuera de ella. Por supuesto, las conductas antisociales aún ocurren; pero llegar al "fondo del barril" puede significar abandonar una vida disfuncional y destructiva y estar dispuesto a considerar alternativas.

Puede ser similar al Paso Uno del programa de Alcohólicos Anónimos: "Admitimos que éramos impotentes ante el alcohol y que nuestras vidas se habían vuelto ingobernables".[1] Para muchos, si no

[1] "The 12 Steps of Alcoholics Anonymous," American Addiction Centers, https://www.alcohol.org/alcoholics-anonymous, consultado el 26 de

estuvieran en prisión, podrían estar muertos. Los capellanes son conscientes de estas dinámicas intrapersonales, por lo que están interesados en llegar personalmente a la población reclusa mediante el cuidado pastoral y programas basados en la fe, acogiendo con agrado la ayuda de voluntarios comunitarios capacitados y utilizando la asistencia voluntaria de los propios reclusos.

GESTIÓN DE PROGRAMAS

Los días del capellán sentado en una oficina esperando responder a la siguiente emergencia han quedado atrás. La capellanía del siglo XXI es robusta y proactiva. El administrador de la instalación quiere saber sobre su programa de capellanía, así que manténgase en contacto. Pero los guardias no quieren conocer todos los detalles del programa: confían en que usted lo gestione bien. Al llegar a la instalación, pase por la recepción y salude amablemente a los administradores y al personal todos los días.

Parte de la gestión de la capellanía consiste en brindar servicios religiosos a los grupos religiosos presentes, en la medida de lo posible, siguiendo la orientación de los líderes de la capellanía estatal y las políticas de la institución. Es importante no ir más allá de sus políticas y procedimientos escritos al organizar el culto grupal de fe. Los reclusos pueden tener solicitudes que usted no puede atender. Infórmeles de ello respetuosamente, sin mostrar favoritismo. Para los servicios de culto de religiones distintas a la suya, haga que voluntarios de su comunidad o reclusos, seleccionados por usted, los lleven a cabo.

A veces los capellanes se preguntan si pueden facilitar conscientemente (no dirigir) un servicio de culto de una fe diferente a la propia. Piense en los capellanes como oficiales de tránsito de la Primera Enmienda, como aquel agente de tránsito en la víspera de Navidad afuera de una gran megaiglesia urbana. El oficial dirige a quienes desean adorar hacia el estacionamiento y hace señas a los demás para que continúen por la calle. Ese agente de tránsito no se convierte en adherente de la fe de quienes van al estacionamiento; sigue siendo un funcionario del Estado que honra la garantía de la Primera Enmienda a la libertad de culto. Así son los capellanes. No adoran con los practicantes de otras religiones; en cambio, facilitan el "libre ejercicio" del derecho de otros a hacerlo.

Otro aspecto vital de la gestión de programas para reclusos es la supervisión. Si los reclusos pueden mantener conversaciones durante

---

diciembre de 2020.

un programa en la capilla, el evento puede degenerar en caos. Yo anunciaba periódicamente y explicaba un aviso que coloqué en el tablón de anuncios de la capilla: "La única reunión de capilla autorizada es la reunión que yo he convocado. S/ Capellán Vance Drum". Era necesario, y hacía cumplir la regla de manera silenciosa y discreta.

Siempre hice alguna predicación y enseñanza en los servicios protestantes que dirigí. Los reclusos necesitaban escuchar lo que yo creía, y necesitaban reconocer mi preocupación por ellos al presentarles las Escrituras. Prediqué tanto la ley como la gracia, con énfasis en la gracia (Juan 1:17; Mat. 2:1).

CUIDADO PASTORAL

La entrega de mensajes de emergencia, que consisten en la notificación de la muerte o enfermedad de un familiar, y, cuando corresponde, una llamada telefónica, son prioridades en el día del capellán. Siempre seguí la política institucional sobre emergencias. De lo contrario, me habría convertido en un "capellán telefónico", con una fila de un kilómetro de largo afuera de mi puerta. La entrega se hace de acuerdo con la política de la agencia, siempre con dulzura, franqueza y sensibilidad.

Otros deberes de la capellanía en prisiones incluyen el ministerio al personal y las responsabilidades administrativas. Tuve que aprender a amar al personal. Comencé en 1985 sin sentir ningún afecto por ellos, cuando los tiempos eran diferentes. Cuando me arrepentí, las cosas cambiaron drásticamente, para mejor. Asegúrese de saludar a todo el personal con el que se encuentre. Dios también los ama y ellos tienen necesidades importantes en un entorno laboral estresante.

Finalmente, la palabra *administración*, que muchos de nosotros podemos pensar simplemente como papeleo, tiene sus raíces en la palabra *ministración*. Es un ministerio que genera papeleo para que los voluntarios puedan ingresar, los programas puedan llevarse a cabo y el progreso pueda ser informado. Piénselo como parte de la obra de Dios, porque lo es.

CAPELLANÍA JUVENIL

Capellán R. Steve Lowe

INTRODUCCIÓN

Muchos en la comunidad eclesiástica se resisten a trabajar con adolescentes, a menudo viéndolos como un obstáculo: un torbellino de hormonas, inmadurez, inestabilidad y constantes cambios de identidad. Me asombra esta actitud en adultos mayores que pueden recordar con claridad a aquellos adultos cariñosos que invirtieron voluntariamente en ellos durante sus propios años turbulentos de juventud. Junto con esta desafortunada resistencia, la dinámica adicional de los adolescentes en centros de detención—etiquetados como delincuentes y fracasados que nunca cambiarán—genera una grave escasez de capellanes y voluntarios para jóvenes en todo el país. Con más de mil centros públicos para menores en los Estados Unidos que albergan aproximadamente a cincuenta mil jóvenes cada día, la necesidad de personal es enorme, pero los voluntarios son escasos.

Uno de los principales obstáculos para crear un ministerio juvenil es que la mayoría de las iglesias y organizaciones comunitarias optan por denominaciones como "ministerio carcelario" o "ministerio penitenciario", centradas exclusivamente en el ministerio para adultos. Como resultado, el ministerio juvenil permanece fuera del alcance de quienes desean dedicarse a él. Cada vez que he hablado en una iglesia, la gente se me acerca con la misma respuesta: "Siento una gran preocupación por los jóvenes, pero desconocía cualquier oportunidad". Piense en cuántos miembros de iglesias, tanto a nivel nacional como internacional, llevan una carga dada por Dios por la juventud en centros de detención, pero son completamente ajenos a estas oportunidades de ministerio. El ministerio a estos jóvenes con problemas sería mejor reconocido si cada "ministerio en cárceles o prisiones" tuviera un nombre más apropiado como "ministerio correccional". Sin embargo, esto casi nunca es el caso. Los capellanes se encuentran en una posición vital para ayudar a educar a las comunidades de fe acerca de estas preocupaciones y de las necesidades ministeriales de las personas en centros de menores.

NECESIDADES DE LA JUVENTUD INVOLUCRADA CON LA JUSTICIA

En mis más de cincuenta años de ministerio juvenil, he reconocido varias tendencias generalizadas y repetitivas entre estos jóvenes en las primeras etapas de su vida. En primer lugar, muchas de sus concepciones pueden haber sido problemáticas, ya sea no deseadas o casi con toda seguridad inesperadas. Durante el embarazo, la madre puede haber continuado bebiendo, abusando de las drogas, fumando o sufriendo ansiedad grave. Al nacer, el bebé pudo haber carecido de la atención perinatal adecuada y del vínculo esencial debido a la falta de afecto, de contacto físico, de contacto cara a cara, de alimentación irregular, de mantenimiento de una temperatura corporal adecuada y de cambios de pañales oportunos. A esto se suma la falta de palabras durante los años formativos. Se estima que un niño nacido en circunstancias adversas puede escuchar tan solo unas seiscientas palabras por hora, mientras que un bebé nacido de padres profesionales con educación puede escuchar hasta dos mil palabras por hora.[1] Estas circunstancias, especialmente el reducido número de palabras que escucha un bebé o un niño pequeño, afectan negativamente el rendimiento escolar durante la infancia y la adolescencia. Dicho niño será percibido como un alumno lento, siempre rezagado, fácilmente distraído y poco apreciado por los profesores; los jóvenes nunca son la "mascota" del profesor.

Cuando conozco por primera vez a un joven encarcelado, le hago tres preguntas: cuál es su edad, cuántas veces ha estado en un centro juvenil y dónde está su padre biológico. En la mayoría de los casos, el padre biológico no ha estado presente durante años, si es que alguna vez lo estuvo. Son muchos los jóvenes que no saben quién es su verdadero padre. Como suele ocurrir (y lamentablemente), una caravana de hombres ha ido y venido, creando inestabilidad y caos. Al elaborar un árbol genealógico con estos jóvenes, todavía me sorprende la cantidad de hombres que entran y salen de sus vidas, el número de veces que han sido desplazados emocionalmente y la cantidad de hermanastros de diferentes padres (todos ellos representantes de relaciones rotas). Nada de esta dinámica familiar es culpa del joven.

Todo adolescente necesita vínculos afectivos y modelos a seguir adecuados, especialmente al entrar en la pubertad y en la etapa acelerada de la adolescencia. Los jóvenes involucrados en el sistema de

---

[1] Betty Hart y Todd R. Risley, *Meaningful Differences in the Everyday Experience of Young American Children* (Baltimore: Paul H. Brookes, 1995).

justicia juvenil forjan su vida con la mentalidad de "Soy todo lo que tengo y todo depende de mí", y desarrollan una astucia callejera como mecanismo de supervivencia. Sin embargo, aunque este enfoque puede permitir que uno sobreviva, casi nunca permite que uno prospere.

Dado que sus necesidades humanas básicas de conexión, pertenencia y aceptación no se satisfacen en el hogar, estos "pájaros del mismo plumaje" se juntan con otros en situaciones similares, lo que da lugar al consumo temprano de alcohol y drogas, a la actividad sexual temprana, a la posible participación en pandillas y a conductas peligrosas. Recuerdo a un joven que permitió que los miembros de su banda lo sujetaran boca abajo por los tobillos sobre un paso elevado de una autopista muy transitada mientras él pintaba una señal de tráfico.

Por supuesto, no todos los jóvenes involucrados en el sistema de justicia juvenil han tenido estos antecedentes o esta crianza. Sin embargo, la mayoría de los jóvenes con los que trabajo en el ministerio viven una adolescencia muy intensa y enfrentan una crisis existencial: "¿Por qué nací? La vida no tiene sentido. Nada importa. Y esto no va a terminar bien".

Cuando se les pregunta: "¿Dónde te ves dentro de diez años?", a menudo responden: "Voy a morir de una sobredosis, voy a morir en un tiroteo entre pandillas o voy a estar en la cárcel la mayor parte de mi vida". Estos adolescentes—especialmente los mayores, entre catorce y veinticuatro años, que se encuentran en prisión preventiva—no tienen esperanza. (Una nueva política penitenciaria permite que los jóvenes que cometieron su delito antes de los dieciocho años cumplan su condena en un centro de detención juvenil del condado hasta los veinticuatro años).

Y es precisamente aquí donde el cuerpo de Cristo puede traer buenas noticias: la noticia de que alguien puede ser rescatado de ahogarse en la vida misma es una noticia maravillosa. ¡Es esperanza pura!

CAPELLÁN JUVENIL

Actualmente, el título de capellán prácticamente ha perdido su significado. Por defecto, voluntarios sin licencia ni ordenación que acuden a un centro, aunque sea una sola noche a la semana, pueden recibir el título de capellán por parte de la institución. Si cualquiera puede ser capellán, el término ha perdido su sentido.

Entiendo el problema de fondo. Las leyes federales, estatales y locales exigen que todos los centros penitenciarios de los Estados

Unidos atiendan las necesidades espirituales y religiosas de su población. Pero ahí terminan las exigencias. Se les obliga a hacer algo, pero no se les da una definición clara de qué es ese algo. Por lo tanto, cada departamento se apresura a decidir qué programación religiosa debe proporcionar para cumplir con los requisitos legales mínimos. Mientras que las prisiones federales y la mayoría de los centros de detención juvenil estatales pagan por un capellán a tiempo completo, los condados generalmente no lo hacen.

Dado que la mayoría de los jóvenes involucrados en el sistema de justicia juvenil residen en centros del condado, estos condados son los más vulnerables en el cumplimiento de los mandatos legales. El problema es que los condados también son los más rápidos en designar a cualquier persona disponible como capellán o a aceptar a cualquier ministerio local que desee ofrecer programación religiosa.

A menos que un capellán reciba apoyo financiero completo (tanto para su sustento personal como para los gastos de su ministerio), invariablemente será un trabajador bivocacional, realizando el ministerio a tiempo parcial mientras concilia el tiempo y la energía necesarios para mantener un empleo a tiempo completo y atender las exigencias familiares y de la vida cotidiana.

Por supuesto, un capellán a tiempo parcial es extremadamente valioso. Sin su presencia, todo el centro podría quedarse sin la tan necesaria atención espiritual. Y cualquier voluntario que preste sus servicios sin el título de capellán es igualmente valioso; la institución tiene la fortuna de contar con ellos. Dicho esto, lo óptimo sería que cada centro contara con un capellán a tiempo completo disponible para atender las necesidades tanto del personal de la institución como de los jóvenes, ya que ambos grupos luchan bajo presiones ambientales muy estresantes.

Animo a cualquiera que sienta el llamado en su vida a ser capellán penitenciario a tiempo completo a aferrarse a la realidad de que "donde Dios guía, Él provee". Uno puede comenzar su camino como misionero local uniéndose a un ministerio juvenil comunitario o solicitando a su iglesia que brinde el apoyo necesario. Es importante recordar que, con más de mil centros públicos de detención juvenil en todo el país, se necesitan urgentemente más de mil capellanes a tiempo completo. Una vez más, los campos están maduros para la cosecha, pero los obreros son pocos.

MINISTERIO DE CAPELLANÍA JUVENIL

Si bien el ministerio encarnacional de Jesús ejemplificó y modeló el principio ministerial de que las necesidades no constituyen el ministerio (Jesús no atendió todas las necesidades que lo rodeaban durante sus tres años de ministerio público), creo que es útil imaginar cómo sería un ministerio juvenil integral. Así que hagamos una lluvia de ideas juntos.

Biblias y materiales

La Palabra de Dios, así como los libros, tratados y demás materiales cristocéntricos apropiados para cada etapa, deben estar disponibles. Los materiales deberían ser nuevos y no andrajosos, ya que Biblias y materiales en mal estado pueden transmitir un mensaje de bajo valor y poca dignidad a los jóvenes que los reciben. Las Biblias que se usan semanalmente en los servicios religiosos o en los estudios pueden ser copias de uso común; sin embargo, la Biblia o el material de estudio que se entregue a un joven debe ser algo nuevo para él.

Servicio religioso

Los servicios religiosos deberían imitar de cerca aquellos de la comunidad, de modo que resulten familiares cuando los jóvenes salgan del centro y asistan a una iglesia. El servicio religioso debe comenzar con una bienvenida y una introducción que describa cómo se desarrollará el período. Los jóvenes necesitan estructura y una descripción general previa para ayudar a aliviar la ansiedad y la incertidumbre, especialmente los asistentes por primera vez. Es importante recordar que, para algunos jóvenes, este será el primer servicio religioso al que hayan asistido. Estos jóvenes necesitan escuchar las buenas nuevas del evangelio.

Estudio bíblico

Al igual que en un servicio religioso, ofrezca una breve descripción de cómo se desarrollará el período. Recopile los nombres de los asistentes para poder orar por ellos durante la semana. Junto con esta lista, pida a los jóvenes que compartan peticiones de oración. Proporcione una breve explicación apologética de por qué la Biblia vale la pena estudiarse y luego adéntrese en la Palabra. A medida que se desarrolla el estudio bíblico, deje espacio para preguntas y respuestas, pero tenga cuidado de no permitir que nadie se apropie del estudio ni lo desvíe del tema. Es necesario proclamar el mensaje del perdón y la redención.

Asesoramiento pastoral

El tema de la confidencialidad debe aclararse desde el principio. ¿Se puede asumir que los voluntarios sin licencia ni ordenación tienen automáticamente confidencialidad? ¿Podría un fiscal, en un juicio, citar a declarar a un voluntario que haya hablado con un joven sobre su caso? Recomiendo que solo los capellanes con licencia y/o ordenados tengan permiso para realizar asesoramiento pastoral. Cuando los voluntarios realizan discipulado o tutoría, es aconsejable que informen de inmediato a los jóvenes que no cuentan con confidencialidad y que no podrán mantener en privado lo que se converse sobre el caso del joven. Si un joven desea hablar sobre su caso, pídale que solicite hablar con el capellán, quien sí tiene garantizada la confidencialidad.

Discipulado

Los jóvenes que hayan tomado una decisión redentora de seguir a Cristo y soliciten discipulado deberían tener acceso a un mentor capacitado que pueda guiarlos a través de un programa de discipulado adaptado a su edad. La clave del discipulado es avanzar al ritmo de cada individuo y progresar solo cuando el joven comprende el material que se acaba de cubrir. Dado que el aprendizaje experiencial es la meta, el mentor se mueve al ritmo de la comprensión del adolescente, y no según un objetivo predeterminado, como completar un capítulo u otra métrica impuesta.

Reentrada y mentoría para la reentrada

La reentrada debe llevarse a cabo de acuerdo con las políticas del departamento o del centro. Algunos departamentos no permiten ningún contacto con un menor liberado, ni siquiera por parte del capellán. Durante décadas, he insistido firmemente ante mi departamento de libertad condicional para poder mantener contacto con los jóvenes tras su liberación. Nuestro programa actual de mentoría para la reinserción está permitido y se lleva a cabo mediante el clero profesional del joven y voluntarios seleccionados, o mentores emparejados con los jóvenes, líderes específicamente capacitados para realizar tutorías orientadas a la reinserción.

CONCLUSIÓN

Un ministerio de capellanía juvenil plenamente desarrollado requiere tiempo para construirse gradualmente. La construcción de dicho ministerio depende de la profesionalidad demostrada por el ministerio y de su sumisión a la autoridad, ganándose así la confianza y la credibilidad de la agencia anfitriona. Este esfuerzo, que requiere mucho tiempo, bien vale la pena. Las vidas de los jóvenes penden eternamente de un hilo.

SECCIÓN SEIS

MOMENTOS MEMORABLES

"CAMBIAR SU CIRCUNSTANCIAS"

Capellán R. Michael Warner

Mientras esperaba transporte militar en Kampala, Uganda, fui al centro de la ciudad a buscar algo para cenar.

Un mendigo parecía pasar desapercibido en una intersección muy concurrida, en medio de una multitud. Como no tenía piernas, su situación me pareció desesperada.

Al observar al mendigo, el Espíritu Santo me impulsó a hacer algo para cambiar su situación. "De acuerdo—me dije a mí mismo, de regreso le daré algo".

En el camino de vuelta, él seguía siendo invisible para la multitud, así que metí la mano en el bolsillo y le di al mendigo veinte mil chelines ugandeses (unos veinte dólares estadounidenses). Más tarde supe que esa cantidad equivalía aproximadamente al salario semanal promedio en Uganda. No me sorprendió, entonces, que me mirara con tanta emoción.

Tal vez sintiéndome un poco autosatisfecho, seguí caminando hacia mi hotel. Pero, a pocos pasos, el Espíritu Santo volvió a inquietarme: "No me has entendido. Quiero cambiar sus circunstancias".

Respondí en silencio: "¿Qué? ¿Qué quieres decir, Señor? No entiendo. Ya le di dinero". El Señor repitió la instrucción: "Quiero cambiar sus circunstancias".

Como extranjero, lejos de casa, me pregunté cómo una sola persona podía cambiar la situación de un mendigo.

De regreso en el hotel, mi colega ugandés, Godfrey, sugirió que aprendiéramos la historia del mendigo y descubriéramos qué necesitaba. Godfrey accedió a interpretar la conversación. Mientras hablábamos, una gran multitud se reunió para escuchar. Aprendimos que Seker Ena (nombre del mendigo) llegó a Kampala desde Ruanda después de presenciar el asesinato de toda su familia. Cuando el atacante volvió sus machetes contra él, de alguna manera sobrevivió a la amputación de ambas piernas. En Kampala, su única fuente de ingresos era lo que la gente le daba.

Conmovida por su historia, una persona entre la multitud habló y dijo: "Yo tengo un negocio que vende tarjetas para recargar minutos de teléfono celular. Te proporcionaré un puesto como distribuidor para vender aquí, en esta intersección. Podrás ganar hasta 100.000 chelines ugandeses al mes".

Entonces descubrimos que Seker Ena no tenía hogar. Vivía entre los arbustos, a poca distancia de allí. Alguien más entre la multitud respondió: "Soy dueño de un edificio de apartamentos a unas pocas cuadras de aquí. Tenemos un departamento disponible. Puedo darte los primeros tres meses gratis. Después, pagarás 20.000 chelines al mes".

Pero ¿cómo se desplazaría Seker Ena?, preguntó alguien. Otra persona ofreció: "Sé dónde podemos conseguir una silla de ruedas". Ese amable desconocido se fue a buscarle transporte.

Seker Ena lloró. Su mundo cambió. Se había despertado esa mañana sin esperanza: sin hogar, sin trabajo, sin transporte. Dormiría esa noche con una esperanza recién descubierta: un techo sobre su cabeza, una fuente de ingresos y un medio para desplazarse.

Seker Ena me miró entre lágrimas y me preguntó: "¿Por qué harías esto?". Le aseguré: "No fui yo, Seker Ena. Fue Dios quien quiso cambiar tus circunstancias. Su nombre es Jesús. Él vino a salvar a su pueblo".

Rompiendo un breve silencio, alguien entre la multitud preguntó: "Seker Ena, ¿te gustaría aprender más acerca de Jesús? Soy miembro de una parroquia católica aquí cerca. Puedo llevarte, si quieres".

"Sí, me gustaría mucho", respondió él.

Como el Señor hace a menudo, múltiples vidas fueron transformadas cuando las personas respondieron al impulso del Espíritu Santo. La vida de Seker Ena cambió. Aquellos en la multitud que escucharon y dieron generosamente también cambiaron. Tal vez otros, testigos de la obra de Dios en la vida de Seker Ena, fueron transformados igualmente.

Y, en efecto, Dios le recordó a un capellán de la Fuerza Aérea que cambiar las circunstancias de alguien puede implicar mucho más que dar unos pocos dólares a un mendigo discapacitado. Mientras escuchas la guía del Espíritu Santo, me pregunto cómo Dios querrá cambiar tus circunstancias, o quizá cómo le gustaría cambiar las circunstancias de otra persona a través de ti.

"EL MENOS DE ESTOS"

Capellán Joe Pryor

A lo largo de mis veintiún años de carrera como capellán en la Oficina Federal de Prisiones, he vivido innumerables momentos memorables. Estar presente para el personal, consolar a los reclusos en momentos de duelo y celebrar las diversas festividades religiosas a lo largo del año son experiencias que se han grabado en mi memoria.

Un momento, sin embargo, sobresale no solo como memorable, sino como profundamente conmovedor. De 2003 a 2006, fui capellán supervisor del Centro Médico Federal (FMC) Carswell, ubicado en las afueras de Fort Worth, Texas, en la Base de la Fuerza Aérea de Carswell. FMC Carswell es el único centro médico para reclusas de la Oficina Federal de Prisiones (BOP). Además del centro médico, el Centro Médico Federal Carswell albergaba a reclusas en unidades de campamento, población general, salud mental y alta seguridad. Sin duda, era una misión compleja con muchos aspectos interrelacionados.

La parte del centro médico del complejo se parecía exactamente a cualquier hospital en el que uno pudiera entrar cualquier día. La instalación había sido un hospital militar antes de que la BOP se hiciera cargo del espacio y lo convirtiera en prisión. Uno de los miembros del personal había nacido allí durante ese tiempo y posteriormente trabajó en la prisión.

Una triste pero verdadera realidad de trabajar en FMC Carswell era que había muchas muertes de reclusas. No era raro que se produjeran entre treinta y sesenta muertes al año. Las mujeres alojadas en la prisión solían estar bastante enfermas cuando llegaban. Era práctica del centro y responsabilidad de los capellanes ofrecer un servicio conmemorativo por cada reclusa fallecida y, si la familia no reclamaba o no podía reclamar el cuerpo, llevar a cabo un servicio de entierro en una tumba contratada por la prisión. Típicamente, el alcaide deseaba asistir al entierro, y el personal ejecutivo de la prisión actuaba como portador del féretro.

En ese día en particular, una mujer de unos cuarenta años había fallecido tras una larga enfermedad—en realidad, varias enfermedades. La pobre alma había vivido una vida dura, plagada de abusos y saturada de consumo de drogas. Cuando vi su cuerpo en el ataúd, me sorprendió que esta mujer de cuarenta años pareciera fácilmente tener más de setenta. Recuerdo que solo un pequeño grupo de reclusas asistió al servicio conmemorativo, pero muy pocas, si es que hubo alguna, eran amigas cercanas. Lamentablemente, ningún miembro de su familia se puso en contacto, y mucho menos reclamó su cuerpo para un funeral familiar.

Después del servicio conmemorativo, me reuní con el director de la funeraria para acompañarlos al cementerio. Esperaba encontrar allí al alcaide, como solía suceder. Para mi sorpresa y consternación, no apareció ni una sola persona. Tras esperar unos treinta minutos, el director de la funeraria me dijo que permaneciera en el coche fúnebre, que él y su personal se encargarían de enterrarla, pues estaba tan sola en la muerte como lo había estado en vida.

En ese momento, el Espíritu Santo me llenó de una profunda tristeza, haciéndome comprender que ella no debía ser enterrada con las mismas indignidades que había sufrido en vida. Le pedí al director de la funeraria que me concediera un momento antes de bajarla a la tumba. Cuando me situé a la cabecera de la sepultura, abrí mi Biblia y realicé un breve servicio junto a la tumba, solo ella y yo presentes. Recuerdo vivamente el calor de aquel día, el polvo bajo mis zapatos y la brisa ligera—pero cálida—que circulaba a mi alrededor.

Aprendí en ese momento cuánto ama Dios incluso a aquellos a quienes el mundo llamaría "los más pequeños de estos". Me alejé convertido en un hombre cambiado y profundamente humillado.

PREGUNTAS DE REFLEXIÓN

¿En qué se parecen y en qué se diferencian los servicios de capellanía penitenciaria a nivel federal, estatal y juvenil? ¿Cuál te resultaría más difícil? ¿Por qué?

¿Cuáles son algunos de los desafíos de brindar cuidado espiritual o pastoral en un entorno potencialmente violento y restrictivo?

Dada la creciente diversidad religiosa entre la población reclusa, ¿cómo deberían los capellanes abordar su rol al facilitar servicios religiosos para religiones diferentes a la suya?

¿Cómo ayudas a las personas encarceladas a encontrar esperanza cuando su situación parece sombría, oscura y desesperanzadora? ¿Cómo cambiaría tu enfoque al interactuar con un adulto o con un adolescente?

El trabajo del capellán penitenciario es exigente y puede provocar agotamiento. ¿Cómo puede un capellán mantener su salud espiritual y emocional sin dejar de servir eficazmente a la población reclusa?

"UN PRIVILEGIO ÚNICO"

Dra. Lorraine Potter

Mi experiencia pastoral más temprana y significativa como capellana militar—y, sin duda, uno de los momentos más gratificantes de mi carrera como capellana, que, como primera mujer capellana militar, desarrollé a lo largo de mis treinta y un años de servicio—ocurrió durante mi misión remota, sin acompañamiento, en la base aérea de Osan, Corea, en 1975. Llevaba dos años en servicio activo y me encontré destinada a un lugar que se encontraba en las etapas iniciales de la integración de mujeres en este entorno aislado.

Era la víspera de Navidad de 1975. Esta experiencia memorable y verdaderamente "santa" anticipaba las extraordinarias oportunidades que aún me depararían mi servicio militar y mi ministerio. El don del Espíritu Santo se manifestó de manera poderosa en una remota estación de radar situada en la cima de una montaña en Corea. El frío era intenso. Ninguno de nosotros habría elegido estar allí en una noche tan especial. Muchos llegaron cargando la soledad y la nostalgia que esta festividad suele acentuar.

Nos reunimos en una pequeña capilla de piedra, sin calefacción, para celebrar y proclamar la buena noticia del amor infinito de Dios, manifestado en el nacimiento de Jesús en Belén siglos atrás.

Un sacerdote católico romano y esta capellana bautista condujimos conjuntamente el servicio de adoración, con la presencia de unos cincuenta soldados y aviadores estadounidenses, franceses y coreanos.

Recordemos que esto ocurrió en 1975. Leímos las Escrituras sobre el nacimiento de Jesús en inglés, francés y coreano. Cantamos villancicos navideños simultáneamente en los tres idiomas. ¡Qué sonido tan angelical! El sacerdote sirvió la Eucaristía a los católicos romanos en un extremo del altar, y yo serví la Santa Comunión a los protestantes en el otro. Dentro de la capilla, podíamos percibir aún "la voz suave del llanto del Niño santo". Afuera, el fuerte viento susurraba un majestuoso himno de "Paz en la tierra, buena voluntad para con los seres humanos".

Lejos de casa, todos experimentamos el gozo y la calidez de la presencia del Señor y nuestra unidad como hijos del "Rey de reyes y Señor de señores". "Porque de tal manera amó Dios… que dio…".

En ese momento de la historia, en ningún otro lugar yo—una

mujer pastora—podría haber tenido este privilegio único y esta experiencia pastoral tan significativa, sino en las Fuerzas Armadas de los Estados Unidos.

"LA CAPELLANA EN MÍ"

Dra. Jan McCormack

Tras mi jubilación como capellán de la Fuerza Aérea de los Estados Unidos en el año 2000, el Seminario de Denver me contrató para crear un programa de Maestría en Divinidad (MDiv) con una especialización en capellanía. Aunque todavía cuento con el respaldo de mi denominación, ABC-USA, para la capellanía institucional, ya no trabajo como capellán. No soy capellán universitario ni de seminario. Soy profesor titular y me dedico a la formación de futuros capellanes y a la supervisión de unidades de formación pastoral clínica.

Sin embargo, puedes sacar al capellán del campo, pero no puedes sacar al capellán de mí. Atiendo las inquietudes de estudiantes, profesores, personal administrativo y otros empleados, brindando atención pastoral a cualquier persona cuya crisis sea similar a las que encontré en los servicios de capellanía militar y hospitalaria. He trabajado con personal y estudiantes del seminario en temas relacionados con relaciones, carreras profesionales, problemas médicos, violencia doméstica, enfermedades mentales, suicidio y situaciones de víctimas en masa. Tal vez una de las diferencias en mi caso es que, además de ofrecer cuidado pastoral a la persona que busca mi acompañamiento, también suelo capacitarla en habilidades de consejería e intervención.

Una estudiante del programa de Maestría en Divinidad con especialización en capellanía (a quien llamaré Beth) había asistido a una clase en la que impartí una conferencia sobre habilidades de consejería para situaciones de violencia doméstica. Beth me llamó en pánico, pidiéndome consejo. Compartió que estaba estudiando en una mesa fuera de la biblioteca cuando otra estudiante desconocida, Sue (nombre ficticio), pasó junto a ella. Beth notó que Sue parecía angustiada, así que la saludó y le preguntó si se encontraba bien. Sue se sentó con ella y le contó, de manera muy abierta, sobre su relación con su esposo seminarista, Tomás (también un nombre ficticio).

Mientras Sue compartía cómo Tom la trataba, Beth comenzó a sospechar que podría estar experimentando violencia emocional. El comportamiento parecía estar escalando: Tom revisaba el teléfono de Sue y arrojaba objetos dentro de su apartamento del campus. Beth escuchó con empatía y determinó que, en ese momento, Sue no parecía estar en riesgo inmediato de sufrir abuso físico. Beth le preguntó si había otro lugar al que pudiera ir, aunque fuera de manera temporal, donde pudiera sentirse segura. Sue respondió que su padre vivía cerca y que podría ir a quedarse con él. Intercambiaron números de teléfono y Sue regresó a su apartamento.

Beth me llamó para preguntarme si había hecho lo correcto y si debía informar la conversación a las autoridades. Le aseguré que había brindado una atención pastoral adecuada. Aunque la situación no requería una denuncia obligatoria, sí involucraba a una pareja que residía en vivienda estudiantil. Le aconsejé a Beth que se pusiera en contacto con el decano de estudiantes e informara lo sucedido. El decano podría evaluar la situación e intervenir para garantizar la seguridad de Sue, si fuera necesario.

Yo mismo contacté al decano y le compartí lo que sabía de segunda mano sobre la situación y el consejo que había dado a Beth. El decano y yo elaboramos juntos un plan de cuidado para la pareja, para Sue y para Beth. Acordamos que el decano asumiría la responsabilidad del acompañamiento de la pareja y de Sue, mientras que yo continuaría apoyando a Beth, cuyo nivel de experiencia aún no era suficiente para afrontar una situación tan delicada. Beth siguió mi consejo y se comunicó con el decano, quien asumió la responsabilidad del cuidado de la pareja. La intervención logró calmar la situación y desarrollar un plan para ayudar a la pareja en dificultad.

Posteriormente, Beth me llamó para decirme que se había reunido con el decano y había compartido su preocupación por Sue. La felicité por su actitud proactiva al cuidar de Sue, buscar orientación y comunicar sus inquietudes al decano. Más adelante, me reuní nuevamente con Beth y conversamos sobre temas importantes como la confidencialidad, la necesidad de establecer límites adecuados y la importancia de asumir la responsabilidad de ayudar sin sobrepasar el rol pastoral, recordando que se es acompañante y amigo, no consejero clínico.

Aunque ahora soy profesor titular en el seminario y ya no ejerzo directamente como capellán, las habilidades que adquirí en ese rol siguen influyendo en mi enfoque pedagógico al trabajar con estudiantes, docentes, personal administrativo y otros empleados.

Estas habilidades me han convertido en un mejor educador y han sido fundamentales para el diseño de nuestros programas de Maestría en Divinidad con especialización en capellanía y consejería pastoral en el Seminario de Denver, en Littleton, Colorado. El capellán que hay en mí permanece, a pesar de mis funciones y responsabilidades actuales.

"INVERTIR MI VIDA EN OTROS"

Cap. Todd Combee, director/Avalador
Relaciones de Capellanía Bautista (BCR)

Es el tipo de llamada telefónica que temo recibir. Una pareja de mi iglesia recibió la noticia de que su nieto había fallecido en un accidente automovilístico. Era estudiante universitario en la Universidad Estatal de Mississippi; sus padres vivían en Georgia y sus abuelos en Virginia. Las emociones estaban a flor de piel y todos quedaron conmocionados por la noticia. Fui a ver a los abuelos y los atendí pastoralmente. Querían viajar a Georgia para estar con su hija; sin embargo, sabían que ella ya estaba planeando viajar a Mississippi. ¿Cómo podíamos brindar apoyo espiritual a esta familia en duelo, dispersa en tres estados?

Recordé que uno de nuestros capellanes avalados que servía en la Guardia Nacional del Ejército de Mississippi también era miembro del cuerpo docente en la Universidad Estatal de Mississippi. Me puse en contacto con él con la esperanza de que pudiera brindar apoyo pastoral a la familia. Él ya estaba al tanto del fallecimiento del estudiante y conocía a la familia desde su época como profesor. Se comunicó con ellos y los acompañó durante esta dolorosa experiencia. Yo continué brindando apoyo pastoral a los abuelos en Virginia. El Señor proveyó a las personas y los recursos necesarios para ministrar a esta familia en duelo, extendida a lo largo de tres estados. La aprobación de capellanes tiene que ver con construir relaciones y acompañar a nuestros capellanes tanto en su ministerio como en sus vidas.

Bautista Capellanía Relaciones (BCR) existe para avalar, apoyar y capacitar a capellanes militares, de atención médica, correccionales, de seguridad pública y a otros capellanes que están afiliados a la Convención General Bautista de Texas (BGCT) y a la Asociación General Bautista de Virginia (BGAV). Como organismo avalador, proporciono el respaldo eclesiástico mediante un proceso que garantiza a un empleador u organización que un capellán o consejero pastoral ha cumplido con todos los requisitos básicos de la denominación para ejercer el ministerio en un entorno especializado. Los requisitos básicos incluyen la responsabilidad personal, espiritual y profesional; los estándares educativos, morales y éticos; la capacidad para trabajar en un entorno pluralista; la estabilidad doctrinal; y la membresía activa en una iglesia local.

Nosotros tenemos un Consejo de Aprobación elegido por la Junta Ejecutiva del BGCT, que sirve como la agencia de aprobación para el BGCT y el BGAV. En los veintidós años de nuestra existencia, hemos avalado a cerca de mil doscientos capellanes, de los cuales casi seiscientos prestan servicio actualmente a tiempo completo, a tiempo parcial o como voluntarios en una de las nueve especialidades de capellanía. Junto con mi puesto como director/avalador, nuestro equipo de BCR consiste en cuatro patrocinadores asociados a tiempo parcial que proporcionan cuidado pastoral y apoyo a nuestros capellanes y sus familias, dos oportunidades anuales de capacitación, apoyo administrativo y que sirven como enlace entre el BGCT/BGAV y nuestros capellanes.

Me jubilé del Ejército de los Estados Unidos en 2014, después de treinta y cuatro años de servicio militar. Pasé cuatro años en servicio activo en el Cuerpo del Ayudante General antes de transferirme a la Reserva del Ejército como candidato a capellán mientras asistía al seminario. Esto fue seguido por veintiséis años como capellán en la Guardia Nacional del Ejército de Virginia y en la Reserva del Ejército. También serví como ministro en cuatro congregaciones locales en Carolina del Norte y Virginia desde 1984 hasta 2020, antes de dejar el ministerio eclesiástico a tiempo completo para convertirme en Asesor Asociado de BCR. Asumí el cargo de director/asesor en mayo de 2023.

Comparto mi experiencia con ustedes para que puedan comprender mejor cómo y por qué realizo mi labor como asesor. Siempre he visto mi vocación al ministerio como una oportunidad para proclamar el señorío de Jesucristo y para cuidar de las personas que Dios me ha confiado, tanto como pastor como capellán.

Creo sinceramente que ser pastor me permitió ser un mejor capellán, y ser capellán me ayudó a ser un mejor pastor. Ahora tengo el privilegio de servir como pastor para los capellanes y sus familias.

Todo parece entonces tan simple: hacerme disponible ante el comandante y aprender a seguir esa vocación lo mejor que pueda; luego observar lo que Dios hará. ¡Sí! Aún estoy asombrado de lo que llego a hacer como supervisor. Invierto mi vida en las vidas de nuestros capellanes y celebro sus logros, victorias y alegrías familiares. También me siento honrado de caminar junto a ellos cuando experimentan penas, decepciones, luchas familiares e incluso fracasos. Me aflijo cuando un capellán comparte su frustración por no ser seleccionado para un ascenso o por ser herido durante una larga separación debido a un despliegue en el extranjero. Mi corazón se rompe por ellos cuando escucho la angustia en su voz al hablar de un hijo o una hija que está tomando malas decisiones y del dolor que esto causa en las relaciones familiares. Me alegro con el nacimiento o la adopción de un niño, y me entristece la noticia del diagnóstico de cáncer de un miembro de la familia.

Uno de nuestros capellanes en servicio activo de la Marina de Guerra recientemente me invitó a su ceremonia de ascenso. Me trató como a un invitado de honor, invitándome a compartir varias comidas en su casa, organizando una llamada con su jefe de gabinete, permitiéndome ofrecer una oración en su ceremonia de ascenso y llevándome a recorrer un submarino nuclear y un portaaviones. Quedé profundamente impresionado por su genuina hospitalidad; sin embargo, era él quien no dejaba de agradecerme por haber ido a visitarlo. Cuando llegó el momento de partir, este capellán me puso la mano en el hombro y oró por mí y por mi familia. ¡Ese es el corazón de un capellán, y siempre atesoraré ese momento!

En unas recientes vacaciones de verano en Florida, quise reunir a nuestros capellanes del área de Orlando para cenar. Invité a los capellanes y a sus cónyuges a encontrarnos en un restaurante específico un jueves por la noche. Un capellán y su esposa vinieron en coche desde Tampa, y otro capellán y su esposa también manejaron desde Jacksonville. Ambos viajaron varias horas para compartir una comida por una noche. Yo me sentí honrado por su presencia. La encargada del cuidado de la salud de los capellanes en la zona también llegó. No dejaba de decir lo maravilloso que había sido conocer a otros capellanes de BCR y darse cuenta de que no era la única en el área. Cuando asistió a nuestro último evento de capacitación en Dallas, seguía sonriendo y hablando de la cena que compartimos en Orlando.

A menudo, las pequeñas cosas son las que más nos impactan en la vida. Eso es lo que me da placer y satisfacción como embajador de marca.

"BEN"

Capellán David K. Mann

El aire enrarecido olía a su pipa, que había dejado a un lado a mi llegada. Apenas un hilo de luz se filtraba por las cortinas entreabiertas. Era suficiente para que yo pudiera ver la silueta de su rostro, lo justo para distinguir el blanco de sus ojos y, cuando sonrió, ver su diente iluminado contra su piel negra oscura.

Me sentía particularmente ansiosa. Al haber crecido en un pueblo predominantemente blanco del centro-norte de Alabama, había tenido poco contacto con personas de color. Sentada en aquella sala de estar oscura, luchaba con las voces de mi pasado y de mi educación. Siempre había afirmado no ser parcial, y aun así era plenamente consciente de mi incomodidad. Esta era mi tercera visita con el señor Green (Verde). Hablamos un rato, de nada en particular. Me resultaba muy difícil hablar con él sobre su cáncer terminal, su fe o incluso su familia. Mis dos visitas anteriores no habían salido bien, y temía que esta tampoco resultara mejor.

Como residente de segundo año en el Programa de Educación Pastoral Clínica de Baptist Health Systems, estaba aprendiendo a ponerme en contacto con mis sentimientos y, si era necesario, a confrontarlos. También estaba aprendiendo que la vulnerabilidad del paciente podía depender de mi propia vulnerabilidad. "¿Qué daño podría hacer?", me pregunté. "Esta visita no podría ir peor".

Mis 275 libras de peso me parecieron tímidas, tan diferentes del hombre fuerte que yo sabía que era. Tuve que resistir la poderosa tentación de orar rápidamente e irme; habría sido lo más fácil. Finalmente, después de respirar hondo aquel aire espeso y caliente, reuní todo el coraje que pude encontrar. Casi antes de darme cuenta de lo que estaba pasando, se lo dije:

> Señor Green, sé que esta visita no está yendo muy bien. Me siento muy ansiosa. Me cuesta hablar con usted. Supongo que parte de ello es que nunca he estado realmente cerca de personas negras. Estoy luchando contra el impulso de marcharme. Quiero serle de ayuda pastoral, pero no sé cómo. Sé que me siento incómoda en su hogar y quiero ser honesta con usted. No sé qué va a hacer con lo que acabo de decirle, pero…

En mi miedo y ansiedad, seguramente había divagado bastante. Sin embargo, el señor Green, con una carcajada sonora, acalló mi voz temblorosa y apagada. El impulso de salir corriendo era tan intenso que tuve que aferrarme a los brazos de la silla. Hasta entonces, el señor Green había sido un hombre de pocas palabras y de influencia limitada. Pero entonces, entre risas, llegó su sincera y sentida respuesta:

"Bueno, hijo", dijo, "no es todos los días que tengo a un joven blanco y, además, a un niño predicador sentado en mi sala".

Mi ansiedad se transformó rápidamente en risa. Había escuchado su vulnerabilidad y su bendición. Al afrontar juntos nuestros miedos relacionados con el color de piel y la edad, y al reír juntos, nació una hermosa amistad.

En las semanas siguientes, tuvimos muchas oportunidades para hablar. Llegué a conocer al señor Green como "Ben", un hombre de gran corazón que afrontaba con valentía su miedo a la muerte y sus luchas de fe.

Durante esas semanas, Ben habló de su deseo de sanar. En cada visita, pedía oración por sí mismo. Finalmente, un día Ben me informó que Dios lo había sanado, aunque no de la manera que él había buscado. Había llegado a ver la muerte como su amiga y como la puerta hacia la sanación eterna. Semanas antes de morir, el cuerpo frágil y demacrado de Ben yacía en una cama de hospital. Habíamos recorrido un largo camino. Espiritualmente, Ben parecía irradiar paz. Cuando salía de aquella visita, me incliné para abrazarlo.

"Te quiero, Ben".

"Yo también te quiero, David".

Lloramos juntos. Nada podía contener nuestras lágrimas. En verdad, habíamos llegado muy lejos. Unas semanas después, me encontraba en una pequeña iglesia bautista negra en Mulga, Alabama, compartiendo esta historia como parte del funeral de Ben. Una vez más, ninguna fuerza habría podido contener nuestras risas ni nuestras lágrimas.

> No hay distinción entre griego y judío, circuncidado e incircunciso, bárbaro, escita, esclavo y libre (*negro o blanco*), sino que Cristo es todo y está en todos (Col 3:11; cursiva mía).

PREGUNTAS DE REFLEXIÓN

¿Cómo influyen las ideas erróneas sobre el papel de los capellanes en su capacidad para interactuar con el personal sanitario, los pacientes y sus familias? ¿Cómo podría ayudar un capellán a superar estas ideas erróneas, aclarar su rol y construir compenetración?

Los capellanes de cuidado de la salud suelen enfrentar la carga emocional de trabajar con el sufrimiento y cumplir con la responsabilidad de ofrecer apoyo. ¿Cómo podría un capellán sanitario desarrollar resiliencia, manteniendo su sentido de propósito en medio del sufrimiento o la tragedia?

Como miembro de un equipo multidisciplinario, ¿cómo podría un capellán abogar eficazmente por las necesidades espirituales y emocionales de los pacientes y del personal?

Las conexiones significativas en la vida que aportan un sentido de significado y propósito a menudo se almacenan mentalmente en forma de narrativas o historias de vida relevantes. ¿Cómo puede el capellán utilizar la iniciación y la estructuración de conversaciones con el paciente?

Se han desarrollado y utilizado varios instrumentos de evaluación en el ámbito sanitario para identificar y puntuar cuantitativamente las características del nivel de angustia espiritual de un paciente específico. Estos instrumentos están destinados a apoyar un enfoque empírico y basado en la evidencia para la atención sanitaria, muy similar a los instrumentos de evaluación fisiológica utilizados por médicos y enfermeras.

¿Cuáles son las limitaciones prácticas del uso de estos instrumentos con pacientes terminales? ¿Tiene sentido reducir la naturaleza idiosincrásica de la espiritualidad en distintos pacientes a un conjunto común de factores? ¿Hasta qué punto pueden estos instrumentos apoyar el diagnóstico diferencial y el desarrollo de un plan de atención individualizado?

"A LUZ EN MEDIO DE LA OSCURIDAD"

Dr. Jim Browning

La mayoría de los capellanes atienden a sobrevivientes de una tragedia. Normalmente, un capellán ayuda a otros a informar a un padre o a un cónyuge sobre la muerte de un ser querido. Experimentar su angustia inmediata cala hondo en el propio corazón y puede conducir a una carga acumulativa al vivir el dolor ajeno. Cuando el personal de la morgue militar del Aeropuerto Internacional de Bagdad me pidió ayuda, no estaba seguro de poder enfrentar de nuevo el dolor de la muerte. Un terror muy profundo me invadió cuando entré en la carpa mortuoria. No estaba seguro de poder soportarlo personalmente, y mucho menos de poder ministrar al personal del Ejército que estaba de luto por la muerte de sus dos compañeros de batalla.

Este encuentro cercano con la muerte no fue mi primera experiencia, ni tampoco la última. En mis casi veintinueve años como capellán de la Fuerza Aérea, a lo largo de mi carrera fui un recordatorio visible de lo sagrado para muchos que sufrían la pérdida de una vida. A los dos meses de mi ingreso en servicio activo, participé en el apoyo al equipo de búsqueda y recuperación que recuperó los cuatro cuerpos desmembrados de un avión KC-135 que explotó y se estrelló en pleno vuelo, y ayudé a las familias y amigos con un homenaje. Siguieron muchos otros eventos: un accidente de un avión U-2 que causó una muerte, un accidente de helicóptero que causó seis muertes, varios accidentes de vehículos y motocicletas, el asesinato del comandante de un aviador, numerosos suicidios, y la lista continúa. También presté servicio en la Base Aérea de Dover, donde mis responsabilidades incluían organizar y brindar apoyo espiritual a las familias en duelo y al personal del Centro Charles C. Carson para Asuntos Mortuorios.

Durante mi tiempo en la Base Aérea de Dover, atendimos más de quince eventos de víctimas masivas relacionados con conflictos armados, incluido el atentado terrorista contra el USS *Cole*, la explosión del transbordador espacial *Columbia* en 2003 y el ataque terrorista al Pentágono del 11 de septiembre. Además, durante mis despliegues, mi equipo o yo ayudábamos a honrar los restos de los caídos en combate en Irak y Afganistán. Después de que una guardia de honor cargara los restos, envueltos en féretros cubiertos con banderas, en un avión de transporte aéreo rumbo a los Estados Unidos, procurábamos estar dentro del compartimento de carga del avión para sostenerlos y ofrecer una oración. Estos eventos, que involucraron aproximadamente 680 víctimas mortales, crearon un efecto acumulativo que marcó profundamente mi corazón.

Entonces, cuando llegó la solicitud, apenas pude obligarme a volver a la presencia oscura de las bolsas para cadáveres. Sinceramente, no quería hacerlo. Sin embargo, sabía que debía responder a esta petición. El personal de la morgue me pidió que acudiera de inmediato, ya que varios soldados habían acompañado a dos de sus compañeros caídos en batalla. Los soldados querían que yo viniera a orar por ellos y por las familias de sus camaradas caídos. Me preguntaba si sería capaz de desempeñarme como un capellán experimentado de la Fuerza Aérea, llamado a apoyar a la capellanía del Ejército en su misión de "nutrir al vivo, cuidar al herido y honrar al caído". La urgencia de su petición me impactó: la responsabilidad recaía únicamente sobre mí. A regañadientes, tuve que aceptarla.

Al entrar en la morgue improvisada, ya conocía la disposición del lugar y al personal, pues los había visitado antes. Nada más entrar, vi los rostros traumatizados de tres soldados que permanecían como silenciosos centinelas junto a sus caídos. Tras hablar pastoralmente con ellos y escuchar su petición específica, confirmé mis acciones con el personal de la funeraria. Abrí lentamente la cremallera de las bolsas para cadáveres de ambos soldados, lo suficiente para dejar al descubierto sus rostros y la parte superior de sus cuerpos. Una explosión al borde del camino los había matado. Nos reunimos en un círculo. Permanecimos largo rato en oración silenciosa y luego ofrecí una oración por las familias de estos guerreros caídos y por sus afligidos compañeros de batalla.

Después de la oración, cerré las bolsas para cadáveres y pasé mucho tiempo escuchando a aquellos hombres. Mi ministerio se basó en mi presencia y en mi apoyo. Ellos me agradecieron mis oraciones y el consuelo que brindé tanto a ellos como a sus amigos caídos. Finalmente, se marcharon para regresar a su misión. Me quedé en silencio, teniendo que procesar una vez más la experiencia de la muerte. Al limpiarme las lágrimas, reconocí el solemne privilegio de representar a Cristo, quien también lloró junto a la tumba de su amigo (Juan 11:35). Así como Él se conmovió profundamente ante la oscuridad de la tumba, también me conmoví yo. De alguna manera, todos encontramos la fuerza para seguir adelante. Otros dependían de nosotros. Teníamos trabajo por hacer. Nos marchamos conscientes de que esta experiencia nos marcaría profundamente.

Más tarde, ese mismo día, oré junto a los féretros cubiertos con la bandera después de que una guardia de honor los cargara en un avión C-17 para su regreso a Dover y a sus familias. Esta vez, había visto a los caídos y había hablado con sus afligidos compañeros de batalla. Una vez más, la sagrada vocación de acompañar y brindar apoyo profesional y espiritual a estos hombres en duelo me conmovió profundamente.

La vida sigue su curso. A veces es oscura y ominosa. Los capellanes a menudo son llamados a adentrarse en medio de la tormenta y su oscuridad. Tenemos la solemne y preciosa oportunidad de traer una "presencia visible de lo sagrado", una luz en medio de la oscuridad (Mateo 5:14–16).

PREGUNTAS DE REFLEXIÓN

Los capellanes militares son "pastores para algunos", pero "capellanes para todos". ¿Qué problemas podrían surgir cuando los capellanes intentan satisfacer las necesidades pastorales y espirituales tanto de los oficiales como de la tropa?

¿Cómo puede la presencia de un capellán influir en el personal militar en combate o en situaciones de alto estrés?

¿Qué les aconsejaría a los nuevos capellanes militares para mantener su salud espiritual y su resiliencia mientras atienden constantemente las necesidades emocionales y espirituales de los demás?

Considerando la amplia gama de funciones que desempeñan los capellanes militares, ¿qué cualidades piensa usted que son básicas para alguien que sirve en esta capacidad? ¿Por qué?

De las diferentes ramas, ¿qué tipo de capellanía militar le interesa más? ¿Por qué?

"TODO SE TRATA DE RELACIONES"

Capellán Brian Clingenpeel

Al reflexionar sobre mis más de veinte años como capellán de bomberos, he vivido muchos momentos memorables: bodas, funerales, sesiones informativas, llamadas terribles, charlas individuales con bomberos, bautizos, notificaciones de fallecimiento, visitas a hospitales y a estaciones de bomberos. Vuelvo al inicio de mi ministerio como capellán de bomberos, a mi vocación e identidad, a aquello que me define.

Mientras estaba en el seminario, comencé a acompañar a la policía por recomendación de mi pastor. Cuando me gradué del Southwestern en 1995, tras terminar mis estudios en el Seminario Teológico Bautista, asumí mi primer pastorado en la Iglesia Bautista de Hillsboro en Crozet, Virginia. Continué acompañando a la policía en sus patrullajes en Crozet, donde había desarrollado amistades con los oficiales, y escuchaba en el escáner de casa las comunicaciones de radio de la policía y de los bomberos.

Me encontraba en una reunión ecuménica de pastores en Crozet cuando sonó el buscapersonas de un pastor metodista del pueblo. Me explicó que era el capellán del cuerpo de bomberos voluntarios. Unos meses después, un miembro de la iglesia y otro del cuerpo de bomberos me propusieron ser su nuevo capellán, ya que el anterior iba a ser trasladado a otra parroquia. No lo dudé ni un instante. Acepté de inmediato.

Al comenzar mi ministerio como capellán, me reuní con él para informarme sobre lo que implicaba el cargo. No imaginaba que sus palabras quedarían grabadas en mi mente y en mi corazón, convirtiéndose en el fundamento de mi ministerio de capellán durante los siguientes veinte años. Su consejo para mí fue este: "El departamento de bomberos es un grupo muy unido, porque dependen unos de otros para sobrevivir. Desconfían de los forasteros. Tu trabajo más importante será construir relaciones, y eso se logra haciendo lo que ellos hacen: respondiendo a llamadas, asistiendo a reuniones administrativas y participando en eventos de recaudación de fondos".

Yo era pastor de una pequeña iglesia rural, lo que me permitía tener tiempo para hacer precisamente esas cosas. Pronto también conocí al jefe de bomberos, quien me entregó un buscapersonas y un casco rígido (no un casco de bombero) y me dijo que quería que me presentara en los accidentes automovilísticos graves y en los incendios estructurales. Y así, simplemente comencé a presentarme. Respondía a llamadas por la noche y durante el día. Atendía tanto llamadas graves como otras menos serias. Asistía a reuniones administrativas y a eventos de recaudación de fondos.

Después de algunos meses, el departamento se me acercó y me informó que estaba entre los diez miembros del equipo con mayor número de llamadas atendidas. Querían saber si me interesaba asistir a un curso próximo para avanzar en el proceso de obtener la certificación estatal como bombero. Me explicaron que querían que estuviera allí para ayudar a garantizar su seguridad en las emergencias y que, además, podrían necesitar mi apoyo como bombero, especialmente durante el día. Con el consejo del capellán anterior ("haz lo que ellos hacen") aún resonando en mi mente, respondí: "Claro". Seis meses después, ya era bombero certificado de nivel 2 por el estado de Virginia.

Fueron años cruciales para mi formación, aunque en aquel momento no me di cuenta. Gran parte de lo que me aconsejaron se ha convertido en el modelo no solo de mi ministerio como capellán, sino también de mi ministerio pastoral. Cualquiera que me conozca bien me ha oído decir más de una vez: "Todo se basa en las relaciones". Creo firmemente en ello y lo demuestro en la práctica. Tal vez no sientas que puedes hacer mucho, pero al menos preséntate. Como capellán, como ministro, independientemente de cómo te sientas ese día, representas la presencia de Dios para mucha gente, y es importante estar presente.

La Federación de Capellanes de Bomberos afirma: "Es un ministerio de presencia". Totalmente cierto. ¿Cómo se construyen relaciones? Haciendo lo que ellos hacen. Especialmente en el servicio de bomberos y en otros ámbitos similares, la gente acude a quienes conoce y en quienes puede confiar en tiempos de dificultad. Si yo deseaba estar allí para los bomberos, los técnicos de emergencias médicas, los paramédicos y los miembros de la iglesia—cuando sufren y hacen preguntas, o cuando celebran las alegrías de la vida, entonces ellos tenían que conocerme y confiar en mí.

Esto se convirtió en una parte tan importante de mi vocación como capellán que, en 2007, dejé el pastorado a tiempo completo para trabajar en el departamento de bomberos como su coordinador de extensión comunitaria. Como coordinador, podía estar presente y hacer más de lo que los bomberos hacen en su vida cotidiana. Sí, todavía pastoreo una pequeña iglesia rural hoy en día. Pero esa decisión de trabajar para el departamento de bomberos ha sido una de las mejores decisiones que he tomado.

¿Por qué? Porque el llamado de Dios en mi vida es ministrar a los primeros respondedores. Estoy en el centro de la voluntad de Dios para mi vida. Dios utilizó al antiguo capellán y al jefe de bomberos para encaminarme en esta dirección. Las palabras que ellos me dijeron se han vuelto fundamentales para todo lo que hago.

En definitiva, todo se trata de relaciones: presentarse, hacer lo que ellos hacen y estar listo para dar razón de tu fe. Predica con tu vida; usa palabras si es necesario. No necesitas ser su madre (corrigiendo el lenguaje soez, etc.); simplemente vive entre ellos y aprovecha esas oportunidades de ministerio.

PREGUNTAS DE REFLEXIÓN

¿En qué se compara y en qué se diferencia la capellanía de seguridad pública de otras formas de capellanía? ¿Cuáles son los desafíos y las oportunidades únicos para los capellanes en este campo?

Dada la "cultura cerrada" entre el personal que sirve en la seguridad pública, ¿qué estrategias podría utilizar un capellán para desarrollar confianza y buena relación con el personal de seguridad pública?

¿Cómo pueden los capellanes integrar eficazmente sus creencias personales en su trabajo, respetando al mismo tiempo la naturaleza secular y pluralista de un organismo de seguridad pública?

Como muchos en esta cultura sufren niveles acumulativos de estrés, pero son reacios a buscar ayuda, ¿cómo podrías asistir a un individuo que cada vez más se está volviendo suicida? ¿Cómo podrías asistir al liderazgo de la institución cuando uno de sus empleados se suicida?

¿Qué prácticas de autocuidado pueden adoptar los capellanes para evitar el agotamiento y mantener su bienestar?

"SOPORTE DE VIDA"

Capellán Héctor Pérez

Al comenzar mi día como capellán del mercado, visito lugares de trabajo o hago llamadas telefónicas. El Espíritu Santo me recuerda que mi misión es compartir el amor de Dios con los líderes de la compañía y con los empleados. Para hacerlo eficazmente, tuve que desaprender la idea de "compartir" y "hablar acerca de Jesús" antes de presentar a Jesús. Los empleados necesitan saber este mensaje clave: "Estoy aquí para escucharte y ayudarte con tus preocupaciones personales o asuntos familiares." Cuando los empleados enfrentan una crisis, es crucial estar presente para escuchar y ayudar. Lamentablemente, los empleados de la empresa no son inmunes a las tragedias.

Una mañana sonó el teléfono. Era un líder empresarial angustiado que estaba completamente abrumado. Nos conocíamos, ya que había tenido el privilegio de ayudarle en su vida personal. Me compartió una historia trágica sobre uno de sus empleados y el hijo de este. Mientras hablaba, podía oír a alguien llorando desconsoladamente al fondo. El hijo del empleado, de veintiséis años, había sido atropellado por un coche mientras cruzaba la calle y había sufrido una lesión cerebral traumática, un pulmón colapsado y numerosas fracturas óseas. El ejecutivo me preguntó si podía hablar directamente con el empleado. Me comuniqué con él y coordinamos una hora para encontrarnos con él y su familia.

El empleado contestó el teléfono. Al presentarme, comenzó a derrumbarse, atrapado por una profunda angustia. Cuando empezó a compartir los detalles del accidente de su hijo, me conmoví profundamente y me ofrecí a visitarlo en el hospital esa misma tarde para ver a su hijo y conocer a su familia. Al llegar al hospital, me encontré con su cónyuge y unos diez miembros de la familia. Fue una reunión triste y muy emocional. Aunque ya había realizado numerosas visitas hospitalarias como capellán en distintas empresas, esta visita resultó abrumadora.

Cuando el cónyuge me presentó a los familiares, fui plenamente consciente de mi insuficiencia y de mi debilidad: no sabía qué decir ni qué hacer. Me senté en silencio, escuché y oré pidiendo la guía del Espíritu Santo. Cuando me invitaron a ver a su hijo, el padre y la madre me acompañaron hasta la cama de la UCI. Estaba conectado a un respirador y vendado de pies a cabeza. Monitores y máquinas sonaban suavemente a su alrededor.

El médico lo había sedado para reducir el sangrado y la inflamación de su cerebro. Con poca actividad cerebral, el equipo médico expresó su inquietud. Después de pedir permiso, nos tomamos de las manos y oramos por el hijo, por los médicos, las enfermeras y el personal que lo atendía. Afuera de la UCI, la madre preguntó: "Héctor, ¿crees que Dios puede sanar a mi hijo, que está conectado a un respirador y ha sufrido una lesión tan grave como esta?"

Hice una pausa y compartí la historia bíblica de Jairo, un líder religioso que tenía una hija al borde de la muerte. Jairo estaba desesperado, se arrodilló ante Jesús y le pidió ayuda. Mi respuesta fue:

"Creo que nuestro Señor Jesús honra la fe en tiempos de crisis y puede hacer lo imposible. Si es su voluntad, Él puede sanar a su hijo."

A petición de la familia, regresé al hospital durante los siguientes cinco días y continué orando por un milagro. Lamentablemente, el hijo no mostraba signos de actividad cerebral. Tras recibir una llamada del padre, me reuní con toda la familia para hablar sobre la recomendación del neurocirujano de retirar el soporte vital del hijo. El médico explicó que el joven era considerado con muerte cerebral y que permanecería de por vida en un estado vegetativo persistente (EVP).

Me reuní con la familia, escuché sus preocupaciones, analizamos sus opciones y elaboramos una lista de preguntas muy difíciles para el equipo médico. Continuamos orando juntos. Al séptimo día, la familia se reunió con el equipo médico. Fue un momento profundamente sombrío. El neurólogo expresó su angustia al señalar que la condición del hijo no había mejorado. Yo compartí con el equipo que la familia tenía una lista de preguntas, y ellos respondieron cada una. La última pregunta fue: "Si este fuera su hijo o hija, ¿lo retirarían ustedes del soporte vital?"

Dos de los cinco médicos comenzaron a llorar. Entonces, una de las médicas, la cardióloga, preguntó si podía responder. Dijo:

> Cuando tenía dieciséis años, nuestra hija sufrió un accidente y también estuvo conectada a un respirador. Nuestra familia enfrentó la misma decisión que ustedes enfrentan hoy. Fue la decisión más angustiosa e importante de nuestras vidas. Sabíamos que desconectarla del soporte vital era lo correcto para nuestra hija, quien habría permanecido en un estado vegetativo de por vida. Una decisión como esta es sumamente difícil, pero es lo correcto para su

hijo. Tal como está ahora, este es el mejor estado en el que estará por el resto de su vida.

Tras escuchar el relato y la recomendación de la médica, la familia y yo lloramos durante varios minutos. Cuando pudimos recomponernos, pedí a los médicos que, por favor, nos dieran algo de privacidad. Los médicos se retiraron y entonces hice la pregunta más difícil:

"¿Qué les gustaría hacer?"

El padre y la madre respondieron que desconectar a su hijo del soporte vital no era lo que querían escuchar, pero sentían que era lo correcto. Los dos hermanos y un tío estaban divididos y necesitaban más tiempo.

Recuerdo que, cuando sonó el teléfono una hermosa mañana de sábado, con la voz entrecortada el padre me dijo: "Héctor, nuestra familia ha tomado una decisión. Mañana por la mañana retiraremos el soporte vital a nuestro hijo. ¿Podrías acompañarnos y orar con nosotros mientras nos despedimos?" El dolor de perder a un hijo es incomparable. Acepté acompañarlos el domingo por la mañana.

Mi corazón estaba apesadumbrado. Sentía un enorme peso en el alma mientras oraba por la familia camino al hospital al día siguiente. Muchos pensamientos cruzaban mi mente acerca de la gravedad de que un padre o una madre tomaran la decisión de retirar el soporte vital a su hijo. Clamé: "¡Oh Señor, ten misericordia y ven a socorrernos!" Llegué al hospital y me reuní con la familia. Nos abrazamos, lloramos y permanecimos en silencio durante un largo rato. Subimos a la sala de la UCI y los cinco rodeamos la cama. Nos tomamos de las manos y lloramos mientras yo oraba. Encomendamos su espíritu, alma, mente y cuerpo a las manos de nuestro Salvador. Más tarde ese día, retiraron el soporte vital y él pasó a la eternidad.

Como capellán del mercado, me di cuenta una vez más, a través de esta crisis familiar, de cuán vital es el "ministerio de presencia" y de la importancia de desarrollar relaciones de confianza con los líderes de la compañía y con los empleados. Debido al cuidado previo que había brindado al líder de la empresa que me contactó, él sabía que el padre podía confiar en mí para caminar junto a su familia durante este tiempo tan terrible en sus vidas. Con la guía y la compasión del Espíritu Santo, tuve lo necesario para ser un capellán empático, alguien con un corazón compasivo para quienes sufren y están afligidos.

PREGUNTAS DE REFLEXIÓN

El capellán Diefendorf afirmó en su introducción: "Mientras que las leyes y las costumbres protegen el libre ejercicio de la religión, no se requiere un servicio de capellanía para garantizar que esta libertad básica sea protegida en el mundo corporativo." Con esta perspectiva, ¿qué le dirías a los líderes corporativos acerca del valor de contar con un capellán integrado en sus empresas?

Los capellanes pueden prestar sus servicios a las empresas como empleados de estas, como en Tyson Alimentos, o como un servicio contratado, como en Mercado Capellanes. Si usted fuera un ejecutivo de la compañía sin el apoyo de un capellán, ¿qué enfoque elegiría para sus empleados y por qué?

¿Cuál es el valor de la confidencialidad para los capellanes en el lugar de trabajo y cuáles son los desafíos potenciales que esta conlleva? ¿Cómo puede un capellán equilibrar la confidencialidad con la responsabilidad de informar sobre asuntos graves, como el acoso laboral o amenazas de daño?

¿Qué significa para usted "ministerio de presencia" en un entorno corporativo?

Le piden que lleve a cabo un ritual religioso que no forma parte de su tradición. No cuenta con alguien que pueda realizar el ritual de inmediato. ¿Cómo maneja la situación?

"ALELUYA"

Capellán Maytal Saltiel

Los capellanes universitarios son bendecidos con muchos momentos memorables: tiempos de desamor, autodescubrimiento y noches oscuras del alma. He tenido el privilegio de ver a generaciones de estudiantes encontrar su voz y descubrir significado y propósito en sus vidas. Los he acompañado en momentos de duelo y de dolor desgarrador, y también los he ayudado a celebrar la plenitud de la vida. Sin embargo, quiero compartir un momento que me ha marcado a lo largo de los años y que ilustra la naturaleza sagrada, sorprendente y alegre del trabajo de un capellán universitario.

Cada año, la Oficina de Capellanía de Yale selecciona a un grupo de estudiantes de segundo año para viajar a Washington, D. C., durante una semana en las vacaciones de primavera. Preparamos a estos estudiantes para que sean nuestros compañeros de capellanía: para experimentar la hospitalidad radical de diversas comunidades religiosas y aprender a facilitar conversaciones arraigadas en las grandes preguntas de la vida—sobre significado, propósito, éxito y crecimiento—cuando regresan al campus. Buscamos estudiantes interesados en trabajar con personas de un amplio espectro de orígenes y creencias. Son oyentes curiosos y humildes que desean ampliar sus horizontes.

Durante nuestro viaje de una semana a Washington, D. C., visitamos comunidades religiosas, aprendemos de activistas y participamos en proyectos de servicio comunitario. En 2014, cuando llevé a los estudiantes en este viaje tan significativo, comenzamos la semana asistiendo a un servicio de culto en un gurdwara sij. Nos sentamos en el piso del sótano con nuestros anfitriones para compartir el langar (la comida comunitaria) durante la visita. A medida que avanzaba la semana, aprendimos de un monje budista camboyano, nos reunimos con un organizador de equidad en vivienda, experimentamos un servicio de maariv (noche) en una sinagoga ortodoxa, colaboramos en un centro de actividades extraescolares, hablamos con misioneros, visitamos el centro de visitantes del templo mormón y un centro comunitario islámico.

Viajamos de comunidad en comunidad, experimentando la calidez y la hospitalidad de nuestros anfitriones, quienes respondían pacientemente a nuestras preguntas y compartían valiosas visiones sagradas de sus mundos. Fue una experiencia memorable para nuestros estudiantes: ingresaron a espacios y conocieron comunidades de las que a menudo no sabían nada antes.

Una de las noches, a mitad de semana, asistimos a un estudio bíblico en una megaiglesia metodista episcopal africana (AME). La congregación AME estaba celebrando su típico servicio de adoración entre semana, con banda de alabanza y sermón. Nuestros anfitriones fueron cálidos y acogedores, con abundantes abrazos en aquel momento previo a la pandemia. Aunque estábamos cansados al final de la noche, nos reunimos una vez más para nuestro momento de "concertarnos en círculo".

Cada tarde, después de las aventuras del día, dedicábamos tiempo a reflexionar y compartir. Algunos se sintieron profundamente conmovidos por la acogida recibida en la iglesia. Otros reflexionaron sobre el papel fundamental que desempeñaba el centro de actividades extraescolares en la comunidad. Entonces, una dulce estudiante hindú de medicina hizo una pregunta con timidez:

Me preguntaba si podrías decirme qué significa "¡Aleluya!"

Con entusiasmo, me lancé a explicar la raíz de la palabra hebrea.

Oh, respondió ella, solo la había escuchado en "It's Raining Men" (una popular canción interpretada por *The Weather Girls*).

Todos estallamos en carcajadas. Nuestro estudiante de teología en prácticas se rió tanto que casi se orinó de la risa. Nos tomó unos cinco minutos calmarnos por completo, y una vez más recordamos cómo aquello que a veces damos por sentado puede resultar novedoso y desconcertante para los demás. Vivir en una comunidad diversa es una bendición llena de alegría, sorpresas y deleite.

PREGUNTAS DE REFLEXIÓN

Reflexiona sobre los diversos entornos en los que prestan servicio los capellanes comunitarios y de estilo de vida. ¿Cómo podría el ambiente específico—como una parada de camiones, un estadio deportivo o una universidad—influir en el enfoque y las prioridades del ministerio de un capellán?

Cada comunidad tiene su propia cultura, rituales e idioma. ¿Por qué es esencial que un capellán comprenda su comunidad, así como su singularidad y cultura? ¿Qué riesgo supone ignorar el patrimonio y la cultura de una comunidad?

Al escuchar o brindar atención espiritual, ¿en qué momento se debe derivar a la persona aconsejada—como un alumno, miembro de la facultad o del personal—a un centro de asesoramiento? ¿Cómo lo harías?

¿Cómo pueden los capellanes establecer confianza y construir conexiones significativas en comunidades transitorias o de ocio, donde las personas pueden residir temporalmente?

Reflexiona sobre los desafíos que enfrentan comunidades específicas, como los camioneros que lidian con el aislamiento y el estrés. ¿Cómo pueden los capellanes abordar estos problemas y brindar una atención integral que incluya apoyo emocional y espiritual?

APÉNDICE UNO
UNA HERRAMIENTA DE MENTORÍA HACIA LA COMPETENCIA COMO CAPELLÁN PROFESIONAL

Capellán Dick Millspaugh

Siguiendo una versión modificada del modelo de Martin Broadwell presentada en un capítulo anterior, destaqué un proceso de aprendizaje—un viaje de concienciación, gestión de la ansiedad y práctica reflexiva—que da como resultado el crecimiento en la competencia. Este aprendizaje avanza desde la incompetencia inconsciente a la incompetencia consciente, luego a la competencia consciente y, finalmente, a la competencia inconsciente. Antes de proceder, sugiero que el lector repase el capítulo anterior titulado "Competencias profesionales". Cinco organizaciones de certificación en capellanía han publicado un conjunto común de competencias necesarias para ser un capellán profesional competente, y otras han establecido sus propios estándares.[1] Las competencias comúnmente aceptadas del capellán proporcionan una base para la formación y la evaluación de posibles capellanes.

En lo que respecta al desempeño como capellán, cada

---

[1] En 2016-2017, cinco organizaciones certificadoras acordaron y publicaron "Common Qualifications and Competencies for Professional Chaplains," Ver https://www.professionalchaplains.org/files/2017%20 Common%20qualifications%20and%20Competencies%20for%20Professional %20Chaplains.pdf, consultado el 21 de julio de 2020. Establecido por la Asociación para la Educación Pastoral Clínica, la Asociación de Capellanes Profesionales, la Asociación Canadiense para el Cuidado Espiritual, la Asociación Nacional de Capellanes Católicos y Neshama: Asociación de Capellanes Judíos, este marco anima a toda persona que aspire a ser capellán profesional para unirse a una de estas organizaciones lo antes posible, a fin de aprender qué tienen para ofrecer, así como informarse sobre sus procesos de certificación. La Asociación de Atención Espiritual (SCA) estableció sus propios estándares y procesos de examen para la certificación, al tiempo que acepta capellanes certificados de muchas otras organizaciones. La SCA es una afiliada de la Healthcare Chaplaincy Network™ (HCCN), la cual estableció estándares de práctica basados en evidencia e indicadores de calidad basados en evidencia antes de la creación de la SCA en 2016. Véase https://www.spiritualcareassociation.org/ certification.html.

competencia se define en cuatro ámbitos, que se presentan en las siguientes páginas. Llamo a estos ámbitos *arenas*, porque cada uno implica una lucha dinámica dentro de la conciencia de una persona. En esencia, esta lucha es una búsqueda por encontrarse a uno mismo como distinto de los demás y, al mismo tiempo, en relación con ellos.

Los escenarios del lado izquierdo de cada competencia ilustran a una persona que carece de comprensión de aquello que ha moldeado su sentido de identidad y que tiene poca conexión empática con los demás. A medida que una persona crece en empatía, llega a comprender que la realidad de los otros es diferente, y desarrolla la capacidad de tener compasión por ellos, la persona se desplaza hacia las arenas del lado derecho de cada cuadrícula.

A medida que ocurre este crecimiento, la persona tendrá menos necesidad de defender su autoimagen, desarrollará el deseo de adquirir un conocimiento más profundo de cómo su personalidad y su espíritu han sido formados, y experimentará una disposición a explorar las diferencias y similitudes con los demás. Esta maduración suele desembocar en una pasión por servir a los demás.

Lo que sigue se deriva de lo que he aprendido en mi propio camino: una lista parcial e ilustrativa de competencias para quienes buscan convertirse en capellanes. Aunque probablemente descubrirás múltiples maneras de utilizar esta lista, permíteme sugerir algunos usos posibles.

Para quienes estén considerando la capellanía. repase la lista de competencias. ¿Puede verse reflejado en dicha lista? Si es así, observe en qué áreas siente que está bien encaminado. Identifique aquellas áreas en las que le entusiasmaría aprender más. Elija una o dos competencias que desee desarrollar. Busque a alguien que pueda acompañarlo en ese ámbito. Haga un seguimiento de sus progresos y celébrelo.

Para estudiantes en formación formal en capellanía. revise la lista y realice una autoevaluación. ¿En qué áreas se considera fuerte y en cuáles podría recurrir a su supervisor, a sus compañeros u a otras disciplinas para avanzar en su camino hacia una mayor competencia? Pídales que lo evalúen. ¿Qué tan cercanas están sus evaluaciones entre sí? ¿Qué tan cercanas están sus evaluaciones a la suya propia? ¿Ha identificado puntos ciegos que merezcan mayor atención? Además, si le interesa un campo especializado, verifique los estándares y competencias requeridos por las organizaciones correspondientes.

Para docentes o supervisores de Educación Pastoral Clínica. considere compartir esta herramienta con los estudiantes como una forma de enfocar el aprendizaje en las competencias y el crecimiento. Después de establecer relaciones significativas, pida a los estudiantes que se evalúen a sí mismos y entre ellos. Luego, tras reflexionar en grupo sobre los aportes de sus pares, solicite a cada estudiante que seleccione una o dos competencias para analizar y desarrollar un plan de compromiso con el proceso de aprendizaje, el cual podrá ser evaluado en un momento determinado por el propio estudiante, sus colegas y su supervisor.

Varias palabras de estímulo:

(1) No te dejes abrumar por la siguiente lista de competencias. Ninguna persona es completamente competente, cómoda o segura en todas estas áreas. Elige trabajar en una o dos áreas que mejoren tus habilidades particulares, tu interés en la capellanía y tu vida personal. Una vez que sientas crecimiento en esas áreas, elige una o dos competencias adicionales para desarrollar.

(2) El propósito de esta matriz es ayudar a estudiantes y educadores a identificar áreas de competencia para su desarrollo y reconocimiento. Esta matriz no debe utilizarse como una herramienta científicamente validada y revisada por pares para evaluar el desempeño laboral.

(3) Esta matriz no contiene una lista exhaustiva ni priorizada de competencias para ningún ministerio especializado; más bien, es un documento vivo y modificable.

(4) Ten en cuenta que los distintos contextos especializados tendrán competencias diferentes.

(5) Estas competencias se beneficiarían de un conjunto de definiciones más exhaustivas.

(6) Fomento la investigación orientada a explorar la relación entre competencias particulares y los resultados.

Cada competencia que se presenta a continuación pasa de 1. Incompetencia inconsciente, a 2. Incompetencia consciente, a 3. Competencia consciente, y finalmente a 4. Competencia inconsciente. Cada competencia se desplaza de la autoabsorción al servicio del paciente o cliente, de la institución, de la comunidad y del mundo. Bienvenido a un viaje emocionante y aleccionador.

#1 EMPATÍA / COMPASIÓN

La empatía es la capacidad de experimentar al otro a través de sus sentimientos y pensamientos. *La compasión* es el deseo de ayudar a otra persona por quien se siente empatía.

1-2

Se mantiene emocionalmente distante, siente lástima por el paciente.

3-4

Busca una conexión empática con el paciente, pero a menudo no lo consigue.

5-6A

Establece una conexión empática sólida con el paciente, lo que da como resultado una relación más profunda.

5-6B

Pasa de la empatía a ayudar al paciente a entenderse a sí mismo a un nivel motivacional, lo que da como resultado que el paciente desarrolle una mayor compasión y una relación más saludable consigo mismo.

7-8

Demuestra empatía con el personal y sus compañeros, enseñando así con el ejemplo. Ayuda al personal a empatizar en el manejo de pacientes o familiares difíciles, lo que da como resultado la creación de un entorno saludable en situaciones de conflicto. Ayuda a la institución a empatizar con las necesidades de los empleados y de la comunidad, y a dar pasos hacia la curación.

#2 CONTENCIÓN

La contención es la capacidad interna de gestionar pensamientos, sentimientos y comportamientos de tal manera que el poder inherente a la posición profesional no se utilice en beneficio del capellán, ni que los problemas personales se proyecten en la relación con el paciente u otra persona.

1-2

Acepta como propias la ira, la tristeza, el retraimiento u otras emociones del paciente, y reacciona de manera defensiva.

3-4

Intenta contener e interpretar objetivamente las emociones del paciente, pero a menudo se pone a la defensiva o todavía se percibe como responsable de la realidad emocional del paciente.

5-6A

Casi siempre contiene adecuadamente sus respuestas al contenido emocional del paciente, comprende y ayuda al paciente a identificar las fuentes reales de sus emociones, lo que da como resultado una sensación expresada por el paciente de comprensión, alivio y gratitud.

5-6B

A menudo contiene sus respuestas al contenido emocional del paciente, evita tomárselo de manera personal y ayuda empáticamente al paciente a sentirse comprendido. Generalmente comprende y ayuda al paciente a identificar las fuentes reales de sus emociones, lo que da como resultado una sensación expresada de comprensión, alivio y gratitud.

7-8

Modela la contención con el personal y los colegas. Es capaz de enseñar la contención tanto mediante el ejemplo como de forma didáctica.

#3 IDENTIDAD PERSONAL

La identidad personal es la manera en que una persona se percibe a sí misma al interactuar con el mundo, fuera del ámbito profesional. La identidad personal abarca todo lo que implica ser una persona: los aspectos de la propia historia y experiencia integrados en una "gestalt", a través de la cual uno se comprende y se representa a sí mismo.

1–2

Falta de conciencia de la historia personal, el género, la identidad sexual, la raza y cualquier discapacidad, así como de su influencia en la autocomprensión y el funcionamiento personal.

3–4

Adquiere mayor conciencia de su historia personal, pero encuentra dificultades para asumirla o para discutir temas básicos relacionados con ella.

5–6

Comprende claramente y es capaz de articular su historia personal, tal como se aplica a su vida, y distingue esta historia de su identidad profesional y pastoral. A menudo puede utilizar su historia personal en la evaluación y el acompañamiento del paciente, lo que da como resultado:

A. *La sanación espiritual del paciente, y*

B. *La capacidad del paciente para integrar la experiencia de la atención pastoral, lo que resulta en una sanación continua fuera de la relación pastoral.*

7–8

Es capaz de ayudar al personal y a la institución a comprender el impacto de la historia personal e institucional en la autocomprensión actual.

#4 AUTORIDAD

La autoridad es el poder que conlleva el rol profesional de ser un capellán reconocido, así como la capacidad personal de afirmar los propios derechos y el propio valor como ser humano, en igualdad con los demás.

1–2

Se siente amenazado por la autoridad o la evita; la utiliza de forma abusiva o adopta un papel servil o antagónico.

3–4

Es capaz de debatir cuestiones de conflicto con figuras de autoridad presentes e históricas, pero rara vez logra reivindicar su propia autoridad.

5–6

Comprende, asume y comunica sus dificultades relacionadas con la autoridad, y es capaz de ejercerla con pacientes y personal de manera que promueva la sanación espiritual. Aboga por intervenciones justas y éticas en nombre de los pacientes, el personal y la institución.

7–8

Utiliza su autoridad para construir sistemas que brinden atención ética y compasiva a pacientes, personal y profesionales de la salud; que cuestionen los abusos de autoridad institucional o personal; y que fomenten la creación de comunidad y el servicio institucional.

#5 IDENTIDAD PASTORAL

La identidad pastoral es la asunción y el ejercicio de roles del ministerio pastoral, tales como consejero, maestro, intercesor, predicador, evangelista, pastor y muchos otros, que a menudo se resumen en las funciones de pastor, sacerdote y profeta.

1-2

Confunde el rol del capellán con la identidad personal.

3-4

Es capaz de discutir el rol o la función del capellán, pero tiene dificultades para explicar cómo la identidad pastoral se relaciona y se diferencia de la identidad personal.

5-6A

Ha integrado y es capaz de analizar cómo la identidad personal influye en la identidad pastoral y profesional. Es capaz de funcionar dentro de los roles y funciones identificados y de utilizar la identidad personal como recurso en la atención al paciente.

5-6B

Es extraordinariamente hábil en el uso de métodos y habilidades pastorales, bien integrados con la identidad personal y profesional, lo que da como resultado que los pacientes a menudo experimenten sanación espiritual.

7-8

Es capaz de ayudar al personal a diferenciar e integrar las identidades personales y profesionales.

#6 AUTOCUIDADO

El autocuidado es la práctica regular de comportamientos que mantienen y promueven la salud física, mental y espiritual.

1–2

No es consciente del autocuidado y no practica el cuidado del cuerpo, la mente y el espíritu.

3–4

Es capaz de definir conceptos y prácticas básicas del autocuidado del cuerpo, la mente y el espíritu en relación consigo mismo, y ha comenzado a elaborar un plan para ello.

5–6

Ha comenzado acciones regulares para establecer un plan de autocuidado, cuenta con indicadores de objetivos y ha incorporado a una o más personas como agentes de rendición de cuentas.

7–8

Es capaz de articular las etapas que conducen al cambio de comportamiento y de enseñarlas. Sirve de modelo de un autocuidado saludable. Puede enseñar al menos un área del autocuidado: cuerpo, mente o espíritu.

#7 IDENTIDAD PROFESIONAL

La identidad profesional es el autoconcepto que una persona asume al actuar como miembro de una profesión determinada, la cual posee normas y prácticas establecidas, responsabilidades éticas, creencias y valores. La identidad profesional da como resultado la asunción y el ejercicio de las facultades y responsabilidades otorgadas y definidas por la profesión, tal como se expresan en la relación del profesional con las personas a quienes atiende, con otros miembros del equipo, con la institución y con los organismos certificadores correspondientes.

1-2

No comprende la función o el rol profesional ni su relación con la práctica de la atención espiritual al paciente.

3-4

Tiene un conocimiento mínimo de la relación entre la identidad personal, pastoral y profesional, y es parcialmente capaz de analizar cómo estas se relacionan con otras profesiones de manera que se brinde una atención positiva al paciente.

5-6

Posee una identidad profesional bien integrada y articulada, que utiliza eficazmente en su relación con los pacientes y con otros profesionales. Es capaz de describir cómo el funcionamiento de cada persona complementa al equipo de tratamiento para proporcionar una atención integral al paciente, lo que da como resultado que los miembros del equipo sean conscientes de la contribución del capellán y la soliciten activamente.

7-8

Las prácticas resultantes son altamente efectivas. La capellanía facilita que los miembros del equipo busquen la colaboración del capellán para que este contribuya al bienestar espiritual del paciente desde su propia disciplina. Esto da como resultado altas más tempranas, pacientes con mayor salud espiritual, mejor conexión con recursos comunitarios y/o pacientes más capaces de afrontar la muerte o la discapacidad con recursos y consuelo espirituales.

#8 USO DE LAS CIENCIAS SOCIALES Y DEL COMPORTAMIENTO

El uso de las ciencias sociales y del comportamiento se refiere a la integración de estas disciplinas del conocimiento en la práctica de la atención pastoral.

1-2

Es incapaz de describir o utilizar las ciencias sociales o del comportamiento en relación con la práctica de la atención al paciente.

3-4

Es capaz de describir las ciencias sociales o del comportamiento en relación con la práctica de la atención espiritual al paciente, pero rara vez demuestra la capacidad de utilizar este conocimiento en beneficio del paciente.

5-6

Posee un conocimiento y uso bien integrados de las ciencias sociales y del comportamiento dentro de un marco teológico, y demuestra la capacidad de utilizar este conocimiento de manera consistente en beneficio del paciente, tal como a menudo lo reconocen el paciente y/o otros miembros del personal.

7-8

Ha integrado plenamente una ciencia social o del comportamiento especializada en el marco teológico, es capaz de utilizarla de forma consistente en beneficio del paciente y enseña su uso a sus compañeros.

#9 COMUNICACIÓN

La comunicación se refiere al conocimiento y la práctica de los medios para recibir y transmitir información hacia y desde otros, de tal manera que se establezca un entendimiento mutuo del significado.

1-2

No puede establecer una comunicación que construya confianza y profundice las relaciones. Carece de la competencia para resumir y documentar la atención pastoral.

3-4

Es capaz de comunicarse de maneras que formen relaciones de confianza y faciliten una divulgación segura. Tiene la capacidad de documentar la atención pastoral de modo que se comunique con otros proveedores de atención de forma clara, concisa y coherente.

5-6

Utiliza sus habilidades de comunicación en entornos multidisciplinarios de manera que contribuye a las tareas en curso. El servicio del capellán es solicitado por el personal y los pacientes.

7-8

Es reclutado por la institución para cumplir su misión en ámbitos distintos al de la capellanía, gracias a su competencia comunicativa.

#10 EXPERIENCIA TEOLÓGICA

La experiencia teológica en la capellanía profesional es la capacidad de comprender las esperanzas, necesidades y recursos de aquellos a quienes se sirve—así como del equipo y de la institución—en términos teológicamente significativos, y de interpretar la teología en el "lenguaje" de quienes reciben la atención, de manera que se brinde comprensión, aliento y sanación.

1-2

Es incapaz de articular una teología internamente coherente y es incapaz de aceptar cualquier teología que no sea la propia.

3-4

Es capaz de articular una teología internamente coherente, pero rara vez puede utilizarla para fundamentar la evaluación o el tratamiento del paciente de manera que este experimente sanación espiritual.

5-6

Es capaz de articular una teología internamente coherente para fundamentar la evaluación y el tratamiento del paciente de manera que este experimente sanación espiritual. Demuestra una clara capacidad para trabajar dentro del marco teológico del paciente, incluso cuando este difiere de la teología del capellán.

7-8

Permite al personal comprender la situación del paciente desde una perspectiva teológica coherente con el lenguaje de su disciplina, lo que mejora su capacidad para brindarle atención. Además, facilita la integración, por parte del personal, entre su historia religiosa o espiritual y su disciplina.

#11 CAPACIDAD DE APRENDER

La capacidad de aprender se refiere a la aptitud para recibir y retener información, recibir e integrar retroalimentación constructiva, aplicar adecuadamente nueva información a situaciones específicas y gestionar la ansiedad inherente que suele acompañar el proceso de aprendizaje.

1-2

Se siente amenazado por situaciones de aprendizaje y permanece a la defensiva e inflexible cuando se le desafía o se le invita a considerar otro punto de vista.

3-4

Es capaz de reconocer que se siente amenazado en una situación de aprendizaje y, aun así, dar los primeros pasos hacia un nuevo aprendizaje.

5-6A

Aprovecha con facilidad las oportunidades de aprendizaje.

5-6B

Es capaz de aprender y aplicar lo aprendido en beneficio del paciente. Busca retroalimentación constructiva y la acepta de forma no defensiva.

7-8

Comprende la dinámica del aprendizaje y es capaz de utilizar el apoyo y la confrontación para mejorar el aprendizaje del personal y de la institución.

#12 COMPETENCIA SEGÚN EL NIVEL DE EDAD

La competencia según el nivel de edad es el comportamiento que adapta las evaluaciones pastorales y la atención a las habilidades, necesidades y capacidades únicas de cada etapa específica del desarrollo según la edad.

1-2

No puede articular cómo los niveles de edad impactan la identidad, la percepción y el funcionamiento.

3-4

Articula una comprensión básica del desarrollo según el nivel de edad, pero a menudo no logra incorporarla en la evaluación o en la práctica pastoral.

5-6

A menudo logra integrar la comprensión del desarrollo según la edad en la evaluación y la práctica pastoral, de manera respetuosa, lo que conduce a intervenciones específicas y apropiadas que resultan en la sanación y el crecimiento del paciente.

7-8

Es capaz de enseñar a otros acerca de la conexión entre el desarrollo según el nivel de edad y la práctica pastoral.

#13 COMPETENCIA MULTICULTURAL Y MULTIRRELIGIOSA

La competencia multicultural y multiconfesional es el comportamiento que adapta las evaluaciones y la atención pastoral a las creencias, valores y costumbres únicas de las personas a las que se sirve.

1-2

Es incapaz de articular el impacto de su propia cultura y fe en su identidad y en su desempeño profesional o pastoral.

3-4

Es capaz de utilizar su fe y cultura para informar, evaluar e intervenir en el cuidado de personas de fe y cultura similares. Es capaz de articular temas comunes compartidos por la mayoría de las religiones y culturas. Le resulta difícil brindar atención pastoral sanadora a quienes no pertenecen a su propia tradición religiosa, cultura, orientación sexual o etnia.

5-6

Es capaz de articular enfoques hacia personas de otras religiones y culturas que demuestren sensibilidad, respeto y conciencia de cuestiones vitales, de tal manera que se forme una relación de confianza; asimismo, es capaz de derivar a profesionales ajenos a su propia religión y experiencia cultural cuando es necesario.

7-8

Es capaz de enseñar a otros la importancia de la sensibilidad al tratar con personas de diferentes religiones o culturas. Ayuda a identificar enfoques, problemáticas y recursos para el acompañamiento de personas de diversas tradiciones religiosas y culturales. Impulsa y facilita que la institución desarrolle una mayor sensibilidad, respeto y capacidad de respuesta ante las necesidades de personas de diferentes religiones y culturas.

#14 COMPETENCIA ÉTICA

La competencia ética es la aplicación del conocimiento ético pertinente a las particularidades de una situación dada, de manera que se aclaren las cuestiones y se proporcione orientación ética para la toma de decisiones.

1-2

No puede describir principios éticos ni articular cuestiones éticas, ya sean abstractas o en relación con un caso particular.

3-4

Describe los principios éticos y los problemas éticos que suelen encontrarse en la práctica, así como, en cierto grado, las implicaciones o cuestiones éticas de un caso particular. Es consciente de los fundamentos del Código Común de Ética para Capellanes, Consejeros Pastorales, Educadores Pastorales Clínicos y Estudiantes, y es capaz de describirlos.

5-6

Utiliza la ética para evaluar la atención al paciente e intervenir de una manera que clarifica los valores y empodera a otros para afrontarlos eficazmente ante dilemas complejos. Sostiene y practica los principios del Código Común.

7-8

Enseña la aplicación de la ética. Es capaz de invitar y desafiar a las organizaciones y a los sistemas a crear y utilizar estructuras que proporcionen asesoramiento ético.

#15 COMPETENCIA EN DINÁMICA DE GRUPO

La dinámica de grupo es la variedad de funciones que los miembros y líderes del grupo pueden desempeñar para impulsar las tareas y la cohesión del grupo.

1-2

Carece de comprensión de la dinámica de los grupos y tiende a complicar los procesos grupales debido a sus intereses personales. No parece capaz de mantenerse enfocado en la tarea del grupo ni de contribuir a satisfacer sus necesidades.

3-4

Es capaz de describir la dinámica de funcionamiento de los grupos y de evitar que sus necesidades personales interfieran en dicho funcionamiento. Es capaz de contribuir a las tareas del grupo y de apoyar sus necesidades de mantenimiento.

5-6

Demuestra capacidad para coordinar con éxito grupos de pares y equipos multidisciplinarios, impulsando agendas relevantes para la misión de la organización. Ejerce liderazgo en los grupos para mantenerlos enfocados en sus tareas y contribuye al bienestar del grupo. Ayuda a resolver conflictos grupales.

7-8

Se le solicita que lidere grupos para impulsar la misión de la organización. Facilita o dirige la formación continua del clero comunitario y la introducción al ministerio dentro de esa institución.

#16 HABILIDAD PARA GENERAR UN SENTIDO DE SEGURIDAD Y COMODIDAD

La capacidad para generar un sentido de seguridad y comodidad es la habilidad de evaluar y responder a las necesidades, esperanzas y recursos de aquellos a quienes se sirve, de tal manera que se genere confianza en la relación entre el capellán y los demás.

1-2

La ansiedad del propio capellán, la falta de habilidades o la incertidumbre crean mayor ansiedad o una actitud defensiva en el paciente.

3–4

Es capaz de mantener el autocontrol y gestionar su propia ansiedad para que el paciente no reaccione con ansiedad o actitud defensiva.

5–6A

La propia sensación de paz, la seguridad en sí mismo, la conciencia de los límites y el autocontrol del capellán generan una sensación de seguridad que permite al paciente hablar sobre temas relevantes para sus esperanzas, necesidades y recursos espirituales, promoviendo la sanación.

5–6B

La autoaceptación y el autocontrol del capellán crean una sensación palpable de sanación; su presencia sin ansiedad puede ser interiorizada por el paciente.

7–8

La presencia serena del capellán ayuda al personal y a la institución a mantener o recuperar la calma. El personal y la institución recurren al capellán en busca de ayuda para restaurar la serenidad.

#17 COMPETENCIA PARA EL DESARROLLO DE LA FE

La competencia en el desarrollo de la fe es el conocimiento aplicado de las teorías del desarrollo de la fe en situaciones específicas, lo cual resulta en una comprensión más profunda de la formación y el crecimiento de la fe de aquellos a quienes se sirve.

1–2

Es incapaz de articular la teoría del desarrollo de la fe en lo que respecta a la provisión de cuidado espiritual.

3–4

Es capaz de articular la teoría del desarrollo de la fe como un medio apropiado para evaluar e intervenir en las necesidades de atención espiritual de otros, pero a menudo no logra poner en práctica estas habilidades.

5–6

Es regularmente capaz de establecer una conexión relacional con personas de todas las edades, siendo sensible y respetuoso de las cuestiones del desarrollo de la fe, lo que conduce a la sanación, integración y crecimiento del paciente.

7–8

Es capaz de enseñar a otros acerca del desarrollo de la fe y de su pertinencia para la sanación y el crecimiento, y demuestra habilidades prácticas de intervención.

#18 COMPETENCIA EN ASISTENCIA

La competencia en asistencia es la capacidad de dejar de lado los problemas personales del capellán para estar plenamente presente para la persona a la que se atiende.

1-2

Interrumpe al paciente con asuntos de su agenda personal, comentarios distractores o uso inapropiado del humor; deja la conversación de forma abrupta.

3–4

Busca atender la comunicación verbal y no verbal del paciente, pero a menudo pasa por alto mensajes explícitos y encubiertos.

5–6A

Atiende la comunicación verbal y no verbal del paciente, lo que da como resultado una conversación centrada en el paciente.

5–6B

Atiende de manera tan adecuada la comunicación verbal y no verbal del paciente que este experimenta sanación y expresa alivio o gratitud.

7–8

Es capaz de enseñar habilidades a otros mediante el ejemplo y la didáctica. Es capaz de confrontar a quienes, por su incapacidad para atender las necesidades de los demás, causan daño.

#19 COMPETENCIA PARA OFICIAR RITOS Y RITUALES DE ADORACIÓN EN ÁMBITOS PÚBLICOS Y PRIVADOS

El capellán es capaz de llevar a cabo ritos, rituales y actos de culto en el contexto de las necesidades de aquellos a quienes presta el servicio.

1-2

Lidera sin tener en cuenta las necesidades de los asistentes. Transmite una sensación de ansiedad en tal grado que los asistentes se sienten distraídos o incómodos, o evita el liderazgo en estas áreas.

3-4

Presta una atención mínima a hacer que los servicios sean acordes con la cultura de la institución y las necesidades de los asistentes.

5-6A

Recopila información sobre las necesidades de quienes asistirán antes del evento. Crea celebraciones o servicios que responden directamente a esas necesidades.

5-6B

Habla con confianza de maneras que aportan comprensión y consuelo a los problemas que se abordan.

5-6C

Atrae a los participantes para que sean agentes activos en los servicios.

7-8

Es capaz de guiar a otros en el rol de facilitar dichos servicios. Está disponible para ofrecer este tipo de servicios en un entorno comunitario o institucional más amplio. Es buscado por la institución para crear servicios y rituales que aborden traumas significativos o celebraciones importantes que impactan a la institución y a su personal.

APÉNDICE DOS
ESTUDIOS DE CASO

CAPELLANÍA EN EL CUIDADO DE LA SALUD [1]

Usted es capellán hospitalario y miembro consultor con derecho a voto del comité de ética del hospital regional donde trabaja. Su opinión es fundamental para las decisiones que toma el comité en materia de ética médica. El comité se reúne rutinariamente de 9 a 11 a. m. el tercer miércoles de cada mes, o cuando una emergencia lo requiere. Usted también es supervisor de CPE (Educación Pastoral Clínica) del hospital y dirige una clase con sus cuatro estudiantes de CPE de 2 a 4 p. m. cada martes y jueves. Este jueves tiene programado realizar un examen oral de mitad de período para los estudiantes. Usted es la única persona calificada para administrar el examen y debe estar presente. Los estudiantes se han estado preparando durante ocho semanas para este examen, que durará dos horas. Son casi las 2 de la tarde, la hora prevista para el examen, cuando se convoca una reunión de emergencia del comité de ética. El comité debe decidir cómo asesorar al personal del hospital sobre una situación de vida o muerte que debe resolverse en las próximas dos horas. El problema es muy complicado y probablemente tomará las dos horas completas resolverlo. ¿Qué haría usted y por qué?[2]

La supervisora de enfermería del piso le pide a usted, como capellán del hospital, que visite a Sara, porque el personal está preocupado de que ella esté deprimida. Cuando usted la visita, ella expresa una profunda ira hacia su familia y hacia Dios por haberla internado en ese centro. Entre lágrimas, habla de sentirse no solo abandonada, sino también perseguida. Concluye con la pregunta: "¿Por

---

[1] Aunque estos estudios de caso están centrados en Estados Unidos, los estudiantes y los instructores deberían adaptarlos a su región o contexto local. Agradecemos a los capellanes que aportaron algunos de estos estudios de caso. Cabe señalar que algunos estudios de caso incluyen notas a pie de página con ejemplos de la "vida real."

[2] Elizabeth Lanphier y Jake Earl, "Abortion Restrictions Put Hospital Ethics Committee in the Spotlight," *Ohio Capital Journal*, 26 de junio de 2023, https://ohiocapital-journal.com/2023/06/26/abortion-restrictions-put-hospital-ethics-committees-in-the-spotlight-but-what-do-they-do/, consultado el 30 de octubre de 2024.

qué Dios me odia?" ¿Cómo debería responder usted?

Como capellán del hospital, usted forma parte de un comité de participación comunitaria. El grupo se reúne tras una semana terrible, llena de actividad y dolor en el hospital. En el instituto local, un tiroteo dejó varios estudiantes muertos y muchos otros heridos. La comunidad, los administradores escolares y el alumnado están traumatizados, y muchos se sienten inseguros. Incluso el personal del hospital se ve afectado. Es una ciudad pequeña con un hospital pequeño, por lo que usted es el único capellán en la comunidad. Usted sabe que debe hacer algo, pero ¿qué? El administrador del hospital lo llama y le pregunta cuáles son sus planes para ayudar al hospital y a la comunidad. ¿Cómo abordaría una necesidad tan apremiante? ¿Cuáles serían sus prioridades y sus planes?[1]

Un miembro del personal llama para solicitar su presencia como capellán del hospicio de la institución. Se dirige al miembro del personal, quien le pide que visite a Yasmín. Ella está muriendo. Usted no ha hablado previamente con Yasmín, así que toca a su puerta e ingresa cuando ella dice: "Pase". Usted se presenta. Yasmín sonríe y dice: "Hola, ¿cómo puedo estar bien con Dios?" (sin introducción ni charla trivial). Tiene menos de tres minutos para hablar con ella antes de que se quede dormida. (En la vida real, nunca recupera la conciencia y muere al día siguiente). ¿Qué le diría usted?

El capellán del hospicio se encuentra con una madre con enfermedad terminal que se sentía orgullosa de haber educado en casa a sus dos hijas pequeñas. Sin embargo, a medida que su salud declinó y quedó postrada en cama, el cónyuge de la paciente y la hija mayor asumieron diligentemente la responsabilidad de educar a la hija menor. Al conversar con la paciente, el capellán descubre de inmediato fuertes sentimientos de enojo, relacionados con el hecho de que sus responsabilidades de educación en casa le habían sido arrebatadas. Estos sentimientos de furia se mezclan con depresión (pérdida de sentido y propósito en la vida) y con intentos de control minucioso del hogar. ¿Cómo podría el capellán responder tanto a la madre con enfermedad terminal como a la familia?

Betty es una mujer de noventa y tres años a quien usted conoce desde hace nueve meses. Vive en una institución de cuidados a largo plazo debido a caídas frecuentes; por ello, utiliza un andador y se encuentra en las etapas tempranas de la demencia. Otro miembro del

---

[1] Ericka Anderson, "Uvalde Pastors Mourn Losses Close to Home," *Christianity Today,* 26 de mayo de 2022.

personal le pide que también visite a Betty, ya que parece estar "decaída". Cuando usted se presenta, Betty se muestra inicialmente reservada. Comienza a responder a medida que usted utiliza escucha reflexiva, silencio y presencia. Betty le dice que siempre se ha sentido avergonzada porque su padre abusó sexualmente de ella durante muchos años cuando era niña. También revela que ha luchado con pensamientos suicidas a lo largo de su vida adulta y que, debido a sus limitaciones físicas actuales, estos impulsos se han intensificado. Está considerando suicidarse saltando desde el balcón frente a su habitación. ¿Cómo respondería usted? ¿Qué debería hacer? ¿Está obligado a mantener la confidencialidad? ¿Por qué sí o por qué no?

Martha está visiblemente alterada y recorre las instalaciones. Cada vez que ve a un miembro del personal, les suplica que la ayuden a volver a casa, porque cree que sus hijos pequeños la necesitan para que les prepare el almuerzo. Su pánico aumenta cada tarde. Por este motivo, los hijos adultos de Martha la ingresaron en una unidad especializada en demencia. Su angustia resulta dolorosa para todos a su alrededor. El personal le pide a usted, como capellán, que la visite. Martha expresa la misma queja y solicita su ayuda. Usted desea aliviar su ansiedad, por lo que considera utilizar una intervención terapéutica basada en la narración, diciéndole que sus "hijos pequeños" están bien alimentados y que la verán más tarde. ¿Es una buena idea? ¿Por qué sí o por qué no?

CAPELLANÍA MILITAR

Usted es el capellán naval de mayor rango a bordo de un portaaviones en su puerto base durante seis meses. Está previsto que zarpe para una misión de combate de cuatro meses, y tiene aprobada una serie de inspecciones rutinarias para preparar el despliegue. Usted es responsable de todos los aspectos del cuidado espiritual a bordo del buque y también asesora al capitán y al oficial de MWR (moral, bienestar y recreación) en relación con asuntos de salud, bienestar y moral que son cruciales para determinar la aptitud de la tripulación para el despliegue.

Usted es también el ministro principal de un grupo denominacional que organiza una conferencia regional en cinco estados, la cual comenzó ayer con la asistencia de aproximadamente mil ministros. Una ceremonia de ordenación para la investidura de una docena de nuevos ministros está programada para las 7:00 p. m. de esta noche, y usted debe predicar el sermón de ordenación. El servicio de culto y su compromiso de predicar el sermón han estado en el calendario durante un año.

Hace solo unos momentos, usted fue alertado de que se ha anunciado una inspección sorpresa a bordo del barco para esta noche. La reunión general del capitán con todo el personal comenzará a las 18:00, y la inspección durará al menos tres horas. Normalmente, podría pedir a un capellán subordinado que lo reemplace, pero usted ha descubierto recientemente que han surgido problemas alarmantes de salud y bienestar, lo cual es una de las razones principales de la inspección. ¿Qué haría usted y por qué?

Como capellán militar, una de sus funciones es asesorar a su comandante. Él lo llama y pregunta: "¿Cómo deberíamos llamar la iluminación del árbol de Navidad? ¿Es apropiado llamarlo "Iluminación del Árbol de Navidad" cuando asisten personas de otras religiones? ¿Debería llamarse "Iluminación del Árbol Festivo"?" ¿Cómo aconsejaría usted a su liderazgo en este tema?

El lenguaje de su comandante es ofensivo y vulgar. Poco después de su llegada, personas dentro de la unidad se acercan a usted y le piden que "diga algo" al comandante. Le preguntan si puede lograr que el comandante modere su lenguaje, ya que está afectando la moral. ¿Qué les diría a las personas dentro de la unidad? ¿Qué le diría al comandante?

Una familia le pide a usted, como capellán militar de su hija, que oficie el funeral de su ser querido y le dice que "no son religiosos". Usted no está obligado a realizar el funeral. ¿Aceptaría la solicitud? ¿Cómo conduciría ese funeral? ¿Qué texto o énfasis elegiría? Cuando dirige un funeral o un servicio conmemorativo, ¿abriría el espacio para que otras personas hablen? ¿Por qué sí o por qué no? Durante el funeral, una familiar pregunta: "Capellán, ¿cree usted que está en el cielo?" ¿Qué respondería usted?

Usted se reunirá con la familia de un joven piloto de la Marina, Jack, quien falleció en un accidente de entrenamiento. Los padres de Jack y su prometida han viajado a la base para reunirse con los líderes y recibir las condolencias antes de los servicios funerarios. Lindsey, la novia de Jack, de veintitantos años, pide hablar con usted.

Ella le dice que ella y Jack iban a casarse después de su despliegue. Su boda estaba programada para dentro de tres meses. Lindsey comparte sus sueños de casarse con Jack y formar una familia. Ahora dice que sus sueños han muerto con él, y declara que nunca volverá a enamorarse. Lindsey pregunta si vale la pena seguir viviendo ahora que ha perdido a Jack. "¿Cómo podré seguir adelante?", pregunta. Como capellán militar, ¿cómo podría usted responder a Lindsey?

Recibe una llamada a un lugar de trabajo donde Chuck, un veterano militar, ha tenido un arrebato de ira con sus compañeros. Sin saber qué lo provocó ni cómo reaccionar, un supervisor llamó a un capellán. Mientras usted está con él, Chuck comienza a compartir experiencias traumáticas que vivió durante su servicio militar, en particular durante un despliegue. Chuck relata sus profundos remordimientos por haber quitado vidas durante la guerra. Comparte que, durante su despliegue, miró a hombres a los ojos mientras les quitaba la vida. Chuck siente una tremenda culpa por esas experiencias, pero hay algo más. Guarda un secreto más oscuro que finalmente confiesa: durante su despliegue, Chuck también fue víctima de abuso sexual, asaltado por otro hombre. Se siente avergonzado y emasculado por la experiencia. Todo esto se ha combinado en su corazón y en su mente para crear un abrumador sentimiento de culpa y arrepentimiento. Se avergüenza de lo que le hicieron y se siente culpable por los asesinatos que cometió. Una y otra vez declara: "Sé que voy a ir al infierno por lo que hice." ¿Cómo podría usted establecer contacto con él y qué podría decirle a Chuck?

Usted y su unidad están desplegados en una zona de combate. Está visitando a sus soldados en la base de operaciones avanzada (BOA), sabiendo que esta unidad ha estado recientemente bajo fuego y que sus patrullas han sido atacadas con artefactos explosivos improvisados (AEI). Allí se entera de un incidente ocurrido hace dos noches. Mientras estaba de guardia, el soldado de primera clase Smith vigilaba el camino que conducía al lugar. A unos 150 metros, él y su compañero de combate vieron a una persona excavando junto al camino. El PFC Smith llamó al mando y recibió permiso para disparar. Falló. El otro soldado en el puesto de observación identificó a la persona como un niño. El equipo fue enviado a investigar lo ocurrido. Encontraron a una niña enterrando a su gato a las 2:00 de la madrugada en el lugar donde había muerto. El soldado Smith está angustiado, sabiendo que casi mata a una niña. Su compañero de armas le pide que hable con él, ya que ya no quiere tocar un arma. Cuando usted se acerca, dice: "Señor, ¿puedo hablar con usted? Estoy teniendo problemas para dormir." Mientras evalúa su situación, ¿cuáles son los problemas críticos? ¿Qué le diría a él? ¿Qué le diría al comandante?

Su unidad ha sido movilizada para responder a un desastre. Los miembros de la Guardia han comido comidas listas para comer (MRE) durante más de una semana. El líder del pelotón de apoyo compró pizzas para los puestos de avanzada donde los miembros de la Guardia están de servicio, con el fin de evitar que los saqueadores entren en las áreas donde el río Misisipí probablemente se desbordaría y arrasaría los diques. Al llegar al final de su área de trabajo, encontró un puesto donde había un soldado musulmán. El soldado desea hablar con el capellán. No pudo comer ninguna pizza porque lo único que quedaba eran embutidos o tocino. ¿Cuál es el problema y cómo abordaría usted al soldado musulmán y al mando en su informe?

Como su capellán, usted sabe que sus soldados han sido exigidos duramente por despliegues consecutivos. Con el reclutamiento de nuevos soldados a la baja, quienes permanecen han experimentado un ritmo operativo más elevado. Apenas han tenido tiempo en casa con sus familias antes de recibir nuevas órdenes de despliegue. Lo que antes se sentía como un esprint ahora se siente como un maratón, pero al mismo ritmo. Todos están agotados. Recibe una llamada frenética de su base en casa en medio de la noche. Evidentemente, un soldado le envió un mensaje de texto a su padre: "Papá, te amo. No tengo a nadie a quien culpar más que a mí. Adiós." Tras una búsqueda desesperada, encuentran al joven soldado gravemente herido tras un intento de suicidio. Es trasladado en helicóptero a un hospital, pero muere al día siguiente. La noticia llega rápidamente al comandante, quien se niega a apoyar un servicio conmemorativo en la base de operaciones avanzada debido a las circunstancias de su muerte. Usted sabe que sus compañeros soldados se beneficiarían más al honrar su vida que al centrarse en su muerte. Solicita hablar con el comandante.

¿Qué le diría usted?[1]

CAPELLANÍA CORRECCIONAL

Usted es el único capellán correccional en una unidad local del sistema penitenciario estatal. El gobernador y algunos miembros de su personal están de visita en la prisión esta tarde. El director del centro ofrece una recepción en su honor, seguida de un almuerzo. A usted se le ha pedido que pronuncie la bendición durante el almuerzo. La recepción acaba de concluir cuando se le informa que un interno se encuentra en estado crítico y que la muerte es inminente. ¿Qué haría

---

[1] Janet Reitman, "A Disaster of the U.S. Military's Own Making," *New York Times,* Junio 19, 2024.

usted y por qué?

Como capellán penitenciario, usted se enfrenta a muchos desafíos. Uno de ellos es el de atender a personas que han perdido toda esperanza. Se le acerca un joven de aspecto delgado y demacrado y le informa que contrajo SIDA debido a una relación homosexual con una persona infectada en prisión. Está enfermo, moribundo, sin familia y marginado por los demás internos a causa de su enfermedad. Está solo y ha perdido toda esperanza. ¿Cómo evaluaría su situación? ¿Cómo podría acercarse a este joven? ¿Cómo involucraría al director y a los guardias sin violar la confidencialidad?

Usted ha sido contratado recientemente como capellán de un centro de detención juvenil. Observa a varios jóvenes que parecen constantemente enojados, lo que conduce a conflictos frecuentes entre ellos y con el personal. Justo ayer, muchos de ellos se involucraron en una pelea a puñetazos, lo que resultó en moretones y un par de narices rotas. El director lo llama y le pide ayuda. ¿Cómo abordaría esta situación con los jóvenes? ¿Qué comportamientos o programas podría establecer para ellos, tanto dentro de la instalación como teniendo en cuenta que eventualmente serán reintegrados a la sociedad?[1]

CORPORATIVO/LUGAR DE TRABAJO CAPELLANÍA

Usted es el capellán de una empresa manufacturera local. Recibe un mensaje en la aplicación corporativa de uno de los empleados que dice: "Tengo que verte hoy". Al llegar, busca al empleado. Ella está visiblemente alterada. Ambos encuentran un lugar tranquilo. Apenas se sientan cuando ella comienza a llorar incontrolablemente y le dice cuán enojada se siente. Usted pone en práctica habilidades de escucha activa.

Ella le cuenta que la noche anterior se enteró de que su hijo de quinto grado había sido requerido por su maestro a leer un libro titulado *Mi sombra es rosa*. El libro ilustra la historia de un niño que ve su sombra de color rosa, lo cual representa su "yo interior". Luego, el niño va a la escuela usando un vestido y convence a su padre de ponerse un vestido también. Esa misma noche, su hijo le habló acerca de su

[1] Brad M. Griffin, "Turning the Corner on Youth Violence," Fuller Youth Institute, 2 de mayo de 2007, https://fulleryouthinstitute.org/blog/turning-the-corner-on-youth-violence; Patricia Rice, "Chaplains: Juveniles Need Support Outside to Maintain Changes Learned in Detention," St. Louis Public Radio, 2 de noviembre de 2014, https://www.stlpr.org/arts/2014-11-02/chaplins-juveniles-need-support-to-maintain-changes-learned-in-detention.

propia identidad de género. Ella también se entera de que le pidieron a su hijo que compartiera este libro con su hermano en edad preescolar. Finalmente, ella se calma y le pregunta: "¿Qué debo pensar de todo esto? ¿Qué debo hacer?"[1]

Usted es capellán supervisor de una empresa que opera en cuarenta ubicaciones en cuatro estados: Texas, Oklahoma, Arkansas y Luisiana. Usted supervisa el trabajo y el ministerio de treinta capellanes. Su empleador exige que usted tenga contacto personal (cara a cara, con presencia física) con cada capellán al menos dos veces al año. Usted visita a cada capellán in situ una vez al año y les exige asistir a una conferencia anual de capacitación que usted dirige en sus respectivos estados. Se organizan cuatro conferencias de este tipo cada año, una en cada estado.

El ministerio de capellanía se financia a través de dos fuentes: aproximadamente la mitad del financiamiento proviene de una partida presupuestaria incluida en el presupuesto corporativo, y la otra mitad es financiada por donantes privados. La sesión anual de capacitación para Arkansas está programada para el próximo martes por la noche en Little Rock. Tres donantes planean asistir al banquete de esa noche. Han realizado donaciones modestas pero constantes durante los últimos cinco años.

Mientras tanto, el responsable de desarrollo corporativo ha estado intentando concertar una reunión con un posible donante importante en Houston. Acaba de llamar para informar que la reunión finalmente ha sido confirmada, y el posible donante desea reunirse con usted personalmente. Sin embargo, solo puede reunirse con usted y con el responsable de desarrollo el martes por la noche, al mismo tiempo que la conferencia de capacitación, y a más de cuatrocientos kilómetros de Little Rock.

¿Qué haría usted y por qué?

CAPELLANÍA EN SEGURIDAD PÚBLICA / PRIMEROS RESPONDEDORES

Durante dos décadas, usted ha trabajado en dos empleos.

---

[1] "California School District Won't Let Parents Opt Children Out of Books That Promote Gender Ideology," *First Liberty*, 24 de septiembre de 2024, https://firstliberty.org/media/encinas/, consultado el 30 de septiembre de 2024. Octubre 2024; Stuart Pastor, "School Forces Transgender Book of Kids," *First Liberty*, 24 de septiembre de 2024, https://youtu.be/0AwfGfvBoKA, consultado el 30 de octubre de 2024.

Durante la semana, trabaja para un importante departamento de bomberos de una ciudad, y también es pastor de una iglesia local. El jefe de bomberos lo ha apoyado como capellán oficioso de seguridad pública para los bomberos y como apoyo al personal. El departamento ha acogido favorablemente su labor de capellanía, especialmente después de situaciones difíciles que suelen implicar la pérdida de vidas en incendios.

El jefe de bomberos lo lleva aparte para hablar con usted en privado. Le dice que el administrador de la ciudad le pidió que asistiera a una capacitación de liderazgo. Él eligió una cumbre de liderazgo organizada por una organización religiosa e invitó a otros tres miembros del personal a unirse a él. Todos pagaron sus propios gastos. Al regresar, el jefe de bomberos informó al administrador de la ciudad: "Fue la mejor capacitación en liderazgo a la que he asistido y la recomiendo ampliamente; fue muy beneficiosa para mi carrera profesional."

El administrador de la ciudad respondió: "Su elección de capacitación en liderazgo es inaceptable porque eligió un seminario basado en la fe." Tres días después, el jefe de bomberos recibió una carta de despido con diez acusaciones de conducta inapropiada. Las primeras cinco estaban relacionadas con su fe y actividades religiosas. El administrador municipal incluso admitió que el despido se debió a la asistencia al "evento religioso" y a haber permitido que otros asistieran. El jefe de bomberos cree que el administrador municipal lo está persiguiendo personalmente debido a un fuerte sesgo antirreligioso. Le solicita su ayuda para comprender la situación y determinar los pasos a seguir.[1]

Sam es un capellán compañero que trabaja con usted en el personal. El mes pasado ha estado repleto de crisis tras crisis, y Sam ha sido el principal responsable de responder a cada una de ellas. Ha proporcionado asesoramiento y cuidado en el duelo a tres familias después de accidentes en los que murieron sus hijos. Además, ha continuado con su carga de trabajo habitual, pero usted nota que se le ve más cansado cada semana. Le preocupa que no se esté cuidando adecuadamente, pero él insiste en que está bien y continúa dirigiendo

---

[1] Jorge Gómez, "Fired California Fire Chief Appeals to U.S. Supreme Court," *First Liberty*, Octubre 18, 2024, https://firstliberty.org/news/fire-chief-appeals-to-us-supreme-court/, accedió 30 de octubre 2024; "Faith Under Fire," *First Liberty Live*, Marzo 9, 2023, https://youtu.be/iyIeCJu1exg?list=TLGGJ0HrpCyuh7AzMDEwMjAyNA, consultado el 30 de octubre de 2024.

servicios conmemorativos, sesiones de asesoramiento y asignaciones ministeriales regulares. Un día, durante una reunión, queda claro que Sam ha omitido una fecha límite en un proyecto, y el supervisor le pregunta al respecto. De manera inusual, Sam responde de forma brusca, levanta la voz y se queja de que nadie entiende su nivel de estrés. Luego sale abruptamente de la sala. Más tarde, usted pasa por su oficina para ver cómo está. Sam se dirige a usted en privado y le explica que no se ha sentido él mismo últimamente. Confiesa que no ha estado durmiendo bien durante las últimas noches. Se disculpa por su arrebato durante la reunión y dice que no entiende qué le ocurrió. ¿Cómo evaluaría usted el estado de Sam? ¿Cómo podría responderle? ¿Qué tipo de apoyo a corto y largo plazo podría brindarle?

En una reunión de capellanes de policía patrocinada por FIRST HELP, usted conoce a Beth.[1] Ella y sus hijos asisten a un homenaje especial en honor al personal de seguridad pública y de primera respuesta que se ha suicidado. Su esposo se suicidó hace menos de seis meses. Como muchos de sus compañeros oficiales, nunca se quejó ni pidió ayuda, a pesar de la monotonía y la carga pesada de su trabajo. Beth le explica que una semana antes de su suicidio, dos de los compañeros de su esposo regresaban a la comisaría cuando un conductor ebrio chocó de frente contra su vehículo, matándolos a ambos. Aun así, Beth indica que su esposo, oficial de policía, no mostró indicadores visibles de estrés o trauma laboral. Al regresar de una tienda con refrescos para él, su esposa y su hija pequeña, se sentó en su vehículo durante unos minutos y utilizó su arma reglamentaria para suicidarse. Beth expresa su enojo y profunda decepción porque el jefe de policía se negó a otorgarle un funeral formal con todos los honores y rechazó reunirse con ella de manera individual. Beth le pregunta qué debería hacer. [2] Ella está luchando con todo esto. Como capellán, ¿cómo querría usted acompañar a Beth? Si tuviera la oportunidad, ¿qué le diría al jefe de policía? ¿Cómo aconsejaría usted al departamento para que apoye adecuadamente a sus agentes?

Usted se ha ofrecido como voluntario para servir en el equipo de respuesta ante desastres de su región. Recibe una llamada para responder después de que una tormenta significativa azota una zona

---

[1] "Honoring the Service of First Responders Who Died by Suicide," https://1sthelp.org/.

[2] "Law Enforcement (Police) Funeral Service Rituals," *Funeral Wise*, https://www.funeralwise.com/funeral-customs/police/, consultado el 30 de octubre de 2024.

adyacente. Usted sabe, por informes noticiosos tempranos, que la destrucción es severa. Llega temprano y se encuentra con personas sin electricidad, sin agua potable y sin viviendas habitables. La tormenta también ha destruido carreteras, arrasado negocios, derribado árboles y esparcidos escombros por todas partes. Las autoridades, conscientes de que hay personas fallecidas, aún no han publicado información oficial. En privado, le indican que esperan que el número aumente a medida que continúan las búsquedas en la zona. Los heridos están siendo trasladados a un área de triaje, y los fallecidos, a una morgue improvisada. Los funcionarios declaran a los medios de comunicación: "El daño causado ha sido histórico. Nunca hemos visto una inundación como esta. Nunca habíamos presenciado una marejada ciclónica de esta magnitud". En este momento, usted es el único capellán identificado en el lugar. ¿Qué debe hacer de inmediato? ¿Cómo prioriza sus acciones? Sabe que hay capellanes adicionales cerca y que se le ha pedido dirigir la respuesta de capellanía. ¿Cómo coordina sus actividades? ¿Qué orientación les daría? Prepare un breve informe para el alcalde de la ciudad, quien le ha solicitado una actualización.[1] El número de fallecidos se eleva a al menos noventa y cinco personas tras la catástrofe de inundaciones en España. El gobierno nacional ha declarado tres días de luto nacional por las víctimas de las inundaciones repentinas. Se le solicita coordinar un acto conmemorativo en una de las principales ciudades afectadas por las inundaciones. ¿Qué elementos incluiría usted en el evento?[2]

Trabajas como capellán de desastres para una importante organización religiosa. Respondes a una emergencia en una zona recientemente afectada por graves incendios forestales. Cientos de familias han evacuado, muchas de las cuales han perdido por completo sus hogares y pertenencias. Los niños y los ancianos se encuentran en estado de shock, con ansiedad severa y trauma emocional. Se te ha asignado trabajar con personas y familias, brindándoles tranquilidad, ayudándoles a sobrellevar su pérdida y guiándolos hacia recursos de apoyo psicológico. Ves una figura solitaria entre los escombros. En su

---

[1] Patricia Mazzei *et al.*, "Hurricane Ian's Staggering Scale of Wreckage Becomes Clearer in Florida," *New York Times,* 29 de septiembre de 2022, y Jayme Gershen *et al.*, "Florida Business Owner Assesses Damage Left by Hurricane Ian," *New York Times,* Septiembre 30, 2022.

[2] Luke Cooper, "Spanish Government Declares Three Days of Mourning after Dozens Killed in Flash Flooding Disaster," *ABC News* (Australia), Octubre 30, 2024.

búsqueda, acaba de encontrar su anillo de bodas y una fotografía enmarcada de su boda. Caminas hacia ella, y ella te dice que su marido y su hijo pequeño fallecieron en el incendio. El fuego cruzó la cresta tan rápido que no pudieron escapar. ¿Cómo manejarías su situación y su dolor? Más tarde esa noche, sabes que debes informar a tu equipo supervisor. ¿Qué planeas compartir? ¿Qué necesitarías de tu supervisor?[1]

Tú avisas a una de las fiscales del distrito sentada detrás de su escritorio, mirando fijamente al vacío. Como capellán, te detienes a verificar cómo está, y ella te habla acerca de su día. Viene de un expediente judicial difícil, en el cual un abogado defensor enojado la acusó de ocultar pruebas exculpatorias delante del juez y de otros abogados. Ella sabe que nadie creyó la acusación, pero el hecho de ser acusada—algo que ocurre cada vez que algo sale mal—le genera una profunda ansiedad, ya que todo su trabajo gira en torno a su reputación de honestidad e integridad. Para empeorar las cosas, la fiscal cedió a la presión y llegó a un acuerdo con la defensa para evitar un conflicto mayor. El acuerdo de culpabilidad no incluyó términos adecuados para la víctima, quien exigía una indemnización. Le aterra tener que llamarla para explicarle lo ocurrido y escuchar su reacción. ¿Cómo responderías? ¿Qué apoyo podrías ofrecerle?

CAPELLANÍA COMUNITARIA / DE ESTILO DE VIDA

Eres el capellán deportivo de un equipo estatal de fútbol americano. El entrenador principal ha manifestado abiertamente su fe, comparte regularmente mensajes basados en la fe en redes sociales, se involucra en la oración del equipo y mantiene una política de puertas abiertas que invita al capellán a dirigir devocionales matutinos en el vestuario del equipo. Un grupo activista secular ha enviado una carta a la universidad quejándose de que el uso de oraciones del equipo y la presencia de capellanes después de los partidos son inconstitucionales. Según este grupo activista, que un capellán dirija la oración con el equipo en una institución pública constituye coerción religiosa, lo que viola los derechos de jugadores y miembros del personal que pueden no compartir las mismas creencias. Esta no es la primera vez que el entrenador recibe críticas por sus prácticas religiosas. Cuando llegó por primera vez a la universidad, el mismo grupo también expresó preocupaciones sobre su manifestación abierta de fe dentro del equipo,

---

[1] "Chaplains Ministering to California Wildfire Victims," Billy Graham Evangelistic Association, Oct. 12, 2017.

lo que llevó a la institución a proporcionarle capacitación adicional sobre los límites de la expresión religiosa en instituciones públicas. El director de atletismo de la universidad solicita que el capellán elabore un informe breve sobre el asunto, presentando ambas perspectivas del debate, citando precedentes legales relevantes y recomendando una posible forma de resolver el problema. En última instancia, ¿deberían el entrenador y el capellán ser excluidos del equipo? ¿Es lo mismo sentirse ofendido que ser coaccionado?[1]

Un conductor en Melbourne, Australia, realiza un giro en medio de la calle por la tarde, pero choca cerca de una escuela primaria. El automóvil del conductor se estrella contra una mesa donde cinco niños estaban sentados. Cuatro de los estudiantes, de diez y once años, son trasladados de urgencia al hospital y permanecen en condición estable. Desafortunadamente, uno de los niños de once años muere a causa de sus lesiones. Eres el capellán escolar y se te ha pedido que habilites un espacio para que los miembros de la comunidad puedan lamentar lo sucedido y recibir apoyo pastoral y espiritual. La comunidad rinde homenaje a las víctimas del accidente depositando flores contra un muro. ¿Qué coordinación necesitas para realizar tu labor? ¿A quién solicitas ayuda? ¿Cómo apoyas a la familia, a los estudiantes, a los docentes y a los miembros de la comunidad que están de duelo? Más tarde, la esposa del conductor llega al lugar del accidente y es inmediatamente reconocida. La multitud en duelo comienza a expresar enojo hacia ella. Sabes que la situación puede descontrolarse rápidamente. ¿Cómo actúas?[2]

Eres un nuevo capellán de vecindario que responde a su primera escena de violencia. No has podido presentarte a todas las personas con las que te encontrarás en la escena ni durante el seguimiento posterior. ¿Qué harás primero? ¿Cómo puedes prepararte para las "primeras veces" que enfrentarás en un entorno tan diverso?

Describe tus sentimientos como capellán de barrio frente a comunidades diversas y de alta pobreza. ¿Qué significa trabajar en "su territorio"? ¿Te sientes identificado con ellos? ¿Reconoces en ti sesgos arraigados y teologías incorporadas que serán desafiadas mientras vives y sirves entre los pobres urbanos? ¿Cómo crecerás en

---

[1] Kenny Lee, "Deion Sanders' Use of Team Chaplain Caught Up in Argument over Constitutionally," *Sports Illustrated,* Octubre 16, 2024.

[2] "Support Hub to Be Established as Community Grieves 11 yo Student Jack Davey Killed in Melbourne School Crash," *ABC News* (Australia), 30 de octubre de 2024.

autoconciencia y competencia para este trabajo?

Ejercés como capellán vecinal en un barrio desfavorecido y con altos índices de pobreza. Deseas aumentar tu empatía hacia quienes te rodean en un entorno diverso; sin embargo, te cuesta mantenerte abierto a servir a todos los involucrados. Sientes el impulso de tomar partido en los conflictos entre vecinos, autoridades y sistemas. Puedes escuchar a la policía, a los servicios de emergencia, a los líderes comunitarios y a los residentes. ¿Cómo logras permanecer en tu "carril espiritual" y practicar la presencia de lo Santo para todos los que encuentras? ¿Cuáles son los límites de la defensa y la abogacía mientras acompañas a las personas?

El 7 de octubre de 2023, Hamás y otros militantes palestinos lanzaron un ataque contra Israel. Civiles israelíes murieron y varios cientos fueron tomados como rehenes en Gaza. Los atacantes afirmaron que su acción buscaba llamar la atención sobre la justicia para el pueblo palestino ocupado en Gaza y Cisjordania. La respuesta inmediata de Israel fue una invasión militar profunda y sostenida del territorio palestino de Gaza, con el apoyo automático de Estados Unidos.

Los campus universitarios de todo el país se vieron sumidos en el caos. Eres el capellán principal de una universidad importante con una población estudiantil diversa. El campus y las residencias estudiantiles están cargados de tensión, especialmente entre distintos grupos étnicos. Te comunicas de inmediato con el liderazgo de varios grupos. Como capellán del campus y líder de la vida espiritual y religiosa de la comunidad, compartes la responsabilidad por la seguridad, la comunicación y el apoyo a todas las perspectivas presentes. Sin embargo, ambos grupos rechazan reunirse, al menos durante las primeras semanas. Deseas emitir una declaración dirigida al campus que exprese dolor y alarma en nombre de todos, y que afirme un compromiso con lo Santo y con la paz. ¿Qué dirías y por qué? ¿Qué debes considerar antes de enviarla? Poco después, grupos estudiantiles opuestos te invitan a participar en protestas. ¿Aceptas? ¿Qué dices o haces? ¿Qué podrías planear?

En consulta con los estudiantes, decides organizar una vigilia o un servicio de oración por las personas afectadas, por la paz y por la justicia. ¿Es posible una reunión de este tipo? Si lo es, ¿cómo procederías? ¿Qué esperas lograr? ¿Con quién necesitas hablar dentro de la administración universitaria? ¿Cómo se organizaría la reunión? ¿Cuándo y dónde se llevaría a cabo, y por qué? ¿A quién invitarías a participar y qué papel desempeñarían? Si concluyes que una vigilia de oración no es viable, ¿por qué? ¿Qué podrías hacer en su lugar? ¿Qué otros eventos podrías planear y organizar? ¿Qué estudiantes necesitan tu cuidado? ¿Qué comunidades requieren tu atención? ¿Cuál es tu responsabilidad hacia toda la universidad, así como hacia tu integridad académica y tu libertad de expresión? ¿Qué necesitan escuchar del capellán quienes no son religiosos en un momento como este? ¿Y cómo cuidas de ti mismo—de tu corazón y de tu mente—en medio de una contienda cada vez más intensa y compleja?

BIBLIOGRAFIA

GENERAL

Appelquist, A. Ray, ed. *Church, State, and Chaplaincy: Essays and Statements on the American Chaplaincy System.* Washington, DC: General Commission on Chaplains and Armed Forces Personnel, 1969.

Baker, Alan. *Foundations of Chaplaincy: A Practical Guide.* Grand Rapids, MI: Eerdmans, 2021.

Beauchamp, Tom L., and James F. Childress. *Principles of Biomedical Ethics.* 4th ed. New York: Oxford University Press, 1994.

Burton, Arthur Laurel. *Making Chaplaincy Work: Practical Approaches.* Binghamton: Haworth Press, 1988.

Cadge, Wendy, and Shelly Rambo, eds. *Chaplaincy and Spiritual Care in the Twenty-First Century: An Introduction.* Chapel Hill: University of North Carolina Press, 2022.

Caperon, John, Andrew Todd, and James Walters. *A Christian Theology of Chaplaincy.* Philadelphia: Jessica Kingsley Publishers, 2018.

Chander, Vineet, and Lucinda Mosher. *Hindu Approaches to Spiritual Care: Chaplaincy in Theory and Practice.* Philadelphia: Jessica Kingsley Publishers, 2019.

Chemerinsky, Erwin, and Howard Gillman. *The Religion Clauses: The Case for Separating Church and State.* New York: Oxford University Press, 2020.

Cook, E. Dean. *Chaplaincy: Being God's Presence in Closed Communities, A Free Methodist History, 1935–2010.* Bloomington, IN: AuthorHouse, 2010.

Corbitt, Otis. *An Introduction to Chaplaincy Ministry: An Evangelical Christian Perspective.* Independently published, 2020.

Crick, Robert. *Outside the Gates: The Need for Theology, History, and Practice of Chaplaincy Ministries.* Oviedo, FL: HigherLife Development Services, 2012.

Drakeman, Donald L. *Church, State, and Original Intent.* Cambridge: Cambridge University Press, 2009.

Ernstmeyer, M.S., ed. *They Shall Not March Alone: Glimpses into the Life and History of the Chaplaincy of the Lutheran Church, Missouri Synod.* St. Louis, MO: Concordia Publishing, 1990.

Franklin, Dan. *Chaplaincy: Hands-on Ministry: Ministering Beyond the Walls of the Church*. Self-published, 2020.

Fuller, Janet. *Blessings for Your Students: Prayers for Interfaith Communities in Higher Education*. New York: Church Publishing, 2024.

Gennep, Arnold van. *The Rites of Passage*. Translated by Monika B. Vizedom and Gabrielle L. Caffee. Chicago: University of Chicago Press, 1960.

Giles, Cheryl A., and Willa B. Miller. *Arts of Contemplative Care: Pioneering Voices in Buddhist Chaplaincy and Pastoral Work.* Boston: Wisdom Publications, 2012.

Gilliat-Ray, Sophie, Muhammad Mansur Ali, and Stephen Pattison. *Understanding Muslim Chaplaincy.* Burlington, VT: Ashgate Publishing, 2013.

Graves, Joel Curtis. *Leadership Paradigms in Chaplaincy.* Boca Raton, FL: Dissertation. com, 2007.

Hiser, Bethany Dearborn. *From Burned Out to Beloved: Soul Care for the Wounded Healer.* Downers Grove, IL: InterVarsity Press, 2020.

Holst, Lawrence E., and Harold P. Kurtz. *Toward a Creative Chaplaincy.* Springfield: Charles C Thomas Publisher, 1973.

Hutcheson, Richard G., Jr. *The Churches and the Chaplaincy*. Atlanta: John Knox Press, 1975. Rev. ed. Government Printing Office, 1997.

Irons, Peter. *God on Trial: Landmark Cases from America's Religious Battlefields.* Penguin Books, 2007.

Jumper, Mark A., Steven E. Keith, and Michael W. Langston. *Chaplaincy: A Comprehensive Introduction*. Grand Rapids, Michigan: Baker Academic, 2024.

Keefe, Rachael A. *The Lifesaving Church: Faith Communities and Suicide Prevention*. Chalice Press, 2018.

Langston, Michael W., and Kathy J. Langston. *A Journey to Hope: Healing the Traumatized Spirit*. Lampion Press, 2016

Malone, Kobutsu. *Prison Chaplaincy Guidelines for Zen Buddhism: A Sourcebook for Prison Chaplains, Administrators, and Security Personnel.* Sedgwick, ME: Engaged Zen Foundation, 2006.

Military Chaplains Association. *Voices of Chaplaincy: Ministry Roles and Functions.* Arlington, VA: MCA, 2012.

Osmer, Richard R. *Practical Theology: An Introduction*. Grand Rapids, Michigan: Eerdmans, 2008.

Paget, Naomi, and Janet McCormack. *The Work of the Chaplain.* Valley

Forge, PA: Judson Press, 2006.

Pattison, Stephen. "Situating Chaplaincy in the United Kingdom: The Acceptable Face of 'Religion'?" In *A Handbook of Chaplaincy Studies: Understanding Spiritual Care in Public Places*, edited by Christopher Swift, Mark Cobb, and Andrew Todd. Burlington: Ashgate Publishing, 2015.

Platt, David. *Counter Culture: Following Christ in an Anti-Christian Age.* Revised edition. Tyndale Elevate, 2017.

Plummer, David B. "Chaplaincy: The Greatest Story Never Told." *The Journal of Pastoral Care* 50 (1996): 1–12.

Possamai, Adam. *Sociology of Religion for Generations X and Y.* Routledge, 2016.

Purves, Andrew. *Reconstructing Pastoral Theology: A Christological Foundation*. Louisville: Westminster John Knox Press, 2004.

Sanders, Matt. *Chaplaincy: A Ministry of Presence.* Lulu.com, 2016.

Skanse, John. *A Chaplain's Experience: A New Paradigm.* Ocala, FL: Atlantic Publishing, 2018.

Staudacher, Rosemarian V. *Chaplains in Action.* New York: Vision Books, 1962.

Sullivan, Winnifred. *A Ministry of Presence: Chaplaincy, Spiritual Care, and the Law*. Chicago: The University of Chicago Press, 2019.

Swift, Christopher, Mark Cobb, and Andrew Todd, eds. *A Handbook of Chaplaincy Studies: Understanding Spiritual Care in Public Places.* Abingdon, UK: Routledge, 2015.

Swinton, John. *Practical Theology and Qualitative Research*. 2nd Edition. London: SCM Press, 2016.

Tharp, Lt Col David F., and Capt Katherine A. Tharp. *The Combat PTS(D) Resilience and Reintegration Workbook: Resiliency Formation Training Series for Combat-Related Post-Traumatic Stress*. Independently published, 2019.

Turner, Victor. *The Ritual Process: Structure and Anti-Structure*. New York: Aldine de Gruyter, 1995.

Toner, James H. *Morals Under the Gun: The Cardinal Virtues, Military Ethics, and American Society*. 1st edition. Lexington: University Press of Kentucky, 2000.

Trelfall-Holmes, Miranda, and Mark Newitt. *Being a Chaplain.* London: SPCK, 2011.

United Church of Christ Task Force on Ministries to Military Personnel. *Ministries to Military Personnel: Report of a United Church Task Force to the Ninth General Synod, St. Louis, Missouri, June 22–26, 1973.* Philadelphia: United Church Press, 1973.

West, Steve. *The Bronze Scar: Understanding How PTSD Feels to Help Victims and Those Who Support Them*. C&S Publishing, 2021.

Wicks, Robert J. *Bounce: Living the Resilient Life*. New York: Oxford University Press, 2009.

Wilkes, C. Gene, and Calvin Miller. *Jesus on Leadership: Timeless Wisdom on Servant Leadership*. Wheaton, Ill: Tyndale Elevate, 1998.

Woodward, Whit. *Ministry of Presence: Biblical Insight on Christian Chaplaincy*. North Fort Myers, FL: FaithLife Publishers, 2011.

MILITARY

Abercrombie, Clarence L. *The Military Chaplain*. Beverly Hills, CA: Sage Publications, 1977.

Barish, Louis. *Rabbis in Uniform: The Story of the American Jewish Military Chaplain*. New York: J. David, 1962.

Bergen, Doris, ed. *Sword of the Lord: Military Chaplains from the First to the Twenty-first Century*. Notre Dame, IN: University of Notre Dame Press, 2004.

Bergsma, H. L. *Pioneers: A Monograph on the First Two Black Chaplains in the Chaplain Corps of the United States Navy*. Washington: Chaplain Corps, US Navy, 1981.

Bershon, Richard Y. *With the Cross of Jesus: A History of the Church of God Chaplaincy and Ministry to the Military*. Cleveland, TN: Pathway Press, 1991.

Bock, Martin. *Religion within the Armed Forces: Military Chaplaincy in an International Comparison*. Strausberg, Germany: Sozialwissenschaftliches Institut der Bundeswehr, 1998.

Bohlman, Brian. *For God and Country: Considering the Call to Military Chaplaincy*, 2nd ed. West Columbia, SC: Chaplain Resource Center, 2011.

Brekke, Torkel, and Vladimir Tikhonov, eds. *Military Chaplaincy in an Era of Religious Pluralism: Military-religious Nexus in Asia, Europe, and USA*. New Delhi: Oxford University Press, 2017.

Budd, Richard M. *Serving Two Masters: The Development of Military Chaplaincy 1860– 1920.* Lincoln, NE: University of Nebraska Press, 2020.

Corbitt, Otis. *An Introduction to Chaplaincy Ministry: An Evangelical Christian Perspective.* Self-published, 2020.

Cox, Harvey, ed. *Military Chaplains: From a Religious Military to a Military Religion.* New York: American Report Press, 1972.

Craughwell, Thomas. *Heroic Catholic Chaplains: Stories of the Brave and Holy Men Who Dodged Bullets While Saving Souls.* Charlotte, NC: TAN Books, 2018.

Cross, Christopher. *Soldiers of God: True Story of the US Army Chaplains.* New York: E.P. Dutton, 1945.

Drazin, Israel, and Cecil Curry. *For God and Country: The History of a Constitutional Challenge to the Army Chaplaincy.* Hoboken, NJ: KTAV Publishing House, 1995.

Fowler, Albert G. *Peacetime Padres: Canadian Protestant Military Chaplains, 1945–1995.* St. Catharines, Ontario: Vanwell Publishing, 1996.

Germain, Aidan Henry. *Catholic Military Chaplains, 1776–1917.* Washington, DC, 1929.

Grant, Dorothy Fremont. *War Is My Parish.* Milwaukee, WI: Bruce Publishing, 1944.

Hadley, Michael L., and Leslie A. Kenny, eds. *Chaplains in War and Peace: Ethical Dilemmas of Conscience and Conflicting Professional Roles in Military Chaplaincy in Canada.* Victoria, BC: Center for Studies in Religion and Society, University of Victoria, 2006.

Hansen, Kim. *Military Chaplains and Religious Diversity.* New York: Palgrave Macmillan Publishers, 2012.

Hassner, Ron E. *Religion in the Military Worldwide.* Cambridge: Cambridge University Press, 2014.

Jacques, Michael. *A Chaplain's Battle: Transcending Powerlessness in an Explosive World.* Self-published, 2020.

Jensen, Wollom A. *Moral Warriors, Moral Wounds: The Ministry of the Christian Ethic.* Eugene, OR: Cascade Books, 2016.

Keith, Bill. *Days of Anguish, Days of Hope.* StoneGate Publishing Company, Inc., 2010.

Kramer, Philip A. *The Proximity Principle: Army Chaplains on the Fighting Line in Doctrine and History.* Fort Leavenworth, KS: Combat Studies Institute Press, 2015.

Kurzman, Dan. *No Greater Glory: The Four Immortal Chaplains and the Sinking of the Dorchester in World War II.* New York: Random House, 2004.

Laing, John. *In Jesus' Name: Evangelicals and Military Chaplaincy*. Eugene, OR: Wipf & Stock, 2015.

Larson, Duane H., and Jeff Zust. *Care for the Sorrowing Soul: Healing Moral Injuries from Military Service and Implications for the Rest of Us.* Eugene, OR: Cascade Books, 2017.

Linzey, Paul E., B. Keith Travis, and Jeff Iorg. *Military Ministry: Chaplains in the Twenty-First Century*. Wipf and Stock, 2022.

Loveland, Anne C. *Change and Conflict in the US Army Chaplain Corps Since 1945*. Legacies of War. Knoxville: University of Tennessee Press, 2014.

Mansfield, Stephen. *Faith of the American Soldier.* Lake Mary, FL: Charisma House, 2005.

Mole, Robert L. *God Also Loves Military People: A Brief Story of the Seventh-Day Adventist Church and the American Military Chaplaincy, 1860–1976.* Washington, DC: General Conference of Seventh-Day Adventists, 1977.

Moore, S. K. *Military Chaplains as Agents of Peace: Religious Leader Engagement in Conflict and Post-Conflict Environments.* Lanham, MD: Lexington Books, 2013.

Oliver, Kenneth. *Chaplain at War.* Chichester, England: Angel Press, 1986.

Patterson, Eric, ed. *Military Chaplains in Afghanistan, Iraq, and Beyond: Advisement and Leader Engagement in Highly Religious Environments*. Lanham, MD: Rowman & Littlefield, 2014.

Powell, Anthony. *Black Chaplains in the United States Army, 1863–1946.* Self-published, 1994.

Rennick, Joanne, and Dallaire Romeo. *Religion in the Ranks: Belief and Religious Experience in the Canadian Forces.* Toronto, Canada: University of Toronto Press, 2011.

Schuette, Kim M. *Christian Science Military Ministry 1917–2004.* Indianapolis, IN: Brockton Publishing, 2008.

Stahl, Ronit. *Enlisting Faith: How the Military Chaplaincy Shaped Religion and State in Modern America.* Cambridge, MA: Harvard University Press, 2017.

Takken, Hanneke. *Churches, Chaplains and the First World War.* New York: Routledge/ Taylor & Francis Group, 2018.

Todd, Andrew, ed. *Military Chaplaincy in Contention: Chaplains, Churches, and the Morality of Conflict*. Explorations in Practical, Pastoral, and Empirical Theology. Burlington, VT: Ashgate, 2013.

Toole, Mary M. *Handbook for Chaplains.* New York: Paulist Press, 2006.

Tretera, Jiri Rajmund, and Zaboj Horak. *Spiritual Care in Public Institutions in Europe.* Berlin: Berliner Wissenschafts-Verlag, 2019.

Van Dress, Valeria R. *For Man and Country: Atheist Chaplains in the US Army?* Fort Leavenworth, KS: Army Press, 2016.

Waggoner, Edward. *Religion in Uniform: A Critique of US Military Chaplaincy.* Lanham, MD: Lexington Books, 2019.

Walden, Kenny J. *Challenges Faced by Iraq War Reservists and Their Families: A Soul Care Program for Chaplains and Pastors.* Eugene, OR: Pickwick Publications, 2012.

Yee, James. *For God and Country: Faith and Patriotism under Fire.* New York: Public Affairs, 2005.

Zahn, Gordon C. *Military Chaplaincy: A Study of Role Tension in the Royal Air Force.* Toronto, Canada: University of Toronto Press, 1969.

HISTORY OF MILITARY CHAPLAINS (IN CHRONOLOGICAL ORDER)

Crowder, Jack. *Chaplains of the Revolutionary War: Black Robed American Warriors.* Jefferson, NC: McFarland and Company, 2017.

Headley, Joel. *The Chaplains and Clergy of the Revolution,* 2016 reprint. New York: C. Scribner, 1864.

McLane, C. Rogers. *American Chaplains of the Revolution.* Louisville: National Society Sons of the Revolution, 1991.

Armstrong, Warren. *For Courageous Fighting and Confident Dying: Union Chaplains in the Civil War.* Lawrence, KS: University Press of Kansas, 1998.

Brinsfield, John. *The Spirit Divided: Memoirs of Civil War Chaplains.* Macon, GA: Mercer University Press, 2006.

Brinsfield, John, and William Davis. *Faith in the Fight: Civil War Chaplains.* Mechanicsburg, PA: Stackpole Books, 2003.

Budd, Richard. *Serving Two Masters: The Development of American Military Chaplaincy, 1860–1920.* Lincoln: University of Nebraska Press, 2020.

Crerar, Duff. *Padres in No Man's Land: Canadian Chaplains in the Great War.* Montreal: McGill-Queen's Press, 1995.

Dorsett, Lyle. *Serving God and Country: United States Military Chaplains in World War II.* New York: Penguin Group, 2012.

Robinson, Alan C. *Chaplains at War: The Role of Clergymen During World War II.* London: Tauris Academic Studies, 2008.

Brown, Jack E. *Another Side of Combat: A Chaplain Remembers Vietnam.* Nashville: Cold Tree Press, 2006.

Whitt, Jacqueline. *Bringing God to Men: American Military Chaplains and the Vietnam War.* Chapel Hill: University of North Carolina Press, 2014.

HISTORY OF US ARMY CHAPLAINS (IN CHRONOLOGICAL ORDER)

Thompson, Parker. *The United States Army Chaplaincy: From Its European Antecedents to 1791*, vol. 1. Washington, DC: Office of the Chief of Chaplains, 1978.

Lawson, Kenneth E. *Reliable and Religious: US Army Chaplains and the War of 1812.* Washington, DC: Department of the Army, Office of the Chief of Chaplains, 2012.

Miller, Benjamin L. *In God's Presence: Chaplains, Missionaries, and Religious Space during the American Civil War.* Lawrence: University Press of Kansas, 2019.

Norton, Herman Albert. *The United States Army Chaplaincy, 1791–1865: Struggling for Recognition,* vol. 2. Washington, DC: Office of the Chief of Chaplains, 1977.

________. *Rebel Religion: The Story of Confederate Chaplains.* St. Louis: Bethany Press, 1961.

Pitts, Charles Frank. *Chaplains in Gray: The Confederate Chaplains' Story.* Nashville: Broadman Press, 1957.

Stover, Earl. *The United States Army Chaplaincy, 1865–1920: Up from Handymen,* vol. 3. Washington, DC: Office of the Chief of Chaplains, 1977.

Shay, Michael. *Sky Pilots: The Yankee Division Chaplains of World War I.* Columbia: University of Missouri Press, 2014.

Gushwa, Robert. *The United State Army Chaplaincy, 1920–1945: The Best and Worst of Times,* vol. 4. Washington, DC: Office of the Chief of Chaplains, 1977.

Linde, Richard. *We Also Fought: A World War II Navy Chaplain Remembers.* Enumclaw, WA: Pleasant Word, 2008.

Venzke, Rodger. *The United States Army Chaplaincy, 1945–1975: Confidence in Battle, Inspiration in Peace,* vol. 5. Washington, DC: Office of the Chief of Chaplains, 1977.

Brinsfield, John. *The United States Army Chaplaincy, 1975–1995: Encouraging Faith, Serving Soldiers.* Washington, DC: Office of the Chief of Chaplains, 1997.

Lawson, Kenneth E. *Faith and Hope in a War-torn Land: The US Chaplaincy in the Balkans, 1995–2005.* Fort Leavenworth, KS: Combat Studies Institute Press, USACAC, 2015.

Brinsfield, John, Douglas McCullough, Kenneth Lawson, and Gaylord T. Gunhus. *Courageous in Spirit, Compassionate in Service; The Gunhus Years, 1999-2003.* Washington, DC: Office of the Chief of Chaplains, 2003.

Brinsfield, John, and Kenneth Lawson. *A History of the United States Army Chaplaincy: The Hicks Years, 2003–2007.* Washington, DC: Office of the Chief of Chaplains, 2007.

Patterson, Eric, ed. *Military Chaplains in Afghanistan, Iraq, and Beyond: Advisement and Leader Engagement in Highly Religious Environments.* Lanham, MD: Rowman & Littlefield, 2014.

Tyger, George. *War Zone Faith: An Army Chaplain's Reflections from Afghanistan.* Boston: Skinner House Books, 2013.

HISTORY OF US NAVY CHAPLAINS

The History of the Chaplain Corps, United States Navy (Washington, DC: US Bureau of Naval Personnel), in eleven volumes.

- Volume 1, 1778–1939, comp. Clifford Drury, 1949.
- Volume 2, 1939–1949, comp. Clifford Drury, 1950.
- Volume 3, 1778–1945, biographical sketches, comp. by Clifford Drury, 1948. Volume 4, 1946–1952, comp. Clifford Drury, 1953.
- Volume 5, 1953–1957, comp. Clifford Drury, 1957.
- Volume 6, 1950–1954, comp. Bureau of Naval Personnel, 1960.
- Volume 7, 1957–1972, ed. Joseph Tubbs, 1974.
- Volume 8, 1972–1981, ed. H. Lawrence Martin, 1981.
- Volume 9, 1954–1975, ed. H. Lawrence Martin, 1985.
- Volume 10, 1982–1991, ed. Michael Halley, 1993.
- Volume 12, 1949–1958, ed. H. Lawrence Martin, 1958.

Moore, Withers. *Navy Chaplains in Vietnam, 1954–1964.* Washington, DC: Chief of Chaplains, Bureau of Naval Personnel, 1968.

Bergsma, H. L. *Chaplains with Marines in Vietnam, 1962–1971.* History of Museums Division, Headquarters, USMC, 1985.

Kroll, Douglas. *A History of Navy Chaplains Serving with the U. S. Coast Guard,* 2nd ed. Washington, DC: US Navy Chaplain Corps, 1993.

HISTORY OF AIR FORCE CHAPLAINS

Jorgensen, Daniel. *The Service of Chaplains to Army Air Units 1917–1946,* vol. 1 of USAF Chaplain Service. Washington, DC: Office, Chief of Air Force Chaplains, 1961.

________. *Air Force Chaplains, 1947-1960,* vol. 2 of USAF Chaplain Service. Washington, DC: Office, Chief of Air Force Chaplains, 1963.

Scharlemann, Martin. *Air Force Chaplains, 1961-1970,* vol. 3 of USAF Chaplain Service. Washington, DC: Office, Chief of Air Force Chaplains, 1972.

Groh, John Elliot. *Air Force Chaplains, 1971-1980,* vol. 4 of USAF Chaplain Service. Washington, DC: Office, Chief of Air Force Chaplains, 1986.

________. *Facilitators of Free Exercise of Religion, 1981-1990,* vol. 5 of USAF Chaplain Service. Washington, DC: Office, Chief of Air Force Chaplains, 1991.

CORRECTIONAL

Adams, Tom. *Jail: Mission Field for Churches.* Nashville: Broadman Press, 1985. Atherton, Richard. *Summons to Serve: The Christian Call to Prison Ministry.* London: G. Chapman, 1987.

Atkins, Charles E. *The Word Confined: Bible Study in an American Prison.* Hauppauge, NY: Nova Science Publishers, 2020.

Baker, John. *Celebrate Recovery: A Recovery Program Based on Eight Principles from the Beatitudes.* Grand Rapids, MI: Zondervan, 2012.

Baker, Mark W. *You Can Change: Stories from Angola Prison and the Psychology of Personal Transformation.* Minneapolis: Fortress Press, 2020.

Beckford, James A., and Sophie Gilliat. *Religion in Prison: Equal Rites in a Multi-Faith Society.* Cambridge: Cambridge University Press, 1998.

Beckner, W. Thomas. *Correctional Chaplains: Keepers of the Cloak.* Orlando, FL: Cappella Press, 2012.

Beckner, W. Thomas, and Jeff Park, eds. *Effective Jail & Prison Ministry for the 21st Century.* Charlotte, NC: Coalition of Prison Evangelists, 1998.

Blevins, Johnny, Jason Karch, and Terry Solley. *Exiles: A Prisoner's Daily Devotional.* Bellville, TX: The Heart of Texas Foundation Press, 2015.

Bowe, Michael B. *Getting Out: A Restorative Approach to Prison Ministry*. Resource Publications, 2020.

Brandner, Tobias. *Beyond the Walls of Separation: Christian Faith and Ministry in Prison.* Eugene, OR: Cascade Books, 2014.

Brown, Mary. *Confessions of a Prison Chaplain.* Hook, UK: Waterside Press, 2014.

Cain, Burl, and Vance L. Drum. "The Warden-Chaplain Relationship: An Interdependent Team." *Corrections Today* (May/June 2018): 12–14.

Drum, Vance L. "Covid-19 Era Corrections: What to Know and How to Respond." *Corrections Today* (January/February 2021).

________. "The Faith Factor: Prison Culture Transformation through Religious Efforts." *Corrections Today* (November/December 2017).

________. "Restorative Justice: New Paradigm for Ministry." *Chaplaincy & Specialized Ministries,* Office of Chaplaincy Services, Center for Leadership and Ministry, Christian Church (Disciples of Christ), (Summer 1999).

________. "Transforming a Texas Prison: A Brief History." *Corrections Today* (September/ October 2022).

________. *Pastoral Care at Eastham Prison: A Program for Training Inmates to Help as Peer Counselors.* (Doctoral thesis) Abilene, TX: Abilene Christian University, 1991.

Drum, Vance L., and Kristi B. Miller. "Inmate Peer Ministry: The Chaplain's Role." *Corrections Today* (March/April 2019).

Hallett, Michael, Joshua Hays, Byron Johnson, Sung Joon Jang, and Grant Duwe. "Inmate Ministry as Contextual Missiology: Best Practices for America's Emerging Prison Seminary Movement." *Perspectives in Religious Studies* (45) 2018, 69–79.

_______. "Prisoners Helping Prisoners Change: A Study of Inmate Field Ministers Within Texas Prisons." *International Journal of Offender Therapy and Comparative Criminology* (2019, 1–28, Original Manuscript).

_______. *The Angola Prison Seminary: Effects of Faith-Based Ministry on Identity Transformation, Desistance, and Rehabilitation.* New York: Routledge, Taylor & Francis Group, 2017.

Hoke, Chris. *Wanted: A Spiritual Pursuit through Jail, among Outlaws, and across Borders.* New York: HarperOne, 2015.

James, J. T. L. *A Living Tradition: Penitentiary Chaplaincy.* Chaplaincy Division, Correctional Services of Canada, 1990.

Johnson, Byron R. *More God, Less Crime.* West Conshohocken, PA: Templeton Press, 2011.

Kadosh, Reuben Ben. *Training Manual for the Jail and Prison Chaplain.* Scotts Valley, CA: CreateSpace Independent Publishing, 2016.

Kerley, Kent. *Religious Faith in Correctional Contexts.* First Forum Press, 2013.

_______, ed. *Finding Freedom in Confinement: The Role of Religion in Prison Life.* Santa Barbara, CA: Praeger, 2018.

Lyons, Adam J. *Karma and Punishment: Prison Chaplaincy in Japan.* Cambridge, MA: Harvard University Asia Center, 2021.

O'Connor, Thomas P., ed. *Religion, the Community, and the Rehabilitation of Criminal Offenders.* New York: Haworth Press, 2002.

Opata, Josiah N. *Spiritual and Religious Diversity in Prisons.* Springfield, IL: Charles C Thomas, 2001.

Press, Aric. Reported by Daniel Pedersen, Daniel Shapiro, and Ann McDaniel. "Inside America's Toughest Prison." *Newsweek* (6 October 1986), 46–53, 56, 58, 61.

Quinby, Hosea. *The Prison Chaplaincy and Its Experiences.* Concord, NH: D.L. Guernsey, 1873.

Recinella, Dale S. *When We Visit Jesus in Prison: A Guide for Catholic Ministry.* Chicago: ACTA Publications, 2016.

Sainz-Hall, Phillip Anthony. *From the Bullet to the Bible: A Gangster's Tale.* Columbus, OH: Gatekeeper Press, 2018.

Schilder, David M. *Inside the Fence: A Handbook for Those in Prison Ministry.* Staten Island, NY: Alba House, 1999.

Sehested, Nancy Hastings. *Marked for Life: A Prison Chaplain's Story.* Maryknoll, NY: Orbis Books, 2019.

Shaw, Richard. *Chaplains to the Imprisoned: Sharing Life with the Incarcerated.* New York: Haworth Press, 1995.

Shere, Dennis. *Cain's Redemption: A Story of Hope and Transformation in America's Bloodiest Prison.* Chicago: Northfield Publishing, 2005.

Shropshire, James M., Mark C. Hicks, and Richmond Stoglin, eds. *I Was in Prison: United Methodist Perspectives on Prison Ministry.* Nashville: General Board of Higher Education and Ministry, 2008.

Smith, Earl, and Mark Schlabach. *Death Row Chaplain: Unbelievable True Stories from America's Most Notorious Prison.* (Brookwood, TN: Howard Books, 2015.

Stoesz, Donald. *A Prison Chaplaincy Manual: The Canadian Context.* Victoria, BC: Friesen Press, 2020.

Sullivan, Winnifred. *A Ministry of Presence: Chaplaincy, Spiritual Care and the Law.* Chicago: University of Chicago Press, 2019.

________. *Prison Religion: Faith-Based Reform and the Constitution.* Princeton, NJ: Princeton University Press, 2011.

Swanson, Karen. *Answering the Call.* Wheaton, IL: Institute for Prison Ministries, Billy Graham Center, Wheaton College, 2018.

van Eijk, Ryan, Gerard Loman, Theo W. A. de Wit, eds. *For Justice and Mercy: International Reflection on Prison Chaplaincy.* Amsterdam: Deel, 2016.

COLABORADORES

Dr. Lindell Anderson, capellán (coronel) del Ejército de EE. UU. (retirado); DMin (Vanderbilt University School of Theology); sirvió cincuenta y tres años como capellán militar y hospitalario; actualmente es Educador Certificado Emérito de la ACPE.

Michael Berry, vicepresidente de Asuntos Externos, director de Asuntos Militares y asesor principal del First Liberty Institute. El Sr. Berry fue profesor adjunto de Derecho en la Academia Naval de los Estados Unidos. Sirve en la Reserva del Cuerpo de Marines.

Jason Brown, MBA, Texas Tech; treinta y ocho años de experiencia en ventas y marketing; en su vigésimo año con Marketplace Chaplains, donde actualmente se desempeña como director ejecutivo y presidente.

Dr. Jim Browning, capellán, coronel de la Fuerza Aérea de EE. UU. (retirado); Doctor en Ministerio (Southwestern Baptist Theological Semianry); sirvió veintinueve años en la capellanía militar; actualmente es director del Marsh Institute for Chaplains.

Reverendo Dr. Gary W. Clore, capitán, Cuerpo de Capellanes de la Marina de los EE. UU. (retirado); treinta y un años de servicio en la capellanía militar; actualmente director de Acreditación de la Iglesia Metodista Global.

Capellana Judy Collins, MDiv (Southwestern Baptist Theological Seminary); treinta y cinco años de servicio como capellana de atención médica; jubilada como gerente de Atención Pastoral de Texas Health Kaufman.

Sr. Scott Collins, acreditado en Relaciones Públicas; MDiv (Southwestern Baptist Theological Seminary); esposo de una capellana hospitalaria; actualmente vicepresidente sénior de Comunicaciones de Buckner International.

Capellán Todd Combee, CH (coronel), Ejército de los EE. UU. (retirado); MDiv; director/acreditador de Baptist Chaplaincy Relations Texas Baptists; sirvió cuarenta años como pastor y treinta y cuatro años como capellán en la Reserva y la Guardia Nacional del Ejército de los EE. UU.

Capellán Charles Cornelisse, capellán, coronel, Fuerza Aérea de los EE. UU. (retirado); MDiv (Calvin Theological Seminary); sirvió veintiocho años principalmente como capellán militar; MarketPlace Chaplains (retirado).

Capellán James Denley, capitán, Marina de los EE. UU. (retirado); MDiv (Princeton Theological Seminary); sirvió treinta años como capellán militar; actualmente acreditador de Capellanía de Asuntos Militares y de Veteranos del Consejo General de las Asambleas de Dios.

Dra. Tara Dixon, capellana, mayor de la Fuerza Aérea de los EE. UU.; PhD (Union Institute & University Interdenominational Theological Center, ITC, Turner Theological Seminary); actualmente subcapellana de ala en la Base Aérea Scott, Illinois, profesora en el Dickerson-Greene Theological Seminary y directora de Capellanía del Turner Theological Seminary.

Dr. Vance Drum, capellán; DMin (Abilene Christian University); exdirector de Operaciones de Capellanía del Departamento de Justicia Criminal de Texas; cuarenta años de servicio en la capellanía penitenciaria; actualmente consultor de Ministerio de Pares de la Prison Seminaries Foundation.

Dr. Scott Gardner, capellán, coronel, Fuerza Aérea de los EE. UU. (retirado); DMin (Reformed Theological Seminary); treinta y tres años de servicio como capellán militar; actualmente instructor en línea en la Liberty University.

Reverendo Jay Johns, CH (Coronel), Ejército de los EE. UU. (retirado); ThM (Gordon-Conwell Theological Seminary); sirvió durante veintisiete años como capellán militar; actualmente trabaja como consultor de liderazgo en una de las empresas privadas de más rápido crecimiento de los Estados Unidos.

Reverendo David Little, JD (University of Texas School of Law); MDiv y candidato a DMin (Logsdon Seminary); ejerció la abogacía durante más de veintinueve años; actualmente ejerce en el bufete D. E. Little Law Firm, PLLC; sirvió como capellán en Baylor Scott & White Health y en St. David's Healthcare, en el centro de Texas.

Reverendo R. Steve Lowe, fundador y presidente de Pacific Youth Correctional Ministries; capellán protestante principal del Centro de Justicia Juvenil del Condado de Orange (California); posee tres maestrías (Pepperdine University, Biola University / Talbot School of Theology, y California State University San Bernardino).

Reverenda Dra. Jan McCormack, APC/BCC, AAPC/PCE, educadora certificada por la Facultad Nacional de ACPE; DMin (Denver Seminary); sirvió casi veintiún años en la capellanía militar; fue presidenta y profesora asociada de los Programas de Capellanía y Consejería Pastoral, y directora del Centro de Educación Pastoral Clínica del Denver Seminary, Littleton, Colorado.

Capellán Dick Millspaugh, MDiv (Union Theological Seminary, New York City); sirvió treinta y cinco años como capellán hospitalario; se jubiló como jefe del Servicio de Capellanía del VA de San Diego.

Capellán Héctor Pérez, especialista certificado en CISD; sirvió diez años como capellán en el ámbito laboral; actualmente es director ejecutivo de Operaciones de Marketplace Chaplains, Sur de California.

Capellana Lorraine Potter, CH, Mayor General, Fuerza Aérea de los Estados Unidos (retirada); Doctora en Letras Humanas (Keuka College); sirvió treinta y cinco años como capellana militar; fue la primera mujer capellana y jefa de Capellanes de la Fuerza Aérea de los Estados Unidos; actualmente ofrece servicios religiosos en una comunidad de jubilados.

Joe Pryor, MDiv (Southeastern Baptist Theological Seminary); sirvió treinta años como capellán penitenciario, subdirector, director y director sénior de Servicios de Reinserción; exjefe de capellanes de la Oficina Federal de Prisiones; actualmente es presidente y director ejecutivo de Crossroads Prison Ministries.

Dr. Steven Richardson, capellán, coronel, Fuerza Aérea de los Estados Unidos; DMin (Gordon-Conwell Theological Seminary); con veintitrés años de servicio como capellán militar.

Capellana Maytal Saltiel, MDiv (Harvard Divinity School); diez años como capellana universitaria; actualmente es capellana universitaria asociada en la Yale University Yale y presidenta de la Association for Chaplaincy and Spiritual Life in Higher Education (ACSLHE).

Reverenda Dra. Joanne Sanders, DMin (Seattle University); veinte años como capellana de educación superior; recientemente jubilada como decana asociada sénior de Vida Religiosa en la Stanford University, California.

Dr. Bobby Smith, DMin (Southwestern Baptist Theological Seminary); veinte años como representante denominacional; exdirector de Baptist Chaplaincy Relations.

Dr. Jim Spivey, capellán, general de brigada del Ejército de los Estados Unidos (retirado); DPhil (Oxford University); exmiembro sénior del B. H. Carroll Theological Seminary; sirvió quince años en la capellanía militar; pastor de la Iglesia Gambrell Street Baptist Church y director asociado y cofundador del Marsh Institute for Chaplains.

Dr. Robert Vickers, CH (coronel), Ejército de los Estados Unidos (retirado); Doctor en Ministerio (Lexington Theological Seminary) y Doctor en Educación (Vanderbilt University); sirvió veintiocho años como capellán militar; se jubiló como representante de su denominación.

Reverendo R. Michael Warner, capellán, teniente coronel, Fuerza Aérea de los Estados Unidos (retirado); Maestría en Divinidad (Southern Baptist Theological Seminary); sirvió veintinueve años como capellán militar; actualmente es director de Clergy Care Services en Indianápolis, Indiana.

Dr. Eric Whitmore, capellán, mayor, Fuerza Aérea de los Estados Unidos (retirado); Doctor en Ministerio (Logsdon Seminary); sirvió catorce años como capellán militar; sirvió diez años como representante asociado de Baptist Chaplaincy Relations; profesor adjunto de seminario.

Dr. Gene Wilkes, Doctor en Filosofía (B. H. Carroll Theological Seminary); sirvió quince años como capellán de la ciudad, de la policía y de los bomberos; expresidente y actual decano del B. H. Carroll Theological Seminary en la East Texas Baptist University.

www.ingramcontent.com/pod-product-compliance
Lightning Source LLC
LaVergne TN
LVHW020523100826
845148LV00010B/1327

* 9 7 9 8 8 9 7 3 1 2 7 7 1 *